Sc. 64

Für alle, die bereit sind,
aufzuwachen

Aufgewacht

DIE SEELE IN MIR

INHALTSVERZEICHNIS

Vorwort 10
Alligator 16

TEIL 1 | DAS ERSTE LEBEN

Nachtflüge 26
Brille – Leitplanke des Lebens 29
Der Spiegel der Seelen 35
Planet Bewertung 42
Abstand heilt 48
Formen, um zu sprengen 54
Zuchthaus 60
Tanztrauma 72
Systemkollaps 78
Schule, ein Armutszeugnis 84
Entenschwan 90
Schönheit schützt vor Schmerzen nicht 98
Magie 105
Fügungen 110
Viva la Vida 120
Fliegen lernen 124
Leinwandzauber 130

Filmmarathon 135
Agentin mit Herz 142
Hoffnungstaumel 150
Alligatorbeben 153
Lunas Welt 159
Mandelblüte 166
Weltenhysterie 172
Maskenball 176

TEIL 2 | DAS ZWEITE LEBEN

Der Schleier fällt 182
Die Suche beginnt 194
Gesangstherapie 198
Wechselbad der Erkenntnisse 207
Ent-täuschungen 215
Kurswechsel 220
Experimente 228
Pythagoras und die Kabbala 234
Entfaltung 237
House of Shaman 246
Gruppenphysik 258
Studienaufzeichnungen 262
Lückenpresse 284
Abadjania 291
Mit dem Kosmos telefonieren 314
Ultima Ratio 324
Spielkonsole 329
Die Würde des Menschen ist antastbar 335
Falsche Götter 344
Rückführung 351
Hogwarts existiert 360

Die Leitplanken der Seele 387
Wissenschaft vs. Wahrnehmung 395
Add value 402
Kein Spaziergang 414
Epilog – die letzte Erkenntnis 421

Weitere Werke 431

Und es war die Zeit,
als das Tor der Seele sich zu öffnen vermochte,
dass ein Rufen den Traum verstummen ließ,
eine Stimme, durch Raum und Zeit,
um zu erwecken in mir die Ewigkeit.

Gedanken werden zu Stimmen,
doch sprechen kann ich nicht.
Das Rufen wird ein Gesicht,
doch sehen kann ich nicht.
Die Nacht wird zum Tag
heller als alles Licht,
das ich zu kennen vermag.
Die Welt, die sich mir zeigt,
ist erfüllt von tiefster Liebe und Erhabenheit.

Ich schaue in vertraute Augen,
ein Wiedersehen nach Äonen.
Was sie mir sagen, wird bleiben
in meinem Herzen für alle Zeit,
wird mich tragen
weiter als weit, höher als hoch,
doch vor allem tiefer als alle Geheimnisse dieser Weltenheit,
völlig frei von Verzweiflung und Ängstlichkeit.

Es ist der Moment ohne Zeit,
der mein Sein in der Zeit erblühen lässt –
in Liebe, Respekt und in Dankbarkeit.

VORWORT

*Aufwachen kann man nur,
wenn man schläft*

Doch wie erkennt man, dass man schläft, und vor allem, wie, wer oder was, weckt einen auf?
Erwacht ist man in einem anderen Bewusstseinszustand als im bewusstlosen Zustand.
Und Bewusstheit ist eine Ausdrucksform der inneren Kraft. Wer mehr seelische Kraft hat, erlebt bewusster; wer weniger hat, tut das nicht.
Und damit ist auch schon der Kern meines Lebens-Perpetuum-mobile benannt.
Ich bin (wie jeder Mensch) glücklicherweise mit einem ganz eigenen Kraftpotential ausgestattet.

Schamanen erkannten diese Kraft, wenn sie mit mir arbeiteten, und sie benannten sie und die Hausaufgaben, die damit einhergehen.
Sie sagten, es sei eine Kraft, die einem sehr viel Bewusstsein und Achtsamkeit abverlangt, vor allem in einem Frauenkörper. Sie meinten, derartige Energien seien eher in männlichen Körpern am besten zu »handlen«. Lerne ich aber diese Kraft zu lenken, trägt sie viel Potential in sich Gutes zu tun. Für die Menschheit, für meine Liebsten, für jeden, der dafür bereit ist. In sich. In seinem ganz eigenen Potential.

Diamanten entstehen unter Druck. Und da im Kosmos alle Energiegesetze ausnahmslos wirken, so wirken sie in dem für uns nicht sichtbaren Bereich genauso wie im sichtbaren. Im Gegenteil, das Sichtbare zeigt uns das Unsichtbare dahinter.

Mein Kraftpotential war immer schon Teil von mir, auch wenn ich es sicher durch meine vielen Leben geformt habe. Doch nicht immer hat sich diese Kraft sofort in einer Inkarnation entfalten können.

Die Geblendeten bewerfen das Licht oftmals mit Schlamm, auf dass es sie nicht weiter blendet. Ungefähr so habe ich den ersten Teil meines Lebens verbringen dürfen. Unterdrückt, verkannt, misshandelt und unter tiefen seelischen Schmerzen.

Manche zerbrechen an diesem Widerstand, andere wachsen daran.

Wie groß dieser innere Kampf (der Kräfte) in mir wütet, ist Teil dieses Werkes.

Es sind die Achterbahnen von Expansion und Kontemplation, von Verständnis und Missverständnis, von erkannt und verkannt werden, vom be- und misshandelt Werden, vom Fallen und vom wieder Aufstehen, die diesen inneren Kampf ausmachen.

Denn in der ganz normalen Welt, dort, wo man nicht energetisch »betrachtet« wird, agiert die (überwiegend bewusstlose) Menschheit, doch immer spiegeln sich die Resonanzen auf dieses Kraftpotential in unseren Begegnungen.

Wie andere reagieren, erzählt mir nicht nur, wer ich bin, sondern vor allem, wer mir gegenübersteht.

Doch wie mein Innerstes auf diese »Feedbacks« reagiert, erzählt mir, wo ich gerade stehe, wach genug oder auch noch bewusst-los taumelnd.

Genau da, wo keine Worte existieren, in den reinen Resonanzen, liegen so viele Wahrheiten. Liegen so viele Antworten.

Und so entstehen Herausforderungen.

Denn ich bin nicht so, weil die anderen so reagieren. Sie reagieren, weil ich ICH bin. Deshalb mache ich keinem der Menschen, die mich auf dieser Reise (auf unterschiedliche Weise) verletzten, einen Vorwurf. Warum sollte ich? Sie reagieren aus ihrer Energetik, aus ihrer Geschichte und in ihrer Wahrnehmung nur auf meine Energie, die ich (schon bewusst oder noch schlafend) lenke. Doch egal wie, auch ich reagiere.

VORWORT

Auf diese Verletzungen, aber auch auf die Wunder – in erster Linie mit Erkenntnis, welche zur Motivation wurde, das Erlebte, also die teils schockierenden, teils wunderschönen Resonanzen für eine kleine Ewigkeit festzuhalten.
Für die Ewigkeit, in der es Bücher und meinen Verleger und seinen Verlag geben wird.

Und in zweiter Linie reagiere ich mit Abstand. Je mehr Einsichten ich in das Zusammenspiel der für uns sichtbaren mit der unsichtbaren Welt erlangte, umso mehr bewege ich mich in der Akzeptanz, dessen was ist (relativ) wertfrei, doch auch eben in einer Art Abstand zu den Menschen, die diese meine Energetik nicht verstehen (wollen), sie manipulieren wollen, biegen und brechen wollen, sie verurteilen und verbannen wollen.
Doch vor allem zu denjenigen, die sie missbrauchen wollen, die Liebeskraft, die mich ausmacht.
Je mehr ich aufwache, umso rebellischer verteidigt sich diese Kraft.
Denn ich bin nicht gekommen, um mir Energie nehmen zu lassen, sondern ausschließlich, um diese liebevoll zu geben.

Bewusstheit ist ausschließlich individuell erfahrbar. Doch in einer Menschheit, die überwiegend das Unpersönliche, Gleiche fördert (und nicht das Individuelle), ist die Entfaltung der eigenen Kraft, das Fördern der Individualität – einem Kampf gleichzusetzen. Dem dauerhaften Kampf gegen eine unfassbar träge Masse an Unbewusstheit und daraus resultierender Aggression, Boshaftigkeit und Negativität.

Seit ich denken kann, sucht es in mir nach Wegen und Möglichkeiten, diesen Kampf zu akzeptieren, nicht daran zu verzweifeln oder in Traurigkeit zu versinken, weil ich nicht und nicht verstehen wollte, warum die Masse der Menschheit so einander verletzend agiert. Bis ich erkannt habe, dass die (seelische) Kraftlosigkeit und die daraus resultierende Bewusstlosigkeit die Hauptursache für alle unsere Verletzungen und Rätsel ist. Doch wo selbst Verletzungen unterschiedlich wahrgenommen werden, ist das ein sehr komplexes Thema.

Ich möchte mit diesen autobiographischen Worten keineswegs belehrend, abfällig oder bewertend wirken, sondern dein Bewusstsein schärfen, dich berühren und vielleicht sogar inspirieren, die Welt mit etwas anderen Augen zu sehen – anders als bisher wahrzunehmen.
Aufzuwachen.
Es ist deine Entscheidung, wie tief du in meine Wellen des Lebens mit eintauchst. Sind es nur Worte oder werden aus den Worten Erkenntnisse für dich – das obliegt ganz deiner Hingabe.

Ich schreibe diese Zeilen in der (sogenannten) Halbzeit meines Lebens. Natürlich kann ich nicht wissen, wie lange ich auf diesem Planeten in diesem Durchlauf leben darf, aber wenn man die Tatsache, dass in unserer Gesellschaft die ganze Kindheit (und oft auch Pubertät) – und damit alles, was individuell aus der Seele spricht – mit »Betäubungsmitteln« und »Ablenkungsmitteln« unterdrückt wird, sind diese Jahre leider völlig irrelevant im Sinne der Entfaltung von Bewusstsein. Wirkliche erste Chancen aufzuwachen, bieten sich ab dem (wirklich) selbständigen Handeln, nicht mehr am Rockzipfel der Eltern agierenden Sein.

Und ich schreibe diese Zeilen nach bereits zwei erlebten Währungsreformen, dem Ausverkauf meiner (sogenannten) Heimat und dem damit verbundenen Zerfall all dessen, was mir als hoch und heilig, als einzig geltende Wahrheit in Tausenden von Schulstunden und Appellen, Maifeiertagsmärschen und AGs (Arbeitsgruppen) eingetrichtert wurde – dem Sozialismus. Ich habe ihn erfühlen und erleben dürfen, wie ich jetzt den Kapitalismus (er)leben darf, der letztlich nur das Bild eines »Systems Menschheit« in mir vervollständigte.

Und seitdem ich erlebe, dass auch im angeblich besseren Kapitalismus eine (andere) Meinung nicht nur nicht erlaubt, sondern genauso bekämpft wird wie im Sozialismus, Hetze, Diskriminierung und Ausgrenzung genauso lebendig sind wie im Nationalsozialismus, alle Systeme aber immer die Maske des »nie wieder« vor sich hertragen wie der Kaiser seine nicht existierenden Kleider, hat jegliches menschengemachtes System meinen Respekt verloren.

VORWORT

Ist man aber wach, kann das Leben zu einem Spielfeld werden. Mit dem nötigen Abstand und den geheilten Traumata ist es möglich eine Perspektive auf das Leben einzunehmen, in der man es wie in einer Spielkonsole spielt. Man kennt sein Potential und damit seine ganz eigenen Werkzeuge, kann diese sogar weiter formen, sie durch das Studieren der Zusammenhänge bewusster einsetzen und beginnen, Schönheit zu erschaffen. Die Schönheit des Seins.

Im Spiel des Lebens ist Energie die Währung. Energie drückt sich in Kraft aus, Kraft zeigt sich in deiner Bewusstheit, dein bewusstes Sein drückt sich in deinem Handeln aus. Und so hat sich mein Handeln immer wieder sehr gewandelt, wenn ich (wieder einmal) aus einem Taumelschlaf aufgewacht war.

Aus der heutigen Perspektive meines Spiellevels verlerne ich immer mehr zu bewerten und zu verurteilen. Ich benenne (nur), was ich erlebt habe. Denn jemanden oder etwas zu beurteilen würde eine »bessere« Perspektive implizieren. Es liegt aber nicht in meiner Macht darüber zu richten, was besser oder was schlecht ist. Daher übe ich mich in der Haltung der Akzeptanz und des Beschreibens dessen, was geschehen ist, doch, wo ich Verletzungen und Unrecht erfahren habe, werde ich diese ohne Filter festhalten. Wo Manipulation und Misshandlung stattfanden, werde ich mich nicht zurückhalten. Das Leben ist nicht dazu da, dass wir uns in »Scheinheiligkeit« verlieren, sondern in Wahrhaftigkeit wieder-finden.

Es geht in meiner Erzählung nie um die *eine* Person, den einen Menschen. Es geht immer um das Verständnis eines Großen und Ganzen, bei dem diese eine Persönlichkeit (nur) einen Baustein in einer Geschichte darstellt. Daher werde ich manchmal die richtigen Namen ändern, um mich und den Mitspieler zu schützen.

Wenn man es (wirklich dazu) nutzt, kann das Leben eine dauernde Therapie sein. Ein dauerndes aus der Balance Fallen und wieder zurück in die Balance Finden.

Aufwachen kann man nur, wenn man schläft

Auf diesem Weg des Findens sind die Begegnungen mit anderen Menschen das eigentliche Geschenk des ganzen Seins. In und durch die Begegnungen erfahren wir Anziehung und Abstoßung, erforschen die Hintergründe oder eben nicht, kommunizieren oder lassen es – in jedem Fall aber lernen wir. Der »heilige Gral der Erkenntnis« *braucht* also diese Begegnungen und die Erfahrungen, die wir aus ihnen ziehen.

Daher lass mich dich mitnehmen auf diese »Reise der Resonanzen«, dem Tanz von vita contemplativa und vita activa, meinem Zögern und meinem Stürmen, meinem Schweigen und meinem Rufen, meinem Schlafen … und meinem Erwachen.

ALLIGATOR

Finde dein Potential

Ob vor, in oder nach einer Inkarnation in einen Organismus – im Grunde sind wir immer (ein) Energie(haufen) mit einem Bewusstsein. Wir sind (egal wie groß oder klein, stark oder schwach) uns selbst bewusst. Wir tragen Erinnerungen an Begegnungen, an schöne wie auch furchtbare Momente, doch vor allem Erinnerungen an die damit einhergehenden Gefühle wie 1000 Gewürze in unserer Seele. All diese formen die Energie, die Seele, und machen sie zu dem, was sie ist.

In diesem Moment.

Denn schon die nächste Begegnung, das nächste Gefühl, kann den »Gewürzcocktail« erneut verändern.

Die kubanischen Schamanen der Yoruba Religion haben zu Beginn meiner Arbeit an diesem Werk meinem bisher gelebten Leben und bisherigen »Gewürzcocktail« ein IFA Zeichen zugeordnet, dessen Potential auch mit einem Tier der Erde versucht wurde bildlich zu beschreiben: dem Alligator.

»It's lonely at the top« – man ist einsam an der Spitze –, heißt es in den Büchern und Beschreibungen über dieses Zeichen.

Doch obwohl ich nicht wirklich Einsamkeit empfinde, ist es wohl eher die Einsicht, allein zu sein. Dabei ruhe ich in mir in einem unendlichen See. Einem sehr stillen See, dessen Oberfläche sich nicht bewegt. Dieser stille See ist auf energetischer Ebene der Kosmos selbst, die Energien, die uns umgeben, die uns tragen, uns lenken und deren Teil wir sind.

Ich liebe diese unaufgeregte Stille, sie erfüllt mich, sie gibt mir Frieden, und lasse ich mich fallen, hält sie mich sanft und doch ganz sicher. Es ist, als wäre ich diese Stille, dieser Frieden.

Getragen von diesem Frieden kann Neugier und damit einhergehend echte Freude am Sein ungestört blühen. Es in mir stört sich nicht selbst. Das ist als Quelle für Kraft und Konzentration nicht unwichtig.

Das Sein empfinde ich als *so* spannend, so voller Überraschungen und so unglaublich bereichernd, dass ich innerlich dauernd vor Freude und Leichtigkeit hüpfe.

Wie der Alligator gerne den Weg der Sonne und all die vielen Farben, die dieses Lichtspiel hervorruft, still beobachtet, so beobachte ich gerne, was der Kosmos mir zuträgt. Es ist wie »Schach mit dem Kosmos« spielen. Ich einen Zug, er einen Zug, und wir folgen jeweils einander dem vorherigen Zug des Anderen. Wir spielen – und das geht nur, indem wir einander vertrauen. Ich darf selbst entscheiden, muss aber auch in Hingabe und Aufmerksamkeit den Fluss der Energien so annehmen (wie er ist) und mit ihm gehen, wie er ist, da Widerstand mich Kraft kosten würde. So herrscht ein dauerhaftes Spiel von Aktion und Reaktion, welches letztlich unendlich viel Spaß macht.

Ich schwebe im »See der Energien« und lasse mich von ihm tragen. Ich weiß um die Kostbarkeit des Lebens, dem Geschenk und dem Wunder das es ist. Beobachtend, in mir ruhend fühle ich mich unendlich wohl, doch vor allem fühle ich Dankbarkeit und Demut. Ich weiß, ich bin Teil von etwas so Großem, das ich nicht und niemals wirklich mit meinem Verstand (be)greifen kann, aber ich kann es fühlen. Und eben dieses Große zu fühlen, macht demütig.

In einer unendlichen Zahl an Planeten leben unendlich viele Lebensformen in unendlich unterschiedlichen Naturen und Kulturen und ich bin eines dieser Lebewesen darin. Ich »darf« ein Körperkleid dieser Unzahl an Möglichkeiten von Körperkleidern mit meiner Energie ausfüllen, dessen Werkzeuge ausprobieren, dessen Emotionskörper nutzen, um meinen Energiecocktail weiter zu formen. Um zu lernen und daran zu wachsen. Alligatoren liegen aber nicht nur am Ufer oder im Wasser und verleben

ALLIGATOR

Naturschauspiele beobachtend ihr Leben. Nein, sie sind auch Jäger! Auf ihre ganz eigene, subtil stille Art sind sie, erfüllt mit sehr viel Kraft, und vielleicht auch wegen dieser Kraft, sehr wachsam.

Wachsamkeit als eine Form von Achtsamkeit ist eine der Hauptenergien, die meine Entscheidungen und Nichtentscheidungen, meine Schritte und Sprints, mein Drängen und mein Zögern, mein sich Öffnen und mein Zusammenziehen lenken. Und es ist eben genau diese Wachsamkeit, die mich oft gerne auch Vieles hinterfragen und anders betrachten lässt. Die hilft, wenn andere es nicht tun. Die mit Menschen redet, wenn andere schweigen. Die sich ihnen zuwendet, wenn keiner es tut.

Und es ist genau diese Andersartigkeit in den Aktionen, die die Missverständnisse und die (falschen) Ver- und Beurteilungen bei den anderen hervorruft.

Und zusätzlich zu dem wachen Geist der Alligatorkraft bin ich hypersensibel. Diese Hypersensibilität drückt sich so aus, dass ich das Gegenüber, je nach meiner Ausrichtung, er-fühlen kann und seelische Verletzungen oftmals heftiger empfinde als so manch anderer.

Das birgt die Gefahr, das stabile Meer, in dem ich mich empfinde, zu destabilisieren.

Es ist als würde ich durch viele Schichten einer Form dringen und wie bei einer Zwiebel nach und nach die Gefühle und damit die Beweggründe des Gegenübers erkennen. Und das, was sich mir dann zeigt, viel besser verstehen als so manch Anderer, der eben nicht diese Schichten »sehen« kann. Ich stelle dann die »anderen« Fragen, weil ich die Menschen erfühle. Ich versuche zu ergründen, warum mein Gegenüber gerade so ist, wie es ist, warum es so handelt, wie es handelt. Und diese Neugier wird belohnt. Ich »sehe« mehr, ich erkenne mehr Komplexität einer Seele und habe dadurch ein ganz anderes Bild von der Energie, die einen Menschen ausfüllt.

Und das wird missbraucht. Furchtbar und herzlos, fast ausschließlich in der Menschenwelt missbraucht. Die daraus entstehende Traurigkeit wird immer auch Teil meines Seins sein, solange ich diese Empfindsamkeit in mir trage.

Empfindsamkeit, die sich selbst beschützen muss, führt schnell zu einer Vorsicht, einem gewissen Rückzug, der dann bei (unbewussten) oberflächlichen Menschen zu einer völlig falschen Interpretation führt: Eine kalte unnahbare Mauer, die nichts und niemanden an sich (wirklich) heranlässt. Doch wie war das mit den Diamanten und Edelsteinen, tief innen in der Erde und so ...?

So nutzte ich im Laufe der Zeit die Reaktionen der Menschen auf mein Sein als Lackmustest für Bewusstheit. Ist es ein bewusster, wacher Geist, wird er den Edelstein erkennen und selbst beschützen, ihn sogar fördern. Ist es ein unbewusstes schlafendes Lamm, wird es mit Be- und vor allem Abwertungen sein wahrstes Innerstes zeigen und vor allem ein Ziel verfolgen: mich und meine Kraft bekämpfen und unterdrücken.

Der Kampf ist bei den Tieren. Die Liebe bei den Seelen.

Es wird zu einer Lebensaufgabe, zu dieser hypersensiblen Empfindsamkeit zu stehen und sich eben nicht durch die Respektlosigkeiten der unbewussten Menschen destabilisieren zu lassen. Das Potential dieser Hypersensibilität schätzen und nutzen zu lernen. In so vielerlei Hinsicht.

Im Laufe meiner Inkarnationen habe ich das »Erfühlen des großen Ganzen« mehr und mehr verfeinert. Dabei habe ich die Komplexität des Kosmos und einer jeden bewussten Energie in ihr wie eine Seelenwissenschaftlerin aufmerksam studiert, aus Fehlern der Unachtsamkeit (die ich natürlich auch immer noch erlebe) immer versucht etwas zu lernen, etwas mitzunehmen. Ganz bewusst zu hinterfragen, was, wann, warum so geschehen ist und wo die Momente waren, in denen alles hätte ganz anders gelenkt werden können.

Und warum es das dann nicht tat.

Und ich habe die Zuwendung als einen der Hauptschlüssel in das Verständnis der zwischenmenschlichen Rätsel erkannt. An ihr, mit ihr, durch sie formen sich die Begegnungen und damit ganze Schicksale.

Diese dauerhafte Beobachtung kostet Konzentration (also auch Kraft), doch formt sie den Muskel Bewusstheit dabei immer mehr. Es obliegt ausschließlich meiner Ausrichtung, ob und wie ich diesen Muskel also forme.

ALLIGATOR

Doch bei allem stillen, in Freude und Demut beobachtenden Sein, ist der Alligator eines der stärksten Tiere der Welt. Eine solche Kraft wohnt in mir und wartet auf die »Jagd«.
Meine sogenannte Jagd aber ist das Kreieren von Dingen.
Die Hypersensibilität ist Werkzeug der Spiritualität in mir.
Spiritualität drückt sich entweder direkt als solche aus oder aber über Kreativität. Denn alle Ideen, die wir haben, sind letztlich auch im großen Meer der Energien längst existent – der eine kann sie nur besser lesen, der andere nicht. Entscheidend dabei ist die Anbindung, der Kanal in die (für die menschlichen Augen unsichtbare aber dennoch existierende) feinstoffliche Welt.

Die Konsistenz unseres Gewürzcocktails ist die Summe all unserer bisherigen Entscheidungen, Erfahrungen und der daraus entstandenen Haltung, wie wir das Leben leben. Somit ist auch die Anbindung in die feinstoffliche Welt keinesfalls Zufall, sondern das aktuelle Ergebnis unseres Weges. Und in meinem Gewürzcocktail habe ich einige Gewürze angesammelt, die eine solche Anbindung in den Kosmos leicht ermöglichen.
Somit ist Kreativität immer schon Teil von mir, hier, in diesem Inkarnationsabschnitt. Genauso wie es eben auch die reine Spiritualität ist. Es ist letztlich das Gleiche, das sich nur anders ausdrückt.
Und diese tiefe Freude, diesen Spaß am Materialisieren von Ideen und dem spirituellen Entfalten kann man nicht einfach abstellen. Abgesehen davon, dass es eine Schande wäre, das zu unterbinden, was so hart (in anderen Inkarnationen) erarbeitet und damit ein Geschenk des Kosmos wurde, ist es wie ein Atmen der Seele, diese Kreationslust über den Körper lebendig zu machen.

Unbewusste Menschen bewerten. Und durch ihre Bewertungen, die leider vorzugsweise Abwertungen darstellen, verraten sie ihre Bewusstheit oder Bewusstlosigkeit.
Es hat lange gedauert bis ich diese Formel als Indikator des Wesens und seiner »Seelenhaltung« richtig einordnen konnte. Doch offensichtlich waren und sind es ausschließlich die unbewussten und vor allem un-

kreativen Menschen, von denen die Abwertungen kommen in Form von: »Was ist der nächste Furz in der Platte?« zu: »Musst du immer was Neues machen, reicht dir nicht das, was du hast?«, und so vieles mehr.

Bewertungen, Bewertungen, Bewertungen.

Ich bin mir keines einzigen Moments bewusst, in dem ich darum gebeten habe, bewertet oder gar abgewertet zu werden. Das ist ausschließlich ein Spiegel der (Un)Bewusstheit der Menschheit.

Es ist ein Faktum, dass »das Tier« Mensch schnell mit dem Andersartigen überfordert ist, es am liebsten abwertet, um sich selbst wieder aufzuwerten, und am wenigsten verstehen will (oder kann), warum die Dinge, Menschen, ihre Handlungen, die Entscheidungen – so sind, wie sie sind. Und bei den vielen Begegnungen meiner jetzigen Inkarnation habe ich bisher nur sehr, sehr wenige getroffen, die tatsächlich dieser Vielfalt positiv zugewand waren. Das ist eine sehr traurige Statistik.

Und dann ist da noch die Alligatorkraft, wenn sie verletzt wurde.

In meinem Fall, dem spirituellen Alligator, ist das nicht unerheblich, was die Kampfeslust angeht. Denn vor lauter Empathie und dem daraus lebendigen Mitgefühl greife ich Menschen nie direkt an, sondern reagiere (nur).

Und das wird gerne ausgenutzt. Überhaupt neigt »das Tier« Mensch gerne dazu, andere auszunutzen. Es liegt in der Natur des Unbewussten, welches nur soweit fühlt, wie seine Extremitäten es ermöglichen, dass es ein tieferes »Fühldenken« gar nicht kennt, oder nur sehr selten lebt. Darauf aufbauend wird alles gutmütige Agieren, Helfen, Unterstützen und um Verständnis Bitten gerne genutzt und von den unbewussten Seelen aus-ge-nutzt.

Mit dem Alligator, seiner wechselwarmen Energetik und der Geduld, lange »Dinge auszuhalten«, kann man »Pferde stehlen«, doch erkennt er Missbrauch, wird er in der nächsten Sekunde mit seiner (Beiß)kraft jede Verbindung zu dem Missbrauchenden kappen. Und dabei die Verbindung töten und sich sofort entfernen.

Auf dass er nimmer mehr gesehen wurde.

ALLIGATOR

Viel Kraft bedeutet auch eine große Entschlossenheit. Für jemanden genauso wie durch eine Verletzung gegen die Weiterführung der Verletzung. Denn bei allem Verständnis und auch Schutz, die dieser Kraft innewohnen, ist es immer auch ein Aufruf an sie selbst und die Mitmenschen, mit ihr respektvoll umzugehen.

Und genau diese komplexe Verantwortung, die mit dieser Kraft einhergeht, innen wie außen, mir selbst gegenüber wie auch anderen, haben die Schamanen in Kuba benannt. Doch ich lebe diese ganzen Verantwortlichkeiten voller Demut, Dankbarkeit und Freude so gerne, weil ich weiß, dass sie mich lehren, mich jeden Tag, jede Stunde, jede Sekunde – in jedem Moment zu ausschließlicher Bewusstheit aufrufen und damit formen. Und das allein ist ausschließlich ein Geschenk des Kosmos.

Diese inneren Kämpfe des in sich ruhenden Alligators, der gleichzeitig die Seelenenergie der Menschen erfühlen kann, und einer verspielten, umtriebigen, alles hinterfragenden, hoch intuitiven, spirituellen Kraft – sind die Leitplanken dieser Geschichte des wieder und wieder (anders) **Aufwachens.**

Zum Ende dieses Werkes werde ich mir nicht nur der Komplexität dieser Kraft voll bewusst geworden sein, sondern sie gewandelt und aus sich heraus transfomiert haben. Was genau das bedeutet, ob und wie es den Alligator dann überhaupt noch gibt, wird dieser »Reisebericht« dir offenbaren.

Ich hoffe aber auch, damit nicht nur das Schöne, sondern auch das Furchtbare am Mensch sein aus meiner ganz eigenen Perspektive als Zeitdokument meiner Reise festzuhalten, doch vor allem hoffe und wünsche ich, dich zu inspirieren und zu ermutigen, ganz du selbst zu werden.

Finde dein Potential

Die Yoruba sind eine ethnische Gruppe aus Westafrika, hauptsächlich in Nigeria, Benin und Togo. Sie haben eine reiche spirituelle Tradition, die auf Ahnenverehrung, Naturkräften und Orisha-Göttern basiert.

Was ist Ifá?
Ifá ist das zentrale Wahrsagungssystem der Yoruba-Religion. Es wird von Babalawos (»Vater des Geheimnisses«) oder Iyalawos (»Mutter des Geheimnisses«) praktiziert und dient als spirituelle Beratung und Heilungssystem.

Grundlagen von Ifá
- Beruht auf dem heiligen Text Odu Ifá, einer Sammlung von 256 Versen (Odu), die Weisheiten, Mythen und Orakeltexte enthalten.
- Wird durch Orakel-Techniken wie das Werfen von Palmölkernen oder einer Kettenwahrsagung (Opele-Ifá) praktiziert.
- Der Gott Orunmila ist der Hüter von Ifá und vermittelt göttliche Weisheit.

Ifá ist ein komplexes, spirituelles System, das durch Orakeltechniken und heilige Texte göttliche Weisheit vermittelt. Es dient als spirituelles Navigationssystem für das Leben.

TEIL 1
DAS ERSTE LEBEN

NACHTFLÜGE

Entdecke deine Werkzeuge

Aus meiner frühen Kindheit habe ich vor allem eine Art von besonderen Erinnerungen, die mich in meiner Wahrnehmung geprägt haben: meine Astralreisen.

Damals wusste ich nicht, dass man das so nennt, für mich waren es einfach nur nächtliche Formen der Fortbewegung.

Ohne dies bewusst gelenkt zu haben, verließ ich des Nachts meinen Körper. Mitten in meinem Schlaf spürte ich, wie ich eine Art Trennwand durchwanderte. Es fühlte sich an, als wäre da ein nicht definierbarer Widerstand, fein und doch grob zugleich. Nicht schwer, aber dennoch bemerkbar. Meine Haut, mein Körper.

Nach Durchdringen dieser fein-groben Trennwand fühlte ich mich sehr leicht und sehr frei. Ich versuchte mich, wie ich es gewohnt war, gehend fortzubewegen, doch schnell stellte ich fest, dass ich mich hier nur mit Gedankenkraft bewusst bewegen konnte.

So spielte ich damit unterschiedliche Orte zu bereisen, doch eines war ganz offensichtlich: Ich nahm meist keine anderen Menschen wahr, auch keine Tiere. Nichts.

Ein paar wenige Male sah ich andere, meist fremde Gesichter, manchmal sogar meine Eltern.

Doch alle meine Versuche, mit ihnen zu kommunizieren, blieben unbeantwortet. Sie saßen da, und ich schaute in ihre offenen Augen, sprach sie wieder und wieder an, doch es schien, als würden sie mich nicht und nicht hören. Sie wirkten fast leblos, waren aber nicht tot. Sie wirkten: schlafend.

Ich sprach sie an, laut, leise, bewegte mich vor, neben und hinter ihnen, rief und flüsterte, doch all meine bewussten Versuche, mit ihnen Kontakt aufzunehmen und zu kommunizieren, fanden keine Resonanz. Absolut keine. Es blieb still und bewegungslos. Und so reiste ich weiter, alleine des Nachts durch diese stille Welt.

Ohne es damals zu wissen, war dieses Bild der Kontaktaufnahme mit einem schlafenden Gegenüber (das wirklich gar nichts von meinen Versuchen wahrnimmt) bezeichnend für mein ganzes Leben. Die Menschen so zu erleben, in ihre schlafenden Zustände zu blicken, ihr Taumeln und ihre energetische Lethargie zu erkennen – nicht und nicht gehört zu werden, sie vergebens erwecken zu wollen – es scheint, als sei dies und alles, was an Verzweiflung und Lehre dabei für mich einhergeht, mein Schicksal.

Interessant war lediglich immer wieder der Automatismus, mit dem ich aus dem Körper und dann wieder hinein »ging«. Auch das »passierte« einfach. Ich hatte es nie bewusst lenken können, mir aber auch keinerlei Gedanken oder Sorgen darüber gemacht. Es »lenkte« von alleine, was nötig war.

Beim Eintritt in den Körper fühlte ich erneut eine ganz feine, aber doch spürbare Wand, die ich durchdringen musste, und im Körper wieder angekommen war es unendlich viel heißer und schwerer als in dem Zustand außerhalb des Körpers. Er schien plötzlich tonnenschwer und diese tonnenschwere Kraft hielt meine Energie in diesem Körper fest. Gleichzeitig war es heiß wie in einem Vulkan. So unendlich heiß. Fast schon unangenehm.

Doch kaum wieder »eingenistet«, verlor ich dann im Körper gleich mein Bewusstsein wieder und schlief weiter, aber eben bewusstloser ...

Mit der Zeit aber hatte ich das Interesse an diesen »Nachtflügen« verloren. Mein experimentierfreudiger, neugieriger Geist wollte forschen, wollte verstehen, was da geschieht, wo ich bin, warum ich da bin und warum alles so schlafend ist. Doch keine dieser Fragen wurde beantwortet ...

Und immer nur alleine auf dem Spielplatz spielen, ist langweilig ...

NACHTFLÜGE

Doch ganz subtil und unbewusst, hatten diese nächtlichen Reisen ein Echo. Mit jeder Reise mehr. Denn während dieser fühlte ich mich frei, sehr leicht, war ohne Sorgen oder Ängste, alles war (zwar langweilig aber auch sehr) friedlich, und dieser Frieden festigte sich in mir. Oder es in mir erinnerte sich daran immer mehr, in meinem Alltag, im Körper. Ich war erfüllt von einer Art »Meer aus Stille« und einem sehr freudvollen Gefühl. Es gab nichts Böses, es gab keinen Hass, keinen Groll, keine Gier, keinen Neid, keine Lüge, keine Missgunst. Es gab nur freudvolles und pures Sein in mir. Und das vor allem, wenn ich ungestört war und mit mir sein durfte. Als würde diese »Nachtflugerinnerung« in mir immer bewusster schwingen. Es war einfach nur schön, zu SEIN.

Ich glaube, ich hätte mich in diesem Meer der Glückseligkeit verlieren können. Es fühlte sich an, als sei die Unendlichkeit, ja, die pureste Seligkeit in mir.

Doch dann waren da noch »die Anderen«.

BRILLE – LEITPLANKE DES LEBENS

Blockaden trainieren deinen Charakter

Meine ersten Erinnerungen an das weltliche Leben, neben den Nachtflügen, sind auch geprägt von Ärzten und Krankenschwestern.

Nachdem ich mit ca. zwei Jahren ein schweres Fieber erlitt, begann sich eine Fehlstellung der Augen einzustellen. Ganz offensichtlich trat die Fehlstellung nach dem Fieber auf, aber auf der Suche nach einer Heilung für mein Schielen begann nun eine Brillenglas-Abkleb-Orgie, die Ihresgleichen sucht. Es wurde wild beklebt. Mal das linke Auge, dann das rechte, dann wieder das linke. Das hatte nichts mit Können zu tun, das war purste Willkür. Und ich war das Versuchskaninchen. Meine Eltern waren liebevoll bemüht dieses Desaster an Inkompetenz abzufangen, doch ändern konnten sie an dem Versuch nichts. Schon mein kindlicher Verstand sah keinen Sinn darin, wie ein Auge, das immer zugeklebt wird, heilen können soll? Ich konnte dem tatsächlich nichts Gutes abgewinnen, und die Glücksgefühle mit nur halber Sicht waren tatsächlich eher bescheiden. Und recht hatte ich, es wurde nicht besser, fast schlimmer, sodass (endlich) eine OP helfen sollte.

Natürlich hatte ich Angst. Immerhin ging es um meine Augen, das Sehen ist einer der wichtigsten Sinne unseres Daseins. Als Kind ist man daran gewohnt Ohnmachtsgefühle zu erfahren. Und alle Entscheidungen, die die Eltern oder andere Menschen für einen tätigen, fördern dieses Gefühl noch. Aber andererseits blieb nur das ewige Verwirren meiner Augenmuskeln mit dieser Zukleberei. Wir hatten keine wirkliche Alternative aufgezeigt bekommen, damals. Ich durfte erneut Ohnmacht üben, denn schließlich gibt man sein Schicksal in die Hände dieser Menschen.

Ich weiß noch, wie ich auf den Gang geschoben wurde und dabei viele andere Kinder passierte, die alle schliefen. Ich war fest entschlossen: »*Ich möchte nicht einschlafen. Ich möchte auf jeden Fall wach bleiben ….*«

Doch dann war da diese Angst, diese Ohnmacht.
In einem furchtbar kalten Raum mit lauter metallischen Tischen und Werkzeugen musste ich mich hinsetzen. Ein sehr liebevoller Arzt schaute sich meine Augen an und gab mir eine kleine Spritze. Ich war froh, in der Energie dieses Menschen so etwas wie Wärme und Fürsorge zu spüren. Es in mir wusste: »Er ist ein Guter, er wird mir helfen.« Und so gewann ich Vertrauen, die Angst wich – sicher auch durch die Spritze. Noch im Gang war ich so fest entschlossen gewesen nicht einschlafen zu wollen, doch dann … wachte ich wieder in meinem Zimmer auf – und hatte das eine Auge wieder zugeklebt. Diesmal aber als Wunde. Es tat nicht weh und ich hoffte sehr, nun sei dieses Thema erledigt.
Ein Leben lang schielend … als Mädchen … wäre ein anderes … als ich es mir erträumte.

Aber das Schicksal wollte es mir nicht zu einfach machen. Denn irgendwie ermöglichte die ganze Augenthematik auch eine Art Lackmustest; einerseits wurde mir durch die Reaktionen der (großen und kleinen) Menschen ihr Innerstes schneller offenbart. Und andererseits wurde dadurch meine Alligatorkraft in Demut und Wachsamkeit geschult.
Der liebe Doktor hat sicher sein Bestes gegeben, aber eine (neue) Sehschwäche blieb mir. Mit + 3,5 Dioptrien startete ich also nicht mehr schielend erneut ins Leben … Meine Hoffnung, diese Blockade auf meiner Nase nicht mehr vor Augen haben zu müssen, wurde daher leider nicht erfüllt.
Schwer, unhandlich und hässlich war sie weiterhin mein treuer Begleiter. Wenigstens konnte mir das Gegenüber jetzt in zwei Augen schauen und ich auch geraden Blickes in dessen Augen.

Davon andauernd eines zugeklebt zu bekommen, hatte etwas von »Flügel stutzen«… Wie sollte man da fliegen?

Und trotz des nun freien Blickes empfand und empfinde ich die Brille noch immer als eine wirklich große Behinderung, weil sie mir rein energetisch eine Barriere aufbaut. Ich liebe und brauche die Freiheit. Dieses Gewicht auf meiner Nase ist das Gegenteil davon. Es sind Ketten. Schwere Ketten, denn je größer die Dioptrienzahl nun mit dem Altern wurde, umso schwerer wurden diese Ketten. Abgesehen davon, dass sie schlicht und ergreifend das Blickfeld massiv eindämmen. Es »macht« natürlich etwas mit dir, wenn du immer nur 90 Grad überblicken kannst, anstelle 180 Grad. Und nein, bei diesen Brillenstärken, in die sich mein Leben nun entwickelte, war eine randlose Brille nicht mehr möglich. Ich habe all das ausprobiert. Also musste ich akzeptieren mit Brille nur 90 Grad meines Umfelds überblicken zu können, also die Hälfte dessen, was Menschen normalerweise mit den Augen wahrnehmen. Vielleicht wirkte das auch ein bisschen als Katalysator, meine anderen Sinne noch schärfer zu trainieren. Vielleicht aber wäre das so oder so der Fall gewesen.

Selbstverständlich bin ich dennoch extrem dankbar, dass es überhaupt diese Möglichkeiten gibt, ich nicht schielend oder gar blind »durch mein Leben fliegen« darf, aber es ist und bleibt eine Behinderung eines meiner Sinne.

Glücklicherweise gab es dann irgendwann einmal die Kontaktlinsen, aber bis dahin war es noch ein langer Weg.

Denn in der großen weiten Welt warteten unendlich »liebevolle, extrem empathische« kleine Miststücke auf mich, die es sich zum Ziel gesetzt hatten, mir meine Stille und mein schönes Gefühl der Freude zu stören.

»Mein letzter Wille, war die Frau mit der Brille«, tönt es heute noch in meinen Ohren und bleibt auf ewig ein Mahnmal der Grausamkeit der Unbewusstheit für mich.

Hänseleien, Hänseleien, Hänseleien.

Wie soll man das aushalten? Täglich gab es irgendjemanden, der irgendeinen Bezug auf dieses Nasenfahrrad aus Horn und mein gesamtes Erscheinungsbild nahm.

Warum? Wieso tun sie das? Wie Giftpfeile empfand ich jede einzelne dieser Beschimpfungen. Wie Angriffe auf meine Seele, auf mein ganzes Sein ... So unfassbar schmerzvoll und tief, dass ich bis heute eine Frage noch immer nicht beantworten konnte: Warum ist unsere Welt so? Was hat das mit Bewusstsein zu tun und noch mehr, was hat das mit Empathie zu tun?

Genau – nämlich gar nichts. Wann immer Menschen mich dazu trösten wollten, kamen die Standardsätze: »Ach, Kinder meinen das nicht so«, oder: »Es waren Kinder, sei ihnen nicht böse.« Aber niemand hat hinterfragt: Wieso sind Kinder so, was drückt sich aus ihnen aus, dass sie die (angeblich) Schwachen so misshandeln?

Haben die nichts anderes aus ihrer Seele zu erzählen? Warum zeigen so wenige wirkliches Verständnis und Mitgefühl? ... Die Antwort liegt nah. Wenn Kinder (noch sehr in Kontakt mit ihrer Seele) sich so grausam verhalten, dann drückt sich deren Un-bewusstheit aus. Und übrig bleibt: Das Animalische, das rein körperliche Empfinden und Wahrnehmen. Im Tierreich wird der Schwächere auch einfach »nur« gefressen oder aus dem Nest geworfen. It's that simple.

Jeder einzelne Mitschüler, der mir derartige Verletzungen in Wort und Tat zugefügt hat, war über das animalische Bewusstsein nicht hinausgekommen.

Und wer mir jetzt widerspricht oder relativieren will, der hat meine Empfindsamkeit und die daraus erfahrenen Verletzungen noch immer nicht wirklich verstanden. Da gibt es nichts, aber auch gar nichts zu relativieren.

Wo Bewusstlosigkeit herrscht, wird Grausamkeit gelebt.
Wo der Bewusstseinsfunke lebt, ist auch Liebe möglich.

Seelische Schmerzen tragen zwei Potentiale in sich. Entweder man verliert dadurch (Seelen-) Kraft, oder man trainiert seine Seelenkraft über das Trotzen des Widerstandes. Etwas in mir hatte sich für das »oder« entschieden. Ganz einfach, weil die Anderen es gar nicht wert sind, ihnen so viel Macht über mein Sein zu erteilen.

Das Gefühl in mir, dass das Leben noch aus weit mehr besteht, als ich an Niedertracht unter Kindern damals erlebte, wurde stärker und stärker zu einer Gewissheit.

Ich »ahnte«, indem ich es fühlte, dass wir alle unseres Schicksals Schmied sein werden und jeder (in einem gewissen Rahmen) die Wahl hat, wie er diesen Weg gestaltet.

In Bösartigkeit oder eben in Empathie. Ich »wusste«, dass diejenigen, die sich so grausam verhielten, nicht ohnmächtig waren, sondern »nur« etwas in ihnen noch nicht entfacht war.

Und ich »wusste« immer schon, dass die Zeit meine Freundin ist, sie dennoch aber auch dafür etwas von mir fordert: nämlich Aufmerksamkeit.

Nur wenn ich wachsam und aufmerksam jeden Moment mit ihr an meiner Seite verbringe, schenkt sie mir Wachstum. Wie Zwillinge gehen Aufmerksamkeit und Wachstum gemeinsam immer einen Schritt der eine und einen Schritt der andere durch die Zeit. Reich an Erfahrungen und Begegnungen ... dem wirklichen Schatz, den wir mitnehmen.

Aufmerksam und entschlossen konzentrierte ich mich also auf *meinen* Weg. Auf die Kreation *meines* Schicksals. Den Blick von den Grausamkeiten der Mitschüler abzuwenden, war mir daher fast schon eine willkommene Leitplanke, um nicht den Kurs zu verlieren.

Meine Freundin Zeit immer im Gepäck. Ich nutzte sie, um zu erschaffen, um auszuprobieren und dabei noch mehr und noch mehr zu wachsen, kennenzulernen, zu lernen und zu entfalten. Selbst die Tränen wegen der Hänseleien und die Schmerzen infolge von Prügeleien waren für mich nur ein Aufruf, diese Wunden zu heilen – um wieder *daran* zu wachsen.

Und über die Zeit gelang mir das mithilfe wunderbarer Heiler und Menschen auch.

Das Wesen eines jeden Menschen, seine Energie, ist nur aus sich heraus veränderbar. Auf dem Weg in diese Erkenntnis drückt diese Energie sich immer und immer wieder in anderen Formen gleich aus. Der Kosmos ist dabei die Leitplanke für diese Energie. Und so findet man Menschen, die sich ein Leben lang in ihrer Energie kein bisschen verändern und andere (wenige), die das dauerhaft tun. Goethe formulierte dazu kurz und knapp: »Du bist am Ende, was du bist.« Und ich erlaube

BRILLE – LEITPLANKE DES LEBENS

mir, ihn leicht zu korrigieren: Du bist am Ende, was du bist, so lange, bis du es selbst verwandelst.

Die Antworten des Kosmos auf die Respektlosigkeiten der anderen habe ich im Detail nicht erlebt, doch beispielsweise lässt ein Klassentreffen Momente wie kleine Puzzleteile zu, in denen ersichtlich wird, welches Wesen, welche Resonanzen in seinem Leben (aus seiner Energie) erlebt hat und noch erlebt.

Und es gibt keinen besseren Richter als das Schicksal selbst.

Die Arroganten wurden gedemütigt, die Zarten manchmal auch stark, die Grausamen plötzlich freundlich. Die Stillen etwas lauter. Die angeblich Dummen meisterten das Leben bei weitem solider als so mancher Musterschüler, der fern jeder Realität das Leben doch nicht berechnen konnte. Und so vieles mehr. All dies waren und sind dauerhafte Leitplanken des Schicksals, die diese Energien »aufrufen«, sich zu wandeln, zu formen. Wer den Ruf hört, hat es leichter, wer weiter taub schläft, etwas schwerer.

Denn wir haben keine Zeit, keinen Funken Zeit zu verlieren. Zu verschwenden. Denn schneller noch als man denken kann, fliegen sie nur so an uns vorbei, die Lebensjahre voller Kraft.

DER SPIEGEL DER SEELEN

*Herausforderungen
testen deine Seelenkraft*

Die Aufmerksamkeit eines Menschen ist ein Indiz für seine Bewusstheit. Bewusstheit ist die Ausdrucksform des Bewusstseins einer Seele im Menschen. Der weniger »wache« Geist wird über dauernde Überlastung klagen, wo der bewusste Mensch nicht einmal Anstrengung empfindet.

Ich beobachte dies seit Anbeginn meines bewussten Seins in diesem Leben mit großem Interesse. Und ich versuche zu verstehen, wie die Menschen fühlen, was sie bewegt, wie sie denken und warum sie die Entscheidungen treffen, die sie treffen. Dabei habe ich erkannt, dass eben diese Bewusstheit eines Gewürzcocktails sich ausdrückt und damit seine Handlungen zu Spiegeln der Seele werden, die sich ausdrückt.

Unbewusste Seelen beispielsweise kennzeichnen sich darin, dass sie sich selbst nie für das Gegenüber interessieren. Sie sind so mit sich beschäftigt, dass sie all ihr Wirken, all ihr Empfinden vom Sein ausschließlich mit und durch materielle Güter definieren. Was brauche ich, wen brauche ich, um mein Ziel zu erreichen? Als andauernder Wettkampf (mit und gegen andere) wird das ganze Leben in Scheiben und Etappen geschnitten.

Sie tappen im wahrsten Sinne des Wortes in einem Nebel, ohne diesen wahrzunehmen. Dem Nebel der Unbewusstheit. Das sind die Menschen, die sich beispielsweise nie selbst bei anderen Menschen melden, um einmal nach ihrem Befinden zu fragen. Es sind aber auch die Menschen, die Andere, deren Lebenszeit und Lebenskraft ausnutzen, ohne dafür etwas zu geben oder, wenn sie geben, tatsächlich ausschließlich »monetär denken«. Es sind die Menschen, die meist nicht einmal tiefen

Respekt empfinden können. Und es sind die Menschen, die sehr wenig empfinden (können). Oder es sind Menschen, die die Emotionen ihr Leben lenken lassen und sich deshalb von Attitüde zu Attitüde retten. Anstelle dass *sie* die Emotionen lenken!

Natürlich ist niemand perfekt und das Leben herausfordernd, aber es gibt Indikatoren für die Bewusstheit der Seelen.

Am besten konnte ich diese immer in den sogenannten Freundschaften erkennen. Manche kamen so plötzlich daher, wie sie auch wieder gegangen sind, doch manche hinterließen wirkliche Erkenntnisse, halfen mir, einmal mehr **aufzuwachen**.

Eine in dieser Hinsicht erste prägende Erfahrung hatte ich bereits in der Kindergartenzeit. Wir spielten auf dem Spielplatz auf einer großen Schaukel, die so aufgebaut war, dass darauf bis zu 12 Kinder Platz hatten. Wir waren sechs. Plötzlich kamen »ältere, liebevolle Wesen der Gattung Mensch« dazu und schwangen die Schaukel immer mehr, so lange bis uns sechs Kindern übel wurde. Sie begannen ein Folterspiel, indem sie die Schaukel immer weiter bewegten und wir dem Ganzen ohnmächtig ausgeliefert waren.

Abgesehen davon, dass mir der Spaß an Quälerei von Mensch und Tier völlig fremd ist, konnte ich nicht fassen, was da geschah. Und so suchte ich nach einem Moment, in dem die Schaukel wieder ein wenig Schwung verloren hatte, um abspringen und mich und die anderen zu retten.

Es war hoch, es war schnell und es war hart, als ich auf dem Boden aufkam, doch vor allem war es mutig.

Das große Geschrei der Tyrannen, die mir mit Fahrrädern folgen wollten, verblasste schnell, als ich mich in das Wohnhaus meiner Eltern retten konnte, um schließlich Hilfe zu rufen.

Als ich dann mit meinem Vater auf den Spielplatz zurückkam, waren die »liebevollen Wesen« leider schon auf und davon, die anderen Kinder von der Schaukel vor Übelkeit still und rannten davon.

Vielleicht hatten sie Angst oder waren von all dem überfordert, aber keines, kein einziges dieser Kinder suchte jemals wieder den Kontakt zu mir auf, geschweige denn, um sich zu bedanken …

Ähnlich erging es mir auch in vielerlei anderen Situationen. Ergriff ich Partei für andere, geschah es nur sehr, sehr selten, dass die »Anderen« ihre Dankbarkeit darüber ausdrücken konnten. Ich versuche das Zeit meines Lebens zu ergründen und in Zeiten des Rückzugs zu verarbeiten.

Denn letztlich sind all diese Charaktereigenschaften und Ausdrucksformen nur der Spiegel dessen, was IN diesen Wesen an Energie und Bewusstheit herrscht.

Wer hysterisch reagiert, ohne einfühlsam zu erkunden, warum das Gegenüber so agiert, wie es agiert, der ist genauso unbewusst wie derjenige, der andere beurteilt, ohne sie nach ihren Beweggründen und Reflexionen über das Geschehene zu befragen.

Mit dieser frühen Einsicht habe ich dieses Leben auch als eine Art Experiment gestartet.

Ich wollte und will erkunden, wie dieser »Kampf der Energien« aussieht. Wo zeigt sich was, wie und warum? Also nahm ich immer wieder auch gerne (aber nicht nur) die Position des Beobachters ein. Ich gebe dem Gegenüber genau den Raum, den es sich nehmen möchte und schaue, wie viel Raum er mir zugesteht. Raum ist die Metapher, Respekt ist die Energie darin.

Und was sich mir da offenbarte und bis heute offenbart, ist eine Einweihung. Denn in der Masse an Unbewusstheit wird zunächst einmal das »Leise, Vorsichtige, Ruhige und Sanfte« so gut wie gar nicht wahrgenommen. Doch noch lieber wird es missbraucht. Dieser Missbrauch zeigt sich dabei selten offensichtlich, sondern ganz subtil, indem er das, was keinen Widerstand erzeugt/ausstrahlt, einfach lieber »nutzt« als das, was sich ihm querstellt, Widerstand ausstrahlt.

Doch die Maßlosigkeit des Unbewussten erkennt die Grenzen des Feinen nicht. Somit übertritt es diese und wird für die Feinen, Leisen, Stillen, Sanften zu einer dauerhaften Herausforderung und dem Aufruf, Grenzen zu erschaffen. Doch wenn die feinsinnige Energie sich im ausschließlichen Sein erfährt, während sich die grobe(stoffliche) Energie ausschließlich über Grenzen definiert, treffen zwei Welten aufeinander, die unterschiedlicher nicht sein könnten. Und so geschieht es, dass das Feine durch die dauerhafte Grenzüberschreitung des Groben/Unbewussten, in eine »Art Kampfeshaltung« gebracht wird, die ihr überhaupt nicht entspricht.

Dieses Buch wird daher auch ein Archiv an Erfahrungen aus der Perspektive eines eher feinsinnigen Wesens, das jedem, dem es begegnet, zunächst einmal seinen Raum geben möchte, um sich zu offenbaren. Und das ist die Essenz des Bewusstseinstestes: Wird dieses »Raum geben« gleich mit Grenzüberschreitungen missbraucht oder wird es dankbar erkannt? Wird es erwidert, wird es überhaupt erkannt oder wird der (Respekt und Raum gebenden) Energie nicht nur der ganze Arm, sondern besser noch das ganze Herz herausgerissen ...?

Die Erkenntnis aus diesem Experiment wird in der Folge meine Seele speisen.

Wird Liebe auf dem Planeten Erde mit Liebe beantwortet oder nicht?

Wird Respekt mit Respekt beantwortet oder mit Krieg?

Wird Freundlichkeit mit einem Lächeln beantwortet oder mit einem Schrei ...?

Ich werde es euch berichten.

Ein ganz klarer Spiegel der Seele sind die Berufe, die wir leben. Immerhin arbeitet der «Standardsoldat Mensch« mindestens 45, in Zukunft vielleicht 55 oder gar 60 Jahre seines Lebens, es sei denn, die KI schafft »endlich« die Plattform für das Grundeinkommen, ohne dafür einen einzigen Finger krumm machen zu müssen. Letztlich also nur noch Konsument zu sein ...

Doch ob nun sehr lang oder auch kurz – der Weg unseres Ausdrucks über die Arbeit kann nur in Resonanz mit der eigenen Energie gegangen werden, das heißt, dass auch unser Beruf ein Spiegelbild dieser Seelenenergie ist.

Dieser Spiegel verrät dir unter anderem, ob du es beispielsweise mit einem kraftvollen Freigeist im Unterehmertum oder mit einem auf Sicherheit bedachten Wesen im Angestelltenverhältnis zu tun hast. Des Weiteren offenbart er den Bewusstheitsgrad eines Menschen über sein Handeln, WIE er den Menschen begegnet, egal ob nun als Angestellter

Herausforderungen testen deine Seelenkraft

oder Unternehmer. Ist Bewustheit zugange, begegnet dir Wachsamkeit, Empathie und liebevoller Umgang. Wird in Unbewusstheit agiert, herrschen Herzlosigkeit, Brutalität und Berechnung.

Meine Statistik hat bisher leider auf der Seite der lieblosen unbewussten Mitstreiter mehr Erlebnisse sammeln dürfen, als bewussten, wachsamen Geistern begegnet zu sein.

Beispielsweise habe ich die Zunft der Programmierer als eine der unbewusstesten, lieblosesten Menschen erleben dürfen, die ich kennenlernen durfte. Versprechungen zu machen, die man dann nicht einhalten kann, ist kein Weltuntergang, solange man darüber mit dem Kunden transparent spricht. Ihn aber warten, betteln und immer wieder im Dunkeln stehen zu lassen, ist ausschließlich ein Akt von Respektlosigkeit. Man hat ein Hirn, eine Stimme und Kommunikationsmöglichkeiten. Wer all das nicht einsetzt, ist in der Folge ein schlafendes Lamm. Egal aus welchem Berufsfeld jemand kommt, seien es körperlich oder geistig arbeitende Menschen, der Missbrauch der überlegeneren/wissenderen Position in völliger Unempathie ist ein Indiz für Bewusstlosigkeit und überall schnell erkennbar.

Es gibt Millionen Menschen, denen mit falschen Versprechungen in allen möglichen Berufen kostbare Lebenszeit geraubt wird. Weil es Millionen, womöglich Milliarden an vor sich hin vegetierenden Lämmern gibt, die alle nur den animalischen Bedürfnissen frönen.

Sie leben, um zu essen, sich fortzupflanzen, zu schlafen und zu konsumieren. Da diese Form des Seins aber nicht wirklich erfüllend ist, wird sich dann mit Party und Drogen betäubt. Um nur ja nicht aufzuwachen.

Und es gibt Menschen, die in einer Stunde so effizient sind wie andere in einer Woche, weil sie konzentriert arbeiten, wachsam sind, in dem was sie tun, empathisch und aufmerksam.

Es ist nicht leicht, all das zu sehen und sich an der Unbewusstheit zu reiben. Es schmerzt, es schmerzt sogar sehr. Denn mit der Unbewusstheit geht auch Unbewusstheit in der Wortwahl und der Energetik einher.

Je bewusster man lebt, umso sensitiver wird man gleichzeitig. Heißt, die, die unbewusst vor sich hin pöbeln, treffen diejenigen, deren tiefere Sinne der Seele erwachen, umso härter. Das macht den Pfad des Erwachens zu keinem leichten sondern definitiv den schwereren von beiden.

Zu »schlafen« ist doch so bequem, und wen kümmert's, ob man in seiner Matrixkapsel nun 50 oder 100 Jahre vor sich hinsiecht. Es macht nichts und niemandem etwas aus. Nicht einmal der Seele darin. Sicher?

Doch es macht ihr etwas aus, den meisten zumindest, vor allem in diesen Zeiten. Denn sie verlieren Energie. Und damit noch mehr Bewusstsein ... Sie kommen vielleicht mit einer halbvollen »Flasche Energie« und gehen fast gänzlich entleert, um dann erneut inkarnieren zu (müssen) wollen, dann aber mit noch weniger Energie ... Soll's das echt gewesen sein?

Als einen der schwersten Berufe dieses Planeten stelle ich mir den des Richters vor. Doch genauso wie alle anderen Berufe, die die Seelenenergie in diesem Menschen offenbaren, sind die Richter eben Seelenenergien, die kein Problem damit haben, nur an der Papieroberfläche zu kratzen und darauf basierend dann lebensverändernde Entscheidungen zu treffen. Allein die energetische Verantwortung dafür könnte ich nicht tragen. Was wir tun, wirkt tiefer in den Kosmos der Energie hinein, als wir zunächst sehen, denken und glauben. Also fallen die Resonanzen einer solchen Entscheidung, die so mancher Seele durchaus auch manchmal unberechtigt ein Leben hinter Gittern schenkt, immer auf den Entscheider zurück. Allein bei dem Gedanken wird mir schlecht.

Aber den Menschen, denen das nicht bewusst ist, macht all das gar nichts aus, sie machen es gerne ...

Wie war das? Unwissenheit schützt vor Strafe nicht ... Wobei der Kosmos es nicht Strafe nennt ... sondern Ausgleich ...

Doch unabhängig (und abhängig) von gesundheitlichen Blockaden gibt es auch viele Menschen, die gar keine Lust haben zu arbeiten. Für andere zu arbeiten. Auch selbst keinerlei Inspiration finden, um sich auszudrücken und verwirklichen zu wollen. Die den Anspruch, etwas zu erschaffen, etwas zu hinterlassen, das über das Körperliche hinausgeht, gar nicht kennen, nicht fühlen und nicht einmal ansatzweise daran denken.

Auch das ist letztlich nur ein Ausdruck des eigentlichen Energiekerns. Ohne Wertung, in Eigenverantwortung.

Schauen wir sie uns an, was sie uns erzählen.

PLANET BEWERTUNG

Das Tier kämpft – Die Seele ist

Wenn sie nicht bewerten können, dann »sind« sie nicht.
Doch dazu braucht es zwei sich gegenseitig befruchtende Komponenten: Die einen, die bewerten, und die anderen, die sich bewerten lassen.
Der eine Teil sieht sich also in einer besserwisserischen Position, der andere Teil in einer bedürftigeren. Vielleicht ist das sogar eine wichtige Essenz des ganzen Menschseins. Wir sind bedürftig, oder wir sind es nicht. Doch dass die, die nicht bedürftig sind, ihre angeblich klügere Position dann so ausnutzen, indem sie andere über das Bewerten degradieren … ist sicher auch ein zusätzliches Merkmal des bewusst-losen Handelns.

Ja, ich bin hypersensibel und daher auch schneller verletzt.
Und um mich dem Feuer der Abwertungen von anderen (bewusstloseren) Menschen nicht auszusetzen, musste ich den Abstand zu ihnen leben. Immer mehr.

Mir blieb nur der Rückzug in meine Stille, so oft es nur ging. Lesen, studieren, lernen – anstelle Zeit mit diesen kleinen Monstern zu verbringen. Ironie des Schicksals oder der Plan dahinter: Der viele Rückzug und die (ausweglose) Konzentration auf mich selbst waren die Quelle bester Schulnoten. Ich fand einen Weg, mich selbst zu motivieren und gerne zu lernen, doch haben daran auch meine Eltern ihren Teil gehabt, indem sie mich angespornt haben. »Das Leben wird ein anderes, wenn man diesen Weg des Fleißes geht«, haben sie mir immer wieder bewusst gemacht. So traf die Pflicht die Kür, und der Rückzug von den andauernden Verletzungen konnte mit einem Sinn erfüllt werden. Oder zumindest mit dem Gefühl davon.

Besonders leicht fielen mir die naturwissenschaftlichen Fächer, allen voran Chemie, aber auch Physik. Das führte sogar bis in sogenannte Arbeitsgemeinschaften, in denen wir uns nachmittags trafen, um bei weitem kniffligere Fragen, als der Unterrichtsstoff es verlangte, zu lösen. Das war spannend und hat wirklich Spaß gemacht. In mir wuchs der Wunsch, beruflich in den Naturwissenschaften zu arbeiten. Danke, Herr Hünfeld, für diese wunderbar fördernden Impulse. Durch sie hatte ich das erste Mal das Gefühl erfahren dürfen, wie es ist, wenn Intellekt und Gefühl sich miteinander verbinden – wenn Wissenschaft auch fühlbar wird. Es entsteht ein ganz anderer Blick, ein gewisser Draufblick auf die komplexen, miteinander funktionierenden Abläufe der Natur. Und eben auch eine Art intuitives Denken, das einen die Lösungsansätze »verrät«. Doch vor allem das Verstehen der komplexen Abläufe in Chemie und Physik hat meinen Geist damals begonnen zu bewegen.

War (für mich) die Augenthematik eine Art »Aufforderung zum Anderssehen« und Andersdenken, wurden diese intensiven Studien und das Erfühlen der Formeln ein Wegweiser, wie ich Lösungen (für das Leben) finden und umsetzen könnte.

Doch die Naturwissenschaft betrachtet auch immer »nur« die Natur, wie wir sie »gerade« wahrnehmen. Und dass die Wahrnehmung außerdem an die Bewusstheit des Wahrnehmenden und seine dahinter stehende Kraft geknüpft ist, durfte ich dann im Laufe meines Lebens wunderbar entdecken. Mein immerwährender Wissensdurst bezüglich der Naturwissenschaften war immer ungebrochen und hat sich später dann ganz organisch Richtung Quantenphysik entwickelt (entwickeln müssen). Aber dazu kommen wir später.

Die Verletzungen durch die Kids nahmen ein wenig ab, weil irgendwie dann doch gerne der ein oder andere Lösungsansatz von mir abgefragt wurde; doch so wirklich lassen konnten sie es nie. Sie sind lediglich leiser geworden, damit aber nur noch verlogener.

PLANET BEWERTUNG

Es schien, als wäre die bloße Präsenz meines Wesens manch Anderem ein Dorn im Auge. So viel Neid, so viel Missgunst und so viel Kampf – das drückte auch die Klassenleiterin aus, als sie einmal sagte: »Durch diesen Wettkampf um die Noten ist der Notendurchschnitt der ganzen Klasse sehr hoch. Als würden sie sich untereinander so immer mehr selbst anspornen.«

Armer Martin, du hast es nie verwunden, dass es in der Physikschularbeit nur eine einzige Eins gab, du als Physikprofi diese aber nicht bekommen hast, sondern deine Nachbarin mit der dicken Brille ... Ein Mädchen war in Physik besser als du? Nein, das ging nicht. Du hast die Arbeit an dich gerissen und jede Formel und Gleichung nochmal kontrolliert.

Und auch Antonio konnte es nicht glauben, dass es, ich glaube in Biologie, in einer Klassenarbeit nur eine Eins gab, die du jedoch nicht hattest. Du bekamst die einzige Zwei. Alle anderen dann die Dreien, Vieren und Fünfen. Und auch du hast revoltiert, hast mir meine Arbeit aus der Hand gerissen, bist zum Lehrer gegangen und hast mit ihm diskutiert, um nur ja einen Fehler zu finden.

Du hast ihn nicht gefunden. So sorry ...

Und so lernte ich in einer Unzahl derartig verrückter Begebenheiten voll unnützem Wettbewerb, Hauen und Stechen zu akzeptieren, dass ich derartige Resonanzen nun einmal hervorrufe. Die mit der dicken Brille darf nicht besser sein als wir. Komme, was da wolle. Ich hab diesen Wettkampf nie begonnen, aber er hat mich geformt. Wie ein Tier, das ständig in einen kleinen Käfig gepresst wird, entwickelt es entweder Muskeln durch das dauernde Anstoßen an dem Gitter, oder es verliert jede Hoffnung und Muskeln. Ich hatte keine Lust aufzugeben, also musste ich mich diesem Kampf stellen.

Ich war einfach ich. All die Zeit. Ich bin nie durch die Klasse gerannt und habe andere für ihre schlechteren Noten kritisiert. Oder beschimpft, weil sie eine Brille trugen, stotterten oder eben eine andere Art von Behinderung mit sich trugen. All das ist nicht in mir, ich denke so etwas nicht einmal. Wieso sollte ich? Lassen wir doch jeden einfach so blühen, wie er sein will. Wer bin ich, über andere zu richten und oder mich als Maßstab zu nehmen …? Doch mit diesen Gedanken war ich allein. Sehr allein.

Ich war bereits fest verankert in einem Spiel, das ich so nie wollte und nie forcierte. Dabei wollte ich doch zu ihnen gehören und mit ihnen spielen. Ich fragte mich: Wieso sind sie so bösartig, wieso reagieren sie so aggressiv wegen einer Schulnote? Wieso agieren sie überhaupt so ausgrenzend, nur weil man vielleicht ein bisschen anders denkt, sich anders kleidet? Und was soll eigentlich das ständige Bewerten? Ist das euer Ernst? Wieso habt ihr dauernd ein Problem mit jemandem? Wegen einer Brille? Wegen guter Schulnoten?

Jede einzelne dieser Taten, jedes einzelne abwertende Wort, jedes einzelne verletzende Wort in meine Richtung schockierte mein Innerstes tief, das, was so friedlich und freudvoll in der Stille, einfach nur sein wollte. Immer passte ihnen irgendetwas nicht. War ich leise, passte es ihnen nicht. War ich laut, passte es ihnen nicht. Was ich anzog, passte ihnen nicht, wie ich ging, was ich sagte und so vieles mehr. Einfach alles.

Egal was ich tat, es passte ihnen nicht.

Und ich staune bis heute über so viel Bewusstlosigkeit.

Dass die Lehrerin mich dann zur Klassensprecherin vorschlug, verwunderte mich umso mehr. Aber sie hatte meine »Insights« nicht.

Ich wollte diesen Kampf nicht, aber meine innere Kraft kannte das NEIN noch nicht. Denn das Gegenteil von Nein ist JA, und in mir war zunächst erst einmal nur ein JA zum Leben. Ich lebte sehr, sehr gerne – wenn ich alleine und ungestört war.

Die anderen brauchen Wettkampf, Krieg, Waffen (auch mit ihren Worten).

Kinder können so grausam sein. Manchmal sogar grausamer als die Erwachsenen, doch das liegt in der Empfindsamkeit des Betrachters.

Aber ich möchte mich an dieser Stelle bei Frau Lehmann bedanken, die mich durch ihren Impuls herausgefordert hat, vor eine Klasse zu treten, all meine Scheu abzuwerfen und in die (mir auch) gegebene Kraft einer

Führerin zu treten. So erschrocken ich zuerst darüber war, war es doch eine ganz großartige Chance eines **ersten Aufwachens**. Was vorher in mir nur schlummerte und immer nur in den dummen Diskussionen mit den anderen über meine Schulnoten kurzzeitig aktiv sein musste, durfte sich jetzt frei entfalten. Zumindest in diesem Rahmen. Die »Funktion« gab mir den Schutz, den es brauchte, um meine Scheu wieder und wieder zu bändigen.

Vertrauen wuchs.

Selbstvertrauen in mich und meine Kraft.

Jede dieser dummen Diskussionen, ob die Lehrer sich vielleicht doch vertan und mir die gute Schulnote fälschlicherweise gegeben haben, jedes Rechtfertigenmüssen für dies und jenes waren letztlich »nur« ein Training für meine mir (bereits) innewohnende Kraft. Ich musste nichts herstellen, ich musste nichts neu erschaffen, nein, ich durfte nur das, was in mir war, mehr und mehr kennenlernen.

Es aktivieren.

Je mehr ich mich also überwand, umso mehr spürte ich meine Kraft. Je mehr Kraft ich spürte, umso leichter fiel es mir, mich zu überwinden.

Und anders als zuvor wurde nun Mut mein neuer Freund …

Das Tier kämpft – Die Seele ist

ZENSUREN

Deutsche Sprache und Literatur	1	Werkunterricht	
Literatur	1	Einführung in die sozialist. Produktion	1
Muttersprache	1	Techn. Zeichnen	1
Mündlicher und schriftl. Ausdruck	1	Produktive Arbeit	2
Grammatik/Orthographie	1		
Russisch	1	Geschichte	1
nach 3 jährigem Unterricht		Staatsbürgerkunde	1
Mathematik	1	Kunsterziehung	1
Physik	1	Musik	1
Astronomie		Sport	1
Chemie	1		
Biologie	1	*fakultativ* Nadelarbeit	
Geographie	1	Englisch	1
		nach 1 jährigem Unterricht	
		Französisch	
		nach jährigem Unterricht	

Versäumnisse: 6 Tage entschuldigt, — Tage unentschuldigt

Best.-Nr. 501 50 Zeugnis der Oberschule 5. – 10. Klasse
VV Spremberg Ag 310/53/DDR/388 I/21/3

Ein kleiner Auszug meines Zeugnisses zum Eintrittszeitpunkt in das Internat.

ABSTAND HEILT

Und Schmerzen zeigen dir den Weg

Das Leben ist die Plattform für eine Unendlichkeit an Möglichkeiten, die alle aufeinander aufbauen. Um diese Möglichkeiten zu erkennen und dann auch noch wirklich zu nutzen, bedarf es eines offenen Geistes. Und genau das ist, zumindest bei vielen, leider nicht so einfach, da Traumata und Blockaden diesen Fluss bremsen.

Doch alles, was bremst, ist immer auch ein Aufruf, überwunden zu werden. Und diese Überwindungen können formen, machen stark, sind die Lehrer des Lebens. Das Spannende an einer Blockade ist, dass sie sich nicht deutlich zeigt als: « Hey, ich bin eine Blockade, überwinde mich!«, sondern dass sie deine Persönlichkeit ausmachen, ohne dass du es als Blockade empfindest.

Ich habe dazu im Laufe meines bisherigen Lebens ein paar Indikatoren erschaffen, die mir meine Blockaden, also die Staudämme meiner Energie, deutlich aufzeigen, um sie in der Folge anzupacken und zu überwinden.

Die größte Herausforderung stellen für mich zumindest immer die Menschen selbst dar. Also nicht die Situationen mit ihnen, sondern die Unberechenbarkeit des Irrsinns IN den Menschen. Ich kann 1000 Mal in mir ausgeruht und balanciert friedvoll des Weges gehen, wenn ein hysterisch schreiender Mensch mir das Leben zur Hölle machen will, ist das alles hinfällig.

Und Schmerzen zeigen dir den Weg

Von meinen ersten Überwindungen in der Schulzeit habe ich schon berichtet. Sie haben die mir innewohnende Kraft erweckt. Doch um sie zu entfalten, waren und sind noch immer viele Hürden zu nehmen.

Durch ein Nasenfahrrad aus braunem Horn auf das Abstellgleis gestellt, begann er, der Kraftakt, der innere Kampf mit der Unbewusstheit der Menschen. Wer mich nicht nach meinem Äußeren beurteilte und abwertete, der versuchte mich für mein Schaffen abzuwerten.

Ein bisschen gefangen zwischen den Verletzungen wegen meines Aussehens und meinem Versuch, die dadurch von anderen erschaffene Trennung mit Aufmerksamkeit für sehr gute Leistungen zu kompensieren, scheiterte ich täglich. Es war hoffnungslos. Unmöglich. Ein Kampf gegen das Nichts.

Ausgestoßen. Ausgegrenzt. An den Rand gedrängt, dorthin, wo es ganz still ist und niemand sich für dich und dein Sein interessiert. Niemand. Du bist einfach da und störst hoffentlich nicht das Gegröle zum Fußballspiel. Die Masse, die sich mir (nicht ich mich ihr) entgegen stemmte, war schier unendlich. Unmöglich sich dem entgegenzustellen.

Willkommen Ängste, willkommen Blockaden. Ich freute mich nicht, dass ihr von da an meine Wegbegleiter wurdet. Die Hänseleien bezüglich meines Aussehens, der Neid auf meine Schulnoten … all das setzte mir ganz schön zu. Ich fühlte mich allein(gelassen).

Aber von wem eigentlich?
Und warum eigentlich?

Ganz sicher habe ich in die »falsche Richtung gewünscht«, gehofft … Vor lauter Hoffnung und Sehnsucht, nur ja »dazuzugehören«, gemocht zu werden, habe ich mich immer mehr verloren. Denn wenn einen so viel Widerstand umgibt, dann wird es schwerer und schwerer den richtigen Weg zu finden. Wie Magnetfelder, die einander abstoßen, und man muss dazwischen irgendwie einen Weg finden. Denn Stillstand gibt es nicht, alles ist immer in Bewegung. Aber wenn die Bewegungen dich lenken und nicht du sie, dann ist das grundsätzlich nicht gesund für die innere Kraft.

Meine innere Immigration war (für mich) ein als richtig empfundener Weg. Ein Weg der Stille und der Balance. Dort schöpfte ich Kraft. Im Lernen, im Büffeln, im mich Flüchten in diese Möglichkeiten des Kosmos, mich weiterzubilden.

Doch je mehr ich das tat, umso mehr wuchs die Angst vor den Menschen. Um genauer zu sein, vor der Bösartigkeit der Menschen. Wenn (gefühlt) fast jeder Schritt, jeder Blick, jede Bewegung, jedes Wort und jede Tat negativ bewertet, vor allem abgewertet wird, dann ist die logische Konsequenz, nur noch mehr in die Stille zu gehen. Doch sie ist leider nur eine Flucht. Die Flucht vor diesen Energien. Mag sein, dass es auch Feigheit war, doch vor allem war es meine Sehnsucht nach Frieden, die mich jegliche Konfrontation mit diesen Kräften hat meiden lassen.

Als ich eines Tages auf dem Gang an der Treppe der Schule von vier Schülerinnen einfach so, völlig grundlos, gepackt und angehalten wurde, war eine neue Stufe der Offenbarung der Abgründe der Menschen erreicht. Ich war dabei ins Klassenzimmer zu gehen, und plötzlich packte mich eine Mitschülerin rechts am Arm, die andere links. Eine stand vor und eine stand hinter mir. Ich hatte nur noch meine Beine, um mich zu wehren. Doch das war schwer in diesem inneren Schockzustand, in dem ich es tatsächlich nicht begreifen konnte, wieso mir das jetzt passierte. Aus heiterem Himmel. Ich kannte diese Damen nicht einmal, sie waren aus der Parallelklasse. Ich wusste weder ihre Namen, noch habe ich sie je wahrgenommen, geschweige denn mit ihnen jemals ein Wort geredet.

Mal von vorne, dann wieder von hinten wechselten sich die Mädchen ab, um mir in den Bauch und in den Rücken zu treten. Nach ein paar Momenten der Gegenwehr erkannte ich die Sinnlosigkeit dieses dummen Spiels und ließ aus. Sie hatten zu viel Spaß an meinen Tränen. Also gab Ich (äußerlich) auf. Ich wehrte mich überhaupt nicht mehr. Zeigte überhaupt keine Reaktion mehr. Hielt die Tränen und die Schmerzen zurück. Nichts. Ich spiegelte ab sofort NICHTS mehr an Emotion. Das war nicht leicht, aber tatsächlich machbar. Meine Wut half mir dabei.

Und Schmerzen zeigen dir den Weg

Und siehe da, nach ein paar Minuten wurde es ihnen zu »langweilig«. Kein Schreien, kein Weinen, kein Rumjaulen, keine Tränen. Sie schlugen auf eine Art leblosen Sandsack ein. Und so verloren sie das Interesse, die Quälerei war »nicht entertaining« genug. Sie ließen mich los. Genauso willkürlich, wie sie mich zuvor gepackt hatten. Dann rannten sie in ihre Klasse zurück. Und auch ich konnte das tun. Noch in einem tiefen Schock und einer Art Emotionsstarre schleppte ich mich in den Unterricht und begann weiter zu leben. Als sei nichts gewesen.

Doch. Es schmerzte. Furchtbar tief. In meinem Körper und in meiner Seele. Mein Bauch und meine Nieren taten weh. Innerlich schrie ich vor Schmerzen, war schockiert von dem Geschehenen.

Und einmal mehr durfte ich **aufwachen** – aus einer falschen Hoffnung, dass Freundlichkeit und Zuwendung, Hilfsbereitschaft und Offenheit positive Resonanzen bei den Menschen hervorrufen könnten … vielleicht bei wenigen, aber die Masse ist es, die die tiefen Spuren hinterlässt.

Und ich habe sie *auch* gesehen, die Mitschüler, die das alles beobachtet und nicht eingegriffen haben! Es waren Jungs. Keine körperlich schwächeren Mädchen. Nein, es waren die Jungs meiner Klasse, die nicht eingegriffen haben, obwohl ich sie flehend ansah. Und ich glaube sogar Erwachsene im Augenwinkel gesehen zu haben, die auch nur hastend vorbei rannten. Jaja, das Mensch ist schon eine sehr eigene Spezies.

Danach habe ich eine Beschwerde eingelegt und wollte von den Mädchen eine Entschuldigung. Meine Bitte wurde von der Klassenlehrerin erhört, doch das Ganze dann völlig lieblos und ohne jegliche Empathie abgewickelt. Sie bat mich vor die Parallelklasse, um die Mädchen zu benennen und rügte diese, das nie wieder zu tun. Die Mädchen nickten verschmitzt und das war's. Wenn das alles zwei Minuten gedauert hat, war es lang. Irgendwie heilte das meine Wunden nicht, sondern verstärkte den Teufelskreis der inneren Immigration nur noch mehr. Verzeihen kann heilen, aber nicht immer. Loslassen und in den Abstand gehen, schon eher.

ABSTAND HEILT

So konnte ich zwar weiterhin alle Kraft auf meine schulischen Lernprozesse lenken, doch verkümmerte in mir das Bedürfnis immer mehr, mit den Menschen zu sein. Sich genau diesen Widerständen zu stellen.

Weil ich keinen Sinn darin erkannte. Was soll ich mit einem Fisch diskutieren, dass er fliegen soll oder mit dem Vogel, dass er besser tauchen soll? Mit Menschen reden, diskutieren, dass sie aufhören einander zu verletzen? Wenn ich doch erkenne, dass sie überhaupt nicht daran interessiert sind – an wirklichem Frieden und Mitgefühl …

Mir blieb nur die Flucht vor so viel Irrsinn.

Zunächst erst einmal in einen Berg von Blockaden.

Und da begannen sie, die unsichtbaren Staudämme an Energie in mir.

Diese dann nach und nach wieder aufzubrechen, um in meine eigentliche und vor allem fließende Kraft zu kommen, war Lebensaufgabe und Lehrer zugleich.

Noch bin ich hin- und hergerissen, ob ich diese körperlichen und seelischen Verletzungen als Geschenk annehmen soll oder besser wütend über diese unnötig erschaffenen Bremsklötze in meinem Leben sein sollte. Doch mein positives Mindset tendiert eher zu einer gewissen Dankbarkeit, diese Erlebnisse wie Leitplanken oder als glühende Kohle meiner eigentlichen Potentiale anzunehmen. Denn alles, was ich bin und werde, wurde durch diese Schmerzüberwindung und Verarbeitung erweckt. Und letztlich geheilt.

Daher ist es in solchen Momenten wichtig, so schmerzhaft sie auch sein mögen, die Draufsicht auf die Dinge zu finden und zu bewahren. Der Moment selbst mag furchtbar und sehr verletzend sein – er hält aber eine Botschaft bereit. Wenn du es schaffst diese Botschaft zu erkennen und durch sie zu wachsen, ist selbst das grausamste Gefühl letztlich nur ein Wegweiser.

Ein Wegweiser dort wegzugehen, wo es so weh tut. Die Menschen zu verlassen, die einen abwerten. Den Ort und die Umstände zu ändern, die einem Energie abziehen. Das Leben erschaffen, das dich erfüllt, wie auch immer das aussieht.

Die Kraft dazu findest du in dir, dort wo die Sehnsüchte schlafen. So zu leben, wie du es dir immer schon gewünscht hast. Die Leitplanken sind all die bösartigen (unglücklichen) Menschen, die deinen Weg kreuzen. Sie sind die Energiefelder, die anders gepolt sind als du, und die dich deshalb abstoßen.

Finde den Weg und die Menschen, die dich respektieren, würdigen und lieben – wie, was und wer du wirklich bist. Ganz ehrlich. In und mit dir.

Alles andere verbrennt deine Lebenszeit, die du nie wieder zurückholen kannst.

Schmerzen sind nur der Pfad auf dem Weg zu dir. Die Freude ist die Belohnung.

FORMEN, UM ZU SPRENGEN

Wer wächst, sprengt

Ob Goethe wohl wusste, dass die in seinem »Faust« festgehaltene Feststellung »Zwei Seelen wohnen, ach, in meiner Brust« die Sicht aus einer eher unbewussten Perspektive war?

Solange man meint, aus zwei gegensätzlichen Energien zu bestehen, hat man das eine große Ganze in sich noch nicht erkannt. Mir fällt dazu immer ein Bild von einem Grizzlybär ein, der vielleicht glaubt ein Schaf zu sein und sich wundert, dass er dann andere Tiere so heftig reißt und frisst. Erst in dem Moment, wo er erkennt, dass er nun mal ein Grizzly ist, bringt ihm das die Akzeptanz seines Großen und Ganzen, seines sanftmütigen und reißerischen Wesens.

Ich gebe zu, dass das Erkennen und erst recht das Akzeptieren der eigenen Komplexität eine Lebensaufgabe ist. Aber immerhin. Es ist möglich, und wenn man Spaß daran findet, kann gerade dieses Erkennen die Reise zu sich selbst unglaublich spannend und bereichernd »machen«. Ich habe jedenfalls viel Spaß dabei, auch wenn die wichtigsten Erkenntnisse meist nur mit vielen Tränen einhergehen. Sei's drum, auch weinen ist befreiend.

Solange ich Intelligenz in einem System und in dessen Regeln und Gesetzen erkenne, kann ich ihnen leicht folgen. Das Problem ist die eigene Fortbildung. Gibt man sich mit dem zufrieden, was einem gelehrt wird, hinterfragt man das Gelehrte und alle damit einhergehenden menschlichen Gesetzmäßigkeiten nicht. Die Regeln sind so, wie sie sind, und das ist logisch, gut und richtig.

Beginnt man aber sich auch noch anderweitig zu informieren, sich selbst zu belesen, fort-zu-bilden, so folgt dem eventuell auch ein fort-bewegen aus diesem System. Weil sich schlicht und ergreifend die Perspektive gewandelt hat.

Man selbst hat die Perspektive geändert und damit andere Einsichten und Erkenntnisse gewonnen.

Ich bin den Gesetzen des Sozialismus (in meiner Kindheit) sehr gerne gefolgt. Es ging uns gut. Wir hatten ein Dach über dem Kopf, es war warm, wir hatten immer genug zu essen und das Gefühl von einem gewissen Zusammenhalt. Als Kind sind das alles Attribute, die einem gut tun. Es schwang eine Art Sicherheit mit. Komme was wolle, wir, als Gemeinschaft, werden immer zusammenhalten und alles schaffen, was es zu schaffen gibt. Zumindest für eine Weile und vor allem für ein gewisses Energielevel.

Denn sobald man mehr Energie hatte, die Welt erobern, sie entdecken und bereisen wollte ... waren innerhalb einer Sekunde die Grenzen dieses Gefühls erreicht. Und genau da schieden sich die Geister. Wem Freiheit im Geiste und in seiner Seele plötzlich wichtiger wurde als das Gefühl des Zusammenhaltes und der (angeblichen) Sicherheit, der hatte plötzlich ein Problem. Wer also individuellen Ausdruck suchte, hatte auf einmal keine Möglichkeiten mehr dazu. Oder sagen wir, nur begrenzte Möglichkeiten. Das, was vorher warm, sicher und angenehm stressfrei wirkte, begann sich plötzlich wie ein Gefängnis anzufühlen.

Alles, was wir wahrnehmen, wird maßgeblich geprägt von unserer Energie wie auch von unserer Haltung. Wobei letztlich die innere Haltung an das Energiepotential gekoppelt ist. Wer viel Energie hat, nimmt die Herausforderungen des Lebens weniger anstrengend wahr und hat dadurch eine positivere Haltung. Ein positiveres Mindset.

Den Schwachen blendet die Sonne, dem Starken scheint sie. Das hatte ich bereits erwähnt.

FORMEN, UM ZU SPRENGEN

Ich war sehr gerne Teil des Gothaer Kinderchors. Nach einer Aufnahmeprüfung wurden wir ein ganzes Jahr lang in Notenlesen, Atemtraining und allem, was man zum Singen in einem Chor braucht, ausgebildet. Mit sehr viel Liebe und Aufmerksamkeit hat Herr Hähnel seine Frischlinge auf dieses schöne Hobby vorbereitet.

Ich habe immer schon gerne gesungen. Allein das Tönen der Melodien erschuf Frequenzen, die mir – unbewusst – sehr gut taten.

Mit der Bewerbung beim Kinderchor wollten meine Eltern mehrere Fliegen mit einer Klappe schlagen. Meine Freude am Singen auffangen, eine gewisse Fortbildungsmöglichkeit schaffen, Reisen ermöglichen und mich Teil einer anderen Gruppe von Gleichgesinnten werden zu lassen, außerhalb der »immer nur in Konkurrenz denkenden« verrückten Schulklasse.

Und anfangs liebte ich dieses Hobby über alles. Die Lieder waren überwiegend sozialistisch eingefärbt, was, wenn man gesunden Menschenverstandes ist, nur mit Abstand zu genießen, aber dadurch auch sehr amüsant war. Diese Instrumentalisierung über Texte und Melodien nahm ich hin, in Abstand und Akzeptanz, dass ich sie sowieso nicht ändern konnte. Alles andere war schön und machte Spaß.

Frau Kuhn, die Gesangsausbilderin, brachte mir bei, meinen thüringischen Akzent völlig zu kontrollieren, doch vor allem lernte ich, wirklich tief zu atmen. Das ist ein größeres Geschenk als den meisten bewusst ist. Denn richtiges, tiefes Atmen kann ein ganzes Leben verändern. Vielleicht tat es das einmal mehr bei mir, ohne dass ich das bewusst »bestellt« hatte – in jedem Fall aber veränderte mich die bewusst ausgeführte Atemtechnik (körperlich und damit auch energetisch) und richtete mich weiter auf. Denn nur dann, wenn man auch wirklich tief einatmet, kann man mit dem Atem als Werkzeug die Stimme führen, sowie klarere Gedanken aus der Ruhe, die mit diesen tiefen Atemzügen entsteht, formulieren.

Ja, ich würde sagen, es klärte meinen Geist, machte mich bewusster. Es war ein sanftes weiteres Aufwachen des schlafenden Kindergeistes. Ohne Schockerfahrung, einfach nur durch tiefes, bewusstes Atmen.

Wer wächst, sprengt

So erinnerten mich die Melodien (nicht die Texte) und das bewusste tiefe Atmen an mein friedliches Sein, das, was so freudvoll und friedlich auf diese Erde gekommen ist. Ich fühlte mich er-füllt mit dieser Freude.

Das ließ mich dann auch die Qualen der An- und Abreisen zu den zweimal wöchentlich zwei Stunden Proben ohne Probleme aushalten.

Doch wie schon oben erörtert, ist jeder Friede nur so lange Friede, wie man die Regeln eines Systems befolgt, weil man sie mag.

Verändert sich die Perspektive auf das System, entstehen Störungen.

Meine Interruption des friedlich erfüllten Gefühls entstand gefühlt über Nacht.

Diesmal körperlich gesteuert, nämlich durch die Hormone.

Eingetreten in die Pubertät begannen sich in mir mehr und mehr Impulse ausdrücken zu wollen, die in diesem (Chor)System nicht »erlaubt« waren.

Goethe hätte applaudiert und gesagt, dass nun die andere Seele in meiner Brust aufstand.

Ich weiß heute, dass die Kraft in mir immer sehr viel in Bewegung ist, was dann zur Folge hat, dass sie immer auch an Grenzen stößt, die sie brechen muss. Erweitern muss.

Das hässliche Entlein, voller Narben von den ach so liebevollen, wunderbaren Abwertungen und seelischen Schlägen der Mitschüler, konnte dieses erwachende Kraftpotential in mir nicht unterdrücken. Es musste sich mit schönem farbigen Makeup, kreativen Fingernagelfarben und auffälligen Ohrringen zeigen.

Ich hatte keine Wahl. Diese Energien zu unterdrücken wäre Ursache einer Krankheit geworden.

Der Chorleiter reagierte schnell. Eben noch hatte er mir sehr viel Aufmerksamkeit und Bedeutung geschenkt, doch jetzt begann er wirklichen Argwohn mir gegenüber zu leben.

Bei Auftritten war es verboten sich zu schminken. Es war verboten sich die Nägel bunt anzumalen … doch vor allem war es verboten, Schmuck auf der Bühne zu tragen.

FORMEN, UM ZU SPRENGEN

Hätte Herr Hähnel einmal das Gespräch mit mir gesucht, um mir zu erklären, dass mein Verhalten das »Organ Chor« störte, weil der Chor als *ein* Organ funktionieren *muss*, ohne die Individualitäten des Einzelnen – dann hätte ich die Intelligenz dahinter erkannt. Doch so musste ich den Schmuck heimlich auf die Bühne schmuggeln und dort anlegen, mich kurz vor dem Auftritt noch schminken und die Nägel bunt anmalen … sorry …

Warum war ich so rebellisch? Weil ich keinen Sinn in der Unterdrückung der Entfaltung meiner Energie erkannte. Weil es sich nicht richtig anfühlte, weil ich es als unkreativ, soldatenhaft empfand, und weil das nicht meine Vision von Leben war. Immer weniger. Mit jedem Tag in der Pubertät.

Ein Leben, in dem wir uns entdecken, uns entfalten und immer wieder neu erfinden können. Frei sind von Zucht und Unterdrückung.

Fliegen und nicht schleichen wollen.

Alles schön und gut, aber ich war nun mal Teil einer Armee namens Kinderchor Gotha. Das konnte nicht (mehr) gut gehen. Meine erwachende Kraft musste wieder und wieder an Grenzen rütteln, und das führte zu Reibung, die mir letztlich die ganze Freude nahm. Ich passte nicht mehr in das »System«, weil ich mich veränderte. Weil sich *meine* Energie veränderte, oder wie wir es Onkel Goethe erklären könnten: weil sie noch mehr sie selbst wurde.

Der Wegzug aus Ostdeutschland zog dann den unausweichlichen Schlussstrich, und die gemeinsame Reise fand ein Ende.

Für mich bleibt, neben all den wunderschönen Erinnerungen und der Körperschulung, die Erkenntnis, dass die Zugehörigkeit zu einem System ganz viel mit dem Bewusstsein eines Menschen macht. Ändert sich die Bewusstheit eines Menschen, verändert er die Formen; er verlässt die nicht mehr passenden Formen und findet bzw. kreiert die neuen Formen.

Wer wächst, sprengt

Doch die Ursache für jede gesellschaftliche Bewegung, oder gar die Kreation einer neuen Gesellschaft, ist unser Bewusstsein(sgrad). Daraus folgend ist die Bewusstheit eines Volkes an seinen Regeln und Gesetzmäßigkeiten zu erkennen. Ist es ein Volk mit vielen Regeln, Gesetzen und vorgefertigten Schablonen, wie man zu leben hat, handelt es sich um ein sehr unbewusstes Volk. Ist es eine Masse, die individuelle Entfaltung sowie sich selbst erschaffende Freiheit anhand von eigenverantwortlichem Handeln und von nur minimalem Regelwerk für die Existenz dieser Menschen lebt, ist es ein sehr bewusstes Volk, in dem Liebe, Empathie und emotionale Intelligenz viel stärker ausgeprägt sind.

Das Thema ist komplex, denn nicht jeder Mensch kann mit der Freiheit der Formlosigkeit umgehen. Er braucht vielmehr die Struktur und die Form, die Gesetze, die Regeln, am besten ein ganzes System, das alles für seine Soldaten tut – und sie für das System.

Die Ursache für all diese unterschiedlichen Empfindungen aber liegt ganz einfach in der Energetik einer Seele. Würden wir uns dieser noch viel früher (oder überhaupt) bewusst zuwenden, würden diesen Planeten eine große Menge von sehr erfüllten, glücklichen Menschen bewohnen, die ganz organisch als Zeichen der inneren Entfaltung äußere Formen erschafft ... um sie dann wieder zu sprengen.

ZUCHTHAUS

Wut als Katalysator

Menschen machen Gesetze, um Strukturen zu erschaffen, die das Zusammenleben regeln sollen. Je mehr Struktur erschaffen wird, umso weniger Individualität kann sich entfalten. Je mehr Armee, umso weniger Freiheitsempfinden. Da aber Freiheit das höchste energetische Gefühl der Seele ist, tragen diese vielen Grenzen auch das positive Potential in sich, die Seelenkräfte in uns zu erwecken. Kreativität ist eine Ausdrucksform von Spiritualität, und so finden die Menschen kreative, legale Lösungen, ihre Freiheit zu erlangen und zu erhalten. So ist es, so war es, und so wird es immer sein. Ganz einfach, weil diese, die Seelen im tiefsten Inneren bewegende Energie immer so sein wird. Das kosmische Prinzip von Freiheit ist eng an das kosmische Werkzeug der Eigenverantwortung gekoppelt und beides agiert mit- und zueinander.

In der DDR wurde die Gesellschaft in (angeblich wertfreie) Klassen eingeteilt. »Handwerker« waren die mit den Handgewerken. Zur »Arbeiterklasse« gehörten die, die einfach nur arbeiteten, und die »Intelligenz« waren diejenigen, die studiert hatten, um zu arbeiten. Im Emblem auf der schwarz-rot- gelben Fahne fanden sich die Klassen in einem Symbol vereint wieder. Der Hammer für die Handwerker, der Ährenkranz für die Arbeiter und der Zirkel für die (angeblich) Intelligenteren.

Meine Eltern gehörten der Arbeiterklasse an. Meine Mutter arbeitete als Laborantin und mein Vater als Schlosser. Soweit so gut, aber jetzt komme ich zu den dummen Menschengesetzen:

Wut als Katalysator

Eine ganz clevere Regel wurde erschaffen, um immer auch Kindern aus der Arbeiterklasse zu ermöglichen, zu Studierenden zu werden. Es wurde eine Quote festgelegt, die es durchschnittlich drei Kindern pro Klasse und pro Jahrgang (mit 20 bis 24 Schülern) ermöglichte, in eine Abiturklasse aufgenommen zu werden. Bei dieser Quote wurden die Kinder aus der Arbeiterklasse bevorzugt. Natürlich mit dem entsprechenden Notenspiegel. Was sich vordergründig als ach so klug, fair und solidarisch tarnte, konnte dümmer nicht sein, denn es beschränkte Entfaltung. Was, wenn eine Klasse so crazy war wie unsere, und unser gesamter Notenschnitt so überdurchschnittlich war, dass darin gefühlt mindestens elf Kinder Anspruch auf ein Abitur gehabt hätten?

Doch damit noch kein Ende der Starrheit, denn eine weitere Regel besagte: Erklärten sich Jungs bereit, für ganze drei oder sogar zehn Jahre zur Wehrmacht zu gehen, zielten sie also auf eine Anstellung in der Berufsarmee ab, so bekamen diese ganz sicher einen Abiturplatz. Sie würden dann über die bzw. in den Institutionen der Armee ihre Ausbildung vollenden.

Da meine Klasse sehr viele männliche Mitschüler beherbergte, und deren Notenschnitt, wie schon erwähnt, ungewöhnlich hoch lag, schmolz meine Chance einen dieser drei Plätze zu ergattern, fast gänzlich.

Über kurz oder lang war klar, dass mein Anspruch auf einen Abiturabschluss trotz meines Einser-Notendurchschnitts keineswegs einer fairen, Gleichberechtigung fördernden Logik des ach so sozialem Sozialismus folgte. Vielmehr diente diese ausschließlich dem Ziel, dem Staat die besten Kriegsmarionetten zu schenken.

Wir hatten also zwei Gegner in diesem Spiel. Den sehr guten Notendurchschnitt dieser Streberklasse mit all ihren verrückten Schülern, die, ich erinnere, Schularbeiten von anderen nehmen und auf Korrekturfehler der Lehrer prüfen durften, um die Note des (selbst erschaffenen) Konkurrenten potentiell zu verschlechtern, sowie politisch erschaffene Umstände, die einerseits extrem limitierend nur drei Anwärter auf das Abitur erlaubten, und andererseits diese Regel dann zusätzlich durch eine Art »Wehrmachtsbonus« sabotierten.

Also mussten wir kreativ werden, um diese vielen Untiefen zu umschiffen. In der Nähe von Gotha gab es eine Spezialschule für Sprachbegabte, die eine spannende Chance bot. Nämlich einfach schon mit der neunten (anstelle mit der elften) Klasse sofort in eine Abiturklasse einzusteigen. Die Idee war, dass sich aus 200 Schulen die besten (und natürlich auch sprachbegabtesten) Schüler durchsetzen und dann vier Jahre lang eine ganz spezielle (auf Sprache und sozialistischen Drill ausgerichtete) Ausbildung erfahren würden.

Aber, wo war der Haken? Es musste einen Haken geben, sonst macht das ja jeder ...

Allerdings.
Man nannte es Aufnahmeprüfung.
Eine sozialistische Aufnahmeprüfung.
Was heißt das?
Es bedeutete sich als systemkonform zu zeigen ...
Also war nicht nur eine gewisse Sprachbegabung die Voraussetzung, sondern auch das richtige Mindset. Jaja, der ach so soziale Sozialismus, er hat wie jedes andere faschistische System auch immer seine Diener geprüft, bewertet und bestraft, wenn man selber dachte.

Was die Sprachen anging, konnte ich mich nicht wirklich noch mehr vorbereiten als ich es durch die Lehrer der Streberklasse bereits war. Der Lehrplan in der Schule richtete sich nach dem von der Schulaufsicht jährlich veröffentlichten Lehrplan. Die Vokabeln standen im Lehrbuch und an dem Tag X der Prüfung waren alle Klassen dieser Jahrgangsstufe auf diesem Vokabel- und Grammatikstand. Ein Vorteil übrigens gegenüber der Schulbildung der BRD, die einem Flickenteppich ähnlich in jedem Bundesland andere Lehrpläne hat ...

Nur politisch musste ich etwas tun.
Aber was?
Meine Eltern waren keine wirklichen Mitläufer, aber sie konnten vor allem eines: Schweigen. Etwas, das mir übrigens in zunehmendem Alter

Wut als Katalysator

und aufgrund der dabei gewonnenen Einsichten immer schwerer fällt ... Die um-die-Ecke denkende Art, das freie Denken, hatte zur Folge, dass ich nicht immer sozialistisch »dachte« und fühlte. So manche Regeln, wie beispielsweise die mit der Abiturbegrenzung, erschloss sich mir nicht. Und niemand hat mir damals ehrlich erklärt, dass dahinter ein System steckte. Der Anspruch, das System zu schützen und deshalb nicht zu viel Abwanderung von den (nun mal auch benötigten) Handwerkern und der Arbeiterklasse zu ermöglichen, wäre ja fast noch nachvollziehbar gewesen. Aber denkt man diese Regel zu Ende, bedeutet sie: Huch, die sind uns alle zu intelligent, lass uns einen Zaun bauen, der sie in feste Formen bringt, ohne dass sie entscheiden können, in welche. Aber was wundere ich mich, der Zaun war ja um das ganze Land gelegt, also versteckte sich die Wahrheit nicht wirklich ...

Ob aus mir heraus oder von anderswoher ist nebensächlich – ich »wusste« darum, dass man den Geist programmieren, ihn beeinflussen kann.

Also entschied ich mich noch mehr sozialistisch programmierende Sender und Zeitschriften zu konsumieren. So wurden der »Schwarzen Kanal« einmal wöchentlich am Montag, und die tägliche »Aktuelle Kamera« zu meinem Pflichtprogramm.

Der Schwarze Kanal war eine Sendung, die propagandistischer nicht sein könnte. Alles und jeder aus dem kapitalistischen Ausland wurden als Feind beschrieben und dessen Bösartigkeit und Beweggründe auseinander genommen und bis ins letzte Detail analysiert. Aus der Sicht des Sozialisten natürlich.

Ich lernte die Sprache, die Wörter, die Redewendungen und ich lernte (zumindest eine Weile) so zu tun, als würde ich so denken. Es war so unendlich mühsam. Als pubertierendes Mädchen sich solche politischen Sendungen reinzuziehen, völlig ohne einen Unterhaltungs- und wirklichen Mehrwert. Es fühlte sich wie verschenkte Lebenszeit an, und nur das Ziel, diese Aufnahmeprüfung zu bestehen, erschaffte in mir wenigstens einen Funken an Kraft, das durchzuhalten.

Es waren viele Monate und Wochen, und mir platze schier der Kopf mit so viel Müll darin.

Doch dann endlich kam der Tag der Aufnahmeprüfung.

Zuerst wurde ich in Englisch geprüft. Ein sehr freundlicher Lehrer und eine Assistentin saßen an einem Tisch in einem Raum der Schule. Mein Herz schlug mir bis zum Hals. Doch seine freundliche offene Art gepaart mit ein bisschen englischem Humor ließ meine Angst sich bald beruhigen.

Er sprach fließend und mit leicht britischem Akzent aber deutlich, sodass ich eigentlich jedes Wort verstanden hatte. Wir führten eine nette Konversation über das Leben, meine Hobbys und alles mögliche belanglose Zeugs. Ich denke es waren so 10 bis 15 Minuten, die ich dort geprüft wurde, um dann umso beruhigter entlassen zu werden.

Ich wusste, dass ich hier nicht versagt hatte. Es lief gut.

Voller Tatendrang und gefüllt mit Selbstbewusstsein, dass ich die russische Prüfung nun auch hinbekommen würde, betrat ich dann den nächsten Raum für die russische Prüfung.

Vor mir saßen eine sehr hübsche, lächelnde »Madruschka-Frau« wie sie im Buche steht, neben ihr ihre Assistentin.

Doch dann holte sie Luft und überschüttete mich mit einem Wasserfall aus Russisch.

Perfekt gesprochenem Russisch, wie ich es noch nie in meinem Leben erfahren hatte. Schnell wie ein Pfeil, messerscharf wie ein Schwert und streng wie aus einer Pistole geschossen überfluteten mich Worte, die ich in meinem Leben noch nie gehört hatte. Manchmal schnappte ich eines auf und konnte mit diesen Brocken wenigstens einigermaßen den Sinn des Satzes und der Frage »erraten«. Aber war erraten hier wirklich der Weg?

Es war die Hölle. Ich fühlte mich wie eine Anfängerin. Nein, noch schlimmer, als hätte ich nie in meinem Leben Russisch gelernt, völlig fehl am Platz. Es ergab keinen Sinn. Entweder in meiner bisherigen Schule wurde schlecht gelehrt, oder diese Lehrerin hier überdehnte das Potential der zu Prüfenden um ein Vielfaches.

Ich verstand das alles nicht und es zog mir den Boden unter den Füßen weg. Zitternd und mit jedem Wort verunsicherter versuchte ich ganze Sätze zu stammeln, aber ich wusste, das war keine gute Leistung. Das war nichts. Gar nichts. Nada. Minus.

Was ich zuvor an Kraft aus der englischen Konversation hatte ziehen können, wurde mir hier wieder genommen.

Die Spielsteine standen alle wieder auf Anfang und vor mir lag nun die politische Prüfung.

Die Staatsbürgerkunde auswendig gelernt, den schwarzen Kanal mich »programmiert« haben lassen und jegliches Westfernsehen seit Wochen vermieden zu schauen (was eh nicht erlaubt war), betrat ich nun einen Raum mit fünf Lehrern. Vielleicht war auch ein Direktor dabei. In der Aufregung waren das aber alles unwichtige Details.

Manche lächelten leicht, doch überwiegend war man um sozialistische Strenge bemüht. Ich kannte die Töne aus den Schulappellen, die einmal im Monat vor und mit allen Klassen abgehalten wurden. Einmal tief Luft holen kleines, großes Mädchen, Augen und Ohren auf und gerade sitzen. Auf ging's in den Marathon der Fangfragen.

Es war ein dauerndes sich Winden zwischen dem unfassbar achtsamen Erfühlen, worauf eine Frage abzielte, und dem gleichzeitigen sich selbst manipulierendem Ich, das alle Konzentration in die fast schon auswendig gelernten Phrasen aus dem schwarzen Kanal spielerisch authentisch vortragen sollte … wollte … musste. Wie auf heißen Kohlen schwang ich mich von Antwort zu Antwort und versuchte keine einzige Lücke an meiner (einstudierten) Haltung zu erschaffen, in die ein wachsames, listiges Auge hineinstechen hätte können. Man begann mit manipulativ harmlosen Fragen und ging tiefer und tiefer in politische Abläufe, meine Sichtweise, meine Haltung dazu und vor allem versuchte man meine Entschlossenheit im Umgang *mit* dieser Haltung einzufangen.

Es war ein geistiges Schach Spielen mit politischen Figuren. Sowas macht man gerne mit 14 Jahren. Man denkt mit Vierzehn einfach wirklich sehr gerne politisch und verbiegt sich, bis sich einem der Magen umdreht vor lauter Lüge. Ich bin heute noch sprachlos, wie und dass ich das gemeistert habe.

Doch irgendwann war es tatsächlich vorbei, das Verhör, denn nichts anderes war es.

Ein politisches Verhör.

Aber ich wollte es ja so, niemand hatte mich dazu gezwungen.

Und anscheinend haben die politische Haltung und das erfreuliche englische Gespräch gereicht, um ein Teil dieser gecasteten Klasse zu werden.

Und siehe da, schneller als ich denken konnte, saß ich in einem Internat. Es waren zwar nur 20 Kilometer, die mich von meinem Zuhause trennten, doch es fühlte sich viel, viel weiter an.

Nicht nur die vielen neuen, fremden Mitschüler, sondern auch all die neuen Lehrer, doch vor allem der erhöhte Leistungsdruck machten es uns allen schwer. 20 Mädchen und zwei Jungs fasste die Klasse, vielleicht, weil immer schon die Mädchen sprachbegabter waren und die Jungs mathematisch begabt. Vielleicht aber auch, weil die Jungs einfach andere Ziele hatten als die Bewerbung an dieser Schule. Um ihr Abitur zu machen, hatten sie ja immer noch den sogenannten Wehrmachtsbonus.

Ich fühlte mich wie ein Küken, das aus dem Nest fallen musste, um fliegen zu lernen. Nichts von dem, was ich kannte, war mehr da. Meine Superklasse und deren verrückte Spielchen waren weg, und damit auch meine schulische Heimat. Das war hart. Für mich zumindest.

Der Kinderchor war eine gute Schule gewesen, um zu lernen in fremden Umgebungen mit relativ fremden Mädchen ein Zimmer zu teilen. Doch Pubertät und die Art der Aufteilung können es dann doch zu einer kleinen Feuerprobe machen. Denn das Internatszimmer musste ich mir mit zwei Mädchen teilen.

Zwei können Freunde werden, der Dritte stört meistens. Da ich zweimal pro Woche zu den Proben mit dem Kinderchor nach Gotha fahren musste, hatte ich also bei dieser Aufteilung kein wirkliches Mitspracherecht. Ich war dann einfach die Dritte.

Wut als Katalysator

Es mag meiner Empfindsamkeit geschuldet gewesen sein, dass ich diesen Zustand als frostig empfand, wo vielleicht jemand anderer darüber hinweg gesehen hätte. Aber beide Mädchen strotzten nicht wirklich vor Empathie. Und so konnte ich es immer kaum erwarten, am Wochenende wieder in meinem eigenen Bett zu liegen.

Der Internatsdrill setzte dem Gefühl der »Nestsehnsucht« in vielerlei Hinsicht eins drauf. Nicht nur dass die Klasse ja ganz bewusst so zusammengesetzt war, sondern auch durch einen gesteigerten Leistungsanspruch. Ich fühlte mich wie vom Regen in die Traufe gekommen. Aus der völlig durchgeknallten Schulklasse mit einem überdurchschnittlich hohen Notenspiegel fand ich mich nun in einer Super-Streberklasse wieder, wo das Ellenbogendenken eine neue Dimension bekam. Teilweise hatte ich das Gefühl, wir kämpften alle ums Überleben. Da war die vorherige Klasse ein Spaziergang.

Es herrschten Zucht und Ordnung wie in den schwarz-weiß Filmen, wo die Lehrer noch mit Stöcken die Klasse zu Respekt aufriefen. Jaja, das ein oder andere Mal peitschte er auf die Schulbank, der Stock, weil man nicht gerade gesessen hat, oder dem Lehrer es nicht passte, wie unvorbereitet die Schüler waren. Zucht und Ordnung. Sie ließen uns zittern. Im Sozialismus. Anfang der Neunziger.

Nachmittags war immer zwischen 16.00 und 18.00 Uhr eine Art Lernzeit vorgegeben, in der man seine Hausaufgaben zu machen hatte. Studienzeit nannten sie es.

Dabei war es nicht erlaubt etwas anderes zu tun. Hatte man keine Hausaufgaben auf, so hatte man sich bitte zu belesen. Anderweitig zu bilden. Es war verboten auf dem Bett zu liegen oder es sich anderweitig gemütlich zu machen. Wohl bemerkt, wir waren junge Pubertiere, die dann doch schon gerne auch mal in einer Bravo lasen … oh nein, verzeih, es war die FF dabei …

Aber der Wachdienst, in Form von Lehrern, machte sich Folgendes zum Psychospiel: In diesen zwei Stunden liefen sie heimlich die Gänge entlang und lauschten an den Zimmertüren, ob wirklich alle konzentriert lernten. Und ab und zu standen sie dort minutenlang und rissen dann plötzlich die Türe auf, sodass jeder, egal wo er gesessen oder gelegen hatte, keine Chance mehr hatte sich schnell hinzusetzen und Interesse am Lehrstoff vorzutäuschen. Man wurde also sofort »erwischt«.

Da war sie wieder, eine der dummen Regeln.

Wieso lerne ich besser, wenn ich gerade sitze? Lerne ich mehr, wenn ich nicht im Bett lerne oder auf der Couch sitze? Bin ich nur lernfähig, wenn ich am Tisch sitze? Und überhaupt ist es doch meine Eigenverantwortung, wie ich und ob ich lerne. Wenn ich es nicht möchte, ist es doch MEIN Schicksal, das daraus entsteht? Und ist das wirklich so, dass Peitschen der Konzentration hilft? Also wie bei Tieren, um genauer zu sein, wie bei den Pferden?

…

Ja, ich muss zugeben, dieses Zuchthaus hat mein Weltbild einmal mehr gewaltig transformiert.

Die Lerngeschwindigkeit hatte es in sich: In den Sprachen absolvierten wir den Lehrstoff, den andere in zwei Jahren lernten, in einem Jahr. Also mit doppelter Geschwindigkeit.

Jeder von uns zusammengewürfelten Jugendlichen kam an eine Grenze. Denn wir alle waren mit einem sehr guten Notenschnitt ins Internat gekommen, und jeder war es gewohnt, viele Einsen auf seinem Notenkonto gesammelt zu haben. Doch jetzt hagelte es Fünfen und Vierer. (Es gab keine Sechs.)

Das galt nicht nur für die Sprachen. Jeder von uns musste sich an dieses hohe Leistungsniveau neu gewöhnen. Und natürlich auch ich, obwohl ich aus einer »Superman and Supergirl-Klasse« kam.

Wenn du plötzlich lernst und lernst und gepeitscht und kontrolliert wirst wie ein Vieh und dann gefühlt fast keine Erfolge mehr erlebst, dann tut das in deinem Ego sehr weh. Alles, was uns bis dato ausmachte, zerrann uns in den Händen. Jeder von uns musste kämpfen wie nie zuvor, um das neue Level an Anforderungen zu erreichen. Jeder auf seine Weise. Mit vielen Tränen. Mal waren es die (plötzlich schlechten) Noten, mal der Ton,

Wut als Katalysator

mal die Peitsche, und manchmal auch einfach nur die Sehnsucht nach Zuhause, dem warmen wohligen Heim, wo die Welt (und vor allem die Noten) noch gut war.

Druck formt oder man zerbricht darunter.
   Bisher waren es nur dumme Kinder gewesen, die mich aus Langeweile prügeln wollten und damit Druck auf mich ausübten, aber jetzt waren es die Lehrer. Das ganze System. Und jede unangenehme Frage, die ich stellte, wurde mit einer schlechten Note oder einer kalten Energetik so zurückgestrahlt, dass ich (endlich) lernte zu schweigen. Der Druck war so stark, dass ich auch gar keine andere Wahl hatte, als die Scheuklappen aufzusetzen und zu büffeln, was das Zeug hielt.

Wirklich durchdachte Systeme beschäftigen ihre Sklaven so sehr mit Arbeit, dass sie gar nicht mehr zum Denken kommen …

Ich durchschaute das System und genau da begann die tiefgreifende Transformation in mir. Hatte ich mich vorher abgestrampelt, um »dem System« zu gefallen, brave folgsame Pionierin des Sozialismus zu sein, erkannte ich nun plötzlich, dass ich hier der Willkür einer Haltung ausgeliefert war: der Haltung, uns nach einem ganz speziellen Geist zu formen. Und das ohne Skrupel.
   Mit Angst wurde versucht uns gefügig zu machen, nicht mit Liebe.
   Mit sozialistischem Drill wurde versucht, uns folgsam zu machen, nicht mit Verständnis.

Es ist nicht die Fülle an Lehrstoff, die ich anklage, es ist die Art und Weise, wie die ach so pädagogisch gebildeten Menschen mit uns umgegangen sind.
   Das war nicht menschlich, nicht weise, nicht liebevoll (ja man kann auch mit Liebe lehren), auch nicht intelligent und schon gar nicht fürsorglich. Wir waren noch halbe Kinder. Und all das hinterließ Spuren. In den sensiblen andere als in den weniger sensiblen. Für mich als Hypersensible war es ein weiteres **Aufwachen**.

Denn wo ich eben noch Spaß am Lernen in meiner Supercrazyklasse hatte, wurde er mir hier durch Peitsche und Angst genommen. Wo ich vorher noch Freude am Wachsen und Neugier am Erforschen der Naturgesetze erlebte, wurde mir hier mit den Angstzügeln jedes Atmen meines Geistes genommen.

Die Fratze, der ich vorspielte, dass ich zu ihr gehörte, zeigte immer mehr ihr wahres Gesicht und dahinter strahlte viel Unterdrückung der Schüler. Schmerzen. Mentale und seelische Folter war das. Für mich zumindest.

Diese Schule hat eine alte, gute und große Geschichte, und die will ich ihr auch nicht absprechen, doch war die Art und Weise, wie die einzelnen Lehrer diese Geschichte versuchten, in die Zukunft zu tragen, brutal und unflexibel.

Wenn das, was wir damals erlebt haben, heute noch stattfinden würde, wäre die Schule längst geschlossen. Und eigentlich ist es egal, ob sie Teil einer Tradition war oder Teil eines (sozialistischen) Planes – ein derartiger Umgang mit Menschen darf nicht entschuldigt werden.

Es ist meine Aufgabe daran zu erinnern, dass derartige Misshandlungen geschehen sind, und ich erinnere mich daran, was es in meiner Seele hervorgerufen hat. *Dieses* **Aufwachen**.

Wo es mir vorher wichtig war, die Beste einer ganzen Schule zu sein, formte sich eine gewisse Bedeutungslosigkeit in all den bisher gesammelten Abzeichen und Erfolgen. Ich »kündigte« innerlich diesem (dummen) Spiel, welches jegliche Individualität in uns ersticken und uns zu Soldaten eines Systems ausbilden wollte. Und wir dabei ohnmächtig Spielball der Launen der Lehrer und derer Befindlichkeiten waren. Nein, das war nicht mein Leben, und ja, ich sprach diesem Weg, diesem Willen, dort dazuzugehören meine Kündigung aus. Ein Leben in Sklaverei zu verbringen, war für mich indiskutabel. Ich **wachte** aus diesem System auf, stand auf und ging innerlich.

Wut als Katalysator

Es war schon damals so und wird auch immer so bleiben, solange es Lehrer aus Fleisch und Blut gibt, gibt es Sympathien oder das Gegenteil davon. Und mit nichts auf der Welt kannst du diese Kräfte lenken, sie dir weder erkaufen noch manipulieren.

Mag ein Lehrer einen Schüler, so wird dieser anders »bewertet/benotet« als derjenige, der nicht gemocht wird. Es sind die Entscheidungen eines Bruchteils einer Sekunde, ob man und wie oft man abgefragt wird, wie die Fragen in den Prüfungen gestellt werden und ob sie den Schüler auf eine hilfreiche oder eine falsche Fährte lenken. Es gibt 1000 Möglichkeiten, das Schicksal der jungen Menschen in diesen Momenten zu lenken, und keiner der Lehrer dieser Zeit (in dieser Schule) war sich dieser großen, seelischen Verantwortung wirklich bewusst.

Äußerlich musste ich kapitulieren und mich den strengen Regeln der Armee beugen, ich hätte unter dem Druck sonst keinen einzigen Tag »funktionieren« (im Sinne von guten Noten abliefern) können.

Innerlich aber wuchs in mir die Wut zu einem Planeten an, und es formte sich ein Plan. Eine Art Fluchtplan aus diesem System, das seine Kinder so misshandelte. Ich wollte mit dem Vordiplom in den Sprachfächern schnell als Dolmetscherin arbeiten und am besten gestern, in jedem Fall aber noch bevor ich irgendwo sesshaft werden müsste/würde, von einem beruflichen Auslandsaufenthalt im westlichen Ausland nie wieder in die ach so soziale DDR zurückkehren.

Große Pläne, mutige Schritte und das alles mitten in der Pubertät.

Doch Pläne sind dazu da, dass sie geändert werden, und eingebunden im Fluss des Kosmos' hatte dieser seinen ganz eigenen Plan …

TANZTRAUMA

Ablehnung bestätigt, wo du nicht hingehörst

Viel zu lernen und sich in der Freizeit voll und ganz einem Kinderchor zu widmen, kostet Aufmerksamkeit. Und viel Zeit.
Mein Fokus lag ganz klar im Erledigen dieser täglichen Dinge im Sinne meines (hohen) Anspruchs.
Mein Aussehen lag nicht in meinem Fokus, doch hatte ich diesbezüglich eine verschobene Wahrnehmung. Denn selbst wenn solch liebevollen Äußerungen wie: »Mein letzter Wille war die Frau mit der Brille« und all die anderen Herzensworte täglich meinen Emotionalkörper wie Schwerter beschossen, so glaubte ich dennoch, nicht wirklich hässlich zu sein. Die Schulnoten waren hervorragend, und als hässlich hatte mich bisher noch keiner »beschimpft«. Das lief alles immer subtil ab. Zu weit weg, um die Dimension dahinter wirklich zu be-greifen.

Die dicke, braune Hornbrille und dann auch noch das Bandhaar.
Für alle »nicht Friseure« unter euch – normales Haar hat einen runden Durchschnitt. Bandhaar ist wie ein Band, flach in seiner Form, und das wiederum macht, dass die Bearbeitung dieses Haares durch die gekrümmt veränderte Oberfläche sehr, sehr schwer, wenn nicht unmöglich scheint. Dazu ist Bandhaar meistens sehr fein. Sehr, sehr fein. Auf einer Skala von 0 (Vogelfedern) bis 10 (feines Menschenhaar) habe ich 3. Also fast unstylebar – in vielerlei Hinsicht.
Meine Mutter versuchte dem gegenzusteuern und zu helfen, wo sie konnte. Doch die Wahl der Frisur damals ging leider furchtbar daneben. Wenn man meint, feines Haar durch Stufen stärken zu können (die man

dann stylen muss, was man aber bei diesem Haar nicht kann) kann das total schiefgehen. Und so war es dann auch.

Der Igelschnitt hielt genau einen Tag, danach fielen die kürzeren Haare wieder nach unten und der Rest meines Haares hing wie 1000 Waschlappen an meinem Kopf, nun aber in ausgedünnter Form.

Oben einen Igel, unten drei Resthaare, dicke braune Hornbrille auf der Nase, so lief ich also in die erste Tanzstunde ein.

Relativ bald begann der Lehrer uns aufzufordern, dass wir die Paare bilden sollten, mit denen wir den Unterricht in den nächsten Wochen erleben wollten. 50 Jungs beginnen sich auf 50 Mädchen zuzubewegen. Ganz aufgeregt saß ich da und wartete, wer denn nun mein Tanzpartner sein würde ... Ich wartete ... und wartete ... und wartete ...

47 Paare waren geformt. Drei Jungs übrig. Der Lehrer will endlich beginnen und fordert diese drei Jungs auf, einfach die restlichen drei Mädchen zu wählen. Darauf erwidern die drei Jungs geschlossen: »Nein, da gehen wir lieber.« Und schon waren sie weg. Der Saal stand still, betroffen und erwartungsvoll. Keiner wusste, was nun mit den drei »übrig gebliebenen« Mädchen passieren sollte.

Ich jedoch schaute mich um und konnte nicht glauben, was ich da gerade erleben durfte.

Denn ich war eine dieser drei Mädchen.

Ich? Übrig? Wieso? Hässlich? Nein. Nein, das kann nicht sein. Ich bin doch kein Arschloch, lerne immer fleißig und bin dabei immer freundlich. Friedlich. Wieso passiert das jetzt? Ich verlor jeglichen Boden unter den Füßen. Ohnmächtig taumelnd zog es mich tiefer und tiefer ins »Nichts«. Ich konnte das alles nicht glauben und wollte am liebsten davonrennen. Den drei Deserteuren hinterher.

Doch 47 Jungs und 47 Mädchen + 1 Lehrer standen gelangweilt von der Situation des Wartens im Saal und schauten umso abfälliger auf uns Übriggebliebene.

Übrig geblieben.

Ja, ich war übrig geblieben.

Die »Gesellschaft« hat mir zu verstehen gegeben, dass sie mich nicht »mag«. Um es nett auszudrücken. Und um es weniger nett auszudrücken, dass sie mich hässlich findet und sich deshalb nicht für mich interessiert.

Das ist in so vielerlei Hinsicht erschütternd, dass ich es gar nicht beschreiben kann. Denn egal von welcher Perspektive ich versuche das zu erklären, ich lande immer wieder bei einer deutlichen Antwort: »Keiner mag mit dir tanzen«. Das war die schlichte Wahrheit.

Doch es kam noch viel schlimmer.

Bedingt durch die Ungeduld aller Beteiligten rief der Tanzlehrer dazu auf, dass sich nun zwei Mädchen aus unserem Trio zu einem Paar zusammenschließen. Ich saß weit weg von den beiden, sodass es eine logische Folge war, dass sie sich zusammenschlossen und ich erst recht übrig war. So richtig übrig übrig. Von 50 Jungs und 50 Mädchen habe ich als Einzige so richtig wirklich niemanden gehabt, der mit mir tanzen wollte. Die Details dazu sind egal. Der Schmerz darüber aber wuchs zu einem Himalaya an.

Um die Situation endlich (auf)zu lösen, rief der Lehrer mich zu sich und beschloss nun, dass er den Unterricht mit MIR leiten würde. An mir die Übungen vorführen würde.

Mit mir, vor allen.

Dauernd.

Und das, wo ich ja dort bin, um es zu lernen, also nur scheitern kann und belächelt werden muss. Nicht nur, dass ich in diesem Moment die (bis dahin) größte Erschütterung meines Lebens erfahren hatte, nein, jetzt durfte ich mich auch noch vor all diesen Menschen in jeder Unterrichtsstunde auf dem Präsentierteller vorführen lassen.

Ich habe mich selten in meinem Leben so ohnmächtig gefühlt wie in diesen Momenten.

So ausgeliefert, ohnmächtig und von einer Gesellschaft mehr oder weniger bewusst ausgestoßen.

Warum? Weil ich ihnen etwas weggenommen habe? Sie beleidigt habe? Sie verletzt habe? Sie angegriffen habe? ... Nein, weil ich ihnen rein äußerlich einfach nicht gefiel.

Ablehnung bestätigt, wo du nicht hingehörst

Wobei ich gerne genau bin, was das »ihnen« betrifft – in diesem Fall betraf das ja nur die Herren der Zunft.

Die Herren im pubertierenden Körper waren entweder so oberflächlich oder so desinteressiert, dass sie es waren, die mir diese Botschaft überbrachten.

Für mich, und jeder empfindet seelischen Schmerz anders, sind Schmerzen einer solchen Ablehnung von der Gesellschaft schlimmer als eine Wunde, die durch irgendwelche Messer oder Schwerter einem Menschen zugefügt werden könnten. Denn diese Wunden geschehen im Herzen. Und die Wunden des Herzens gehen direkt in die Seele. Deshalb war es auch ein tiefer Schock in meiner Seele.

Doch so erschütternd dieses Erlebnis für mich in meinem Leben war, so bedeutend war es für jeden weiteren Schritt in meinem Leben.

Und ich sage danke.

Bis heute ein tiefgreifendes, ehrliches Danke. Danke an all die unbewussten und doch so deutlichen Reaktionen, die mir ehrlich und authentisch zeigten, wo ich hingehöre und wo ich falsch hoffte.

Dieser Abend, mit all der Ohnmacht und den traurigen Gefühlen dabei hat mich erneut aufgeweckt. Auf einer sehr menschlichen, äußerlichen Ebene, die dann doch so tief bis in die Seele gewirkt hat. Mein Weltbild erschüttert, oder doch besser, mich aus so vielen Illusionen erweckt hat.

Die Illusion gemocht zu werden, wenn ich nett bin.

Die Illusion geliebt zu werden, weil ich freundlich und hilfsbereit bin.

Die Illusion, dass das Äußere keine Bedeutung hat in dieser Welt.

Die Illusion, dass Respekt durch Leistung entsteht.

Die Illusion, dass ein bisschen Makeup und Schmuck Weiblichkeit ausmachen.

Die Illusion, dass andere einen einfach mal nur so mögen, weil sie sich für einen interessieren und gerne mit ihm Zeit verbringen, ohne »Benefit« für sie.

Und so viele Illusionen auf einmal.

TANZTRAUMA

Es ist das Thema meines Lebens.
Verkannt zu werden, weil sich niemand an der Oberfläche des Seins für die Tiefe in mir interessiert.
Missverstanden zu werden, weil niemand meine Perspektive versteht.
Völlig falsch und konträr beurteilt zu werden, weil niemand die Bandbreite meines großen Ganzen erkennt.
Misshandelt zu werden, weil die unbewussten Seelen das Sanfte als schwach deklarieren.
Zertrampelt zu werden, weil das unbewusste Menschentier das Leise nicht hört.
Nicht respektiert zu werden, weil seelische Größe in der Menschenwelt keinerlei Wert hat.
Energetisch nicht »gesehen« zu werden, weil sie »energetisch blind« zu sein scheinen.

Doch all diese unendlichen Missverständnisse aus unbewusster Lieblosigkeit heraus sind und waren immer schon vor allem eines: Eine Chance. Viele Chancen. Zu wachsen. Den Muskel der inneren Stärke zu trainieren und die Resonanzen nicht als Antwort des Kosmos, sondern klar als die Antwort der unbewussten Menschen zu erkennen.
Denn der Kosmos wertet nicht, viele Menschen aber tun es.
Der Kosmos beschenkt dich mit Energie, manche Menschen nehmen sie dir.
Jede dieser Brandbomben an Unbewusstheit, die sich nicht einmal einen Hauch von Mühe geben (wollen), das große Ganze, die Komplexität einer Seele zu erfassen, hinterlässt einen gestärkten, elastischer werdenden Muskel und vor allem eine klare Erkenntnis, wer wer ist. Wer urteilt – wer fragt. Wer lauscht – wer brüllt. Wer trampelt – wer fühlt. Wer ignoriert – wer betrachtet. Wer vernichtet – wer baut auf ...
Sieht man mit der Seele, ist das Menschenspielfeld relativ einfach zu überschauen, doch verstehen werde ich die vielen Billiarden an vertanen Chancen, einander anders zu begegnen, wohl nie.
Dankbar sein, für jede ehrliche Offenbarung, die anscheinend allein durch meine Präsenz hervorgerufen wurde und wird, werde ich immer.

Denn nichts ist wichtiger und wertvoller, als zu wissen, mit wem man es zu tun hat.

Die Tanzstunde war der Auftakt in eine Unendlichkeit solcher Erlebnisse und damit der Beginn einer gesunden Desillusionierung sowie Erkenntnis der Realitäten des Menschen und des Menschseins.

SYSTEMKOLLAPS

*Menschen ändern sich nicht,
nur ihre Systeme tun so als ob*

War etwas interessant in der Schule, konnte ich mich ganz leicht motivieren, viel zu lernen. Wie bereits erwähnt, inspirierten mich vor allem die Naturwissenschaften. Weil sie ein anderes Denken herausforderten. Wie ein »Hirnmarathon«, der leichter im Zusammenspiel mit einem gewissen intuitiven Verständnis zu absolvieren ist. Die Formeln und Gesetzmäßigkeiten, Abläufe und Prozesse zu verstehen, halfen mir immer auch ein bisschen, das Leben anders zu verstehen. Andere Denk-Perspektiven einzunehmen. Und ich hatte wirklich viel Freude daran, mein Fühl-Denken so herauszufordern.

Doch neben der Physik liebte ich, wie schon erwähnt, die Chemie so sehr, dass ich beruflich zunächst unbedingt etwas in dieser Richtung machen wollte. Fest entschlossen, Chemikerin zu werden, erfuhr ich die ersten »german vibs« der Zweifel, weil alle, ja alle, die in der Arbeitswelt bereits aktiv waren, begannen mir davon abzuraten. Sie sprachen von fensterlosen, sterilen Arbeitsräumen, ständig gleichen Abläufen, keiner wirklichen Entdeckerreise … Ob das stimmte, konnte ich nie überprüfen, denn das Schicksal hatte dann einen ganz anderen Plan. Doch das erlernte, naturwissenschaftliche Denken ging ja mit mir in diesen unbekannten Plan. Und sind wir mal ehrlich – das Leben ist doch eigentlich viel zu bunt, als dass man es nur im weißen Kittel in Kellern verbringen sollte. Oder?!

Sei es diese erlernte Art zu denken oder vielleicht doch einfach Teil meiner Urkraft in der Seele – im Grunde war ich nie das Lamm, das der Herde still folgen konnte. Die Energie in mir hat von Anbeginn zunächst erst einmal nur den Anspruch, zu verstehen, wem man, warum, folgen soll.

Und allein schon daran scheiterte es, denn dieses »Warum« wurde leider allzu oft nicht, oder nur sehr schlecht beantwortet. Teilweise wurde sogar verboten, danach zu fragen. Verlangt man aber auf der einen Seite zu folgen, und kann auf der anderen Seite keine (für mich verständlichen) Argumente liefern, wird es wild in mir. Abgesehen davon, dass ich für einen nächsten Schritt einen Grund brauche, wurde also von mir erwartet, dass ich ihn auch noch blind gehe. Doch das kann ich nicht. Es widerspricht meinem Seelencharakter. Also bleibe ich erst recht stehen. Die Fesseln und Regeln des Sozialismus fühlten sich wie schwere, kalte Steine um meine Seele an. Die Gewissheit, niemals weiter als innerhalb der roten sozialistischen Landkarte reisen zu dürfen, erstickte meinen Atem.

Doch selbst dieses Dilemma trug schon wieder ein positives Potential in sich: Mit jedem dummen Befehl aus der sozialistischen Parteizentrale war ich mehr und mehr inspiriert, Lösungen zu suchen, um die Enge überwinden zu können. Wie bei einem Perpetuum mobile folgte eine Idee auf die andere. Die Enge nahm mir die Luft zum Atmen. Das bewegte meinen Geist fast dauerhaft, nach Auswegen aus ihr zu suchen, und kaum war wieder eine Fessel gesprengt, hatte meinen Geist erweitert, empfand ich die Enge umso deutlicher. Ein Kreislauf an Inspiration entstand.

Der Alligator war schließlich so sehr in Ketten gelegt, dass er nur noch mehr in seiner Kraft erwachte.

Als sei er beim Schicksal bestellt gewesen, erschien nun der Mauerfall als Schleuse in das neue Leben genau zur richtigen Zeit. Die Fesseln begannen auf meiner Suche nach anderen Wegen schon Wunden in meiner Seele zu »reiben«.

Doch im Grunde hat die sogenannte Wende leider nur das Prinzip gewandelt, welches mich nun versklaven wollte. Als würde ein neues Kapitel in einem Buch beginnen, doch das Buch selbst erzählte immer nur eine Geschichte. Die Geschichte von der Unfähigkeit der Menschheit zu lernen. Was folglich bedeutet, dass das Buch die Geschichten nur wiederholt, aber immer in anderen Menschenkleidern und mit anderen Glaubensmustern.

Meine Eltern verloren ihre Arbeit. Die Betriebe von ihnen mussten relativ zügig schließen. Arbeitslosigkeit war etwas, das die DDR nicht kannte. Jeder hatte ein »Recht auf Arbeit«, was folglich bedeutete, dass auch die, die nicht arbeiten wollten, also das Recht gar nicht haben wollten, von allen anderen mitgezogen wurden. Diese hoch soziale Idee zeigte sich dann aber leider auch in der Effizienz der Arbeit. Sie ließ, gemessen an der großen weiten Welt, immer mehr an Kraft nach.

Für mehr Details, hole ich kurz ein bisschen aus:

Ein guter Freund, der diese besondere Zeit des Übergangs eines Landes vom Sozialismus in den Kapitalismus in der Treuhand begleitete, berichtete mir, dass die Schürerkommision, benannt nach Ihrem Chef Schürer, schon 1987 erste Warnsignale über die Finanzen der DDR Richtung Zentralkomitee formuliert hatte. 1988/89 hielt er erneut in seinem zentralplanerischem Werk für das Komitee fest, dass die DDR pleite sei, und nur die Aufnahme weiterer Hartwährungskredite oder ein Lohnverzicht helfen könnten, um das Lohnniveau an die besagte schlechte Produktivität anzupassen.

Hintergrund dieser Problematik war das Zwangssparen der Bürger. Wer gut verdiente, konnte sein Geld nicht wirklich investieren, es fehlten die Produkte und Möglichkeiten. Deshalb musste der DDR-Bürger sein Geld »zwangssparen«, manchmal auch, um in zehn Jahren damit einen Trabbi oder Wartburg zu bezahlen.

Die Sparkassen haben diese Sparguthaben an die Zentralbanken überwiesen, und die Zentralbank hat diese Mittel dann wieder den Firmen bzw. Kombinaten ausgeliehen, um deren Kreditbedarf zu befriedigen. Als die Kombinate nun aber dieses geliehene Geld nicht für Investitionen und Modernisierungen einsetzen konnten, sondern brauchten, um die Löhne zu bezahlen, begann das Chaos. Die Kredite wurden zu reinen Verlustausgleichen und die Unternehmen damit reine Beschäftigungsgesellschaften, die nichts erwirtschafteten.

Menschen ändern sich nicht, nur ihre Systeme tun so als ob

Die Kosten für die Beschäftigten überstiegen die Einnahmen um ein Vielfaches und dieses Fass ohne Boden erkannten Schürer und sein Team. Er meinte, man hätte die Kombinate in einer Art Insolvenz entschulden müssen. Das Problem dabei dann wäre aber gewesen, dass die Zentralbank pleite gegangen wäre, was in der Folge bedeutet hätte, dass die Sparer einen Großteil ihres lang erarbeiteten Geldes verloren hätten. Es wäre zu bürgerkriegsähnlichen Situationen gekommen.

Der Druck Lösungen zu finden, erhöhte sich täglich, wirtschaftlich gesehen aber auch aus dem Volk. Und so war es wahrscheinlich unumgänglich die Währungsumstellung so schnell zu vollziehen. Was für das Volk heilbringend und beruhigend wirkte, war für die Wirtschaft letztlich leider der Todesstoß.

Am 1. Juli 1990 wurde die Deutsche Mark eingeführt, doch die Wirtschaft der ehemaligen DDR war darauf in ihrer Wettbewerbsfähigkeit nicht vorbereitet.

Das führte teilweise zu einem 1:1 Umtausch des Bargeldvermögens. Soweit so schön, doch kauften die Menschen jetzt von diesem Geld keine Ostprodukte, sondern Westprodukte! Der Trabbi musste über Nacht mit Firmen wie VW und Mercedes konkurrieren, was aussichtslos war. Die kleine DDR-Industrie musste sich über Nacht mit den big playern der ganzen Welt messen. Bisherige Partner aus Osteuropa, die bisher Tauschhandel betrieben hatten auf der Basis von Warentausch, waren nun aber aufgerufen, die Waren der ehemaligen DDR in Devisen bezahlen zu müssen, was folglich nach sich zog, dass die Comecon-Staaten sagten: Wenn nun schon Devisen als Zahlungsmittel genutzt werden, dann kaufen wir die besseren Produkte, also auch hier – Westprodukte.

Natürlich war nicht alles schlecht, was der Osten produziert hat, doch war die Geschwindigkeit, diese Produkte wettbewerbstauglicher zu vermarkten, das heißt im (neuen) Markt zu platzieren, zu etablieren, viel zu hoch. Die westdeutschen Firmen überrollten mit ihren Produkten und großen Budgets für Vermarktung und Werbung jeden Konsumenten, sodass er gar nicht darüber nachdenken konnte, welchen Schaden sein Kauf dadurch letztlich anrichten könnte.

Und das brachte die DDR-Firmen in allergrößte Schwierigkeiten. Durch Umtausch der betrieblichen Geldmittel 2:1, aber die Auszahlung der Löhne in 1:1, stand nun das Lohnniveau im Osten noch weniger im Verhältnis zur Produktivität. Was also vorher schon problematisch war, bekam nun einen katalytischen Beschleuniger. Die nicht immer schlechteren, aber eben schlechter aufgestellten und damit wettbewerbsunfähigeren Ostunternehmen sind in Windeseile abgestürzt.

Andere Ostländer konnten ihre Wirtschaft später in Zusammenarbeit mit der EU durch Beibehalt ihrer Währung (für eine Übergangsphase) vor diesem Einsturz schützen.

Doch ich vermute, dass es hier zu wenige waren, die »etwas retten« wollten, und der heimliche Motor hinter diesen vielen traurigen Tatsachen die Einverleibung eines ganzen Landes war. Wie bei einer Invasion handelte es sich hier aber um leise Waffen in Form von Mechanismen der freien Marktwirtschaft und nicht um Bomben.

Tatsächlich aber wurde meine Heimat in Schutt und Asche gelegt.

Auch wir waren Teil dieser Geschichte. Nichts davon habe ich in der Schule gelernt oder in den Medien übermittelt bekommen. Wir Ossis waren natürlich einfach nur dankbar, endlich so etwas wie Freiheit zu empfinden. Reisen zu können, wohin man wollte, und, wenn man es sich leisten konnte, zu kaufen, was man wollte.

Nach (für so manchen) 40 Jahren erlebter Blockaden in einem System fühlte sich das in erster Linie befreiend und damit gut an. Dass diese Freiheit derartige Schatten werfen würde, wurde vielleicht bewusst, vielleicht aber auch nicht bewusst, verschwiegen.

Die Menschen wollten frei sein. Koste es, was es wolle.

Da fiel er also, der ach so hochgelobte, sozial ausgerichtete Sozialismus wie ein Kartenhaus in sich zusammen. Weil das Geld, das so sozial für jedermanns Dach über dem Kopf und jedermanns Lohn ausgegeben wurde, nicht verdient worden war. Weil das System in seinen festen Formen die Visionäre, die Menschen, die die Innovationen bringen, um fortzuschreiten, unterdrückt hatte, und weil ohne Innovationen kein Wachstum möglich ist. Und so erstickte diese Idee sich selbst. Der Sozialismus starb an seiner Sozialität.

Woran wird der Kapitalismus sterben – oder anders ausgedrückt, ist seine Kraft stärker oder vielleicht einfach nur ein bisschen klüger, »manipulativ besser«, um ihn am Tropf weiterleben zu lassen? ... Wir werden es erleben.

Der Druck im Zuchthaus wurde nicht weniger, nur weil jetzt ein kapitalistisches System die Lehrpläne erstellte. Er blieb konstant, weil die Lehrer mit ihren Unterdrückungsmechanismen nun nicht mehr A lehrten sondern eben B. Sonst hatte sich so gut wie nichts geändert.

Bis auf das sinnvollste Fach aller Fächer namens Staatsbürgerkunde. Das wurde abgeschafft.

SCHULE, EIN ARMUTSZEUGNIS

In der Schule lernst du, nicht selbst zu denken

Zwei Jahre nach dem Einzug ins Zuchthaus stand plötzlich ein weiterer Umzug an. Ganz ungewollt, ganz unbestellt. Vom Schicksal gelenkt.

Meine Eltern fanden glücklicherweise über Bekannte Arbeit in Nürnberg. Also war es unvermeidlich, dass ich das Zuchthaus verlassen und ein neues Heim in einem Gymnasium finden musste.

Ich war durch meine Superbrainklasse schon viel gewohnt, was Wettbewerbs-und Kampfeslust betrifft und durch das Zuchthaus eine Menge Eigenverantwortung. Doch hier traf ich auf eine ganz andere und neue Art des Schüler-Seins. Nämlich auf die zwei Pole Desinteresse und Vorurteile.

Die Ossibraut, die aus dem Osten, die Osttussi- die Namen waren so vielfältig, wie die Gesichter der Unbewusstheit. Doch für mehr hat es selten gereicht. Schon damals bemerkte ich eine ganz spezielle Eigenart der unbewussten Menschen, die sich bis heute immer wieder bestätigt: Sie interessieren sich nicht. Sie interessieren sich nicht für das Gegenüber, dessen Empfindungen, sein Denken, seine Geschichte.

Und so erlebte ich, dass niemand wirklich wissen wollte, wie es war, in der DDR gelebt zu haben. Was wir liebten, wie wir feierten, wie wir lernten. Niemand fragte, wie es sich anfühlte, das alles hinter sich zu lassen und wie es mir überhaupt geht. Wie war es in einem sozialistischen System, was genau machte es so sozialistisch und vor allem, wie lebte es sich in einem sozialistischen Internat? Wie verbrachten wir den Tag, wie spielte man ohne Monchhichis, Barbies und Matchboxautos? Wie fühlte

In der Schule lernst du, nicht selbst zu denken

es sich an, die graue Heimat für eine unsichere, aber buntere und schöner duftende Welt völlig aufzugeben …?

Alles Fragen, die mir nie jemand gestellt hat. Bis heute übrigens …

Das Leben, die Dramen der Pubertät, die Schule – da war kein Platz für solche Sachen. Alle waren sehr mit sich selbst beschäftigt.

Und die Lehrer damit, mir das Leben schwer zu machen.

Zur Erinnerung:

Das Zuchthaus kann man aus einer gewissen Perspektive als eine Schule mit einer speziellen Ausrichtung, einem bestimmten Fokus bezeichnen, die eine Eliteausbildung für Sprachbegabte forcierte. Wir lernten in den Sprachen den doppelten Lehrstoff eines normalen Schuljahres. Wir waren bestens ausgebildet in den Naturwissenschaften, gefördert durch die Arbeitsgruppen und vieles mehr. Und ja, wir paukten zusätzlich noch die dümmsten Fächer dieser Welt, wie Staatsbürgerkunde, und lernten in Geschichte SED Parteitagsprogramme auswendig, anstelle beispielsweise wie und warum fast jede Wirtschaftsmacht immer nur durch Ausbeutung und Invasion in ein fremdes Land überhaupt erst einmal entstehen konnte …

Bei alle dem war Disziplin unsere Königsklasse. Und nur mit Disziplin konnte man so viel Verdummung aushalten.

Doch nun musste ich mir anhören, dass der Direktor mich zurückstufen möchte, damit ich den Unterrichtsstoff schaffe!? Zurückstufen? Aus einer Schule mit doppelter Lehrgeschwindigkeit kommend?

Wieder ergab diese Herangehensweise keinen Sinn. Und so kämpfte ich erfolgreich gemeinsam mit meinen Eltern dafür, dass ich bitte ganz normal die nächste Klasse absolvierte. Ohne Ehrenrunde für den dummen Ossi.

Als hätte der Direktor seinen Unmut darüber an die Lehrer weitergegeben, begann nun eine Odyssee subjektiver Machtspiele, die Ihresgleichen sucht.

Und es ist mir eine große Freude das nächste Kapitel an Machtspielen hier für eine kleine Ewigkeit festzuhalten. Gleicher Planet, gleiche Rasse – anderes System.

SCHULE, EIN ARMUTSZEUGNIS

Der Deutschlehrer beispielsweise machte sich einen Sport daraus, mich gleich mehrfach hintereinander abzufragen, um nur ja zu »beweisen«, dass ich dem »westdeutschen, angeblich besseren« Schulsystem nicht gewachsen war. Das macht man, indem man einmal den normalen Lehrstoff abfragt, um dann gleich in der nächsten Stunde, in welcher der Schüler der Meinung ist, heute eh nicht dran zu kommen, weil er ja das letzte Mal schon abgefragt worden ist, ihn dann erneut zu befragen und das dritte Mal in Folge dann Grundwissen abzufragen. So kann es beispielsweise wunderbar passieren, dass der Schüler »Substantiv« sagt, der Lehrer aber »Dingwort« hören möchte und dir eine Sechs gibt für das nicht vorhandene »westdeutsche« Systemwissen. (Subjektiv und Dingwort sind das Gleiche.)

Ausgerechnet in meinem heiligen Gral Chemie aber setzte der Lehrer mit seiner Abfrage all dem die Krone an bösartiger Subjektivität und Manipulation auf.

Als hätte nicht schon die mehrfach eingesetzte Zuchthauspeitsche des »Herrn Oberst«, mit seiner Angst einflößenden Doktrin, die letzten Jahre desillusionierende Bomben in mein heiliges Reich Naturwissenschaften geworfen – jetzt nahm die Vernichtungswut der sogenannten Pädagogen noch ungeahntere Dimensionen ein.

Nein, dieser nette Mensch, voller Empathie und Liebe, fragte nicht den Lehrstoff ab. Er machte es sich – ähnlich dem Deutschlehrer, aber noch viel bösartiger – zur Aufgabe, mich ausschließlich zum Grundwissen der Chemie zu befragen.

Wenn ich in etwas sattelfest war, dann darin. Die potentielle Chemiestudentin antwortete selbstbewusst und völlig überzeugt, all diese Dinge kennend. Immerhin habe ich wirklich viel, viel Zeit mit dem Periodensystem und dem spannenden Spiel der Elemente verbracht.

Doch als ich bemerkte, dass hier ein Spiel gespielt wurde, das ich gar nicht gewinnen konnte, weil meine (aus meiner Wahrnehmung richtigen) Antworten nicht die Begrifflichkeiten enthielten, die er hören wollte, wurde mir schwindelig. Viele meiner Antworten waren einem ostdeutschen System entsprechend richtig, aber nicht immer dem westdeutschen. Es gab Abweichungen, die ich nicht kannte. Damit wurden die Antworten als ungültig gezählt, sodass ich aus dieser Abfrage mit einer Fünf hervorging.

Mit einer Fünf. Schulnote Fünf. Für eine, die Chemikerin werden wollte, die Chemie über alles liebte, die Chemie »gelebt« hat ...

Dieser Lehrer hat mich ganz bewusst vorführen wollen. Und ich kann der Erschütterung bis heute keine Worte geben, weil es mir schier unverständlich ist, wie ein Mensch, dessen Beruf pädagogisch damit untermalt ist, Talente zu fördern und nicht zu zerstören, so unfassbar unprofessionell seine Macht ausnutzen konnte.

War ich als Schülerin nur ein Spielball der Launen der Lehrer? Sind die Lehrer vielleicht nur Vertreter eines Systems, oder agieren sie eigenständig so? Was hat das mit Pädagogik zu tun, wenn ein Neuzugang, um genauer zu sein, ein ausländischer Neuzugang, ohne Wissen um die unterschiedlichen Begrifflichkeiten an den Pranger gestellt wird, indem er eben genau diese veränderten Begrifflichkeiten abgefragt wird, anstelle des Stoffes der letzten Stunden? Was treibt einen Menschen in derartiges Handeln, wo es doch eigentlich seine Aufgabe ist, Wissen zu vermitteln?

Wahrscheinlich liegt die Antwort – mal wieder – einfach »nur« in der Unbewusstheit der Menschen. Wo die Schüler es nicht ein einziges Mal geschafft haben, zu erkunden, wie es so ist, wo ich herkomme, und wie ich mich fühle in der neuen Welt, sind eben die angeblichen Pädagogen auch voller Desinteresse und Egomanie gewesen.

Mein Versuch mit dem Direktor über das unmenschliche Verhalten zu sprechen, bestätigte mich leider in dieser Erkenntnis nur noch mehr. Er zeigte zwar Mitgefühl, bestätigte aber, dass er sich niemals »über die Lehrmethoden seiner Lehrer hinwegsetzen könne, und wenn diese (für mich in der Form unvermitteltes) Grundwissen abfragten, hätten sie nichts falsch gemacht.« Ach Menschlichkeit, wo bist du nur gestorben ...?

SCHULE, EIN ARMUTSZEUGNIS

Wo ich früher noch voller Freude, Enthusiasmus, Hingabe und echter Motivation für etwas brannte, fielen mir jetzt also nach und nach die letzten »Schuppen der Illusion tonnenweise von den Augen«. Lehrerschaft trägt Verantwortung in sich, derer sich die wenigsten wirklich gewahr und ihr auch nicht gewachsen sind. Manche, leider zu viele, missbrauchen wie alle unbewussten Tiere die Macht, die sie haben, um auf die Kleinen zu treten und sich selbst zu profilieren. Wenn diese (angeblichen) Machtinhaber dann auch noch in Kostümen daher kommen, wird es wirklich gefährlich. Da sind Schulnoten nur die Spitze eines ganz dunklen und tiefen Eisbergs an Lieblosigkeit und Krankheit dieser Wesen. Doch dazu später.

Aufgewacht aus der Illusion, geglaubt und gehofft zu haben, in den Schulen meiner Zeit wirkliches Wissen für das Leben empathisch, liebevoll und achtsam, übermittelt zu bekommen, durfte ich das Abitur (des Westens) dann mit Ach und Krach gerade noch bestehen.

Ganz sicher habe ich all mein Wissen, mein Feuer und meine Liebe für die Naturwissenschaften beim (ehemaligen) Grenzübertritt »abgegeben« und bin (aus einer Art Eliteschule mit doppelter Lerngeschwindigkeit in manchen Fächern inklusive Internat) dumm wie Brot in der westdeutschen Schule angekommen. Und ganz sicher ist es nur der aufmerksamen, empathischen Art der Lehrer zu verdanken, dass ich meine schulische Laufbahn mit einem Notenspiegel von 1.0 begonnen und mit 3.4 abschließen konnte. Wer kann schon sein Invest in einer Dekade mehr als verdreifachen …?

Die Wahrheit ist, dass ich dieses Spiel immer mehr durchschaut habe, genau in diesen Momenten, in denen mir meine Liebe zu den Naturwissenschaften so sehr zertrampelt wurde. Ich erkannte, dass die Lehren der Schulen selten etwas mit Wissen zu tun haben, sondern ganz oft mit dem, was eine bestimmte Glaubensgemeinschaft vorgefiltert als Wissen zu übermitteln »erlaubt«.

Ich erkannte, dass die Übermittler voller Vorurteile und eigener Blockaden dieses vorgefilterte Wissen dann auch noch manipulativ indoktrinieren und somit jede Freiheit des Denkens unterbinden. Genau das Gegenteil von dem leben, wofür sie eigentlich stehen.

Erste Vermutungen in mir wurden lauter und lauter, dass das alles nur Spitzen eines gewaltigen Eisbergs waren, der diese menschliche Kälte braucht, um zu existieren …

Und je mehr ich diese Krankheit erkannte (und aufwachte), umso weniger konnte ich auch dieses dumme Spiel mitspielen.

Ich zitiere Professor Dr. Gerald Hüther: »Ein guter Schulabschluss ist kein Indikator für Intelligenz. Sondern von guter Anpassungsfähigkeit.« Und ergänze: … Sowie der Notenspiegel zum Schulabschluss generell ein Indikator für den Grad an Mobbing der Lehrer und Schüler sein kann.

ENTENSCHWAN

Judo mit dem Kosmos

Was immer wir erleben, es trägt Chancen in sich.
Je nach unserer Bewusstheit erkennen wir sie, oder nicht.
Je nach Fülle der Blockaden in uns nutzen wir sie, oder nicht.

Die bisher erlebten Ablehnungen, Abwertungen, Ausgrenzungen und Demütigungen hatten mir schwer zugesetzt. Das muss ich zugeben. Doch vor allem deshalb, weil ich nie wirklich verstanden habe, was die Ursache dafür war. Ich fand in dem Irrgarten der Abwertung für das (angeblich hässlichere) Äußere, über die Abwertung der guten Schulnoten in die Abwertung der schlechten Schulnoten bis hin zur Abwertung für meine Herkunft und dann die Abwertung für das nun (angeblich) bessere Äußere keinen Plan, keinen Sinn und vor allem keine Richtung. Was wollte das Schicksal mir damit sagen? Du bist so wie du bist ein schlechter Mensch, egal was du aufführst? Ich drehte mich im Kreis und fand und fand keinen Anker.

Außerdem war die »Gruppe« der Ablehnenden viel zu breit gestreut, zwischen Schülern und Lehrern – und meine Empfindsamkeit zu groß.

Die Anerkennung von den Obrigkeitsorganen meiner Superbrainklasse in der DDR war auch nur »erkauft«, solange ich ihnen brav wie ein Sklave folgte. Sobald ich das dann zu Internatszeiten änderte, war es auch da vorbei.

Und all diese Statistiken machen einsam. Natürlich machen sie das. Ich wäre kein Mensch, oder ich wäre einer ohne Herz, wenn ich diese kontinuierliche Wucht von Ablehnungsresonanzen einfach so wegstecken hätte können.

Judo mit dem Kosmos

Und wo die Einsamkeit wohnt, ist oft auch die Traurigkeit nicht weit entfernt. Und wo Traurigkeit wohnt, ist die Wut ihr Schatten. Hin- und hergerissen zwischen diesen Gefühlen wurde aber vor allem mein Muskel »Lösung finden« zu meinem Überlebenselixier. Wie im Fitnessstudio, wo die Muskeln schmerzen und man erschöpft Disziplin übt, so ist der Schmerz dieser »Seelenmuskeln« das Training. Und findet man auch hier die Balance zwischen Aktion und Pause, ist Energie das Geschenk des Kosmos.

So manches Schicksal geht in der Fülle der Ablehnung und der Verzweiflung über die nicht erkennbare Logik darin in die Erfahrung einer Depression. Doch irgendwie hatte ich dazu keine Ambitionen. Aus meiner Perspektive bekam nämlich dieser Judo mit dem Kosmos mit jeder dummen Ablehnung auch etwas Positives. Denn es kann auch tatsächlich motivierend wirken, diesen ganzen Widrigkeiten spielerischer zu begegnen. Sie mit etwas Humor zu sehen.

Nicht jeder mag diese Draufsicht auf eine solche Misere haben und sich deshalb in seinem Gedankentunnel verirren, aber irgendwie hatte ich das Gefühl, wählen zu können.

Und es mag auch die Wut gewesen sein, die mich führte. Die es nicht zuließ, dass ich mir von der Boshaftigkeit und der Ignoranz der Anderen etwas nehmen lasse. Warum? Wozu? Mit welchem Ziel sollte ich deren andauernden Negativität so viel Macht über mein Sein geben? Ich fand darauf keine einzige sinnvolle Antwort. Wieder und wieder dachte ich diese Gedankenschleife zu Ende – und landete immer wieder in meiner trotzigen Haltung, all das nicht so ernst zu nehmen. Aus einem gesunden Abstand die Dinge zu betrachten, und die Geschehnisse eben nicht persönlich zu nehmen – gleichwohl ich wirklich betonen möchte, dass ich dieses Werk ja aus einer mir innewohnenden eher analytischen Perspektive erschaffe. Ich halte nur fest, wie es ist Mensch zu sein in unserer Zeit – und das aus einer sehr verletzbaren, sensiblen Perspektive.

Der Versuch noch weiter in Abstand zu gehen, von dort aus die Dinge gelassener und humorvoller zu betrachten, ist gelinde gesagt als junger Mensch, der prinzipiell immer genug Geld zum Essen hatte, aber nie genug, um die existentiellen Ängste der Kindheit zu löschen, eine spannende Herangehensweise. Aber ich hoffte, dass dieser Abstand möglich ist. Ab und zu zumindest. Vor allem, wenn man schon ein bisschen kosmisches Vertrauen in sich fühlt. So ganz leise ... immer wieder. Doch dazu später mehr.

Ich spielte Schach mit Ihnen.
Das Gewürz »Zeit« wurde dabei mein bester Freund, der mir im Laufe des Lebens immer wieder Heilung in dieser Traurigkeit schenkte. Nämlich genau dann, wenn ich an den Haltestellen ihrer Lebensbahnen anhalten durfte und in den meisten Fällen Erschöpfung, Frust und (wahrscheinlich daraus entstanden) auch leider viel Krankheit erkennen musste. Die Körper schafften es nicht immer, dem Raubbau durch die vielen kranken, negativen Glaubensbilder, den unreflektierten Worten, der unbewussten Nahrungszufuhr und der wenigen Rast dem »Marathon Leben« Stand zu halten. Und das wenig vorhandene bewusste Agieren in fast ausschließlich (Wett)Kampf und Missgunst haben der geistigen Gesundheit den Rest gegeben. Bei all der körperlichen Ausbeutung war selten Platz für Seelisches und wenn, dann meist auch das nur flüchtig.
Und so vergingen sie, die Leben der Anderen...Tik. Tak. Tik. Tak.

Ich traf unbewusst und doch bewusst eine der wichtigsten Entscheidungen meines Lebens, die von nun an jeden meiner Schritte in eine andere Lebenshaltung versetzte: Wenn mich diese Einsamkeit traurig macht, die Traurigkeit wütend und diese Wut dann positiv kraftvoll, dann nutze ich dieses immense Potential einfach und setzte zum Gegenangriff an: Hinaus in die Welt, soweit es nur geht, so hoch es nur geht, so viel nur geht. Jede Sackgasse kann nur mit einem Richtungswechsel überwunden werden. Also ändern wir die Richtung von Rückzug in Angriff.

Es reicht. Ende mit dem Trauerspiel. Das Leben hat sicher noch viel mehr zu bieten als auf die nächste Bewertung zu warten und Demütigungen einzustecken, damit sich andere besser fühlen. Schluss damit.

Als sei es ein Gewürz, das mir in die Seele gegeben worden war, schwang dabei das Echo aus der Tanzstunde immer mit. Es tönte im Dauertakt und lenkte mein ganzes Sein. Jede Entscheidung und Nicht-Entscheidung, jeden Schritt und jedes Zögern.

Dieser Entschluss, mein Leben selbst in die Hand zu nehmen, mich aus der Opferrolle heraus in ein aktives, sehr bewusstes Agieren hinein zu begeben und dabei schöpferisch kreativ auszudrücken, wurde nun mein »heiliger Gral«. Mein Licht im dunklen Tunnel des (Allein)Seins.

Und Entschlossenheit geht mit WOLLEN einher. Ich wollte so unbedingt diese Richtung ändern, dass dieses Wollen mein Atem wurde. Sicher war das auch mit der Grund, warum ich Züge eines Workaholics in mir entwickelte, und auch das sollte wertfrei bleiben. Aber dazu später.

Jetzt war es an der Zeit aufzustehen.

Der Führerschein verlangte Sehtests. Und siehe da, meine Augen hatten sich sehr verbessert. Die +3.5 Dioptrien waren wegtrainiert und schmolzen auf ein +1,0 herunter. Dazu wurden mir 110 Prozent Sehleistung bescheinigt. Das gab mir Rückenwind, diese Krücke an Nasenfahrrad endlich wegzuwerfen. Und kaum war sie weg, sah ich mich selbst (mehr). Ich bekam Lust am »Gestalten«, mich zu schminken und modisch zu kleiden. »Belohnt« wurde all das mit positiven Resonanzen (überwiegend des männlichen Geschlechtes) und natürlich auch mit Gegenwind (des weiblichen Geschlechtes).

Die Rasse Mensch kann einfach nicht friedlich, sie muss anscheinend kämpfen. Wenn es die Männer unbewusster Weise nicht tun, dann tun es die Frauen untereinander. Sich bekriegen. Hass, Neid ... Stutenbissigkeit. Und natürlich war ich bei all dem auch keine Heilige, aber böse nun mal auch nicht.

Die sich häufenden Komplimente der Jungs, dockten direkt an einen Wesensteil in mir an, der nach all dem Verstecken und der Unterdrückung durch das hässliche Hornnasenfahrrad schier explodieren wollte. Die ganzen Ängste, der ganze Energiemüll der bisherigen Geschichte wollte wie weggesprengt werden.

Also wagte ich es und bewarb mich bei einer Zeitschrift zur Teilnahme an einem sogenannten Modelcontest. Tatsächlich kam nach einigen Wochen eine Einladung in die Diskothek Resi in Nürnberg für die lokale Wahl.

Zehn Mädchen standen zur Wahl, und ich war tatsächlich eine davon. Das nenn ich doch mal Transformation. Aus einer der drei »Zurückgebliebenen« wurde eine von zehn Teilnehmerinnen eines Schönheitswettbewerbes. DAS ist das Leben. DAS sind sie die Chancen unseres Seins hier auf Erden. UNS zu transformieren. Innerlich wie äußerlich.

Natürlich bin ich »gestorben« vor Aufregung, hab am ganzen Leib gezittert und alles geglaubt aber auf nichts gehofft, was den Ausgang dieses Abends anging. Die Diskothek war voll. Ja solche Events waren damals sehr begehrt. Das war keine von diesen Misswahlen, wo man im Bikini Schilder hielt. Nein, es war ein Modelcontest, es ging um Fotogenität.

Plötzlich stand ich da neben echt wirklich hübschen Mädchen.

Was für ein Heilungsmoment.

Ich bin bis heute unendlich dankbar für diese »relativ schnell« ermöglichte Umkehrung meines Schockerlebnisses in der Tanzstunde.

Und wider Erwarten gewann ich an diesem Abend.

Ja, ich. Die mit der dicken Hornbrille. Die Hässliche da, mit der keiner tanzen will. Die stille Streberin. Ich … von einer Jury als die Attraktivste an diesem Abend erkoren … Mit Blumen beschenkt, im Blitzlichtgewitter gebadet, lächelt meine Seele heute noch, wenn sie sich an diese Bilder erinnert. So dankbar bin ich dafür.

Doch wenn wir gerade von Dankbarkeit sprechen, dann muss ein ganz entscheidendes Dankeschön auch hier formuliert werden. Denn es gab in dieser Nacht einen Menschen, der das Zünglein an der Waage dieses meines Schicksals spielte. Sein Name: Pino Fusaro. Er war Teil der Jury damals und er erzählte mir, dass eine (wirklich sehr hübsche) Italienerin von einigen der Jury favorisiert worden war. Doch sie war einen Kopf kleiner als ich. Und Models müssen über 1,70 Meter sein, besser noch 1,75 Meter. Jedenfalls war ich diesen Maßen näher als sie, und das nahm er als Argument, um für mich zu sprechen. Ich war also jemand, der mit dem Titel auch tatsächlich etwas »anfangen« konnte, ihn weiterverwerten konnte.

Danke Pino, du warst dadurch einer der wenigen und ersten Menschen, die mich in meinem Leben (ungefragt) erkannt und gefördert haben. Das ist so selten, dass es für die kleine Ewigkeit, die dieses Buch hier existiert, weiterleben muss. In diesen Sätzen. Dieser Abend war ein Schicksalsabend und du ein großer Lenker der Richtung meiner Zukunft. Damals, in diesem Moment. Danke dir von Herzen.

Nichts ist ohne Folgen, und natürlich heilte dieses Erlebnis nicht nur ein wenig mein Tanzstundentrauma, es leitete schließlich sichtbar die neue Phase in meinem Lebens ein.

Mich zu trauen, mich zu zeigen. Mich anzunehmen, mich nicht mehr (so sehr) zu verstecken. Ja, mich aus dem Versteck mehr und mehr und immer wieder heraus zu trauen.

Ich fasste Mut, mich bei den besten Modelagenturen Deutschlands zu bewerben. Mit Erfolg. Ich durfte mich ausprobieren als Fotomodel und dabei die unterschiedlichsten Erfahrungen sammeln. Erfahrungen, die ich nicht gesammelt hätte ohne dieses (In-mich-)Selbst-vertrauen. Aber dieses gewann ich eben nur durch diese »Umpolung« (von hässlich auf hübsch bewertet) ... auf der Bühne.

Als ich den Contest dann auch noch deutschlandweit gewann, war besiegelt, was Monate davor noch undenkbar schien. Ein Preis des Gewinns war eine Reise nach Amerika, die ich dann auch zügig antrat. Ohne dass ich das alles bewusst so geplant oder bestellt hatte, legte diese Reise einen ersten Anker raus aus Deutschland, in eine andere Art des Denkens, zu anderen Menschen, einer ganz anderen Art zu sein – doch vor allem schenkte sie extrem viel Inspiration für ein mit sozialistischen Drill aufgezogenes kleines (ehemaliges) hässliches Entlein. Diese ersten »Berührungen« mit Amerika prägten mich in meiner Ausrichtung zur Gestaltung meiner Zukunft mit ganz leisen, ersten, sanften Tönen. Doch dazu später mehr.

Das, was eine ganze Kindheit über so verschüttet von den unzähligen Hänseleien und Abwertungen gewesen war, durfte sich nun trauen nach und nach aufzustehen und sich zu entfalten.
Meine Reise in die Modewelt hatte begonnen.
Mir ist bewusst, dass all diese neuen Eindrücke aus der Welt der Models nur oberflächlich erscheinen, doch wer tiefer schaut, sieht, wie tiefgreifend diese Oberflächlichkeiten letztlich auch Heilung in mir bringen konnten. Nicht alles, aber dennoch Einiges.

Das Leben schenkt uns eine Unzahl an Möglichkeiten, uns selbst zu finden, zu erkennen und vor allem zu ent-falten. Erkennt jemand diese (manchmal auch oberflächlich erscheinenden) Chancen und ergreift sie wirklich, so lebt er das höchste Potential an Schöpferkraft, das uns geschenkt ist. Und lebt er das, bleiben ausschließlich Demut und Dankbarkeit, eben genau für diese Chancen.

Ein Teil in mir kann noch immer nicht verstehen, dass der Kosmos überhaupt Traumata ermöglicht, doch im Erkennen der Ausgleichschancen ist selbst das am Ende sinnerfüllt.
Ich habe das Gefühl von Demütigung und Entwertung tief in mir erfahren, und ich habe die ersten Werkzeuge der Heilung erkannt, genutzt und transformiert. Was will ich mehr? Am Ende bleibt Erkenntnis und aus dieser Erkenntnis mehr Kraft, mehr Akzeptanz und sicher auch mehr Schutz.
Insofern trägt höchstwahrscheinlich jeder Schmerz, den wir erfahren, nicht nur ein immenses Erkenntnispotential, sondern vor allem auch ein schier unendliches Kraftpotential in sich.

Und worum sonst als um Energie geht es im Kosmos? …

Judo mit dem Kosmos

Mein erstes Fotoshooting
© Robert Hirschbeck

Mein zweites Fotoshooting
© Robert Hirschbeck

SCHÖNHEIT SCHÜTZT VOR SCHMERZEN NICHT

Wenn das Scheinwerferlicht kalt ist

Der Beruf des Fotomodels hat sehr viel Verlockendes, aber wie alles auch seine Schattenseiten.

Je nach Anspruch und Erwartungshaltung gestalten sich die Erfahrungen, die wir machen. Anspruch und Erwartung sind oft auch Ergebnisse unserer Prägungen.

Ich war zunächst erst einmal vor allem überwältigt von der unerwarteten »Schicksalswende«. Den Großteil der Kindheit nur und fast ausschließlich wegen meines Aussehens gehänselt worden zu sein und aus dem sozialen Leben der Kids ausgeschlossen (weil ihnen immer irgendetwas nicht passte), sah ich mich nun plötzlich von wunderbaren Visagisten bildschön hergezaubert und von talentierten Fotografen in Szene gesetzt. Das schmeichelte meinem Ego und heilte weitere Wunden.

Doch als Model war ich für so manchen Kunden auch einfach »nur« ein Kleiderständer.

Sätze wie »shut up, you are a model« (Schweige, du bist hier nur das Model) erschütterten mein kindliches Weltbild erneut. Denn ja, meine Erwartungshaltung und mein Anspruch waren, wie immer schon, in Respekt und respektvollem Umgang getränkt. Und einem anderen Menschen klar und deutlich zu kommunizieren, dass er »nichts zu sagen« und »nur zu funktionieren« hat, war für mein kindliches Herz eine neue Herausforderung.

Wenn das Scheinwerferlicht kalt ist

Weil ich hoffte und glaubte, dass die Erwachsenen nicht so grausam untereinander sind, wie es die Kinder zu mir waren ...
Weil ich nie und niemals verstehen kann, warum Menschen miteinander überhaupt respektlos und unfreundlich umgehen. Das ist doch kein Akt von Bewusstheit? Und wenn er bewusst so gelenkt wird, dann kann es doch nur ein Akt von Bosheit sein. Aber warum sind Menschen so bewusst böse (zueinander)?

In erster Linie erlebte ich daher wertfrei, doch schmerzvoll, solche Sätze, aber auch eine generelle Arroganz jedem und jeder gegenüber. Der Agenturen den Models gegenüber. Der Fotografen den Models gegenüber, der Makeup Artisten den Models gegenüber. Es war die Zeit der Topmodels, und es war die Zeit, in der die Modeindustrie ihre Rolle als sehr profitablen Wirtschaftszweig eroberte. Investoren brachten und machten viel Geld. Die ganze Branche erwachte aus ihrem Dornröschenschlaf. Kataloge wie OTTO, Quelle, Neckermann, Bader, Klingel, Wenz und so viele mehr boomten und lieferten Mode aus der ganzen Welt direkt nach Hause. Das war neu, das war spannend, das war angenehm. Doch dass derartig erfreuliches Wachstum dann eine Arroganz der Beteiligten nach sich zog, konnte mal wieder nur ein Zeichen von »Bewusstlosigkeit« sein.

Die Modewelt kann unser Ego streicheln, doch sie kann es genauso zerstören.

Man kann sich darin verloren fühlen und so allein, dass es dringend unterstützende, liebevolle und verständnisvolle Hände braucht. Bei allem unternehmerischen Druck kann dieser Beruf auch liebevoll und herzlich ausgeübt werden. Doch die wenigsten fühlen so in dieser Branche. Sie ziehen wie Nomaden von A nach B und immer weiter, nur ja nicht anhaftend oder verbindlich etwas oder jemandem gegenüber. Kurz gesagt, die Modewelt ist sich selbst die Nächste und das, obwohl sie einen der sinnlosesten Berufe dieser Welt darstellt. Denn wer braucht schon jedes Jahr neue Kleider, Jacken, Schuhe usw.? Mode ist doch nur ein Produkt des Egos und seiner Lust, sich zu schmücken und sich dadurch vielleicht auch mehr Liebe, Anerkennung und Aufmerksamkeit zu erkaufen. Und leider auch ein Produkt für Status. Denn in einer Welt, in der überwiegend »Kleider Leute machen« und selten ihre Taten, zeigt sich damit deutlich genug, wo die menschlichen Prioritäten liegen.

Ich wurde als solch ein Kleiderständer oft genug mit abwertenden Bemerkungen über meine Haare, meine pickelige Haut, meine Figur oder meine Art mich vor der Kamera zu bewegen, konfrontiert. Sicher, niemand hatte mich gezwungen, mir damit meine Miete zu verdienen, doch niemand hatte mir auch von derartigen menschlichen Abgründen berichtet.

Für mich waren es Erfahrungen, für die Kunden war es die pure Ausbeutung meiner Arbeitskraft. Denn die Letzte, die vom Kuchen etwas abbekam, war das Model, weil die Kreationsschleife folgendermaßen aussieht:

Wenn ein Kunde ein Produkt verkaufen möchte, dann kann er das am besten, indem er Sehnsüchte erweckt. Der Konsument muss sich danach sehnen, so auszusehen wie das Model, welches das Produkt trägt.

Also werden am besten »hochwertig aussehende Körper«, beste Visagisten und beste Fotografen gebucht, um das Produkt bestmöglich in Szene zu setzen. Viele Menschen machen sich auf den Weg, um an einem oder mehreren bestimmten Daten dieses besagte Produkt nun so in Szene zu setzen, damit ein Kaufimpuls beim Konsumenten entstehen kann.

Haben die Kunden dieses Werbemittel dann in der Hand, sind sie meist auf und davon, und alle Beteiligten, die diesen Zauber erschaffen haben, dürfen (leider zu oft) nach ihrem Honorar betteln. Ein Armutszeugnis an Respektlosigkeit, das sich dabei sehr oft offenbarte. Der Kunde nutzt die Bilder, also das Werbemittel, doch die, die es produziert haben, werden »vergessen«.

Natürlich gibt es auch die Anderen, die respektvoll zügig ihre Helferlein entlohnen, doch leider lässt der größere Teil an Kunden sich anbetteln. Doch das ist sicher nicht nur in der Modeindustrie so, ich habe es in dieser nur erstmalig erfahren. Zulieferer großer Automarken oder andere Firmenzweige können sicher auch unendlich viele Lieder über die schlechte Zahlungsmoral der Menschheit singen …

Doch zusätzlich zu dieser Bettelorgie gibt es dann noch die Kunden, die (wenigstens ehrlich) mit null Budget diese Sehnsuchtsmaschinerie bewegen. Manche von ihnen schaffen so ganze »Shootings for free«, doch oftmals sind es die deutschen Designer, welche die Models für ihre Fashionshows laufen lassen, ohne sie dafür auch nur mit einem einzigen Euro zu entlohnen.

Wenn die Vogue oder die ELLE beispielsweise keine oder nur eine kleine Gage zahlen, dann ist das nachvollziehbar, weil durch dieses Branding aus der Veröffentlichung der Marktwert aller Beteiligten, doch vor allem des Gesichtes darauf, immens steigt. Das eigentliche Honorar wird also aus den Folgejobs generiert und nicht beim Vogue-Shooting selbst.

Doch bei einer Fashionshow, für die man keine Gage bekommt, wird genau so argumentiert, auch wenn dieser Mehrwert gar nicht gegeben ist.

Denn X ist für Show Y gelaufen hält genau solange, wie diese Worte hier gelesen werden und hat für eine lang anhaltende Karriere als Fotomodel nur eine kurze Bedeutung. In Paris definitiv mehr als in Deutschland, doch auch dort muss das kurze Zeitfenster sofort genutzt werden, um daraus schnell ein wirkliches Image aufzubauen. Die Show alleine reicht dazu nicht, aber sie kann kurzzeitig hilfreich sein.

Für die Modekarawane ist es ein kurzer Moment, der dann monetarisiert werden muss. Für das Model ist es ähnlich, aber vor allem auch schmeichelnd, doch es hat keine Bedeutung für die Entwicklung der Menschheit, für das Klima, für den Nachbarn, für die Armen, für die Reichen, für die Tiere, die Natur usw.

Ich habe viele Mädchen erlebt, die in der einen Saison von einer Show zur nächsten gebucht wurden. Man gab ihnen das Gefühl, sie seien kleine Göttinnen, die nächsten Topmodels, eine neue Ära, und was weiß ich noch alles, doch schon beim nächsten Durchlauf sechs Monate später, wusste keiner mehr etwas von ihnen … Jaja.

Natürlich habe ich auch wirklich tolle und besondere Menschen kennengelernt und bin auch für sie sehr dankbar, doch es herrscht in der Branche der Egos nun mal leider auch viel Unbewusstheit. Und da, wo Unbewusstheit lebt, werden Schmerzen über Arroganz und Ignoranz kreiert.

SCHÖNHEIT SCHÜTZT VOR SCHMERZEN NICHT

Die vielen unliebsamen arroganten Booker, die vielen hysterischen Visagisten, die vielen ignoranten Fotografen – all das war Gift für meine Seele, doch schärfte es mein Bewusstsein weiter.

Ich fand erneut Wege, diese Untiefen zu umgehen und weiterhin viel Freude am Neugestalten meines Daseins aus dieser Möglichkeit zu generieren. Ich bereiste schöne Orte, trug wunderschöne Kleider, traf ab und zu sogar wirklich spannende und freundliche Menschen und erschuf ein paar sehr sehenswerte Lichtbilder für meine Nachwelt. Das heilte in Teilen meine Erinnerungen an den Schmerz über das Vergangene.

Und darum geht es ja, um die Seele. Die Energie.

Solange sie wieder Kraft anreichern konnte, war dieser Wandelzirkus das richtige Mittel zu meinem Zweck.

Die Erfahrungen bleiben. Sie prägen. Und hier formte sich erneut eine weitere Lebenshaltung. Denn diese Erfahrungen aus der Modewelt wurden zum Boden meiner Vision, als Unternehmerin und Mensch niemals respektlos den Menschen zu begegnen; sondern mich ihnen zuzuwenden, ihnen zuzuhören, in Kommunikation mit ihnen zu bleiben und Lösungen für ihre Wünsche und die wirtschaftlichen Belange aller zu finden. Ja, es waren genau diese Schmerzen aus diesen Erfahrungen der Ohnmacht als Model, die in mir den Wunsch formten, es besser zu machen. Es menschlicher zu machen. Sicher habe ich das nicht immer geschafft und ich bin nicht fehlerfrei, aber ich trage in mir diesen Wunsch, diese Haltung, es wenigstens zu versuchen. Im Geschäftsleben so zu agieren. Ein Großteil der Menschheit trägt leider nicht einmal diesen Entschluss in sich. Sie leben einfach das Hauen und Stechen im Berufsleben.

Doch gibt es tatsächlich auch noch eine andere Wahrheit in dieser Modelwelt. Eine Wahrheit, die mir als Model nicht einsichtig und von niemandem offenbart wurde, die aber immer auch genauso neben meiner Wahrnehmung als Model existierte. Nämlich die Wahrnehmung und die Erfahrungen als Booker.

Als Model brachte ich meinen Bookern gerne Blumen, Pralinen und andere kleine Aufmerksamkeiten mit. Und fast immer schauten sie mich dabei verwundert an, da so etwas sehr selten geschah.

Heute weiß ich, warum sie so reagierten. Denn jetzt, wo ich die Seiten gewechselt habe, weiß ich auch um den anderen Teil der Geschichte.

Booker sind in erster Linie auch Menschen. Sie haben gute Tage, sie haben schlechte Tage, sie haben Sorgen und Ängste wie jeder andere Mensch auch. Und sie sind die Speerspitze der Schlacht. Sie führen die Kämpfe für die Models aus. Sie sind das Sprachrohr, der Motivator für den Kunden. Sie sind es, die die Empfehlungen aussprechen, und sie sind es letztlich, die den Models die Miete verdienen. Ohne sie kein Einkommen. Sie entdecken, sie erfinden, sie bauen die Karrieren. Jeder Einzelne, auf seine Art.

Allein diese Tatsache ist den meisten Models überhaupt nicht bewusst. Die Agenturen verdienen nur Geld, wenn ein Job erkämpft wurde. Heißt, den Booker anzugreifen, zu beschimpfen, ihn nicht zurückzurufen, ihn anzulügen und nicht mit ihm auf Augenhöhe eine berufliche Partnerschaft zu leben, bedeutet grundsätzlich, sich ins eigene Fleisch zu schneiden. Es gibt keinerlei Interesse eines Bookers die Arbeit oder die Karriere eines Models zu sabotieren. Im Gegenteil. Hat der Booker Freude daran mit dir zu arbeiten, wird er mehr für dich erkämpfen – da vorne, an vorderster Front.

So unberechtigt arrogant Booker sein können, so unberechtigt respektlos und arrogant können Models das leider auch sein. Sie nehmen sich beide nichts.

Eine bittere Pille, die ich auch erst im Laufe der Zeit erfahren musste. Daher habe ich heute noch tiefsten Respekt den Bookern gegenüber, welche respektvoll, liebevoll und voller Kraft um die Jobs und das Einkommen für das Model kämpfen und dafür oftmals nicht einmal mit einem Dankeschön, geschweige denn mit einer kleinen Aufmerksamkeit bedacht werden. Dafür leider aber zu oft mit einem unmenschlichen Kündigungsschreiben ohne einem klärenden Gespräch. Ich kenne Agenten, die haben für die Models mehrere Millionen erkämpft und wurden zu der sich nächstbietenden Möglichkeit von dem Model verlassen. Und ich habe es selbst erlebt, wie die kleinen Küken, denen man zu einem ersten selbst bestimmten Leben (mit eigenem Einkommen) verholfen hat – kaum konnten sie fliegen – das Fremde verlockender fanden.

Und ich weiß jetzt auch um diesen tiefen Schmerz, der damit einhergeht. Es ist wie eine persönliche Trennung. Täglich hat man jede Woche, meist jeden Tag miteinander telefoniert oder gemailt und plötzlich wird man aufs Abstellgleis gestellt. So viel Liebe, so viel Aufmerksamkeit, die man diesem Menschen, seinem Werdegang gewidmet hat, und plötzlich hat all das keine Bedeutung mehr.
Zumindest fühlt es sich so an.
Je älter ich wurde, umso mehr konnte ich diesen Schatten dieses Berufes akzeptieren.
Ohne Schmerzen aber ging es nie.

Was bleibt sind, wie immer, die zwei Seiten einer Medaille.
Die Booker, Fotografen und Visagisten, die in ihrer Art mit den (meist sehr jungen) Menschen umzugehen oftmals auch Fehler machen und Schmerzen verursachen, aber eben auch die Models, die mit ihrem (oftmals) unreifen Verhalten ebenfalls Schmerzen verursachen können bei denen, die täglich für sie kämpfen.
Es ist ein Haifischbecken. Ein ewiger Kampf, und ich ziehe vor jedem Freischaffenden, ob Model, Fotograf, Booker oder anderem in dieser Branche meinen Hut. Wer es schafft in diesem Kampfbecken mental zu überleben, wird gestärkter, reifer und weiser sein Leben meistern. Wer nicht, kann daran zerbrechen. An diesen Schmerzen, an der Ignoranz, der Arroganz, der Kälte und der Gier dieser Branche.

Wer also in dieser Branche einen liebevollen Umgang und ein volles Konto findet, sollte es festhalten, solange er kann. Es ist ein Lottogewinn.

MAGIE

*Die Intensität deiner Begegnungen
entscheidet dein Schicksal*

Leben ist Magie.

Wer das nicht erkennt, hat nicht gelebt. Der hat nur vor sich hin vegetiert. Hat sein Sklavenleben absolviert und geht wieder.

Doch wer offenen Herzens durch das Leben geht, findet eine Unendlichkeit an magischen Momenten.

So richtig bewusst erlebt habe ich diese Magie das erste Mal, als mich meine Schauspielagentin, die liebe Wiebke, entdeckte.

Das Leben fühlte sich beängstigend an. Einerseits fühlte ich seit meinem Richtungswechsel diese Kraft in mir, große Dinge auf die Welt bringen zu wollen, doch die Werkzeuge, die mir das (überwiegend sozialistische) System bisher mitgegeben hatte, taugten null dafür. Immerhin war es ja ein System von gleichgestellten Soldaten gewesen. Und nicht von Unternehmern oder Visionären.

Innerlich etwas umherirrend versuchte ich als Model im Ausland Inspirationen zu finden, zur richtigen Zeit am richtigen Ort die richtigen Menschen zu treffen ... doch so richtig erfüllend war diese gefühlte Ohnmacht nicht.

Eines Tages fragte mich Toni, ein guter Freund, den ich aus München kannte, ob ich nicht Lust hätte, ihn mit nach Berlin auf das Filmfest zu begleiten. Toni war Filmproduzent und hatte gerade »Night Train to Venice« mit Hugh Grant veröffentlicht, den er auch auf dem Festival vorstellen wollte.

MAGIE

Es sprach nichts dagegen, diesen Ausflug zu wagen.

Doch kaum in Berlin angekommen, äußerte meine Mutter Bedenken und befahl mir sofort zu ihr nach Thüringen zu kommen. Außerdem brauchte sie ihr Auto, welches sie mir geliehen hatte, um flexibel zu sein. Also stieg ich gleich wieder in ihren kleinen blauen Ford Fiesta und fuhr aus Berlin weg. Doch irgendwie fühlte sich das komisch an.

Ich kann dieses Gefühl nicht beschreiben, aber mit jeder Sekunde, die ich mich aus Berlin wieder wegbewegen musste, schrie es in meiner Seele: »Nein, du musst unbedingt wieder zurück. Es ist lebenswichtig.« Ja überlebens-wichtig.

Als hätte das Ganze eine Dimension, die ich nicht be-greifen konnte. Ich hatte so etwas bisher noch nie in meinem Leben gefühlt. Als sei ich geführt von etwas oder jemandem, der wusste, dass dieser Berlinaufenthalt wichtige Weichen für mein junges Leben stellen sollte.

Ich sprach mit meiner Mutter und bat sie, mir zu vertrauen und mich wieder nach Berlin fahren zu lassen. Und so fuhr ich noch am gleichen Tag, an dem ich in Thüringen angekommen war, mit dem Zug wieder zurück nach Berlin.

Um dort schließlich meinen ersten großen bewusst erlebten Schicksalsmoment zu erleben.

Toni und ich waren auf einer Art Event, einer Art Get together der Filmschaffenden, wie sie auf der Berlinale zu Haufe sind. Und plötzlich stand Wiebke bei uns. Oder wir bei ihr. Ich weiß nicht mehr, wie wir zueinander fanden, aber plötzlich fand ich mich in einer Unterhaltung mit ihr wieder.

Zurückhaltend und doch interessiert erzählte sie von ihrer Agentur, den Künstlern, die sie bisher entdeckt hatte, und wie sehr sie ein Händchen dafür hätte, große Talente zu erkennen. Ich lauschte aufmerksam und war fasziniert solch ein Gespräch führen zu dürfen. Sie war schließlich Agentin, und ich kannte bisher nur Modelagenten. Und so fragte ich sie Löcher in den Bauch, um zu verstehen, wie diese Arbeit vonstatten ging.

Freundlich und hübsch mit ihrem blonden Bob begann in diesem Moment etwas ganz Wunderbares und Schönes.
Magie.
Toni musste weiter zu einem nächsten Treffen und ich damit leider diese »Geburtsstunde« unterbrechen, aber schon bald sollten die Samen dieses Momentes Blüten zeigen.
Das unerklärliche Gefühl, das mich so dringend nach Berlin gerufen hatte, beruhigte sich.
Als sei etwas nur an diesem Abend in dieser Nacht möglich gewesen und von unendlicher Bedeutung, fühlte ich schon fast, wie sich »der Kosmos nun entspannte«.
Die nächsten Tage waren weiterhin sehr inspirierend, aber keine der Begegnungen hatte diese Magie. Sie waren nett, plätscherten vor sich hin, doch hatten sie nicht diese »Bedeutung«.

Wieder zurück in Thüringen, bekam ich eine Call note auf meinen Pager, die besagte, dass ich Toni zurückrufen solle – und das tat ich natürlich gleich. Er übermittelte mir die Telefonnummer dieser Agentin und die Bitte, dass ich sie anrufen solle. Ja, ich hatte tatsächlich keine Telefonnummern mit ihr ausgetauscht. Aus Scheu. Ein Schauspieler fragt nicht den Agenten nach der Nummer, das wäre falsch herum. Doch nun fragte die Agentin und natürlich meldete ich mich sofort bei ihr.

Wiebkes warme Stimme.
Sie hat mir die Angst genommen, die sich nun vor mir auftürmte. Wiebke bat mich nach Berlin zu kommen, damit wir uns erneut ohne laute Musik und andere Menschen zusammensetzen und plaudern könnten.
Als hätte es das Schicksal geplant und mich am Schopf gepackt, war ich plötzlich auf dem Weg, in eine Schauspielagentur aufgenommen zu werden. Ein Angebot, das, damals vor allem, nur Schauspielschülern aus den großen Schauspielschulen zuteil wurde. Etwas, das nicht selbstverständlich ist, schon gar nicht, wenn man den Beruf des Schauspielens ja gar nicht direkt forcierte. Es geschah einfach mit mir. Ich musste nichts machen, alles fügte sich. Und so wirklich fassen konnte ich das nicht, aber

ich nahm es natürlich gerne an. Ganz ehrlich fand ich das zwar alles unfassbar spannend, aber vor einer Kamera stehen und spielen, das schien noch Lichtjahre entfernt.

Letzte Echos meiner Kindheit türmten sich laut vor mir auf und schrien, wie hässlich ich doch eigentlich immer noch sei und dass ich nicht einmal mehr Chemie gut könne …

Als Erstes wurde ich zu einem Casting mit Simone Bär, einer sehr etablierten Casterin in Berlin eingeladen. Ich glaube, Wiebke hat Simone als finale Bestätigung gebraucht, dass ihre Spürnase nicht daneben lag. Wie dem auch sei, Simone, danke – denn Wiebke kommunizierte mir schon bald nach diesem Casting, dass sie unbedingt mit mir zusammenarbeiten möchte. Simone wurde dadurch auch zu einem der Menschen, die meinen Weg gefördert und in die nötigen Bahnen gelenkt haben. Das gilt es zu würdigen und festzuhalten. Danke Simone. Von Herzen.

Als Wiebke mir ihren finalen Entschluss mitteilte, zitterte ich am ganzen Körper. Ich wollte weinen vor Freude. Doch vor allem vor Dankbarkeit. Was passierte da?

In diesen Momenten begann eine sehr lebendige Reise des aufeinander Zugehens und einander wieder Abstoßens zwischen Wiebke und mir, und die Tränen in dieser Geschichte waren nicht immer aus Freude geboren. Doch dazu später mehr.

Wie erste Sonnenstrahlen am Horizont begann sich nun mein neues Leben zu formen.

Castings, Castings, Castings … Vorstellungstermine bei Castern und Produzenten. Meine ganze Aufmerksamkeit begann sich dorthin auszurichten.

Und es machte Spaß. Viel Spaß. Es war ein dauerndes inneres Schwingen zwischen Angst und Freude, Freude und Angst. Vorfreude auf das Casting, bebender Körper mit zitternden Knien während des Castings.

Und diese Angst zu scheitern, diese Chance zu verspielen, etwas nicht gut genug zu spielen, jemandem nicht zu gefallen, oder einfach nur nicht in das aktuell gesuchte Bild von jungen Frauen zu passen, wurde nie ganz geheilt. Weil ich wie ein Vogel aus seinem Nest einfach in dieses fremde Nest hineingefallen bin. Weil ich bis auf meine Atem- und Gesangsausbildung im Chor keinerlei Ausbildung für diesen Beruf mitbrachte. Das kann einen erschlagen und fordert viel Selbstvertrauen.

Wenn ein magischer Moment in deinem Leben so viele neue Herausforderungen und Möglichkeiten nach sich zieht, dann nennt man das Leben. Und so trägt jeder Moment unseres Lebens das Potential einer völlig neuen (Aus)Richtung in sich.

Ich musste »nur« mitmachen. Meinem Bauchgefühl trauen, dass dieser Abend in Berlin schicksalshafte Bedeutung haben kann. Mich trauen, mit diesen so fremden Menschen in intensive Gespräche zu tauchen, mich für sie interessieren und so richtig dabei sein.

Begegnen wir diesen Momenten mit wachsamen Augen, einem offenen Herzen und einer liebevollen Haltung, so offenbaren sich uns diese Momente wie kleine Funken in der Glut des Lebens.

Bist du mutig genug, diese Funken zu erkennen, aufzunehmen und anzunehmen, können sie ein Feuerwerk an Freude in deinem Leben erschaffen.

Die Magie des Lebens ist dort, wo wir unserer Seele lauschen. Wenn, wie bei mir, die Intuition ruft. Wenn wir diese Impulse ergreifen, ihnen folgen und mit ihnen vertrauensvoll wandeln, entsteht ein ganz anderes Empfinden unserer Existenz.

Ein wahrlich zauberhaftes Kreieren unseres eigenen Schicksals.

FÜGUNGEN

Deine Achtsamkeit lenkt deine Entscheidungen

Die Erfahrungen aus den Schulen in Ost und West offenbarten mir einen Staudamm an Frust und Enttäuschung über die Menschen. Ich fand wenig Lachen in ihren Gesichtern, noch weniger Freude in ihren Herzen, keinerlei ehrliche Freundlichkeit, sondern leider viel Bösartigkeit. Wenig Empathie, minimale Hilfe, wenig Rücksicht, keine fühlbare Liebe. Nur Wettkampf, Wettkampf und nochmal Wettkampf, und wer sich dem entzog, wurde verachtet und wie ein Verrückter oder Aussätziger behandelt. Oder es hagelte unendlich viel Neid. Nicht nur, aber leider sehr viel Neid. Neid, wenn man erfolgreich war. Neid, wenn man Wert auf sein Äußeres legte. Es schien ein unerreichbarer Zustand zu sein, einmal nicht auf Neid und Missgunst, sondern einfach nur auf freudvolle und liebevolle Geister zu treffen.

Nach dem Abitur wollte ich zunächst erst einmal weg. Einfach nur weg. Weit weg, am weitesten weg.

Dahin, wo die Menschen ganz anders denken, groß denken, kommunikativ sind, vielleicht auch ein bisschen mehr Respekt zueinander heucheln, egal, Hauptsache weg aus diesem Frust und Trauerspiel Deutschland.

In der Chronologie meiner Geschichte gehe ich hier in der Erzählung in die Zeit direkt nachdem Wiebke mich angesprochen und ich sie zum ersten Mal in ihrem Büro getroffen hatte. Noch bevor die eigentlichen Castings dann begannen. Denn parallel zu diesem (Film)Samen, der gerade in den Boden gesetzt wurde, hatte ich schon lange eine Reise geplant.

Deine Achtsamkeit lenkt deine Entscheidungen

Seit meiner kurzen Schnupperreise nach dem Gewinn des Modelcontests ging mir Amerika nicht mehr aus dem Kopf, denn ich fühlte eine sehr starke Resonanz zu diesem Land. Es war weit genug weg, es war groß, und es wirkte, als seien die Menschen dort nicht so negativ im Kopf.

Ich sparte meine Modelhonorare für diesen Traum und flo(h)g nun also nach Los Angeles.

Doch dort gelandet erschlug mich der Vibe dieser Stadt erst einmal. Plötzlich bekam ich Angst – vor dieser Ungewissheit, so weit weg von Zuhause, dem negativen Deutschland. Hier kannte ich ja niemanden … es fühlte sich schräg an, aber ich wollte es so.

Also habe ich mir in dem Hotel ein Zimmer genommen, in welchem wir damals bei der Prämienreise zum Modelcontest untergebracht waren. Das »Magic Castle Hotel«. Ich kannte es, wusste wo und wie es ist, also lag es nah, dort abzusteigen. Das einzige Problem war: Es kostete Geld. Und in dieser Hinsicht hatte ich nur begrenzte Ressourcen. Und um welches zu verdienen brauchte ich ein Visum. Alles nicht so einfach, aber vielleicht lösbar.

Also bewarb ich mich bei den ansässigen großen Modelagenturen und fand schließlich ein Heim bei der Agentur »Nina Blanchard«, dem kalifornischen Partner von Ford Models.

Die Booker der Agentur waren sehr hilfsbereit und freundlich. Genau das mochte und suchte ich nach den Erlebnissen mit diesen Frustbeulen in Deutschland. Mir war ein schrilles: »How are you« tausendmal lieber als das muffige Schweigen auf mein freundliches, leises: »Wie geht es dir?«

Und so verbrachte ich die Tage mit Castings und Testshootings und erforschte Los Angeles mit meinen frisch erworbenen Rollerblades. Und er lohnte sich, der Blick über den Tellerrand. Denn die Art und Weise der Fotografie, des Makeups und des Stylings sind in jedem Land anders – und in Amerika schien es etwas kreativer als in Deutschland zuzugehen. Dort hatte man mir beispielsweise immer die Haare mit Lockenwicklern und Lockenstäben zu großen Wellen gestyled – in Amerika hat man genau das Gegenteil gemacht. Man ließ meine Haare glatt und betonte diese meine natürliche Haarstruktur. Ich habe glatte blonde lange Haare, und dieses Bandhaar zu großen Locken zu stylen ist, als würde man einen Schwimmweltmeister von einer Skischanze springen lassen. Optimal war das nicht.

Die Bilder in Amerika zeigten eine ganz andere Sylvia als die aus Deutschland. Zufall oder Bestimmung?

Eines Tages fragte mich Philipp, mein Booker, ob ich nicht Lust hätte an einem Abendessen bei ihm mit Freunden von ihm teilzunehmen, um seine Freunde kennenzulernen. Natürlich sagte ich sofort zu.

Bald fand ich mich an einem großen, langen Tisch voller unterschiedlicher Menschen wieder und bemerkte am anderen Ende des Tisches einen älteren Mann, um die Siebzig. Er wirkte sehr aufgeschlossen all diesen jüngeren Menschen gegenüber und irgendwie interessiert, was deren Leben gerade so ausmachte. Schnell zog es mich zu ihm hin. Ein so viel älterer Mensch hat mit Sicherheit sehr viel zu erzählen und viele spannende Perspektiven zu teilen. Ich interessierte mich für ihn, für sein Leben, für seine Ansichten, fragte ihn Löcher in den Bauch.

Ich gab ihm all meine Aufmerksamkeit, den größten Teil des Abends. Ich interessierte mich *wirklich*.

Edward Ted Grenzbach war Architekt. Aber nicht nur irgendein Architekt. Er kreierte unter anderem die Häuser von Frank Sinatra, Dinah Shore, Cher, Gene Kelly, Herb Alpert, Rock Hudson, Rod Stewart, Barbra Streisand, Johnny Carson bis hin zu Madonna. Er kannte all diese Stars persönlich, verwirklichte deren Visionen, das Leben schön zu verbringen, und war doch sehr bodenständig und liebevoll.

Was für ein spannender Mensch. Nicht nur wegen seines Berufes, auch seine Geschichte, sein Menschsein haben mich sehr berührt. Auch er war sichtlich erfreut, so einen jungen neugierigen Menschen um sich zu haben und den ganzen Abend ausgefragt zu werden.

Ted hatte keine eigenen Kinder, doch viele Häuser in Bel Air, Beverly Hills und auf Hawaii.

Gegen Ende des Abends fragte er mich plötzlich, wo ich denn übernachte. Ich erschrak kurz, denn bisher hatte ich ihm »derartige« Vibes überhaupt nicht zugetraut, dem süßen, liebevollen Opi. Aber sofort schob er nach: « Nein nein, keine Sorge, ich frage nur, weil ich mehrere Häuser besitze, die alle leer stehen, du könntest, wenn du magst, in eines davon einziehen. Einfach so, kostenlos, es wäre mir eine große Freude, dir diese Freude zu bereiten. Wenn du magst, sag mir einfach Bescheid, und ich mache das möglich für dich.»

Ich war gerührt, überwältigt, überrascht, doch vor allem erst einmal sprachlos. Wieso bietet er einer fremden 19jährigen einfach so an, eines seiner Häuser zu bewohnen?

Meine Gedanken kreisen noch die nächsten Tage um diese Frage, und ich fand keine wirkliche Antwort, doch vor allem machte mir mein finanzieller Zustand wirklich Sorgen.

Die Sehnsucht noch länger Abstand von der Frustbeule Deutschland zu leben, trieb mich mehr und mehr in die Enge. Lösungen mussten her.

So erkundigte ich mich eines Tages bei Philipp, meinem Booker, nach Ted. Immerhin hatte er ihn eingeladen. Ob all die Dinge wirklich stimmten, ob er wirklich so viele Häuser besäße, ob er wirklich der berühmte Architekt sei, und ob er vertrauenswürdig sei. Schließlich konnte er alles bestätigen und hatte keinerlei Bedenken, wenn ich das Angebot annähme. Also nahm ich den Telefonhörer in die Hand und erreichte einen sichtlich erfreuten Ted in seinem Büro.

Am folgenden Tag stand sein Adoptivsohn vor meinem Hotel, holte mich samt all meiner Koffer in einem schicken Retromercedes ab und fuhr mit mir in ein sehr liebevoll eingerichtetes älteres Haus in Bel Air.

Bel Air.

Ja, Bel Air.

Das Bel Air, das sogar noch hochwertigere Grundstücke als Beverly Hills beherbergt.

Die Grundstücke sind dort so groß, dass man die Nachbarn nicht sehen kann, sicher auch weil die Zäune so hoch und begrünt sind.

Und da stand ich nun, das Mädchen aus dem sozialistischen Plattenbau, alleine, mitten in Bel Air in einem Haus mit Pool und Putzfrau und einem full fridge. Mit Telefon, Schlafzimmer, großem Bad, einem schönen kleinen Garten, splendid isolation und allem, was das Herz begehrte.

Ich konnte es kaum fassen und genoss erst einmal nur die Stille, den Frieden, doch vor allem die Sorglosigkeit, mit der ich nun einschlafen konnte. Meine letzten Finanzen wurden nicht mehr durch ein Bett zum Schlafen aufgefressen. Denn leider kam ich über das viele Testen nicht hinaus, da mir das Budget fehlte, ein Arbeitsvisum zu besorgen. Die Booker waren bemüht, aber wir drehten uns im Kreis. Ohne das Geld für den Anwalt und das Visum waren mir klare Grenzen vorgegeben.

Ich nutzte die Zeit dennoch weiterhin hoffnungsvoll, um einen Weg zu finden, absolvierte noch ein paar Castings hier, noch ein paar Shootings dort und besuchte Ted noch ein paar Mal in seinem Büro. Er freute sich immer sehr. Tatsächlich aber wirkte er mehr und mehr etwas kränklich und zerbrechlich, aber sehr bemüht, dass ihn das in seiner Aufmerksamkeit nicht bremse.

Ganz begeistert zeigte er mir sein aktuelles Objekt, welches er für Cher gebaut hatte. Ein kleiner Palast. So ein Haus hatte ich in meinem Leben noch nie gesehen. Es war wirklich sehr beeindruckend. Er erklärte mir die Funktionalitäten der Räume, warum er dies dort und das da angebracht hatte, und wie ein Haus entweder die Handschrift der Inhaber oder eben die des Architekten widerspiegelte. Für mich war all das Neuland. In der DDR gab es keinen Besitz. Alles gehörte dem Volk. Erst recht Häuser. Der sozialistische Gedanke wollte ja für alle ein Dach über dem Kopf haben.

Apropos Häuser. Schon bald stellte mir sein Adoptivsohn Robert auch seine kleine Familie vor: Joyce, seine Ehefrau, und deren gemeinsamer Sohn James.

Joyce war Immobilienmaklerin in Bel Air und fühlte sich anscheinend auch irgendwie inspiriert, mir eine Perspektive bieten zu können. So nahm sie mich ab und zu auf Häuserbesichtigungen mit, wo mich der Überfluss an Reichtum, Prunk und Luxus schier erschlug. Bei Ted hatte ich die Paläste auf dem Reißbrett gesehen, hier war ich plötzlich mittendrin.

Bei jeder Besichtigung gab es ein sehr üppiges Buffet, mit allem, was man als paradiesisch beschreiben würde. Obst, Kuchen, Süßigkeiten, Burger, Salate ... und noch so viel mehr.
Den ganzen Tag stand so ein Haus zur Besichtigung für Interessenten bereit, und Joyce und ihr Team begleiteten dies, beantworteten Fragen und führten die Gäste durch die Räume. Joyce war fest entschlossen mich darin auszubilden, aber in mir brannte es nicht dafür. Sie bot sogar an, ein Arbeitsvisum für mich zu organisieren, als Angestellte ihres Unternehmens, doch in Deutschland wartete vielleicht eine Filmkarriere auf mich. Ich konnte dieses Angebot des Schicksals nicht unversucht lassen. Noch dazu, wo Joyce immer auch betonte, dass ich jederzeit zurückkommen könnte und sie eben dann das Arbeitsvisum für mich besorgen würde.
Das nenne ich Ironie des Schicksals, wenn du die ganze Zeit während deines Aufenthaltes kein Geld verdienen kannst, weil dir das Visum fehlt, und du dann eine Woche vor Ende des Touristenvisums eine sehr einfache Lösung für das Thema auf einem Tablett gereicht bekommst und diese dann absagen musst. Unfassbar.

Wiebke erklärte mir wieder und wieder in vielen Telefonaten, wie wichtig es sei, dass ich jetzt wieder nach Deutschland käme, um dieses Potential wirklich zu nutzen. Das Schicksal bot mir also zwei schöne Chancen an: Für eine längere Zeit in Amerika zu leben und dort als Immobilienmaklerin in Bel Air Häuser an reiche Leute zu vermitteln, oder eine potentielle Filmkarriere in Deutschland zu beginnen ... beides verlockend, doch das mit den Filmen war dann doch einen Hauch interessanter. Also musste ich die Stadt der freundlichen Engel leider vorerst verlassen.

Ted, mit dem ich mittlerweile wirklich sehr gut befreundet war und viele schöne Gespräche geführt hatte, bestand darauf, dass er und nur er mich zum Flughafen bringen würde. Kein Taxi, nicht sein Adoptivsohn oder seine Familie, nein, er ganz persönlich.

FÜGUNGEN

Und so kam es, dass er mir dort einen der herzlichsten Momente meines Lebens schenkte.

Ich stand vor ihm und sagte: »Ted, du hast mir so unendlich geholfen mit dieser großzügigen Geste, dass ich so lange Zeit eines deiner Häuser einfach so bewohnen durfte. Ich hatte ein warmes Bett, immer genügend zu essen, eine Putzfrau, einen Pool. Es war einfach so unbeschreiblich schön, dass ich mich etwas unwohl fühle, dir dafür nur dieses eine Wort ›Danke‹ sagen zu können und diese tiefe Dankbarkeit nicht anders zeigen zu können. Doch bitte wisse, es kommt tief aus meinem Herzen. Und dort wird es immer sein.«

Er nahm mich kurz in den Arm und schaute mir tief in die Augen: »Sylvie«, sagte er, »du hast keine Ahnung, wie viel mir dein Danke bedeutet, wie viel es wirklich ausgleicht. Denn als ich in deinem Alter war, reiste ich viel durch Europa, um Architektur zu studieren. Das war Teil unseres Studiums. Eine Art Studienreise. Und ich begegnete sehr hilfsbereiten, liebevollen, selbstlosen Menschen, die mir alle kostenlos Unterschlupf boten. Es waren so viele und niemandem konnte ich mehr als nur ein tief empfundenes ›Danke‹ sagen. Immer und immer wieder wollte ich etwas zurückgeben für diese Unterstützungen, das Glück, das mir dabei widerfahren ist. Und nie kam ich über dieses Gefühl und das Wort Danke hinaus. Mein ganzes Leben lang empfand ich, dass das, was mir widerfahren ist damals, noch nicht richtig ausgeglichen war.

DU warst nun meine Chance zurückzugeben, was ich an Schönheit und Freundlichkeit erlebt habe.

Dadurch, dass ich dir damit so helfen konnte und du eine schöne, gute, unbeschwerte Zeit hier haben konntest, hast du, habe ich, diese schöne Erfahrung an den Kosmos zurückgegeben. So muss es sein, jetzt kann ich diesen Planeten in Ruhe und mit einem guten Gefühl wieder verlassen. Was sich mein ganzes Leben lang noch unausgeglichen anfühlte, hast du nun ausgeglichen. Ich habe dir zu danken für diesen Seelenfrieden in mir.«

...

Deine Achtsamkeit lenkt deine Entscheidungen

Er schaffte es, mich mit diesen Worten tatsächlich zu beruhigen und ein Lächeln ins Gesicht zu zaubern, sodass die Tränen nicht mehr so groß kullerten. Doch etwas in mir spürte, dass dies die letzten Momente unserer magischen Begegnung sein würden, was mich umso trauriger machte. Ich fragte dennoch, ob wir uns wohl je wiedersehen würden. Und er schaute verlegen auf den Boden und meinte: »Vielleicht, und wenn nicht, dann erinnern wir uns einfach immer wieder daran und halten es dadurch lebendig.«

Ein letzter Blick, eine letzte Umarmung, ein letztes Lächeln. Leb wohl, lieber Ted, danke dir von Herzen für dieses so kostbare Geschenk.

Eine Woche später ist Ted gestorben. Als wäre es tatsächlich der Schlusspunkt seines Lebens gewesen, den ich mit ihm erleben durfte.

Ich halte diesen Moment und damit auch diesen wunderbaren Menschen und seine Art zu geben hier für eine weitere Ewigkeit fest. Dass diese Erinnerung auch mich überlebt und uns alle daran erinnert, wie wertvoll Begegnungen sein können. Wie wichtig es ist, aufmerksam zu sein, den Anderen wahrzunehmen, sich ihm zuzuwenden und sich mit ihm auszutauschen. Und (zurück)zu geben. Damit die Energien im Fluss bleiben, um immer wieder vom Ursprung der Quelle ins Meer der Energien und wieder zurück in den Ursprung finden.

All die vielen Monate in diesem fremden Land waren nur möglich durch ihn. Wie auch all die Erfahrungen, die weiteren Begegnungen nur möglich waren durch seine Großzügigkeit.

Und all das hatte seinen Anfang in einem einzigen kleinen Impuls in mir, mich bei dem Abendessen bei Philipp zu Ted zu setzen. Mich für diesen Menschen zu interessieren. Sein Leben, seine Erfahrungen, seine Weisheit, seine Ratschläge und seine Ansichten zu erfahren. Das war der Beginn dieser Begegnung, die nun am Flughafen so herzlich endete. Oder sollte ich lieber sagen, auf eine andere Ebene gehoben wurde? Ted »wusste«, dass er nicht mehr lange leben würde. Und wenn es nur im Unterbewusstsein ein Gefühl der Befreiung war, das ihm danach die »Er-

FÜGUNGEN

laubnis gab« nun mit einem guten Gewissen gehen zu können. Wir wissen es nicht. Aber es schien so.

Der Kosmos schenkt uns Allen solche Momente. Bist du wachsam genug, wirst du immer wieder Chancen erkennen, in denen sich dein Leben formen kann. Weil du es formst, indem du den Impulsen aus deinem Herzen folgst. Dich anderen Menschen auch zuwendest, sich für sie interessierst, um ihre Geschichte zu erfahren.

Aus der Wachsamkeit entstandene Achtsamkeit bringt dich ganz nah an deine Wahrhaftigkeit. Ist diese in einer liebevollen Ausrichtung, wendet sie sich Menschen zu. In den verrücktesten Momenten, wie auch in den ganz normalen. Und dort, genau in diesen Momenten, liegt der Schlüssel für derartige Geschenke des Seins.

Wir können uns nur erkennen, wenn wir hinschauen. Uns wirklich anschauen. Und hinwenden. Wir können uns nur wirklich begegnen, wenn wir uns auf diese Begegnung mit uns selbst konzentrieren und nicht von Ablenkung und Oberflächlichkeit durch das Leben tragen lassen.

Jeder Tag, jede Begegnung, jedes Wort, jeder Blick, alles, was wir sind – entscheidet, was wir werden. Diese Begegnungen entscheiden, was wir werden, weil sie uns formen.

Daher sei bitte wachsam und offen, vor allem dann, wenn es die Wenigsten sind. Denn in jedem dieser Momente könnte der Kosmos ein Geschenk für dich bereit halten.

Gehst du an ihm vorbei, wird es sich dir nicht offenbaren.

Gehst du aber darauf zu, gibst ihm Aufmerksamkeit und Herzlichkeit, werden sich großartige Dinge in deinem Leben offenbaren.

Vor allem aber sind es die Begegnungen, die dir die Geschenke bringen. Schaust du hin, erkennst du sie. Schaust du nicht hin, gehen sie einfach an dir vorbei.

Du entscheidest.

Deine Achtsamkeit lenkt deine Entscheidungen

Oben links: Mit großen Wellen und toupierten Haaren versuchten die Modelagenturen in Deutschland, mich für den großen Markt der Kataloge zu stylen. © Peter Maul
Oben rechts: © Scherady für A-way

In Amerika dagegen wollten die Agenturen und Stylisten die Haare so glatt wie nur möglich und den Look eher leger und cool. © Rodney Ray

VIVA LA VIDA

Experimentiere mit dem, was sich dir zeigt

Eine der größten Antriebskräfte meiner Seele ist die Neugier.
Über diese Sehnsucht, das Neue zu erkunden, empfinde ich Lebendigkeit, Wachstum und Ansporn. Gespeist wird diese Kraft aus einem tiefen Vertrauen und der Freude, dieses Spiel namens Leben (gesund) spielen zu dürfen. Dieses tiefe Vertrauen ist eigentlich eine Art Wissen, das mich ständig ruft. Es ruft: »Geh in die Welt hinaus, probiere alles aus, triff Menschen, tausch dich aus und lerne in dem Spiel von Anziehung und Abstoßung dich selbst noch besser kennen, zu lieben und zu entfalten. Was immer sich zeigt, betrachte es genau, warum es sich zeigt und schenke ihm Aufmerksamkeit.«
Hunger. Es ist eine Art Hunger nach Leben, der gestillt werden will.

Der gemeinsame Weg von Wiebke und mir begann erst, und noch wusste ich nicht, wohin diese Reise ging. Also nutzte ich einen Casting-Aufruf des aufstrebenden Musiksenders VIVA und bewarb mich dort für einen Moderationswettbewerb. Ich konnte nicht moderieren, aber ich könnte es doch versuchen zu lernen. Lassen wir doch die Profis entscheiden.
Kaum hatte ich das selbst angefertigte Casting-Video eingeschickt, erreichte mich die Einladung zu einem Lifecasting in Wuppertal. Ja, in Wuppertal. Der in Köln ansässige Sender castete in einem Studio in Wuppertal.
Die Anreise organisierte und bezahlte der Sender, und man nahm sich tatsächlich viel Zeit für mich. Getestet wurde das Lesen vom Teleprompter aber auch das freie Anmoderieren. Tina Turners »What's love got to

do with it« stellte mich vor eine echte Herausforderung. Denn immerhin bin ich nicht mit der Bravo aufgewachsen, sondern mit sozialistischen Parteiprogrammen. Wie ein paar Jahre zuvor, als ich den schwarzen Kanal in Dauerschleife laufen ließ, versuchte ich auch hier eine gewisse Vorbereitung zu treffen, indem ich nun fleißig den Sender Viva konsumierte. Das half schließlich bei der freien Anmoderation mit ein bisschen Halbwissen über Frau Turner, die gerade ihren Mann und Manager verlassen hatte. So konnte ich das in meine holprig charmante erste Anmoderation einbauen. Und siehe da – es funktionierte. Zumindest für den nächsten Schritt.

Kurz darauf erreichte mich die Nachricht, ich sei eine von den vier Finalisten. Wobei wir Finalisten aus zwei Mädchen und zwei Jungs bestanden. Gewinnen konnte aber nur einer, was mir unter dieser Finalisteneinteilung etwas unlogisch schien. Wenn schon diese Paarung, warum dann nicht auch einen Mädchen und einen Jungen gewinnen lassen, aber ... so waren nun mal die Regeln.

Endlich durfte ich in die Studios von Viva und hinter die Kulissen schauen. In meinen Raverstiefeln und mit kurzer Hose fand ich mich bald in der Sendung »Interaktiv« mit Mola Adebisi und in mehreren Teleprompter Videoclipansagen wieder.

Das war spannend. Das war neu. Das war lustig, und es machte sehr viel Freude. Zum einen aus Schutz vor falschen Hoffnungen beim männlichen Geschlecht, zum anderen aber auch einfach nur aus Spaß am Spiel gebar ich die Idee, ein kokettes Spiel zu spielen, wonach ich angeblich nur auf Frauen stand. Mola, der Moderator der Sendung »Interaktiv«, und auch alle anderen glaubten mir das tatsächlich, obwohl ich niemals auch nur mit einem Wimpernschlag derartige Signale gesendet hatte. Es waren nur leere Worte. Ich spielte eine Rolle, vielleicht auch, weil ich ein bisschen scheu war, die eigentliche Sylvia zu zeigen. Doch faktisch war es ein Fehler, denn diese Maske kostete mich viele männliche Stimmen, die mir vielleicht gerade wegen ein bisschen Schwärmereien und Hoffnungen ihre Stimme gegeben hätten. Dumm gelaufen. Wenn man jung ist, stolpert man manchmal. Auch wenn diese falsche Fährte diesmal nicht zum Erfolg führte, ein andermal werde ich sie noch einmal anwenden – und dann genau passend. Aber dazu später.

Ich genoss diese Zeit und die Hoffnung, als Moderatorin bei Viva arbeiten zu können, sehr. Für eine kleine Weile Teil dieses Zirkus sein zu dürfen. So anders als die Modelwelt, so viel hipper, kreativer und freundlicher. Zumindest erlebte ich alle Beteiligten immer als sehr freundlich. Kein Anschein von Arroganz wie in der Modewelt, nicht einmal von einem Stefan Raab, zu dessen Event zum Launch seiner neuen Sendung wir auch eingeladen wurden. Ich mochte diese umgängliche Art sehr.
Aber war ich eine Moderatorin? Oder anders gefragt: Passte ICH dorthin?

Ich ließ es das Schicksal entscheiden, denn ich ahnte mittlerweile, dass es seinen ganz eigenen »Plan« hat und ich dabei nicht viel »mitzureden« habe ...

»Will« es mich als Moderatorin, und das bei diesem jungen aufstrebenden Sender, so wird es das ermöglichen. Will es das nicht, hat es einen anderen Plan mit mir. Also gab ich es ab und siehe da, ich wurde Zweite. Der Gewinner war wirklich sehr begabt. Allerdings hatte er als Schulsprecher ein bisschen mehr Rückenwind, weil er seine Mitschüler bat, die Wahlkarten auszufüllen. Klar, wir sind alle Schmiede unseres eigenen Schicksales, ich hätte mich ja auch auf den Marienplatz setzen können und einfach jeden, der vorbeikam, um seine Unterstützung bei der Wahl bitten können. Hab ich aber nicht. Insofern ist mein Platz 2 eigentlich mindestens eine Stichwahl mit Platz 1, aber lassen wir das mal an dieser Stelle. Ich gönnte es dem Gewinner wirklich von Herzen. Er war sehr, sehr talentiert und hat danach auch noch lange Zeit im TV seinen Platz gefunden.

So wie ich meinen.

Denn vor mir lag eine ganz andere Welt, die mich mehr und mehr mit offenen Armen empfing. Die Filmwelt.

Für mich und meine Seele bleibt aus diesem kurzen Intermezzo der wichtigste Schatz unseres ganzen Seins: die Erfahrung. Die spannenden

Experimentiere mit dem, was sich dir zeigt

Menschen, die Aufregung live im TV eine Sendung zu moderieren, von einem Teleprompter nicht stottternd sondern fließend abzulesen und in diese verrückte Musikwelt hineinzuschnuppern. Den Comet Award zu besuchen, mit den Machern von VIVA gute Gespräche zu führen, Tipps und Tricks für die Welt in den Medien zu erhalten und wieder und wieder meine Unsicherheit in Mut zu wandeln.

Nichts davon ist verloren. All das ist und bleibt weiter Bestandteil meiner Kraft, meiner Erinnerungen, und ganz sicher war es nicht umsonst, das Feld der Moderation zu berühren, wie sich später noch zeigen sollte.

Das Schicksal hat einen Plan, auch wenn du ihn noch lange nicht kennst. Geh mit ihm und vertraue. Er will dich formen, dich entfalten, dich führen und dich lehren, doch vor allem: dir Freude bereiten.

FLIEGEN LERNEN

Überwinde deine Ängste

Wiebke hatte eine (furchtbare) Essenz schnell auf den Punkt gebracht, die grotesker nicht hätte sein können: Sei nicht zu hübsch beim Film.

Einerseits will das menschliche Auge visuell verwöhnt werden. Doch das deutsche Auge nimmt angeblich nur das ernst, was nicht gut aussieht. Es sucht das Natürliche, so wurde es mir immer und immer wieder erklärt. Und ist die Natur zu ansehnlich, ist sie (angeblich) keine Natur mehr.

Der erste Schritt in die Filmwelt war das besagte Casting bei Simone Bär. Dies bestanden, folgte nun als Nächstes ein Fotoshooting im Schauspielstyle. Die Bilder müssen also bedeutungsschwanger aussehen und meinen Typ hervorheben, welcher auch immer das ist. In Amerika war es ein ganz anderer als in Deutschland. Das lag also alles im Auge des Betrachters. In Deutschland wurde verlangt: nur ja keine figurbetonende Kleidung und Makeup zu tragen, die Haare auf keinen Fall gestylt.

Sylvia trug Minirock und Overknees oder hautenge Kleider mit High Heels, die angehende Schauspielerin eine Latzhose und ein weites Oberteil dazu.

Ich versuchte mein Bestes, den (unverständlichen) Anforderungen gerecht zu werden. Es fühlte sich furchtbar an.

Wiebke konnte es kaum erwarten mich in ihren beliebten Katalog aufzunehmen, welcher an alle großen Caster und Redakteure in ausschließlich gedruckter Form verschickt wurde. Kaum lag dem Chefredakteur des ZDF für Fiction, Dr. Claus Behling der Katalog vor, klingelte das Telefon bei Wiebke. Er möchte mich bitte sofort kennenlernen für Engagements im ZDF. Hut ab Wiebke, dein Riecher war zielsicher.

Nicht weil sie es böse meinte, aber weil sie auch weiterhin zielsicher arbeiten wollte, unterstrich sie noch einmal: »Sylvia, bitte, ziehe die Latzhose an, deinen ganz weiten Pullover, schminke dich auf keinen Fall und binde die Haare am besten zu einem Pferdeschwanz. Auf keinen Fall darfst du aussehen wie ein Model.«

Ich hatte das Gefühl in einer Geisterbahn gelandet zu sein. Erst war ich so hässlich, dass man mich dafür hänseln und ausgrenzen musste. Dann durfte ich erleben, wie das Schicksal mir einen Ausgleich für die Verschmähungen schenkte, indem es mich einen Modelcontest gewinnen ließ. Dann treffe ich auf die Filmwelt, und die bittet mich, dass ich wieder einen Schritt in den Mut zur Hässlichkeit (zurück)gehe. Mich unter-drücke. Den Glaubensmustern der Filmwelt unter-werfe.

Oke, was mich nicht schwach macht, macht mich eben flexibler.

Also traf ich Dr. Behling im Trader Vics in München, so natürlich aussehend, wie ich nur konnte. Ich war damals 22 Jahre alt und spielte die Rolle so gut, dass Dr. Behling am nächsten Tag Wiebke anrief, dass ich ja super zum ZDF passen würde, aber noch viel zu jung aussähe in natura ... er würde gerne noch ein paar Jahre abwarten mit der Zusammenarbeit.

Der Schuss war also leider gewaltig nach hinten losgegangen. Wäre ich einfach nur ich gewesen, hätte diese Zusammenarbeit vielleicht viel früher begonnen. Man weiß es nicht und es ist auch nicht von Relevanz. Das »Ja« für den gemeinsamen Weg war ja da, es wollte nur etwas Zeit vergehen lassen.

Es war an einem Tag im kalten Dezember, als eines meiner ersten Castings mich nach Haan bei Düsseldorf rief.

Berengar Pfahl lud ein, die nächste Generation für seine bekannte TV Vorabendserie »Sterne des Südens« zu casten.

In einer ausgebauten großen Scheune hatte er verschiedene Aufgaben für uns bereitgehalten, bei denen wir von szenischem Spielen nach Text, bis hin zur Eigeninterpretation einer Aufgabe getestet wurden. Im Text war ich sattelfest, er gab mir den Rahmen vor, in dem ich mich bewegen und die Szene gestalten durfte. Aber die Interpretation entpuppte sich zu einer kleinen Horrorreise. Die simple Aufgabe vor laufender Kamera ein kleines Wasserglas mit Wasser darin zu »verkaufen«, wurde für mich eine Achterbahnfahrt der Gefühle.

Wir waren 48 Anwärter auf die unterschiedlichen Rollenprofile, männlich und weiblich. Keiner wusste aber so recht, wie viele Charaktere wirklich für die Serie gebraucht wurden.

Ich dachte mir, ich lasse mir besser Zeit mit dieser Interpretation, schaue, wie die anderen das machen und habe selbst etwas Raum, mir etwas auszudenken. Und so geschah es, dass eine Idee nach der anderen, die in meinem Kopf langsam entstanden waren, von anderen schon gespielt wurden, und mit jedem weiteren Anwärter vor der Kamera meine restliche Kreativität Richtung Null schmolz.

Schließlich war ich die Vorletzte und hatte überhaupt keine Inspiration mehr, was ich nun mit diesem Glas Wasser machen sollte. Also setzte ich mich vor die Kamera, 47 Mitbewerber sowie Castingcrew vor mir, und begann auf thüringisch das Wasser mit ein bisschen DDR Geschichte an Wessies zu verkaufen. Meine Rettung war nur der Dialekt, alles andere baute darauf auf. Und siehe da, das war lustig. Ich glaube sogar sehr lustig. Doch hier ging es ja nicht um Humor, sondern um Glaubwürdigkeit. Und in der war ich in meinem Heimatdialekt natürlich sattelfest. Das machte Spaß, und ich war heilfroh diese Situation irgendwie hinter mich gebracht zu haben. Aber Castings sind ja genau dazu da, sich auszuprobieren und zu probieren, ob man das gesuchte Rollenprofil mit seiner Persönlichkeit füllen und über sich hinauswachsen kann.

Fünf Tage nach dem Casting klingelte das Telefon und Judith, eine andere Anwärterin, war am Telefon. Sie erzählte mir, dass sie eine Rolle bekommen habe, und ob ich denn auch schon etwas gehört hätte. Da ich aber nichts von niemandem gehört hatte, ging ich pauschal davon aus, dass ganz einfach viel zu viele Superbrains aus Schauspielschulen dort beim Casting dabei gewesen waren und sich die Sache sicher erledigt hatte. Doch Judith ermutigte mich mit Nachdruck, im Produktionsbüro anzurufen. Ich ging fest davon aus mir jetzt eine Abfuhr abzuholen, doch dann sagte eine gewisse Cora am anderen Ende der Leitung doch tatsächlich: »Wie ist dein Name nochmal? Sylvia? Ja, du hast die Rolle der Katja bekommen. Wir freuen uns mit dir das ganze nächste Jahr zu drehen. Weitere Details besprechen wir mit deiner Agentur.«

Ich müsste an dieser Stelle Seiten ohne Text einfügen, um die Sprachlosigkeit über diesen Moment und sein Potential auszudrücken.
Denn ich konnte das nicht fassen. Nein, ich konnte es nicht fassen. Teil eines so großen Projektes werden zu dürfen. Eine richtige Filmrolle zu spielen, über viele Monate. Im Ausland …
Ein gelungenes, wirklich wunderschönes Weihnachtsgeschenk des Schicksals.

Im darauffolgenden Jahr erblickte ich die »Sterne im Süden« sehr oft, sehr klar. Zunächst ging es nach Kreta, wo ich noch recht unsicher meinen ersten Filmkuss mit Martin Semmelrogge erleben durfte. Aber Berengar war sich meiner Scheu durchaus auch bewusst und fing mich in allen Momenten derartiger Unsicherheiten immer perfekt auf. Er wusste genau, was er tat und hatte eine klare Vision davon, was »seine Katja« darstellen sollte. Und unter seiner Führung gewann ich dadurch erstes Vertrauen in diese kleine schwarze Kiste namens Kamera, die uns verewigen wollte.
Berengar wollte mich tatsächlich, anders als meine Agentin und der ein oder andere Caster, nicht in Latzhosen und ungeschminkt. Nein er wollte genau das Gegenteil. Meine Persönlichkeit, meinen Look zeigen, wie er ist, und nicht daran rumbasteln, sondern mich ermutigen, das alles nun mit dem Charakter der Rolle zu füllen.

Die viele freie Zeit auf Kreta und in der Türkei verbrachte ich mit mir, mit Text lernen, viel Lesen und Choreographien einstudieren, die fester Bestandteil des Drehs waren. Ich war weit weg von zuhause, weit weg aus Frustdeutschland, an einem Ort, an dem die Sonne meistens scheint, es warm ist und das Wasser schön blau. Die Wochenenden alle frei verfügbar und nur mit mir zu verbringen, heilte meine Seele das erste Mal in meinem Leben wirklich. Denn ich hatte endlich Zeit für sie. Zeit für *meine* Stille, *mein* friedliches Meer in mir. Endlich.

FLIEGEN LERNEN

Nur durch das Akzeptieren und Annehmen meines leisen Schattens der Unsicherheit konnte ich die vielen kleinen Mutproben überleben. So ein Dreh über viele Monate hinweg ist die beste Schule, um so richtig einzutauchen in das Medium. Und nur durch das viele Wiederholen, das tägliche Drehen, das völlige Konzentrieren auf mich selbst, doch vor allem durch Berengars liebevolle, väterliche Art habe ich diesen Schatten bezwingen können. Doch ganz wird er wohl nie von mir weichen. Wer weiß.

Wie das leider oft beim Film so ist, verlieren sich die Wege aller Beteiligten nach so einer langen gemeinsamen Zeit dann völlig. Die letzte wirklich schöne Erinnerung, die ich an diesen Förderer meines Weges habe, ist, wie Berengar und ich uns in einem Café am Kölner Dom trafen und er mir das Buch »1001 Frau« von Anaïs Nin schenkte, die ich trotz oder vielleicht gerade wegen meines super sozialistischen Lehrplans nicht kannte. Er betonte, dass ich das Buch unbedingt lesen sollte und ich solle ihm berichten, ob ich damit in Resonanz ginge.

Leider kam es nie dazu, da sich unsere Wege nicht weiter kreuzten und Berengar leider zu früh verstarb. Ich halte den Dank an ihn auch hier einmal mehr für die Ewigkeit dieser Zeilen fest. Er war einer der Wenigen, der mein scheues Wesen erkannte und wie ein Vögelchen, das aus dem Nest gefallen war, vorsichtig in seine warme Hand aufnahm und ihm das Fliegen beibrachte. Auch er ist ein wichtiger Teil dieser meiner Geschichte, die eine andere wäre, wenn er nicht gewesen und ich seinen Weg nicht gekreuzt hätte.

Danke Berengar. Für dich und dass du mich nicht, wie die meisten zuvor, gestutzt, sondern meine Flügel hast sich ausbreiten lassen. Du hast das Tor in die Filmwelt weit aufgehalten und mich in meinen scheuen Momenten hindurchgeführt, mich in diesen neuen Beruf eingeführt und mir damit entscheidend das Leben ermöglicht, wie ich es jetzt lebe. Ich danke dir für dein Vertrauen und die Chance.

Und dem Kosmos für unsere Begegnung.
Danke. Liebe.

Überwinde deine Ängste

Schubumkehr: Genau nach den Vorgaben meiner Schauspielagentin Wiebke Reed sollte hier alles was ich vorher als Model gelernt und gelebt hatte NICHT stattfinden: Latzhose, ohne Make up, ohne Styling. Weiter Pullover, nur ja keine Figur zeigen und vor allem keine Modelpose. © Janine Guldener

LEINWANDZAUBER

Nur wer wagt, der gewinnt

Kaum wieder in Deutschland zurück ging der Casting-Marathon weiter. Um das Leben finanzieren zu können, nahm ich den ein oder anderen Modeljob weiterhin noch mit. Gleichwohl, wie sollte es anders sein, mir Wiebke das verbot ... Aber verbieten ist leicht, das Leben alleine zu finanzieren, schwer.

Mein Fotomaterial aus Amerika kam so gut bei den deutschen Modekunden an, dass ich tatsächlich sehr gut verdiente. Als ich gerade für einen Fotojob in Hamburg ansässig war, erreichte mich ein Anruf von Wiebke. Sie bat mich sofort in den Sprinter nach München zu steigen, damit ich dort am späten Nachmittag noch ankäme. Die Casterin Rita Serra Roll rief nach München zum Casting für eine Kinorolle. In der Hauptrolle Kai Wiesinger, der fast ausschließlich nur Kino- und TV-Hauptrollen spielte.

Nach der ZDF Misere hatten Wiebke und ich damals ein gentle agreement getroffen, dass sie mir nicht mehr vorschreiben würde, was ich zu tragen und wie ich mich herzurichten habe, sondern dass ich einfach und authentisch *ich* sein durfte.

All diese Hürden sind nur kleine Tests des Schicksals, wie sehr man etwas wirklich will, also ergriff ich diese Chance und setzte mich in den Zug. Ich investierte dieses kleine Vermögen von 200,– DM für das Ticket, kam um 16.00 Uhr in München an und eilte zum Casting. Doch als ich die Tür zum Castingraum öffnete, saßen dort gefühlt 30 blonde sehr hübsche Mädchen ...

Nur wer wagt, der gewinnt

Wieder einmal erschlug mich die Masse an Konkurrenz. Wieder einmal zeigte sich meine Unsicherheit und brüllte in meine Seele: »Was willst du da, die sind alle viel hübscher und sicher auch viel begabter. Sinnlos, so viel Geld ausgegeben zu haben, um das zu erleben …«

Unsicher runzelte ich kurz die Stirn und suchte den Blick von Rita. Zögernd fragte ich, ob das überhaupt Sinn mache, wenn noch so viele hier sitzen. Sie meinte: »Aber ja, auf jeden Fall, bitte komm doch morgen früh um 10.00 Uhr wieder.«

Ausgeschlafen und nicht ausgepowert erschien ich also am folgenden Morgen und war fast alleine, nach mir kamen nur noch zwei andere. Die Stille, die Kraft, die Ruhe, alles war bei weitem besser als an dem Reisetag davor, und ich konnte mich daher tief in die Szene fallen lassen. Gecastet wurde die Gefängnisszene mit Kai, wo ich ihm beibrachte, dass ich mich von ihm trennen musste. Das Schwere dabei war glaubwürdig unglaubwürdig zu spielen. Denn der Zuschauer sollte zweifeln. Will sie sich wirklich trennen, oder ist sie fremdbeeinflusst? Wenn ja, wovon? Von wem? Ist sie böse und durchtrieben, oder ist sie naiv? …

Roland Suso Richter bettete mir die richtige Atmosphäre, und ich gab alles. ALLES, was man halt als Quereinsteiger so geben kann. Seine ganze ehrliche Gefühlswelt. Ohne gelernte Manipulation oder perfekt nachgeahmte Mimik.

Eines Morgens dann klingelte das Telefon und Rita Serra Roll war am Telefon. Ich war fest der Meinung, dass sie mir nur freundlich und direkt absagen wollte nach diesem ganzen Tamtam und meinem hohen Invest der Anreise. Doch nein. Sie bestätigte mir: »Sylvia, du hast die Rolle.«

Ich konnte das nicht glauben … wirklich? Ich hätte schreien können vor Freude und gleichzeitig war ich sprachlos. Wie geht das? Wie kann das sein, dass ich als Autodidakt eine Rolle fürs Kino bekomme bei so viel Konkurrenz?

Ich war geplättet und Wiebke unendlich stolz. Für sie genau der richtige Impuls zur richtigen Zeit. Bestimmte Grundsteine kann man nur in einem bestimmten Zeitfenster der Jugend legen, und dort entscheiden sich dann die Richtungen. Sie wollte Kino für mich, wie sie es auch für Christiane Paul, Matthias Schweighöfer und so viele andere im Sinn hatte. Daraus hatte sie nie ein Geheimnis gemacht. Und ihre Spürnase gab ihr auch immer wieder recht.

Da war sie also. Die Kinorolle. Wobei ich ehrlich sagen muss, dass der Film überwiegend und grandios von Männern getragen wurde. Es waren nur zwei Frauen im ganzen Film, die durch den Spielort Gefängnis daher nicht so viel Spielzeit hatten. Aber was soll's, das sind Details.

Der heilige Gral Kino war betreten und für Wiebke eine neue Stufe des Marktwertes ihres Zöglings erreicht.

Der Dreh selbst war für mich eine weitere Steigerung an Mutprobe. Kino … … ich wusste nicht, dass vier Buchstaben so viel Unsicherheit verbreiten können. Das Wissen darum, dass auf dieser Riesenleinwand mein Gesicht, jede kleinste Augenbewegung darin millionenfach vergrößert aufscheint, machte das Gefühl nicht kleiner. Das große Casting, die vielen hinter mir gelassenen Mitbewerberinnen, all das machte mich sehr demütig und schürte meine Unsicherheit. Es kostet viel Selbstbewusstsein, sich vor so einem Filmteam in die Schlacht nach vorne an die Speerspitze zu stellen und die Idee der vielen Mitwirkenden sichtbar zu machen. Das Gesicht zu sein, das zu verkörpern, was sie sich wünschten. Was sie sich ausgedacht hatten in einem Prozess voller Inspirationen. Und dabei keine Fehler zu machen. Viel Geld war im Spiel und damit auch viel Verantwortung. Der Schauspieler ist, wie der Sänger einer Band, nun einmal der, der all das davor und dahinter lebendig macht. Eine große Verantwortung, und man denkt am besten nicht zu viel darüber nach.

Und so versuchte ich in meine Naivität zurückzufinden und einfach nur »zu machen«. Was soll's, dachte ich. So schlimm kann's nicht werden, immerhin bin ich ja nicht über Nacht jemand anderes geworden. Produzent, Regie und was weiß ich noch wer hatten sich eben für dieses mein Gesicht und sein Spiel entschieden. Also akzeptierte ich dieses Faktum und ging es an.

Meine Demut dem Fach gegenüber wuchs dennoch ins Unermessliche, als ich Kai Wiesinger und auch den anderen Herren bei ihrer Arbeit zuschauen durfte. Alle wussten, dass Kino diese andere Dimensionalität bedeutet. Das war wirklich beeindruckend. Diese Hingabe, diese völlige Ausblendung des Teams, der Umstände, der eigenen Befindlichkeiten etc. Es gab nur den Moment. Den einen Moment, auf den alles zusteuerte. Sei es eine schreiende, eine weinende Szene oder eine nur stumm vor sich hinblickende, sie alle trugen Intensität in sich.

Es bedarf Entschlossenheit und Kraft, um eine solche Intensität zu erzeugen – und wie erreicht man diese? Durch Mut. Diese neue Stufe der Mutprobe nutzte ich, lernte sehr viel, und wir hatten eine wunderschöne Drehzeit.

Unterstützt wurde diese Zeit aber auch durch die beginnende Freundschaft mit Werner, dem sehr engagierten, jungen Produzenten des Films. Ich bin nach ihm nie wieder einem so mutigen, engagierten, liebevollen, doch vor allem visionären Produzenten begegnet. Es mag sie geben, ich kenne sie nur nicht. Denn Werner, so hat er mir erzählt, hatte vor, richtig tolle, große und amerikanisch anmutende Filme zu machen. Er wollte es anders machen als andere (Deutsche), er dachte groß, sehr groß.

So groß, dass seine Wünsche nicht ganz die Zeit der Materialisation hatten, die er gerne gehabt hätte. So groß, dass wir noch zur Halbzeit des Drehs das nötige Geld für den Film nicht beisammen hatten. Ich kann mich nicht mehr an alle Details damals erinnern, aber daran, dass ein großer Teil der Filme in Deutschland staatlich gefördert wurde, man aber, wie bei einem Hauskredit, einen gewissen Selbstanteil bringen musste. Und eben genau an diesem Selbstanteil klemmte es noch, als wir schon wochenlang gedreht hatten.

Ich bewunderte Werner für diesen Mut. Dieses Risiko ist er eingegangen, weil er so sehr an sich, an seine Visionen, an diesen Film geglaubt hatte. Und recht hatte er. Noch gerade rechtzeitig zur nächsten Gehaltsabrechnung stand alles bereit, und der Film konnte zu Ende gedreht und ein voller Erfolg werden.

LEINWANDZAUBER

Der Film wurde genau das, was Werner sich so sehr erträumt hatte. Modern, visionär, amerikanisch. Ein Hauch Nachfolge Bernd Eichingers streifte ihn schon, und es schien, als hätte er die schwierigste Zeit hinter sich, als »14 Tage lebenslänglich« erfolgreich startete. Er bastelte immer weiter an großen tollen Filmideen und hätte Deutschland mit Sicherheit ein noch internationaleres Gesicht gegeben ... doch das Schicksal wollte es anders.

Denn bei einem Locationscouting in den Alpen wurde er, getrieben von seinem unermüdlichen Mut, abseits der Skipiste von einer Schneeplatte erwischt ... und verstarb darunter.

Meine Trauer darüber kann ich nicht in Worte fassen, denn mit Werner ist ein großer Geist, ein sehr liebevoller Mensch, einer meiner Förderer und ein wunderbarer Freund von uns gegangen. Danke Werner, für deinen Glauben an mich und für dich als Mensch. Ich halte dich auch hier fest in Ehren, um dich und deine Visionen, dein Menschsein vor dem Vergessen zu bewahren.

Die Art des Filmemachens ist natürlich weiter vorangeschritten und auch andere haben sehr gute internationale Filme geschaffen, doch die Art und Weise wie Werner die Filme umsetzte, welche Teams, welchen Cast er wählte, hatte seine ganz eigene Handschrift. Ich bin daher umso dankbarer, Teil dieser seiner Reise gewesen zu sein, und kann in meiner Lebensgeschichte stolz darauf sein, dass es ein so visionärer Film geworden ist, in dem ich mich auf Zelluloid verewigen durfte.

Danke. Liebe.

FILMMARATHON

*Lausche dem Kosmos, er kommuniziert
dauerhaft mit dir*

Knapp zwei Jahre nach meinem Start via Blindflug in die Filmwelt, konnte ich mich vor Drehtagen kaum retten. Kaum war der Kinofilm abgedreht, wartete eine wunderschöne aber ganz andere Rolle auf mich: Susanne.

Das Casting für die Serie »Uniklinik« startete ich mit der Vorbereitung auf die Rolle Jo, eine sehr intelligente Schwesternschülerin. Zur Debatte aber stand auch Susanne, die liebevolle, etwas blassere und naiv wirkende Mitschülerin. Als dann eines Tages das Telefon klingelte, ich solle bitte zu einem weiteren Casting, diesmal aber für Susanne kommen, war ich erst einmal traurig. Zu gern hätte ich die pfiffige süße Jo gespielt, doch die Redakteure sahen das anders und schickten mich in einen Test nach dem anderen.

Die finale Castingrunde hatte es in sich. Mit mir nur noch eine andere, aber sehr hübsche blonde Anwärterin. Ich war überwältigt von ihrer Art zu spielen, so kraftvoll, so entschlossen, so selbstbewusst, so unglaublich konzentriert. Sie wusste genau, was sie machen musste. Ich dagegen war mal wieder wie ein Vögelchen im Sturm und versuchte irgendwie der völlig unbekannten Situation Herr zu werden. Nicht 47 andere Mitbewerber, nein Auge um Auge, ein finales Casting zwischen mir und ihr. Eine von uns beiden würde diese Rolle bekommen. Das gab Hoffnung und erschuf Anspannung zugleich. Es musste erneut, aber ganz anders, abgeliefert werden.

Ich begann mich ihrer Präsenz und ihrer präzisen Art zu spielen anzupassen, doch verunsicherte mich das immer mehr. Mit jedem Versuch, so zu sein wie sie, war ich weniger ich. Und das destabilisierte mich immer mehr. Ein Desaster. Ich war völlig auf dem Holzweg. Mit einer völlig falschen Ausrichtung, nämlich so zu tun, als sei ich genauso wie mein Gegenüber, könne genauso gut spielen wie mein Gegenüber.

Ich zitterte am ganzen Leib, spürte, wie falsch es war und verlor dabei minütlich Kraft und Hoffnung. Irgendwann gab ich diesen sinnfreien Kampf dann auf und entschloss mich einfach nur ich zu sein: Entweder das wird gemocht oder eben nicht. Alles andere kostet mich nur Kraft und führt zu gar nichts. Eine Parabel für mein Leben, in der Essenz eines einzigen Tages.

Also spielte Sylvia einfach die Susanne, so wie *sie* sie fühlte. Aus mir, aus meinem Bauch heraus. So wie ich immer zunächst die Rolle erfühlt und dann erst aus diesem Gefühl heraus gespielt habe. Ohne großes Tamtam drum herum, etwas sein oder darstellen zu wollen, das ich gar nicht bin. Und auch nicht sein kann und will.

Im Laufe der Stunden dieses langen Castings stabilisierte ich mich wieder und blieb in eben genau dieser meiner Interpretation der Rolle. Und ich bekam tatsächlich das Engagement. Die Uniklinik wurde umgetauft in »St. Angela«, und ein weiteres Jahr voller Drehtage stand vor mir. Ich freute mich riesig darauf. Denn diesmal ging es nach Hamburg, wo ich ein ganzes Jahr lang im wunderschönen Hanse Clipper Haus in einer Duplexwohnung direkt an den Landungsbrücken und am Michel leben und nun weiter wachsen durfte.

Die Dialoge von Susanne machten mir anfangs noch sehr zu schaffen. Jo war schicker, Jo war toller, Jo war intelligenter und Jo war einfach cooler. So empfand ich es zumindest. Bis mich eines Tages der Produzent zu sich bat und mit mir zusammen meine Sichtweise auf die mir zugeteilte Rolle ergründen wollte. Sehr liebevoll ging er auf meine Empfindung ein und erklärte mir, dass er und die ganze Redaktion sich ja etwas dabei gedacht hätten, mir die Rolle der Susanne zuzuteilen. »99 Prozent des Films ist die Besetzung« – so sagt man in der Branche. Denn, es ist nicht nur ein Gesicht und ein Körper, der dem Text einen Ton gibt, es ist die ganze Energie, die ein Mensch ausstrahlt. Er bringt diese Energie, seine Aura, seine Art zu schauen, seine Art sich zu bewegen, einfach seine ganze Persönlichkeit mit und füllt eine hüllenlose Form aus Wörtern in den Drehbüchern mit Kraft. Er erweckt letztlich die Idee der Figur zu einer wirklichen Figur. Er erschafft diese Figur. Mit allem was er ist. Und auch mit den Resonanzen dazu.

Ja, ich gebe zu, ich war kindisch und auch töricht, dass ich dieser Rolle anfangs nicht mein bestes Potential geschenkt hatte, doch das Gespräch mit Gerwin hat mich **aufgeweckt**. Mir bewusst gemacht, wie viel Verantwortung ich in diesem Beruf hatte, wie viele Menschen hinter dem einen Bild stecken, das sich über die TV Kiste bewegt. Wie viele Ideen und Visionäre sich bündelten, wie viele Träume wir zum Leben erweckten und wie ausschließlich dankbar ich doch sein sollte. Für diese Chance, diese Rolle, dieses Vertrauen und dieses Geschenk.

So war es dann auch. Susanne und ich schlossen unseren Frieden, und ich hatte eine wunderschöne Zeit mit mir (und ihr) in Hamburg.

Die Wochentage waren anstrengend. Ja, sehr anstrengend. Morgens meist um 7.00 Uhr Abholung, um dann abends gegen 21.00 Uhr wieder in meinem kleinen Appartement anzukommen. Dazwischen lagen viele, viele Szenen, mal mehr, mal weniger Text, doch vor allem gab es zu wenig Zeit zum Ruhen.

Ich war Anfang 20 und kam tatsächlich an meine Grenzen. So sehr, dass ich mich mittags in den 30 Minuten, die wir Mittagspause hatten, kurz hinlegen musste, um zu rasten. Ein kleiner Mittagsschlaf kann Wunder bewirken in der Konzentration. So war es dann auch. Doch zu einem hohen Preis, denn die 30 Minuten waren für das Mittagessen vorgesehen, der einzigen Mahlzeit am Tag.

Da ich aber abends meist erst um 21.00 Uhr (und später) zuhause war, kam ich gar nicht zum Einkaufen. Auch morgens, vor 7.00 Uhr, hatten damals noch keine Geschäfte auf, sodass ich letztlich immer zwischen der Entscheidung stand: Mittagsschlaf oder Mittagessen.

Dazu kamen weitere parallele Engagements, die ich an so manchen

FILMMARATHON

Tagen, an denen ich nicht in Hamburg zu tun hatte, dann mit Drehs in Köln und Berlin absolvierte. Alles in allem kam ich auf über 160 Drehtage in dem Jahr.

Ich glaube der Kosmos hat mich und meine Verzweiflung bezüglich der lieben Susanne von St. Angela erhört und sich einfach gedacht: Ach, dann geben wir ihr doch eine Rolle als freche Schwesternschülerin in einem anderen Projekt, diesmal der weiße Kittel mit Pfiff, List und kokettem Spiel. Und siehe da, da war sie, die freche Melanie in »Hallo Onkel Doc«.

Es war eines der Parallelprojekte mit Drehort Berlin. Spielte ich also nicht in Hamburg die liebevolle Susanne, so spielte ich in Berlin die freche Melanie.

Das machte unendlich viel Spaß und glich tatsächlich ein bisschen auch meinen kleinen »Disput« mit Susanne aus.

Und ich erkannte in dieser Zeit, wie abhängig dieser Beruf von der Phantasie der Redakteure in den Fernsehstationen und der Produzenten, also von den Entscheidungsträgern ist.

Begonnen beim »falschen« Kostüm zum Casting von Onkel Behling zog es sich von nun an dauerhaft durch meinen Werdegang in diesem Beruf, dass meine Kleidung und mein Styling essentiell die Wahrnehmung des Gegenübers (auch des Publikums) beeinflusste. Vielleicht ist es eine Art Talent, aber falsch gelenkt, oder gar nicht geführt, es ist jedenfalls ein großes Risiko im Frustland diesen Beruf mit so viel Wandelbarkeit auszuüben. Vielleicht ist es aber auch eine gewisse Phantasielosigkeit oder die Abwesenheit von Kreativität, dass man in Deutschland nie konträr besetzt wird. Eben nicht die Rolle einer fast schon dumm naiven Schwesternschülerin oder die ausschließlich kühle arrogante Schwester angeboten zu bekommen, sondern eben mal etwas ganz ganz anderes spielen zu können. Dieser Mut fehlte den Deutschen, zumindest damals. Wie das heute ist, kann ich nicht beurteilen, da ich das Spiel, es allem und jedem der phantasielosen, unsicheren, weisungsgebundenen Redakteure immer recht zu machen, längst aufgegeben habe, und einfach mal nur ich selber werden darf.

Lausche dem Kosmos, er kommuniziert dauerhaft mit dir

An den Wochenenden in Hamburg damals glich ich viel aus, balancierte mich wieder zurück zu mir. Weg von dem: »Wie wollt ihr mich heute?« In so vielerlei Hinsicht. Ich konnte endlich den Kühlschrank füllen und meinen ersehnten Schlaf nachholen, und manchmal gönnte ich mir auch noch einen Ausflug in eine Diskothek. Einfach so, ganz allein, mit mir.

Und so fand man mich ab und zu im Voila und in der Alten Ziegelei, etwas außerhalb von Hamburg. Ja, ich mag elektronische Musik, vielleicht auch weil sie keinerlei Partner »braucht«, sondern es einfach nur Spaß macht – mit mir, alleine unter Hunderten, vielleicht sogar Tausenden zu sein. Spaß haben, ohne dabei angesprochen werden (zu können und zu wollen). Ohne angeflirtet zu werden, einfach nur mit mir sein zu dürfen. Nicht immer gelang das, und in den Zeiten dazwischen schloss ich natürlich auch ein paar sehr liebe Freundschaften mit Gleichgesinnten.

Diese freie Zeit an den Wochenenden bei den Seriendrehs, ungestört von anderen Menschen, wurde für mich zu einem der wertvollsten Werkzeuge meines Seins. Es fühlte sich an, als würde meine Seele in diesen stillen Momenten atmen. Wochentags laut und in voller Konzentration in der Materie Spuren auf Zelluloid hinterlassen und am Wochenende einfach in meinen Frieden eintauchen. Tun und lassen, was ich will, wohin es in mir will, sich beschenken mit dem, was es braucht und einfach nur das pure Sein genießen. DAS war das heimliche Geschenk des Schicksals zu all den wunderbaren anderen Geschenken hinzu, die mit dem Drehen einhergingen.

In diesem Jahr erschien auch 14 Tage lebenslänglich im Kino.
Engagements in Kinofilmen ziehen oftmals eine Menge Anfragen aus der Filmbranche nach sich. Doch vollgepackt mit Drehtagen bis zum Anschlag musste Wiebke leider vieles davon absagen. Einiges davon waren richtig schöne Rollen, doch mehr Details wollte mir Wiebke nicht mitteilen. Der Schmerz wäre zu groß gewesen. Wo wäre ich wohl heute, wenn ich die alle hätte annehmen können? Was wäre ich? Wie wäre ich? Wo wäre ich …?
Noch während ich das hier schriebe, weiß ich, dass nichts anders wäre.

FILMMARATHON

Denn ich bin ich, und egal wie – es aus mir heraus sucht und kreiert sich seinen Weg. Der Weg wird gelenkt von unserer ganz eigenen Kraft und er wird gelenkt von dem großen Ganzen, das der Kosmos ist. Zu glauben, dass bestimmte Chancen nur einmal auftreten, ist nur aus einer kleinen Perspektive richtig, denn zieht man den Rahmen auf, sieht man, wie viele andere Chancen sich auftun, ganz anders als die anderen, aber dennoch sind es Chancen auf dem Weg zum Ziel. Welches auch immer der Kosmos für einen bereit hält.

Also ergriff ich die »anderen« Chancen, die aufschienen, als mein Kalender freier wurde.

Wiebke war stolz auf mich (und ich natürlich auch auf mich). Sie beschloss den »Kurs« zu ändern und wollte, dass ich ab sofort »nur noch für das Kino arbeite«. Daher sagte sie zunächst einmal so manche weitere Serienhauptrolle ab. Vor allem aber wollte sie mich aus den »Kliniken herausbringen«, oder zumindest nicht erneuten Arztserien zusagen. Das gelang ihr auch. Das Angebot einer neuen Ärztin im »Alphateam« sagte sie ab, so verlockend es auch, rein finanziell gesehen, war.

Ich erinnere mich an ein längeres Gespräch mit einem lieben Kollegen, der in 14 Tage lebenslänglich grandios eine Hauptrolle spielte. Wir waren nach der Kinopremiere in Hamburg alle gemeinsam zum Abendessen von Werner eingeladen worden, und ich erzählte ihm von Wiebkes Plan. Und er gab mir einen sehr wichtigen interessanten Impuls: »Sei froh, dass du auch Serien machen kannst und Anfragen dazu bekommst. Serien sind nicht grundsätzlich etwas Schlechtes, im Gegenteil, es liegt doch auch an dir, was du aus und mit der Rolle machst. Schau, ich habe vielleicht einmal ein Problem, weil ich nur Kinofilme gemacht habe. Mich hat bisher noch keiner für eine Serie angefragt. Aber ob die Kinofilme mich ein Leben lang finanzieren können, weiß ich nicht. Ich trage daher bei weitem mehr Risiko als du. Sei froh, dass du dieses Spielfeld auch hast. Nutze es, solange du kannst. «

Wahre Worte, wertvolle Worte. Danke, Kollege.

Ein anderer wertvoller Impuls zu diesem Thema erreichte mich zur gleichen Zeit von ganz anderer Seite:

In einer Serie gibt es die Haupt- und Nebenrollen der Darsteller, die fester Teil des Ensembles sind, und dann gibt es die Gastrollen. Jede Folge behandelt meist eine Geschichte und für diese Geschichte werden andere Darsteller für die Dauer dieser Folge gebucht, um deren Hauptgeschichte dieser Folge sich alle anderen durchgehenden Darsteller platzieren.

Bei Hallo Onkel Doc hatten wir (angenehmerweise) eine längere Mittagspause als bei St. Angela, und in dieser unterhielt ich mich gerne mit den Gastdarstellern. Sie waren meist älter – und ich, wie immer, neugierig. Also sprach ich mit ihnen über ihr Leben, ihr Sein, ihr Denken und ihre Träume. Doch was ich da erfuhr, war erschreckend. Und doch so wichtig.

Jeder, zweifelsohne jeder dieser Kollegen hatte in dem Arbeitsjahr nur dieses und vielleicht noch ein anderes Engagement. Den Rest der Zeit waren er oder sie arbeitslos. Fast schon wie im Chor sprachen sie zu mir: »Halte dein Geld, das du hier mit der Hauptrolle verdienst, ganz fest. Erschaffe dir damit etwas, das dich ohne Druck älter werden lässt, denn es wird nicht immer so sein wie jetzt. Manchmal hast du nur einen Drehtag pro Jahr. Manchmal gar keinen. Das ist ganz normal und ein dunkler Schatten dieses Berufes. Du kannst auch Theater spielen, wenn du das magst. Wenn du das aber nicht magst, bist du wieder arbeitslos. Daher lass dein Geld jetzt arbeiten, investiere es klug und sei vorsichtig, wie du es ausgibst. So wie du jetzt diesen Beruf erlebst, ist es die Ausnahme, nicht die Norm!«

Recht hatten sie, und ich möchte diese Zeilen nutzen, um mich bei all diesen Menschen zu bedanken. Ihre liebevollen Worte haben mich damals **aufgeweckt** aus einem Irrglauben und einer sich androhenden falschen Hybris, dass ich ab sofort nur noch Hauptrollen im Kino und nie wieder in Serien spielen sollte.

Ich kann es verstehen, dass die Agentin so begeistert von all dem war, dass sie auch noch höher fliegen wollte, doch das Leben ist lang.

Und teuer.

AGENTIN MIT HERZ

*Trennungen sind Teil des Wachstums,
und manchmal sehr schmerzhaft*

Künstler sind oftmals sehr unsichere, verletzbare Wesen, die über die Kunst ihre Empfindsamkeit und auch Unsicherheit verarbeiten können und mehr oder weniger bewusst über sich hinaus wachsen wollen. Sich entfalten wollen, in einem »sicheren« Rahmen, der ihnen »das erlaubt« zu tun, was sie gerade auf der Bühne oder vor der Kamera tun. Es sind gefühlt tausend Potentiale der Heilung in der kreativen Ausdrucksweise der Seele und manchmal heilt sie dabei auch wirklich. Manchmal nicht und manchmal ist sie auch gar nicht krank. Dennoch ist es eben oftmals so, dass das Wesen der darstellenden Künste durch die Grenzüberschreitungen, die man vor der Kamera oder auf der Bühne täglich überwinden muss, kleine Mutproben und einen (kleinen oder großen) Schrei nach Liebe und Aufmerksamkeit in sich trägt.

Ich weiß das, weil es mir selbst so erging, und weil ich andere beobachtet habe, sie interviewt habe. Und weil ich immer auch wissen wollte, warum sie das tun, was sie tun. Weil ich immer und immer wieder (hinter)frage, was den Menschen zu dem (an)treibt, was er da gerade macht.

Mein Antrieb war in erster Linie die spannende Arbeit. Doch mit jeder Filmklappe, mit jeder Szene mehr überwand ich auch die Scheu der kleinen Sylvia, die sich am liebsten nie wieder unter Menschen begeben wollte, nachdem sie die geballte Ablehnung in der Tanzstunde und all die anderen verletzenden Momente erlebt hatte. Also war ich ganz sicher immer auch ein Mensch, der genau diese Aspekte der seelischen Entfaltung, der Grenzüberwindung und der kleinen vielen Mutproben »brauchte« und nutzte.

Mut ist eine Farbe meiner Seele, aber sie braucht Kraft. Wenn ein Mensch keine oder wenig Kraft hat, ist der Mut nur eine Glut, aber noch lange kein Feuer, das Blockaden verbrennen kann. Einen Großteil meiner Energie habe ich an dem ewigen Versuch mich anzupassen und wie die anderen sein zu wollen, vor allem aber dazu gehören zu wollen, verbrannt. Es hat viele Jahre und noch viel mehr Erlebnisse und Erfahrungen gebraucht, um diese Kraft wieder herzustellen. Im Grunde bin ich immer noch dabei.

Ich versuchte mit Wiebke einen schönen Mittelweg zu gehen, indem sie nicht gleich alle Serien abschmetterte, sondern etwas selektiver agierte und dabei diese Türe offen ließ.

Der Spagat zwischen selektieren und genügend Arbeit zum Überleben zu haben, gelang uns allerdings nicht gleich. Der Impuls erst einmal keine Serie und schon gar keine Arztserie mehr anzunehmen, führte dazu, dass ich im Folgejahr fast kein Engagement mehr hatte. Die Prophezeiung der Kollegen türmte sich wie ein Damoklesschwert über mir auf, und meine Existenzängste drängten mich immer mehr in die Gedanken eines Agenturwechsels. Hat sich die Strategie, so viele Angebote abzusagen gegen mich gerichtet? Ist das Absagen von Angeboten vielleicht eine Art Eigensabotage, die sich über kurz oder lang negativ auf mich auswirkt? Immerhin ist jede Anfrage, jeder Impuls der Filmemacher eine Resonanz. Beantworte ich sie nicht, oder eben mit einem Nein, lenke ich die Resonanzen wieder weg von mir. So in der Art dachte ich, und der Kosmos antwortete darauf mit Stille.

Eben noch 160 Drehtage und plötzlich weniger und weniger Anfragen, schlechtere und kleinere Rollenangebote. Der Ausstieg aus der Serie war keine gute Strategie gewesen, doch ich folgte meiner begeisterten Agentin. Natürlich. Sie hatte mich gefunden. Sie hatte mich zu dem gebracht, zu dem gemacht, was ich zu diesem Zeitpunkt war. Ich stellte das nicht sofort in Frage.

Doch Angst machte sich in mir breit, Fehler begangen zu haben, die ich bitter bereuen würde. Wo war der Fehler, und wann hatte ich ihn gemacht? Ich suchte und suchte nach Antworten und meinte diese schließlich in einem Agenturwechsel zu finden. Andere Menschen sehen andere Potentiale. Wiebkes Strategie lief gefühlt ins Nichts, also musste eine andere her.

Vielleicht ist es der Unsicherheit der Jugend geschuldet, vielleicht meiner Geschichte, aber meine Verzweiflung wuchs mit jedem Tag mehr, und ich sah keinen anderen Weg, als auf die Goldmarie-Versprechen der anderen Agenturen, die mir wieder und wieder begegneten, einzugehen. Ist man verzweifelt und verunsichert, sucht man selten das Gespräch mit genau demjenigen, den es betrifft. Als unsichere Seele wählt man den Weg des geringsten Widerstands – und den der angeblich größten Perspektive. So ist es und so wird es wohl immer sein: Das Küken wird immer denken, im Nachbarnest gibt es mehr, ist es schöner, ist es heller und reicher. Und es wird daran wachsen, in das Nachbarnest gelockt worden zu sein und noch einsamer und verunsicherter als zuvor dazustehen.

Anstatt mit Wiebke ein intensives Gespräch zu führen, hoffte und glaubte es in mir, die anderen hätten sicher wieder mehr Anfragen, vielleicht andere Kunden, doch vor allem einen anderen Plan als Wiebke.

Wiebke wollte an ihrem Plan, mich zu einem Kinostar zu machen, festhalten. Weil sie das gewohnt war, weil sie darin Bestätigung gefunden hatte und wusste, wie es geht. Matthias Schweighöfer, Christiane Paul, Stephanie Steppenbeck und so viele mehr gaben ihr Recht. Doch die Zeiten, ja die ganze Welt ist dauerhaft im Wandel und eine der schwersten aber wichtigsten Aufgaben ist die, mit den Bewegungen der Berufe zu gehen. Was einmal Schallplatten waren, die Musik spielten, sind es plötzlich CDs, wo früher mit der Kutsche von A nach B gefahren wurde, fliegt man heute. Die Liste der dauerhaft anhaltenden Veränderungen ist unendlich und sie ist immer mit uns. Sie geschieht täglich. Sie ist der Kern der Natur und damit auch Teil der Evolution. Sie ist die Evolution. Das Schwere dabei ist nur, dass man Zeit seines Lebens einerseits sehr beschäftigt mit dem »Überleben« ist, andererseits diese dauerhafte Veränderung so schleichend, so langsam zu gehen scheint, dass man, wenn man nicht aufpasst, verpasst mit ihr mitzugehen. Und genau da, in diesen Momenten, beginnt das Neue das Alte abzulösen. Genau da beginnt für mich das eigentliche Altern. Wer flexibel im Geist ist und auch bleibt, altert anders als derjenige, der sich diesen (kosmisch) natürlichen Bewegungen gegenüber verschließt. Der Schlüssel, um diesen immerwährenden Prozess unseres Seins aufzuhalten, ist die Neugier. Sie bewegt uns, sie treibt uns dazu, das Neue auszuprobieren. Sie trägt die Kraft in sich, mit der man diese unendliche Zahl an täglichen kleinen Veränderungen meistern, sie verstehen kann und aus ihnen lernend, besser, erfahrener herausgehen kann.

Der Moment, in dem Menschen sich diesen dauerhaften Bewegungen der Energien verschließen, ist ein bisschen auch der Moment, wo sie nicht mehr teilhaben wollen. An diesem Spiel der Natur. An dieser dauerhaften Herausforderung des Seins. Es ist eine Art Abschied nehmen von dem, was wachsen will.

Wiebke lebte ihren Wunsch und das Wissen darum, wie es immer ging, doch die andauernde Wandlung hatte einen großen Markt in der Produktion von Serien eröffnet, dem sich Wiebke durch diese (nachvollziehbare) Haltung verschloss. Und mich letztlich immer mehr mit meinen existenziellen Ängsten und Sorgen konfrontierte.

Mir schien es ausweglos, neue Wege zu gehen. Mit einem neuen Team, mit anderen Menschen, die mich vielleicht anders »sahen«, anders auf dem Markt platzieren wollten.

Und so musste ich tun, was ich tun musste.

Aus Respekt und Dankbarkeit fuhr ich zu Wiebke nach Berlin und versuchte ihr diese Argumente zu unterbreiten, hoffte auf Verständnis, doch was mich erwartete, waren nur Tränen. Bittere Tränen der Traurigkeit, der Erschütterung und der Enttäuschung. Wiebke wollte nie etwas Böses für mich, im Gegenteil, sie wollte mein Bestes. Das Beste. Das Schönste, Größte und Tollste. Sie stand hinter mir zu 1000 Prozent. Das Kinoplakat von 14 Tage lebenslänglich hing in ihrer Garage, sodass sie es jedesmal, wenn sie in die Garage kam, sehen konnte. Jeden Morgen, jeden Abend.

Beim Reinfahren, beim Rausfahren. Sie meinte, ich sei immer in ihren Gedanken, immer in ihrem Herzen.

Sie war es doch gewesen, die mich angesprochen hatte, als mein Leben perspektivlos schien. Sie war es, die mich ermutigte, aus meinem Schneckenhaus herauszukommen, um meine Flügel auszubreiten. In einer Branche, die mir so fremd war wie die ganze Welt. Und ihr sagte ich Lebewohl? Weil ich anderen Menschen mehr glaubte als ihr? Weil ich hoffte, sie könnten meiner Unsicherheit Heilung bringen? Weil ich ihnen mehr vertraute? Mehr zutraute?

So wie heute, wo ich diese Zeilen schreibe, habe ich auch damals bitterlich mit ihr geweint. Wer glaubt, dass Agenten keine Menschen sind, die fühlen, und wer meint, dass Agenten doch gefälligst nichts persönlich nehmen sollen, der ist eine Maschine. Sobald ein Mensch sein Herzblut, seine Visionen, sein Netzwerk, seine Arbeitszeit (und damit seine Lebenszeit) für einen anderen Menschen einsetzt, gibt er Energie. Und diese Energie verbindet sich wie der Avatar mit dem Drachen aus dem bekannten Film. Es entsteht ein Gleichklang dieser Energien, der nicht immer nur von ihnen allein gelenkt wird. Der mit kosmischen Strömungen gemeinsam einen Weg erschafft und dabei mal ein- und mal ausatmet.

Dass ich in meiner jugendlichen Unsicherheit diese einzigartige Verbindung gekappt habe, war rückblickend einer der schwersten Momente meines Lebens. Nur der Tod meines liebevollen Seelenfreundes Foxy kommt an die Tiefe dieses Gefühls heran. Doch Foxy wurde mir von der Natur genommen. Wiebkes Verlust aber habe ich selbst, aus mir heraus, aus meiner unsicheren Kraft heraus erschaffen. Und ganz tief in mir drinnen wollte meine Seele diese Trennung nicht, doch mein Ego, mein Drängen und nicht vorhandenes Vertrauen in mich (und sie), trieben mich und sie in diese furchtbar schmerzvolle Erfahrung.

Und ich nutze diese Zeilen für die kleine Ewigkeit, in der sie existieren, um mich noch einmal bei Wiebke für mein bewusstloses Handeln zu entschuldigen.

Trennungen sind Teil des Wachstums und manchmal sehr schmerzhaft

Wir alle sind nicht perfekt. Nur das Leben selbst ist es, indem es uns die Plattform für eine Unzahl an Erkenntnissen schenkt.

Die Definition eines Fehlers ist auch immer an den jeweiligen Bewusstseinsgrad, die Bewusstheit unseres Selbst gebunden. An die daraus resultierende Perspektive. Ändert sich die Perspektive, ändert sich die Definition.

Ich habe mein Handeln damals, das Drängen, das unsichere Suchen, das neugierige Hoffen und das unsichere Agieren niemals als Fehler angesehen, sondern immer als eine sehr wichtige Erfahrung. Nämlich als Erfahrung des Wachstums.

Wiebke hat mich am Schopf gepackt, mich in eine Welt gebracht, von der ich nicht einmal ansatzweise gewagt habe zu träumen. Doch vor allem hat sie eines: mein Leben in die Bahnen gelenkt, in denen es jetzt ist. JETZT NOCH. Wie eine Schleuse, wie ein Tor erschuf ihr Gespür die ersten Leitplanken meines Schaffens. Wie zwei Gleise, von denen eines nur einen Hauch abweichend voneinander seine Bahnen zieht, woraufhin dann beide kilometerweit auseinander driften, so hast du mit deinem Schaffen, liebe Wiebke, meinem Leben DIE entscheidende Richtung vorgegeben.

Die Fesseln der seelischen Misshandlung meiner Jugend zu sprengen, waren das Perpetuum mobile meines Antriebs, doch du warst das Benzin dazu. Und dass der wilde, aber unterdrückte Alligator in mir das von dir erschaffene Nest verlassen musste, war Teil seiner Kraft, die das erste Mal in ihrem Leben sich selbst spüren durfte.

In meiner Kindheit eingesperrt in einem Land, in meiner Pubertät eingesperrt in den Grenzen zweier gegensätzlicher Systeme, doch vor allem destabilisiert durch die andauernde Abwertung meiner Lehrer, Mitschüler und Mitmenschen, war ich getrieben von einer großen Sehnsucht nach Aufmerksamkeit, Anerkennung und natürlich auch Liebe. Das ist verständlich, das ist nachvollziehbar und das ist in Ordnung. Eine dürstende Seele muss trinken, sonst wird sie krank.

Doch dank dir, liebe Wiebke, war ich auf dem Weg der Heilung, und jede kleine Mutprobe namens Filmengagement ließ mich die instabilen Teile meiner Seele ausgleichen, ließ die Echos meiner Kindheit und Jugend langsam verstummen und mich dem Frieden, dem stillen Meer der Freude in mir mehr und mehr wieder lauschen, um dabei weiter zu wachsen.

Du hast dein Leben diesem Beruf gewidmet, warst eine grandiose Agentin, doch vor allem ein wunderbarer Mensch. Die Superillu betitelte dich als die »Agentin mit Herz«. Und das wirst du auch immer für mich bleiben, liebe Wiebke. Bei all den Irrungen und Wirrungen, die man als junger Mensch in sich trägt – was bleibt, sind die Erinnerungen und in meinem Fall so unendlich viel Dankbarkeit. Ich möchte mich entschuldigen für meine jugendliche Dummheit, die du mit Recht als respektlos und töricht empfandest. Ich möchte mich entschuldigen für die Schmerzen, die ich deiner Seele und deinem mütterlichen Herzen zugefügt habe. Auch ich war dabei nicht bewusst bösartig dir gegenüber, ich war vor allem eines: Unsicher.

Niemand, kein anderer Agent hat jemals diese Liebe in die Vermittlung der Talente gelegt, und wenn, dann ist er mir nicht begegnet. Und es war wohl dein Schicksal, dass diese vielen jungen Talente alle eines Tages dein Nest verließen. Einmal hattest du mich in Tränen aufgelöst angerufen, als Christiane Paul dich verlassen hat, und mich im gleichen Atemzug gefragt: »Aber du wirst so etwas nicht machen, richtig?«

Doch ich habe es auch getan und dafür schäme ich mich. Wie schäbig von mir, dass ich dieses Versprechen nicht halten konnte und bei der ersten Karrieredelle, die Teil eines jeden Wachstums ist, gleich auf und davon gerannt bin. Zu den Hyänen, die da draußen laut schreien, aber letztlich nur Eines wollen: ihren Profit. Mein Geld. DU aber wolltest ganz tief in dir wirklich mein Leben lenken. Helfen, es in feste und gute Bahnen zu bringen. Mich formen. Zu einem festen Namen in dieser Branche etablieren.

Ich habe all das, getrieben von meinen existenziellen Sorgen und dem »Geschenk der Kindheit und Jugend, namens Instabilität« nicht festhalten können. Ich ließ es los, bei der ersten Erschütterung.

Du hast das nicht verdient, keine Sekunde, keinen Moment. Im Gegenteil. Du hast Wertschätzung und tiefste Dankbarkeit verdient.

Trennungen sind Teil des Wachstums und manchmal sehr schmerzhaft

Unsere Geschichte war damals noch lange nicht zu Ende, denn diese Reise hatte ja eigentlich erst begonnen. Doch zuerst mussten die Tränen trocknen – und ich lernen, dass die Welt da draußen voller Blender, Lügner, Neider und Missgunst ein einziges Schlachtfeld der Egos ist, und die wirkliche Unterstützung eines Menschen so wertvoll wie selten auf diesem Planeten ist. Das habe ich damals noch nicht so klar erkannt, durfte es aber ohne dich bitter erfahren.

Danke, dass du bist, danke, wie du bist und was du für mich und mein Leben Wertvolles getan hast. Ich halte es in Ehren, tief in meiner Seele, und hier, für alle Leser dieser Zeilen nachfühlbar.

Danke. Liebe.

Ein kleiner Ausschnitt aus meinem Schauspielkostüm © Janine Guldener

HOFFNUNGSTAUMEL

Achtung, Blender!

Nach der Trennung von Wiebke ging ich zu einer Agentur, die Till Schweiger vertrat und sich extrem gut selbst vermarken konnte.

Sie hatten große Pläne, nur sehr wenige Künstler im Management und gaben mir dauerhaft das Gefühl, Teil DER aufsteigenden Agentur des Landes zu sein. Sie wollten keine klassische Schauspielagentur sein, sondern ein Rundummanagement, was exakt auch meiner Definition von Karriereaufbau entsprach. Sie waren damals das, was heutzutage eher gang und gäbe ist. Und so erlebte ich, wie ein Deal nach dem anderen mit Autofirmen, Mode- und Lifestylefirmen geschlossen wurde, in denen die Künstler der Agentur von diesen ausgestattet wurden. Mir selbst fiel davon noch nicht viel zu, weil ich noch relativ frisch, vor allem auf der Ebene des Kinos angekommen war, aber es bestand die Aussicht auf derartige Kooperationen. Außerdem wurde mir immer wieder suggeriert, dass die enge Zusammenarbeit mit Till Schweiger einen positiven Effekt auf die ganze Agentur habe, weil dieser ja auch selbst produzieren möchte. Es wurde geredet, geplant, geredet, geplant, geredet und geplant …

Das ist alles ganz nett und spannend – bezahlt aber nicht die Miete. Als generell eher unsicheres scheues Wesen wurde die viele heiße Luft schnell erstickend für mich. Ich brauche solide, fundierte Fakten, um mich an ihnen festzuhalten. Bei aller Liebe fürs Träumen und für Visionen – wenn ich erkenne, dass den Worten keine Taten folgen, gehe ich schnell in Abstand.

So zog sich die Schlinge der Existenzangst nun noch enger um mich, wie eine Schlange, die ihr Opfer ganz langsam aber sicher erwürgt.

Das Gefühl von Fülle kannte ich damals noch nicht in meinem Leben. Dafür das Gefühl von Mangel zur Genüge. Der ganze Osten war die dauerhafte Erfahrung des Mangels, und man tat besser daran keine Sehnsüchte zu erwecken, um dieses Mangelgefühl nicht noch mehr zu verstärken. Die DDR war sehr sozial, aber sie hielt die Leute in einem relativ kaputten System fest. Ohne Spielräume, um zu wachsen, sich auszudehnen, sich zu entfalten etc.

Existenzangst und das Gefühl einer gewissen Bedürftigkeit und Unerfülltheit (bezüglich materieller Dinge und Reisen) waren also Teil von mir wie meine roten und weißen Blutkörperchen. Mit jedem Atemzug, mit dem ich weiterhin leeren Worten Glauben schenken musste, verlor ich daher immer mehr und mehr Kraft.

Das war so nicht gedacht gewesen. Das war null der Plan. Ich habe nicht meiner Ziehmutter Wiebke für ein derartiges Desaster an nicht stattfindenden Castings und Anfragen das Herz gebrochen.

Die Existenzangst, die sich in mir bis zu einer Größe des Himalaya aufgetürmt hatte, suchte nach Erlösung. Doch ich konnte noch hundertmal mit meiner neuen Agentur telefonieren, reden, erörtern, versuchen Pläne zu machen – ich war ohnmächtig der Tatsache ausgeliefert, dass die vielen Absagen an die ganzen Serienanfragen und der Kurswechsel von Wiebke, sowie das nicht resonierende Netzwerk der neuen Agentur nun einmal ein solches »Loch« in meinem Leben erschufen. Es war ein Mix aus Wiebkes wohl gemeinter Strategie sowie meiner Unsicherheit, die mich zu schnell ins Wanken gebracht und deshalb mein Nest verlassen ließ – in dessen »Ergebnis« ich mich nun befand.

Klar war: Es bräuchte mindestens einen neuen Kinofilm oder eine neue Serienhauptrolle, um das Schiff überhaupt wieder in Fahrt zu bringen, welches mutwillig angehalten worden war. Doch wie, wo, was? Ich war damals nicht in der Position der Entscheider, ich würde warten müssen, was andere entscheiden … und dabei älter und älter werden …

Dieses Gefühl der Ohnmacht und gleichzeitig das Wissen um die zerrinnende Zeit fühlten sich an wie Ketten an meiner Seele. Ich wusste nicht ein, noch aus.

HOFFNUNGSTAUMEL

Der Alligator in mir wurde unruhig. Sehr unruhig. Er konnte nicht mehr nur ruhig im Wasser liegend zuschauen, wie sich sein Leben in einen Ort der Ohnmacht verwandeln wollte. Ich musste etwas tun. Ich musste heraus aus dieser bittstellenden Haltung den Agenturen und Castern gegenüber, heraus aus dieser Bedürftigkeit: »Hallo ist da wer, der meinen Typus besetzen mag?«

Den mahnenden Worten der Schauspieler sei Dank, hatte ich genug Erspartes beiseite gelegt, doch das hält nicht ewig. Und den Launen der Besetzer, Produzenten und Redakteure ausgeliefert zu sein, erwies sich mir zunehmend als unangenehm. Ich hielt es nicht mehr aus. Wie ein wildes Tier begann ich nach Lösungen zu suchen, aus dieser Energetik des Wartens, des Bettelns, des Hoffens und des Anbiederns bei Agentur, Castern, Regisseuren und Produzenten auszusteigen. Mir wurde suggeriert, dass es wichtig sei auf allen möglichen Parties und Events anwesend zu sein, um »wahrgenommen« zu werden, doch war auch das nicht erfüllend. Und schon gar nicht für jemanden wie mich, die prinzipiell nur ihre Ruhe haben will, gerne früh ins Bett geht und nicht einmal Alkohol trinkt. Es war mir zuwider, diese Art der Arbeitssuche so fortzuführen. Meine Lebenszeit für so eine Art des Seins herzugeben. Wartend, bangend. Sich anbiedernd auf Parties, hoffend … passiv.

Es lag also auf der Hand, dass ich genau aus dieser Essenz der Thematik – der Passivität – heraus musste, um wieder in meine Kraft zu kommen. Zu mir zu kommen.

Und so fand ich eine Lösung, die mich und meinen hungrigen Geist beschäftigte, mir (wenigstens vordergründig) das Gefühl der Ohnmacht nahm und mir gleichzeitig die Existenzangst (vielleicht) nehmen konnte:

Ich gründete mein erstes eigenes Unternehmen mit Anfang 20.

ALLIGATORBEBEN

Ohnmacht ist immer ein Aufruf zu handeln

Endlich. Endlich nicht mehr passiv wartend agieren, sondern auf einen selbst erschafften Traum fokussieren.

Der Alligator in mir schlug mit seinem Schwanz gewaltig umher und bewegte sich fort aus dieser ohnmächtigen Energie, dorthin, wo und wie er wollte. Nicht dorthin, wo andere ihm sagten, wie er sich anzukleiden, wie er zu sein, was er zu tun und nicht zu tun hätte, wen er treffen müsse und wen nicht.

Mit 23 Jahren war es das erste Mal in meinem Leben, dass ICH wirklich aktiv eine große Entscheidung für einen Kurswechsel in meinem Leben traf. Mich aus mir heraus für einen Beruf entschieden habe, anders als zuvor, als ich annahm, was das »Schicksal« mir zugeteilt hatte.

Und ich hatte plötzlich überhaupt keine Angst mehr in mir und war voller Mut. Die Energie sich aus der Ohnmacht abzustoßen war so groß, dass es nur eine Richtung gab. Nach vorne. In das Unternehmertum.

Dass ich als kleines ostdeutsches Mädchen keinerlei Ahnung von BWL, Geschäfts- geschweige denn Menschenführung hatte, war alles unerheblich. Es in mir dürstete so sehr nach dieser neuen Form des Seins wie damals, als wir die DDR verlassen hatten und im »goldenen Westen« alles besser schien als in meiner Heimat. Natürlich war mir klar, dass ich sicher viel Lehrgeld würde bezahlen müssen, eben weil mir die besagten Studienfächer fehlten, aber mir war dieses Risiko tausendmal lieber, als weiter im Nichtstun und Warten auf die Gnade eines Redakteurs mein Leben zu »vergeuden«. Dann lerne ich lieber jeden Tag ein Stückchen mehr, wie es so ist, als Unternehmerin selbst und ständig zu sein. Was soll schon passieren? In Amerika hatte ich gelernt, dass selbst Scheitern ein Gewinn für das Leben und den weiteren Lebensweg sein kann.

Und rein intuitiv empfand ich, dass diese Form des Wirkens grundsätzlich auch Teil meines Wesens ist. Wie über das kreative Spiel vor der Kamera mein Mut mich zu zeigen trainiert wurde, so wollte meine Neugier über das aktive Gestalten eines eigenen Unternehmens gefüttert werden. Beides sind Farben der einen Großen Energie in mir. Oder anders: Das hypersensible Espenlaub schmückt sich gerne in vielen Farben auf Celluloid, den Alligator interessiert das nicht, er will die Welt erobern – »Unternehmen« erschaffen, kreieren.

Doch im Unternehmerdasein gibt es so viele Formen wie Menschen-Ideen. Ein Boutique-Einzelhändler ist auch Unternehmer, aber eben anders als der Handwerker. Es stand nicht zur Debatte, irgendwo noch eine Lehre zu beginnen oder zu studieren, dafür war ich zu ungeduldig. Meine Intuition gab ganz klar einen Weg vor, den ich, wie schon erwähnt (plötzlich) völlig ohne Angst einfach nur beschreiten musste. ES in mir hatte keinerlei, wirklich keinerlei Zweifel an dieser Entscheidung. Es war wie ein Ruf des Schicksals, dem man folgt, einfach so. Ohne ihn wirklich zu hinterfragen.

All das, wovon die großen spirituellen Lehren dieser Welt berichten – einfach nur zu vertrauen. Ich lebte es in diesem Moment so sehr wie noch nie zuvor. Und es ging mir trotz des immensen Risikos, alles Ersparte zu verlieren, so gut wie nie zuvor.

Denn die Kraft, mit der es in mir nach dieser Erlösung, nach diesem Gegenpol zu der Enttäuschung von der neuen Agentur rief, war so gewaltig, dass ich nichts von diesem Weg keine Sekunde in Frage stellte. Es schien, als wollte und vor allem musste es so sein, denn es war wie ein Aufwachen aus einem Schlaf, der mich taumelnd in einem Irrgarten der falschen Hoffnungen festhielt.

Es lag nah, dass ich in der Modewelt meine bis dato geschlossenen Kontakte als Model irgendwie weiter nutzen und meine Erfahrung als Model nun in eine Erfahrung als Booker, als Agentin ausbauen könnte. Und so gebar ich die Idee, eine eigene Modelagentur zu gründen.

Ohnmacht ist immer ein Aufruf zu handeln

Ich kannte die Branche, ich war auf meine Weise schon einige Jahre Teil davon und war inspiriert von der Idee, es anders zu machen als die meisten meiner Agenten. Die in einem der vorigen Kapitel beschriebene Arroganz und Herzlosigkeit der Branche waren mir immer schon ein Dorn im Auge gewesen, also beschloss ich, diesen Dorn mit Menschlichkeit und Herzlichkeit zu ändern. Was für ein schöner USP (unique selling point) – welches Unternehmen kann das schon von sich sagen? Unser USP ist Menschlichkeit. Sicher gibt es sie auch woanders, aber eben nur bei wenigen Unternehmen.

Von »Sylvia Models« über »Monster Models« sind es dann schließlich die »Most Wanted Models« geworden.

Und die Rolle der Unternehmerin gefiel mir. Sehr sogar. Ich machte mir keine Gedanken über meine Work-Life-Balance. Ich zählte die Stunden nicht. Ich arbeitete sieben Tage die Woche durch und wurde mit jedem Atemzug zu meinem eigenen Unternehmen, indem ich Stück für Stück alle nötigen Zutaten für diesen Traum zusammen sammelte.

Und das war auch wichtig und richtig so, denn meine Eltern konnten mich dabei finanziell nicht unterstützen. Banken wollte ich nicht fragen, die monatliche Verpflichtung war mir ein Dorn im Auge und Fördergelder gab es keine für Fotomodelagenturen.

Schließlich hatte ich das Rad nicht neu erfunden, sondern »nur« ein weiteres erschaffen. Das bedeutete, dass ich all meine Einnahmen und all mein Erspartes in diesen Traum investieren musste.

Um genauer zu sein waren es genau 60.000,– DM, die ich als Startkapital zur Verfügung hatte. Ich erinnere mich noch, wie ich vor meinem damals frisch auf den Markt gebrachten Lieblingsauto SLK (ein Mercedes Cabrio) stand und hin und her überlegte: kaufe ich das Auto oder gründe ich eine Firma von dem Geld? Das Auto hatte ich mir schon so lange gewünscht, es war für mich ein Symbol für Freiheit, Verdienst, einem soliden Lebensstandard und Freude.

Doch so unvernünftig.

So viel Geld für *eine* Materie? Ich rechnete und rechnete und kam immer wieder auf die gleiche Lösung. Das Unternehmen ist viel sinnvoller investiertes Geld. Das Auto wird an Wert verlieren, das Unternehmen kann an Wert gewinnen und meiner Seele vielleicht noch viel mehr Freiheit, Verdienst, einen soliden Lebensstandard und Freude ermöglichen. Und so entschied ich mich natürlich gegen das Auto. (Übrigens habe ich bis heute noch nie einen eigenen Wagen besessen, da ich jedesmal, wenn ich vor einer solchen Entscheidung stand, andere Argumente gefunden habe, das Geld woanders »besser« zu investieren. Dieses lustige Spiel hat damals begonnen, und ich lebe es bis heute.)

Ich startete das Unternehmen in Thüringen in einem Arbeitszimmer meiner Eltern und veranstaltete dort auch erste Castings, sogar mit Presse. Ostdeutschland war noch völlig ungecastet, beherbergte aber viele hübsche Gesichter. Ich wollte diese entdecken … ihnen eine Chance und mir ein erstes Modelboard geben.

Und ich fand sie auch, diese sehr hübschen Gesichter, doch … das Geld kommt nicht zu einem, man geht zum Geld. Und Ostdeutschland war leider kein Wachstumsgebiet für Fashion. Im Gegenteil. Nach der Wende starben viele ostdeutsche Unternehmen oder wurden von Westdeutschen aufgekauft.

Das Geld, das war im Westen. Dort wo die Kataloge hergestellt werden, wo die Industrie gesund und existent ist.

Also traf ich ziemlich schnell die Entscheidung »zum Geld« zu gehen – und was lag da näher als Nürnberg, wo ich so viele Fotografen aus meiner Abiturzeit kannte, als ich als Model mit ihnen hatte arbeiten dürfen.

Ich kannte sie alle, die Quelle Fotografen, die Neckermann Fotografen und all die anderen ansässigen Fotografen. Die Angst, mit ihnen Kontakt aufzunehmen war also minimal, und so kam der Rubel endlich ins Rollen.

Groteskerweise aber erreichten mich ziemlich schnell erste Rufe aus München. Fotografen, die meine gecasteten Gesichter mochten, fragten immer wieder: »Was bitte machst du in Nürnberg? SO ein Talent muss

Ohnmacht ist immer ein Aufruf zu handeln

nach München. Wenn du es richtig machen willst, geh mit deiner Agentur nach München ...«

Nun, das ist leichter gesagt als getan, denn es geht mit Kosten einher. Doch meine ostdeutschen Gesichter kamen sehr gut an, sodass ich erste kleine Gewinne sofort in diesen nächsten Schritt investierte.

Das Schicksal wollte es so. Und wenn es etwas will, dann hilft es auch. Man muss nur genau hinhören und offen dafür »bleiben«.

Wie im Lehrbuch der Statistiken für Start-ups machte das Unternehmen dennoch, und vor allem durch die andauernden Wachstumsinvestitionen, die ersten sieben Jahre hohe Verluste.

Es braucht viel Liebe, wenn man solch eine Reise beginnt. Und ich habe mein »Baby« geliebt wie nichts anderes.

Mein Geist war beschäftigt, diesmal konnte *ich* die »Agentin mit Herz« spielen und dabei viele neue Erfahrungen sammeln. Neue Mutproben standen an, neue Situationen galt es zu meistern.

Mitarbeiter, die meine Philosophie nicht lebten und respektlos mit Models und Kunden umgingen, gehörten genauso dazu wie Models, die mich anlogen und nicht das Gespräch mit mir suchten und mich bitterlich zum Weinen brachten. Warum sollte es mir anders gehen als Wiebke mit mir? ... Ich weiß um diese Spiegelung.

Als hätte es das Schicksal so geplant, hatte aber dieses ganze erste Jahr nur den einen Zweck: den schlafenden Riesen in mir zu erwecken, aktiv zu agieren und selbst etwas zu erschaffen. So viel Existenzdruck und so viel Unsicherheit auf einmal lenkten mich in diese weitere Ausdrucksform meines Innersten. Und das war gut so, auch wenn es hart war.

Es ist die aktivere Position des Schaffens, die durch das Unternehmertum lebendig wird.

Als Künstler braucht man eine ganz bestimmte, eher passive Energie, die sich im Warten und Bangen auf Rollen nicht selbst zerstört, sondern dabei genügsam das Leben lebt. Ich bin das nicht. Ich kann das nicht. Mir fehlte die Kraft, die aus einer Neurose entspringen kann, die es aber braucht, um die manchmal endlose Zeit des Wartens auf die nächste Rolle zu überleben. Ähnlich dem lieben Werner habe auch ich Ideen und Visionen und will diese erschaffen. Manifestieren. Die Erfahrungen dieses (aktiv agierenden) Weges sind andere als die des passiven Weges. Und für mich war mit dem Unternehmertum die perfekte Balance geschaffen, zum einen die Filmflauten als anscheinend festen Bestandteil des Schauspielerlebens »auszuhalten«, und parallel dazu aber dem Leben in diesen Zeiten andere Schaffensfelder, andere Aufgaben und Wirkungsfelder zu ermöglichen.

Es ist daher durchaus auch ein kreativer Aspekt, mit dem ich diesen neuen Beruf (aus)lebe.

Wollte es so sein, musste es so sein? Ich weiß es nicht, doch ich weiß, dass mich all das beruhigte. Eine völlige Kontrolle des Schicksals kann es nicht geben, und wer glaubt nicht ohnmächtig zu sein, weiß nur nicht genug. Doch ist es ein anderes Leben in Ohnmacht, wenn man auf zwei unterschiedlichen Standbeinen geht.

Bei dem einen war ich der Willkür der Filmemacher ausgesetzt und bei dem anderen der Willkür der Wirtschaft. Doch besser hüpfen als fallen. Und so fand ich eine wunderschöne Balance IN MIR, die ich so nie erwartet, aber gerne angenommen habe.

Diese Reise hatte nun begonnen und ich bin dem Schicksal für die Kneifzange der Enge, die ich in diesen Zeiten erleben »durfte«, sehr, sehr dankbar. Mein Leben wäre nicht das, was es ist, ohne diese Momente. Ohne diese Ohnmachtserfahrung und das **Erwecken** meiner Unternehmerkraft. Von nun an stand ich auf zwei Beinen und wenn das Eine mich nicht tragen konnte oder durfte, dann tat es das Andere. Ein perfekter Gleichklang begann, der mir außerdem ein doppelt großes Spielfeld an Wachstum ermöglichte. Ich liebte beides, das Agieren vor der Kamera, aber auch das Wirken hinter ihr.

Und als Unternehmerin, die die Welt ein kleines großes Bisschen besser machen will.

LUNAS WELT

Grenzerfahrungen dehnen dein Bewusstsein

Wiebke hatte immer wieder den Kontakt zu mir gesucht und mitbekommen, in welchem Irrgarten an leeren Versprechungen der neuen Agentur ich gestrandet war. Die Emotionen der Verzweiflung über den andauernden Stillstand meines »Filmbeines« kochten immer wieder hoch. Es fühlte sich wie ein Fass ohne Boden an. Zwar hatte ich einen Weg des inneren Ausgleichs über die Beschäftigung meines Geistes in unzähligen Telefonaten mit Models, Fotografen und Firmen gefunden, doch ganz aufgeben wollte ich den Filmpfad noch nicht. Dafür war er zu fulminant gestartet.

Und so kam es, dass ich kurzerhand das Ruder wieder herumriss und nach einem Jahr Luftschlösser bauen und Märchenerzählungen der neuen Agentur doch wieder »nach Hause« zu Wiebke fand. Ein Jahr nach dem Abschied unter Tränen.

Uns beiden war klar, was die nächsten Schritte sein mussten, und Wiebke gab alles. Sie schlug mich allen ihren Kontakten wieder und wieder vor, ohne die von ihr bisher angewandte Strategie. Solange es Hauptrollen waren, gute, spannende Hauptrollen, egal ob für Serien oder TV-Filme, sie alle wurden in Betracht gezogen.

Und so ging es bald mit den ersten tollen Castings für Serien los, und eine davon war: »Die Rote Meile«.

Ich erinnere mich noch, als sei es gestern gewesen, wie ich in den Keller eines kleinen Münchner Studios ging, um dort für die Rolle der Luna vorzusprechen.

Luna war alles, was ich mir als Schauspielerin erträumte – und trug noch dazu ein Potential in sich, das meine Träume sogar übertraf. Ein Potential, das ich selbst zunächst noch nicht begreifen konnte.

Denn nicht nur die Tatsache, dass diesmal keine der bisher von mir bespielten Rollenmuster »gefragt« war, erweckte meine ganze Neugier, sondern eine Doppelrolle wie in dem französischen Weltklassiker »Belle de jour«.

Und so startete eine ganz eigene Entdeckungsreise. Nämlich eine weitere Reise zu mir selbst.

Von den Sternen des Südens mit der relativ harmlosen Animateurin in einem Club, über die manipulierbare Constanze Dornseif, im Kino bis zur schwächelnden Susanne in St.Angela und einer konträr dazu eher zickigen Schwesternschülerin Melanie in Hallo Onkel Doc stand ich nun vor einer Rolle, die plötzlich Weiblichkeit forderte. In so vielerlei Hinsicht.

Tagsüber war Luna Constanze Dornseif, die Frau eines Staatssekretärs. Bieder, ihre Weiblichkeit in strengen Formen unterdrückend spielte sie das brave, nicht störende Weibchen an der Seite ihres Mannes (vor), das alles hat, was man an der Oberfläche braucht. Aber darunter zerbrach sie innerlich.

Als Ausweg aus diesem leisen Sterben ver-suchte sie sich »frei-zu-tanzen«, mit einer aufgemalten Maske und einer Perücke, sodass niemand ihre wahre Identität erkennen konnte. Nein, kein Striptease als solcher oder etwas anderes Anrüchiges, was in den Clubs auf dem Kietz angeboten wird, sondern Poledance an der Stange mit ein bisschen Eros war gesucht.

Nicht anrüchig, nicht billig aber tief verzweifelt nach Wegen suchend, unter dem Deckmantel der Formen nicht ganz zu ersticken.

Es in mir wusste, dass ein solch buntes Potpourri an Möglichkeiten sehr selten im deutschen TV gesucht wird.

Doch genau DAS war es, wofür mein kreatives Herz lebte. Nicht plakativ nur dunkel oder weiß, sondern schimmernd, je nachdem, wer mit welchen Augen und aus welcher Perspektive schaut – viele, viele Farben in und aus mir heraus strahlen lassen.

Grenzerfahrungen dehnen dein Bewusstsein

Die Rolle der Luna war frei, fast ohne Grenzen und damit die perfekte Plattform meine Flügel noch weiter auszubreiten. Nicht mehr gestutzt und hineingepresst in irgendeine Schublade.

Man kann als Schauspieler »nur« die Phantasien der Autoren und Redakteure lebendig machen. Wenn niemand so viel Vielfalt »träumt«, dann kann man sie auch nicht spielen. Insofern war mir die Einzigartigkeit und vor allem die Bedeutung dieser Rolle genauestens bewusst, und ich wollte sie mit allem, was ich bin.

Und so kämpfte ich mich durch viele, viele Runden an Castings hindurch. Mal in Dialogen mit unterschiedlichen Partnern, mal tanzend, um auch darzustellen, dass ich keine Befangenheit für den Poledance in mir trug. Natürlich kostete es mich Überwindung mich so zu präsentieren, vor wildfremden Leuten, doch wie war das nochmal? Mutproben …

Meine Sehnsucht nach der Rolle ließ sowieso keinen Spielraum für Befindlichkeiten, also gab es nur eine Richtung: Lerne so zu tanzen. Basta.

Doch je mehr ich die Rolle wollte, umso mehr brachte sie eine Odyssee der Gefühle mit sich.

Denn so manchem Redakteur bei Sat. 1 schien das Vorstellungsvermögen auszugehen, und in einem Strudel der Unentschlossenheit von Zu- und Absagen wurde mit mir gespielt, als sei ich ein Lichtschalter. Als mich die Zusage erreichte, war auch Wiebke voll aus dem Häuschen und freute sich sehr mit mir (obwohl es eine Serie war). Doch schon ein paar Tage später wurde die Bestätigung plötzlich wieder zurückgezogen.

Da war sie wieder, diese gehasste Ohnmacht als Schauspieler. Diese Abhängigkeit von den Launen eines oder mehrerer Redakteure oder Produzenten. Ich hasse das. Zutiefst hasste ich diesen Zustand.

Doch dieses »Spiel« begann erst. Denn die Woche darauf erreichte uns doch wieder eine Zusage, um ein paar Wochen danach erneut wieder abgesagt zu werden.

In diesen Wochen befand ich mich auf einer Achterbahnfahrt der Gefühle und um ganz ehrlich zu sein, in einer Art Seelenfolter.

Ich habe diese Verantwortungslosigkeit, mit der diese Menschen mit den Gefühlen eines Darstellers Ping Pong spielten, nicht verstanden, war fast schon mehr darüber verzweifelt als über die Tatsache, meine Wunschrolle nicht spielen zu dürfen. Wie herzlos ist ein Mensch, der so mit anderen umgeht …?

Meine Seele schmerzte vor Verzweiflung über diese Unmenschlichkeiten, und ich bat Wiebke schließlich mich erst dann wieder anzurufen, wenn sie den Vertrag zum Signieren vor sich liegen hätte. Alle anderen Seelenfoltern wollte ich nicht mehr mitmachen.

Und so kam es, dass mich Wiebke erneut nach ein paar Wochen auf meiner Fahrt nach Budapest für ein Modelscouting erreichte mit den Worten: »Sylvia, jetzt ist es soweit, ich habe den Vertrag vor mir liegen. Du hast die Rolle der Luna für eine Staffel mit Verlängerung auf weitere Staffeln zu je 13 Folgen.«

Was für eine lustige Inszenierung des Schicksals, meine Arme gefesselt am Lenkrad mit 170 km/h auf der Autobahn und innerlich Purzelbäume vor Freude schlagend, der Erlösung in mir keinen wirklichen Ausdruck geben zu können … .

Und so begann sie, eine der schönsten Arbeiten meines Filmdaseins. Lunas Vielfalt lebte ich in jedem Moment, so intensiv ich nur konnte, und ich hatte dabei den Spaß meines Lebens. So anstrengend es war, so erfüllend war es zugleich.

Nicht nur wegen der Vielfalt von Lunas Charakter, sondern auch durch die ganze Art, das »Frau sein« in so vielen unterschiedlichen, verzweifelten aber auch starken Momenten zu spielen, sowie die »geforderte« Überwindung meines Schamgefühls beim (eigentlich) harmlosen Poledancing. Auf diese Weise nahm das Schicksal mich an die Hand und holte mich langsam aber ganz konsequent aus der Ecke, in die sich die kleine, verletzte, gemobbte und viel für ihr Aussehen gehänselte Sylvia schon wieder begonnen hatte zu verstecken, um nichts mehr mit der Grausamkeit der menschlichen Bewertungen und harschen Ausdrucksformen zu tun haben zu müssen.

*Luna **erweckte** die Weiblichkeit in mir. Doch vor allem die vielen Farben in mir, die immer schon da gewesen waren. Es war eine einzige Entdeckungsreise. Jeden Tag, in jeder Szene. Bei jedem Augenaufschlag, jedem Blick.*

*Frau zu sein. Gerade zu stehen, die Brust herausdrückend, die Haare mit Haarteilen zu schmücken, sich erotisch zu schminken, weiblich sanft zu reden; Eros und gleichzeitig aber auch die Kraft einer Löwin zu strahlen, all das war mein **Aufwachen** in meine Weiblichkeit. Mich zu trauen, zu diesen Farben des Weiblichen zu stehen und zwar zu 1000 Prozent. Die Rolle, die Kamera, der Zeitdruck beim Drehen und so viel mehr – all das verlangte Luna von mir. Ohne »Erbarmen«.*

Doch in mir wehrte sich nichts, und ich gab mich dieser »Anforderung« vollends hin.

Luna machte mich daher in sehr, sehr großen Teilen zu alledem, was sich nun den Rest meines Lebens aus mir zeigen wollte. Sie war der Dornröschenkuss meines Lebens als Frau.

Und als (erwachte) Frau hat man auch das Thema der männlichen Resonanzen.

Alsbald musste ich Wege finden, diese Resonanzen so zu lenken, dass sie keine Straße der Verwüstung an unglücklich verliebten Männern verursachten.

Ich wollte niemanden verletzen. Ich wollte nur meine Arbeit machen.

Und so griff ich auf meinen kleinen Trick zurück, den ich ein paar Jahre zuvor schon bei Viva angewandt hatte. Ich erzählte (nicht plakativ, aber immer wieder subtil), dass ich »leider« nicht auf Männer stehe und siehe da ... Dieses Mal war diese kleine Notlüge der Befreiungsschlag und wandelte sich um in Verständnis – anstelle Herzschmerz auf der anderen Seite.

Ich hatte meine Ruhe, und es war unglaublich amüsant. Mit diesem Gewürz im Gepäck wurde das Thema Männer sehr unterhaltsam. Wie sie darauf reagierten, wie sie damit umgingen. Köstlich.

Ich hätte diesen Kniff als mögliches Werkzeug, um als Frau unangenehmen Situationen anders zu begegnen, vielleicht früher öffentlich mehr kommunizieren sollen, dann wäre es vielleicht nicht zu den vielen furchtbaren Missverständnissen gekommen, die sich jetzt in den MeeToo Brandkampagnen entladen.

Doch abgesehen von der spannenden Vielfalt der Luna, die mich »zwang« mich selbst zu entdecken, wuchsen wir als Team zu einer großen Familie zusammen. Ein Nebeneffekt, der bei den langen Seriendrehs, die meist über ein Jahr stattfanden, immer eintrat. Die vielen intimen Dialoge und die kleinen Mutproben der Tänze für die deutsche Primetime, aber auch die vielen unterschiedlichen sehr interessanten Charaktere der Mitwirkenden machten dieses Familiengefühl außergewöhnlich groß. Noch heute kommen mir die Tränen, wenn ich mich an diese Zeit erinnere, denn etwas in mir wollte, dass sie nie enden würde … Diese Rolle, diese Entdeckungsreise, die Filmfamilie, die Geschichten, all das wurde eine kleine Heimat für mich, die ich nicht mehr loslassen wollte, …

… aber musste.

Denn mit (oder zu der Zeit) der Kirchkrise kam die ganze Filmbranche ins Wanken und Sat. 1 hatte nicht mehr so viel Spielraum. Konzepte wurden geändert, neue Richtungen eingeschlagen … alles war unsicher.

Die Quoten waren gut, aber eben nicht so gut, wie es die Herren und Damen des Vertriebs gebraucht hätten, um für die Werbeminuten den gewünschten Betrag aufzurufen. Denn das darf man bei all dem Tamtam um Besetzungen, Rollen und neuen Familiengefühlen nicht vergessen: Am Ende des Tages sind derartige Projekte »nur« die Unterhaltung, die zwischen dem eigentlichen Nutzwert eines TV Senders stattfinden müssen: dem »Advertising space«. Im Kern geht es bei derartigen Medien immer nur um die Werbeanzeigen und darum diese so gewinnbringend wie nur möglich zu Sekundenpreisen zu verkaufen. Was zwischen den Werbeanzeigen geschieht, ist also eigentlich Beiwerk, das aber durch die Fanbindung natürlich auch ein gewisses Image für den Sender mit erzeugt. Letztlich ist alles nur Marketing und am Ende bestimmen die Abnehmer der Werbeanzeigen, ob ein Werbefüllmaterial namens Film weiter als Füllmaterial produziert werden darf – oder eben nicht.

Grenzerfahrungen dehnen dein Bewusstsein

In unserem Fall entschieden diese Sekundenkäufer nach der dritten Staffel das Aus der Serie, gerade als Luna auf den Thron des Kietz gehoben wurde und die ganze Serie noch einmal völlig neue Impulse hätte kreieren können.

Hätte, hätte … Fahrradkette.

Und so endete dieses wunderschöne Märchen nach 1,5 Jahren, ganz einfach, still und plötzlich.

Mein Dank dem Kosmos gegenüber ist nicht in Worte zu fassen, denn diese Rolle, die Filmfamilie, die schönen Momente, der Dornröschenkuss und alles, was darauf aufbaute, wird in meiner Seele schwingen für alle Ewigkeiten meines Seins.

Für alle anderen sind sie streambar in der Sat. 1 Mediathek.

Bild oben: Tagsüber in der Rolle Constanze Dornseif, im eleganten Kostüm und abends.

Bild rechts: Luna, die Doppelrolle a la »Belle de Jour« war eine der schönsten Rollen meines Lebens.

MANDELBLÜTE

*Der Kosmos lenkt,
du mußt nur auf diese Führung vertrauen*

Die Jahrtausendwende brachte den ersehnten Schwung auf so vielen Ebenen. Nicht nur, dass ich meine Traumrolle fast täglich spielen durfte, auch die Agentur nahm Fahrt auf. Meine Schwester Doreen bot mir an, ihr begonnenes Studium pausieren zu lassen und mir unter die Arme zu greifen, denn wer (endlich wieder) fast jeden Tag dreht, kann nicht in seinem Office anwesend sein. Um Mitarbeiter zu führen, bräuchte es einen engen Vertrauten. Am besten jemanden, der so nah war, wie das nur Familienmitglieder sein können. Und so kam es, dass Doreen die Büroleitung übernahm und ich mich, je nach Dispo (so heißt der Drehplan beim Film) ganz dem Filmen widmen konnte.

Die Standortverlagerung der Agentur nach München war zwar kostenintensiv, doch das wurde durch die nun wieder monatlich stattfindenden Einnahmen aus der Roten Meile gut abgefangen, und auch generell erreichten wir neue Höhen an Umsätzen.

Aber für mich bedeutete das einen extrem erhöhten Arbeitsaufwand. Im Detail hieß das, dass ich nach jedem Drehtag, der noch bei Tageslicht endete, ins Büro fuhr, um dort bis tief in die Nacht hinein zu arbeiten und an den Wochenenden gerne aufholte, was ich unter der Woche nicht geschafft hatte. Als Unternehmerin hatte ich einen Vollzeitjob, den ich neben dem anderen Vollzeitjob beim Film in allen Pausen zu erledigen hatte. Da gab es keine Diskussion und auch keine Rücksicht auf Erschöpfung.

Bewertende Menschen sagen dazu Workaholic, ich sage dazu: Freudeholic, denn ich hatte wirklich unendlich viel Freude an jeder Arbeitsstunde. Es war keine Arbeit, es war Spaß an der Arbeit.

Der Kosmos lenkt, du musst nur auf diese Führung vertrauen

Doch unabhängig von dieser Freude erreichte mich eines Tages im Dezember 2000 ein Anruf von Wiebke. Ich war gerade in der Umkleide am Set der Roten Meile, da sprach sie: »Meine Liebe, du wirst es nicht glauben, wer dich für seine neue Hauptrolle in einem Sat.1 Movie besetzen will. Gabriel Barylli.«

Gabriel Barylli … ich überlegte eine Weile und antwortete vorsichtig: »Bitte entschuldige Wiebke, muss ich den kennen … wer ist das?«

Sie lachte laut am Telefon: »Was, du kennst Gabriel Barylli nicht?«

»Nein, null. Wer ist das?«

Wiebke war manchmal sehr kurz angebunden, daher legte sie nur kurz nach: »Dann recherchiere ihn mal, denn das würde hier den Rahmen sprengen. Ich rufe an, um dich zu fragen, wohin wir das Drehbuch schicken lassen dürfen. Es muss jetzt ziemlich schnell gehen, denn der Dreh würde in einem Monat beginnen, ihr startet im Januar, bitte lies es schnell und gib mir deine Antwort.«

Meine Schwester Doreen und ich

Der Film trug den Arbeitstitel »Atemlos« und beschrieb den Geschwisterkampf zwischen zwei Frauen im Zuge des plötzlichen Ablebens ihres Vaters und einem Ehebruch untereinander. In der Erwartungshaltung diesmal sicher wieder nur eine eindimensionale Zicke spielen zu dürfen, überraschte mich das Rollenprofil aber tatsächlich mit vielen erneut ungelebten Farben – als Frau, als Ehefrau.

Und natürlich war ich gespannt, wer mich so »anders« besetzte als alle zuvor.

Wessen »Auge« schaute so konträr zu all den Anderen …?

Bisher fühlte ich mich sehr wohl hinter meinen Masken der Unnahbaren, der Kühlen, der Zickigen, der Naiven oder eben der doppelbödigen Luna …

Niemand interessierte sich für das Espenlaub darin oder wollte dessen Verletzlichkeit zeigen. Sie alle schauten mit dem unscharfen Blick, konnten die Scheu in mir nicht anders deuten als Kälte. Das war einfach, das war unkompliziert, und das war vor allem brauchbar. Die Hübsche muss natürlich auch zickig und kalt sein. Anders würde es nicht in die bestehenden Menschenbilder passen. Ich sage bewusst Menschenbilder, denn das gilt genauso für Männer. Auch gutaussehende Männer erleben eine völlig falsche Interpretation ihres Wesens.

Ich suchte Gabriel Barylli kurz im Netz (Google war damals gerade erst geboren), und viel war damals dort (noch) nicht zu finden. Außerdem hatte ich Sorge, dass es mich eh nur verunsichern würde.

Denn das Schneckenhaus meiner Kindheit hatte Luna zwar geöffnet, doch war es immer noch ein Teil von mir. Zu sehr bot es mir Schutz, wenn meine Scheu und meine Unsicherheit ein weiteres Mal missinterpretiert wurden. Diesen inneren Kampf der erwachten Weiblichkeit mit dem scheuen kleinen Mädchen werde ich noch lange in mir kämpfen müssen. Dafür schwangen die Verletzungen, die vielen Hänseleien aus der Kindheit noch viel zu sehr in mir.

Gabriel Barylli war in der Tat eine Erscheinung. Ich hatte in meinem Leben bisher keinen Mann getroffen, der so voller Männlichkeit strotzte, der so kraftvoll und empfindsam zugleich, aufrecht gehend wie selten gesehen bei Männern, seine Lieben beschützend, Regie führte. Als sei er aus einer anderen Zeit gefallen. Wo es noch Gentlemans gab, so richtige Herren, die mit Würde und Klasse ganze Völker führten.

Seine Augen sehr lebendig und wachsam, sein Körper stählern männlich, doch dahinter auch irgend etwas versteckend, das zu entdecken man sehr, wirklich sehr tief blicken musste. All das erweckte natürlich meine Neugier.

Als träge er ein Geheimnis hinter diesem Kostüm eines bildhübschen, stattlichen Mannes, schwang auch immer eine gewisse Traurigkeit in seinen Augen. Eine sehr tiefe Traurigkeit. Manchmal beobachtete ich ihn eine gefühlte Ewigkeit lang, in der Hoffnung, diese Traurigkeit besser verstehen, noch mehr von ihr erfahren zu können ... doch mit Blicken kam ich nicht wirklich zu den Antworten. Das konnten nur noch Worte. Doch bis dahin dauerte es noch etwas, und zunächst musste gearbeitet werden.

Und so stand ich plötzlich am Set von Mallorca. Das erste Mal in meinem Leben auf den Balearen. Mit einem Filmteam. Im Januar, wo es in Deutschland bitterkalt und dunkel war.

Mit jedem weiteren Tag empfing uns die Mandelblüte mehr und erschuf dabei eine traumhafte Filmkulisse, in der wir den Gefühlen der Rollen leicht allen Raum geben durften.

Gabriel Barylli war ein Menschenführer in so vielerlei Hinsicht. Und ich mal wieder die Unsicherheit in Person. Vielleicht erkannte er das, denn wie von Zauberhand geführt, konnte er mir diese Unsicherheiten nehmen. Es schien, als führte er mit absoluter Leichtigkeit das Team in Struktur und Übersicht, doch gleichzeitig auch die Schauspieler mit einer Empathie, die mir bis dato völlig fremd war. Als scanne sein Wesen das Gegenüber in dem Bruchteil einer Sekunde. Er konnte auf jeden Schauspieler so einwirken, dass dieser letztlich das darstellte, was die Figur, die Rolle, der Film, benötigte. Ein wahrer Dirigent, Regisseur, Anführer, Heerführer – doch und vor allem nicht die Hierarchie ausnutzend, sondern menschlich, vor allem herzlich offen, jedem und jeder gegenüber.

Aber wieso dann diese Traurigkeit ... ...?

Ich konnte mir darüber nicht viele Gedanken machen, staunte jedoch über diese Divergenz in der Ausstrahlung. Nach außen so ein starker Ritter und dahinter eine Art »verschüttete« andere Wahrheit. Das machte mich neugierig, neben all meiner Unsicherheit.

Gabriel griff dieses Interesse auf und erzählte mir nach dem Dreh bis tief in die Nacht hinein von sich. Wir redeten gefühlte Ewigkeiten über das Leben, das Sein, als Mann, als Frau, in dieser Welt, als Künstler, als Mensch voller Sehnsüchte, als Vater, als Unternehmerin, als Suchende. Jeder auf seine Weise. Zu ergründen, wer man wirklich ist und was in einem was sucht … Zum ersten Mal in meinem Leben führte ich derartige Gespräche mit Tiefgang. Das war sehr spannend für mich. Und machte Gabriel umso interessanter für mich.

Ich war dabei mich zu verlieben, doch bremsten mich meine Gedanken und meine Menschenscheu. Immerhin war er verheiratet, und ich lernte die bildhübsche Frau an seiner Seite sowie auch seinen Sohn kurz kennen. Ich hatte keinerlei Spaß daran, mich zwischen eine Liebe zweier Menschen zu stellen. Dafür war der Alligator in mir viel zu gern allein und mit sich. Und Gabriel war mein Regisseur. In der Hierarchiekette war ich ihm weisungsgebunden, und derartige Gefälle kommen durch private Schwingungen ins Wanken. Auch auf schlechte Vibes, die derartige Techtelmechtel beim Dreh hervorrufen, hatte ich überhaupt keine Lust. Ich war gekommen, um meine Arbeit zu machen, und mit jeglichen privaten Berührungspunkten wollte ich nichts zu tun haben. Ich hatte und wollte in meinem Leben keinen Stress mit privaten Themen, die mich nur von meiner Arbeit abhielten und mir Kraft rauben würden.

Doch was ich will, und was der Kosmos lenkt, sind zwei unterschiedliche Dinge. Denn die Echos unserer Vorleben hallen manchmal so stark, dass man ihnen nicht entkommt. So zu tun, als seien sie nicht stark oder unpassend für uns, hat keine Bedeutung in der großen Reise der Seelen. Es will, dass wir diese Echos betrachten. Ihnen lauschen, was sie uns erzählen und uns ihnen zuwenden. Mit allem, was wir sind. Denn wie mir Gabriel erörterte, war es nur ein kurzer Moment am Ende eines langen Tages gewesen, in dem er gelangweilt des Nachts durch das Fernsehprogramm zappte und ihn dabei eine Szene aus 14 Tage lebenslänglich mit mir streifte. Ein kurzer kleiner Moment. Verewigt auf Zelluloid, der reichte, um unsere beiden Seelen aneinander zu »erinnern«. Als sei es vom Kosmos so gewollt, so erschaffen, unumgänglich gewesen, trafen unsere beiden Schicksale nach einer langen Zeit des Suchens und einsamen Wirkens hier, genau in diesem Moment aufeinander. Wer glaubt, dass das Zufall ist, und denkt, diesen großen, komplexen Energieströmen entgehen zu können, hat vom großen Ganzen nichts verstanden.

Denn genau DAS ist Führung. Kosmische Fügung.

Und so konnte es sich in mir gerne wehren vor lauter moralischen Befindlichkeiten, *es* in mir hatte keine andere Wahl, als sich in die traurige, liebevolle Seele von Gabriel zu verlieben.

Der Kosmos schenkte uns dazu sechs Wochen in voller Mandelblüte an den schönsten Drehorten auf Mallorca und viel Zeit zum Reden. Und so erschufen wir nicht nur einen sehr schönen TV Movie, sondern auch die Basis einer lebensverändernden Beziehung, die eigentlich »nur« eine Wiederbegegnung aus einem anderen Leben war. Doch das zu ergründen und zu verstehen, brauchte es mehr als nur sechs Wochen.

Diese Reise begann hier und führte gleichzeitig fort, was unvollendet aus einem anderen Leben wartete. Aber diese Details kennen nur wir.

Am Set von »Feindliche Schwestern« für Sat 1 mit Gabriel Barylli und Teammitgliedern

WELTENHYSTERIE

Das Leben ist nicht kalkulierbar

Der lehrreichste Weg ist selten der Einfachste. Sich an einem Filmset in der mallorquinischen Frühlingsblüte zu verlieben ist das eine, doch das Leben, das andere Leben, das Leben nach dem Dreh ging auch weiter. Gabriel hatte noch eine Menge Baustellen in seiner Ehe und mit der Geburt eines weiteren Sohnes. All dies kostete viel Aufmerksamkeit und Kraft, sodass unsere Wege sich zunächst nicht wirklich vereinen konnten.

Ich widmete mich meiner Arbeit in der Roten Meile und meinem wachsenden Unternehmertum mit all seinen Höhen und Tiefen. Vier Jahre jung und durch zwei Umzüge geprägt (von Gotha nach Nürnberg, von Nürnberg nach München), begann mein »Baby« gerade die Flügel auszubreiten und sich immer mehr in der Branche zu etablieren.

Wenn da nicht die Menschheit wäre und in ihr auch immer viele Geisteskranke.

Denn im September 2001 hatten eben jene Besagte Lust darauf, Flugzeuge als Waffen einzusetzen und in die Twin Tower New Yorks hineinzufliegen, um vielen Menschen einfach mal so das Leben zu nehmen. So wird es uns zumindest aus einer Perspektive in den Geschichtsbüchern berichtet. Diesbezüglich habe ich gelernt, dass es entscheidend ist, wer diese Bücher schreibt und dessen Perspektive und seine Haltung dazu mitzuberücksichtigen. Doch das ist ein anderes Thema.

Denn egal wer oder aus welcher Perspektive hier die Geschichte erzählt wird – es zog in jedem Fall für alle Menschen nach sich, dass am 11. September 2001 die Welt angehalten wurde. Und damit auch die Wirtschaft.

Ich durfte in meiner Kindheit fast täglich den Berichterstattungen über den Kalten Krieg lauschen und somit in einer andauernden Angstfrequenz und einer Welt voller Feindesbilder aufwachsen.

Die Mauer in Berlin war gerade abgerissen, kam nun also eine neue Inszenierung daher, die die Menschen weiter in Angst und Schrecken vor einem ach so furchtbaren Feindbild versetzen sollte? Doch vor allem aber war es wichtig, die Menschen existentiell zu ängstigen. Die Wirtschaft zu schwächen. Am besten weltweit.

Man kann sich auf solche großen Dummheiten nicht wirklich »vorbereiten«. Sie passieren. Sie passieren in der Masse Menschheit, in der es eben immer auch Reibung gibt. Und diese Reibung gibt die Impulse für Wachstum. Und sie passieren, weil der menschliche Geist, warum auch immer, leicht in Hysterie zu versetzen ist. Altkanzler Schmidt brachte genau diese wirklich ernsthafte Problematik schon damals gut auf den Punkt: »Das größte Problem der Menschheit werden nicht die Waffen und die politischen Themen, es werden die Massenhysterien sein.«

Recht hatte er. Denn es bedarf nur eines einzigen Gewürzes, um Panik zu entfachen: Den Fokus der Massen über Ängste auf eine mögliche Katastrophe zu lenken. Die Kraft hinter dieser Kraft kann so unendlich groß werden und dabei die schlimmsten Krankheiten, Massenpsychosen und Hysterien erschaffen. So war es immer schon, und so wird es wahrscheinlich immer sein. Der menschliche Geist scheint einfach grundsätzlich sehr anfällig für Hysterie zu sein. Grundsätzlich beeinflussbar und programmierbar kann dies leicht ausgenutzt werden. Missbraucht werden.

Doch zurück zum Thema.
Vor dieser Inszenierung veranstalteten die großen Versandhäuser wie Otto, Quelle, Neckermann, Klingel, Wenz etc. für ihre Kataloge sehr große Foto-Reisen. Modelgagen von 2000,- € aufwärts bis zu 5/6.000,- € pro Tag waren nicht ungewöhnlich und eher die Norm. Und dass diese

Fotoreisen dann Buchungen von bis zu zehn Tagen PRO MODEL beinhalteten, war durchaus auch nichts Außergewöhnliches.

Doch nach 2001 änderte sich das. Und zwar grundlegend und immer beständiger. Die Versandhäuser verlagerten ihre Art der Fotoshootings mehr und mehr auf Online-Shootings. Und so mancher Quelle und Neckermann(und andere) schafften diese Wende nicht schnell genug. Sie verloren Marktanteile und letztlich ihr Business.

Der Kapitalist wird immer Wege suchen, die ihm seinen Gewinn maximieren. Wenn er das ganze Handling der Shootings nicht nur beschleunigen, sondern auch noch bei weitem günstiger produzieren kann, dann ist das ein ganz normaler Schritt zur Optimierung der Arbeitsabläufe in einer Produktion. So war es und so wird es immer sein. DAS ist Kapitalismus. Er ist die dauerhafte Optimierung auf Kosten der Menschen.

Oh, ertappt, jetzt schreibe ich schon wie die Verfasser der Lehrbücher der Staatsbürgerkunde in der DDR, die uns täglich eingehämmert hatten, wie böse und unmenschlich der Kapitalismus ist ... und gleichzeitig ihr Volk eingesperrt hatten ...

Nun denn, von einem Tag auf den anderen brachen also die Katalogshootings ein, und ein Studio nach dem anderen versuchte die neuen Abläufe für Onlineshootings rasch zu etablieren. Kleidung mal mit, mal ohne Model so abzufotografieren, dass sie innerhalb kürzester Zeit online sichtbar und mit ein paar Klicks kaufbar wurde, war die neue Herausforderung für alle Beteiligten. Abgesehen von den Druckereien, die plötzlich immer weniger Papierkataloge zu drucken hatten, versuchte jeder irgendwie weiterhin an der Neuverteilung des Werbekuchens zu partizipieren. Für Modelagenturen bedeutete das zunächst einen wirklich massiven Umsatzeinbruch.

Und dadurch dass Onlineshootings nie mehr an die Honorare der Printkataloge herangekommen sind, war nun der einzige Weg, um durch diesen Sturm zu kommen, auf Masse zu gehen.

Die Fotostudios unterboten sich gegenseitig. Wo vorher die Models ab 2000,- € aufwärts verdient hatten, wurden nun Honorare von 500,- bis 800,- €, in Ausnahmefällen auch einmal 1000,- € angeboten; und wer

Das Leben ist nicht kalkulierbar

als Agentur dem nicht zustimmte, war schlicht und ergreifend raus aus dem Spiel.

Für die Models hieß es nun also sich vier Tage lang mit bis zu 80 Teilen im Minutentakt in einem Studio fotografieren zu lassen, anstelle wie früher mehrere Tage lang irgendwo in der Türkei oder auf den Seychellen mit fünf bis maximal zehn Teilen.

Es wurde für alle Beteiligten mühsamer, denn da die Agenten auch nur prozentual mitverdienen, hieß es auch für sie: Gleicher Aufwand – weniger Geld, und in der Folge erheblich mehr Aufwand, wenn man nur ansatzweise wieder die alten Umsatzhöhen erreichen wollte.

Doch das sollte noch lange nicht die letzte weltpolitische Herausforderung sein. Vor uns lagen noch das Jahr 2008, dann eine Massenhysterie namens Covid und die KI, die mit Avataren das ganze Thema »Fotografie« auf den Kopf stellen wird. Doch dazu später.

2001 hat mich als Unternehmerin **aufgeweckt**. Mir wurde klar, dass ich Teil eines so großen Systems namens Menschheit bin, in dem ich so manche Strömung nicht lenken kann, sondern mit ihr gehen muss. Denn wer auch immer beschlossen hatte, derartig furchtbaren Unsinn auf dem Planeten Erde aufzuführen, es war unumgänglich, dass die Weltwirtschaft darauf reagierte. Und wir durften das in meinem kleinen Unternehmen mit derartig existentiellen Veränderungen spüren, ohne auch nur einen Hauch dagegen machen zu können.

Da war sie wieder, eine weitere Ohnmacht, der ich als Schauspielerin eigentlich entgehen wollte. Nun erlebte ich sie auch als Unternehmerin. Das tat weh, und es verängstigte mich.

Gibt es denn keinen Zustand auf diesem Planeten, in dem man einfach mal nur so etwas wie Sicherheit erfahren durfte?

Ich hatte ihn bisher nicht erlebt …

MASKENBALL

Spiele, aber verliere dich nicht darin

Die Rote Meile startete im TV, und damit kam auch viel Presserummel. Das zog viele Interviews in Talkshows und Zeitschriften nach sich.

Ausschließlich durch Doreens Hilfe war es möglich den Spagat zu schaffen, zwischen Filmen und den damit verbundenen langen Abwesenheiten im Office, und Zeiten, in denen ich mich voll und ganz meinem Baby, der Agentur, widmen konnte.

Gleich im Anschluss an die Rote Meile rief das ZDF zu einem Rosamunde Pilcher-Film auf.

Zur Erinnerung, Dr. Behling empfand mich 1996 noch viel zu jung für seine Projekte, nachdem mir Wiebke eingetrichtert hatte, mich auf keinen Fall zu schminken, eine Latzhose zu tragen und eben keinerlei Weiblichkeit zu zeigen. Lange Jahre anderer schöner Engagements waren nun vergangen, und dank der Roten Meile, St.Angela, dem Kino, den vielen anderen Engagements und dem Sat. 1 Movie nahm mich auch Dr. Behling immer mehr wahr.

Und so durfte ich als erstes »kleines Experiment« von ihm eine erste kleine Rolle in einem Rosamunde Pilcher-Film 1999 absolvieren und den nächsten Anlauf mit einer Hauptrolle 2001 nehmen.

Das bedeutete jeweils sechs Wochen Cornwall. Sechs wunderschöne Wochen bei Sonnenschein und unter Palmen drehen und an den Wochenenden das Leben genießen. Mal kamen meine Eltern zu Besuch und wir machten eine Cornwall-Tour, mal besuchten mich Freunde, um mit mir zusammen nach London zu fahren und dort bis tief in die Nacht noch »London by night« - Bustouren zu absolvieren. Oder ich war einfach nur allein mit mir und genoss die Ruhe und vor allem die Schönheit Cornwalls. Anders als bei St. Angela, wo ich tagsüber in eine Halle »eingesperrt« war, erfuhr ich durch die schönen Drehorte des Pilcher-Films dauerhafte Inspiration für derartig kleine Ausflüge. Ich erinnere mich so gerne an diese Zeit, als sei sie gestern gewesen. Die Architektur dort, diese überall präsente königliche Tradition des Landes, so viel grüne, saftige Natur und dazu noch so viele freundliche Menschen – ein bisschen war es wie nach Hause kommen. Dort zu sein, ging in Resonanz mit etwas ganz Verschüttetem in mir, welches ich nicht orten konnte, das aber zweifelsohne da war.

Der Film »Kinder des Glücks« erschuf ein wunderschönes Zeitdokument, auf das ich, einmal mehr, auch stolz bin. Doch neben diesen Bildern auf Zelluloid trage ich noch viele andere Erinnerungen mit meinen Liebsten und mir aus dieser Zeit in mir. Zeit zu haben, ganz mit mir zu sein, über das Leben zu sinnieren, zu lesen und durch das schöne Cornwall zu wandern – das alles erfüllte mich neben der Darstellung im Film ganz besonders. Es waren genau diese Momente beim Film, die Momente mit mir, um genau zu sein, die immer wieder, bei fast jedem längeren Dreh, meinem Leben ganz andere, kleine aber sehr bedeutsame Geschenke machten.

Ein wunderschöner Nebeneffekt beim Drehen ist, dass man in den sechs bis acht Wochen, in denen man diesen Film dreht, die schönsten Orte der jeweiligen Gegend besucht, weil, und das vor allem im ZDF, die Formel »Liebe, Landschaft, Leidenschaft« nun einmal schöne Landschaftsaufnahmen beinhaltet.

Dr. Behling besetzte mich ab sofort gerne nach dem (von mir so gehassten) Klischee der kühlen Blonden, die gerne auch kaltschnäuzig über die Befindlichkeiten und Verletzlichkeiten anderer hinwegbügelt. Sicher ist es das Schicksal einiger Schauspieler, so konträr zu ihrem eigentlichen Wesen besetzt zu werden, doch wenn man als hypersensibler Mensch, der vor lauter Empathie sich selbst und die eigenen Wünsche sehr zurücknimmt, dann aber als schreiende Bestie besetzt wird, ist das Gewicht schwerer zu »halten« als umgekehrt, wenn ein »grobes«, kraftvoll präsentes Wesen sich einfach nur zurücknehmen muss, um still und verletzlich seine Rolle zu spielen.

Dr. Behling mochte dennoch irgendwie eben genau diese mich selbst manipulierende Farbe aus mir heraus verewigen, völlig unwichtig und unerheblich, was Sylvia darüber dachte und ob sie das mochte. Dem Ganzen die Krone aufgesetzt wurde, als ich 2005 in Barbados in einem Zweiteiler mit dem lieben Erol Sander und der hübschen Suzan Anbeh das blonde Biest spielte, das den beiden das Leben ganz besonders schwer machte. Abgesehen von dem unglaublichen Geschenk, zehn Wochen in der Karibik zu drehen und damit zehn Wochen Ruhe und Strand mit mir selbst in den drehfreien Tagen zu verbringen, übertraf diese Rolle alles an Kälte und Unbarmherzigkeit, die ich bisher dargestellt hatte. Dr. Behling war danach sichtlich begeistert und sprach mich bei der Pressekonferenz darauf an, was ich denn als Nächstes gerne einmal drehen möchte. Ich erwiderte, dass ich davon träume, einmal meine empfindsame, weiblich liebevolle Wesensart zeigen zu dürfen und nicht immer diese (kalte) Maske für das Publikum. Doch daraufhin konterte er gezielt professionell (ich zitiere aus der Erinnerung, sicher nicht fehlerfrei):

»Das würde ich Ihnen gerne erfüllen, aber wir brauchen solche Charaktere wie Sie im ZDF. Sie verkörpern perfekt den Antagonisten. Man sieht Ihnen Ihre Ambitionen nicht an, was eine perfekte Tarnung darstellt. Und wenn Sie dann, besonders aufgrund der perfekten Tarnung, die ganze Welt schockieren, bekommt rein dramaturgisch die Geschichte entscheidende Impulse, an denen sich alle anderen reiben müssen, und das macht das Salz in der Suppe aus. Zusätzlich dazu haben Sie immer auch Momente und Blicke, die dann tatsächlich Sympathie, Verständnis und Empathie für Sie entfachen. Am Ende mag man Sie dennoch gerne sehen, und das ist genau das, was wir suchen und brauchen. Dieser Mix ist, für uns zumindest, sehr kostbar, daher würde ich es gerne dabei belassen.«

Klare Worte von einem Profi, der (natürlich) einen Plan in seinem Wirken hat. Und so setzte er dem 2006 gleich eins drauf in einem Kostümfilm mit dem wunderbaren Hardy Krüger jr. in Calgary.

Doch all die vielen (überwiegend kalten) Masken, die mir vor allem das ZDF damals aufsetzte, hatten überhaupt nichts mit mir zu tun. Sie waren allenfalls Schutzschilde, die ich perfekt vor mein eigentliches Wesen hielt. Und das mit jedem Drehtag mehr. Manchmal war es sehr erschreckend, wie unglaublich desinteressiert diese Medienwelt an meinem (auch empfindsamen, ängstlichen und unsicheren) Wesen war. Ich war ein Soldat, der diese Rolle zugeteilt bekommen hatte, und bis auf Gabriel Barylli interessierte niemanden, was ich dazu meinte, dachte oder gar fühlte. Natürlich ist der Beruf des Schauspielers nicht dazu da sich selbst dar-zustellen, und es gehört dazu, eben auch einmal ganz andere Farben aus sich heraus zu entdecken und zu spielen, doch so ganz ungesehen und so ganz verkehrt herum vom Publikum wahrgenommen zu werden, war schon eine ganz eigene Herausforderung. Es fehlte schlicht und ergreifend die Balance. Ich fühlte mich nicht ungesehen, aber unerkannt in der eigentlichen Komplexität meines Wesens. In all den Farben, die mich als Mensch ausmachen. Allen! Doch das war nicht gefragt. Überhaupt nicht. Die Industrie namens Film mochte eben diese Farbe meiner Farbpalette und nicht meinen ganzen Malkasten nutzen. Basta. End of story. Wer mehr ersehnt, ist selber schuld.

Doch natürlich spielte ich die Rollen, die nichts mit mir zu tun hatten, auch sehr gerne, weil es pures Experimentieren war. Experimentieren mit Blicken, Gesten, Wörtern und der Kraft hinter ihnen, die ich nie in meinem Leben aus mir erzeugt hätte – wären da nicht diese Rollen gewesen. Ich hatte Spaß dabei und erfuhr zusätzlich auch noch in den Zeiten zwischen den Drehs unglaublich viel Schönheit und war voller Dankbarkeit überhaupt das so tun zu dürfen.

Dankbar ja, doch immer noch ... nicht erfüllt.

Doch das sollte das Schicksal bald selbst in die Hand nehmen ...

TEIL 2
DAS ZWEITE LEBEN

DER SCHLEIER FÄLLT

*Was für dich bestimmt ist,
wird geschehen*

2002.
Mein Leben bestand daraus zwischen Film und Büro hin- und herzupendeln. Wenn ich drehte, lag alle Aufmerksamkeit auf der Darstellung der Figur – wenn ich nicht drehte, war ich Unternehmerin.

Wie in einem Tunnel grub ich mich täglich durch die anstehenden Arbeiten. Wie ein Maulwurf sich durch schwere Erde gräbt.

Ich funktionierte.

Ich kämpfte, um mir das Leben zu erschaffen, dass ich mir erträumte. Anders als so manch andere Frau, die gezielt auf Männerschau geht, um einen Versorger zu suchen, war dies nie eine Option für mich. Die Freiheit, die ich dafür hätte hergeben müssen, war mir wertvoller als alles Geld, alle Materie dieser Welt. Viele dieser Damen glauben frei zu sein, doch ist eben meine Definition von Freiheit, wirklich frei in meinen Entscheidungen zu sein, in allem was ich mir kaufe, nicht kaufe, tue und nicht tue. Das können die anderen nicht, denn sie dienen einem Deal. Ich war für derartige Deals nicht bereit. Nicht für alles Geld dieser Welt.

Ganz deutlich spürte ich das bei einem meiner Ex-Freunde, den ich aus Respekt hier nicht namentlich nenne. Sein Wunsch, unbedingt eine Familie zu gründen und dafür alles zu tun, Hauptsache er könne sich endlich seinen Traum von der eigenen Familie erfüllen, war so groß, dass es mich schier erdrückte. Er hatte nie gefragt, ob das auch mein Wunsch sei, oder was überhaupt mein Lebensplan sei. Das stand gar nicht zur Debatte, und da er sehr gut verdiente, setzte er voraus, dass ich seinen Impulsen folgte. Doch warum sollte ich? Was, außer in Liebe gleichwertig zu wachsen und einander zu fördern, ist der Sinn von einer Partnerschaft? Reproduktion? Einseitig bestimmte Reproduktion? Dafür konnte ich mich nicht begeistern. In keinem Moment.

Also musste ich alles, was ich auf diesem Planeten erschaffen und erleben möchte, eigenhändig kreieren. Im wahrsten Sinne des Wortes eigen-händig. Kein Sponsor, kein Sugardaddy, kein heimlicher Förderer – nein, alles aus eigener Kraft. Eigenen Visionen und Inspirationen. Den eigenen Anspruch zu erfüllen, lag ganz in meiner Hand. Die freie Wahl, diesen Anspruch zu korrigieren, hatte ich in jeder Sekunde. Niemand zwang mich dazu, ich tat es aus freien Stücken. Ein derartiger Anspruch von einem schönen und freien Leben hat aber auch seinen Preis: Nämlich Aufmerksamkeit.

All diese Dinge kosten Aufmerksamkeit!

Meine Lebenszeit und die darin konzentrierte Aufmerksamkeit.

Zeit, in der man nicht einfach nur faul im Bett liegen und den Tag an sich vorüberziehen lassen konnte, oder etwas lesen, wandern oder spazieren gehen konnte. Zeit, in der ich als Frau nicht in Nagelstudios, Kosmetiksalons und zu Friseuren gehen konnte – und ja auch private Zeit. Als Unternehmer committet man sich oder eben nicht. Getrieben von meinen Sehnsüchten nach Sicherheit und einem hohen Anspruch an die Gestaltung meines Lebens in Schönheit, fand ich mich also 2002 in einem festen Hamsterrad der Strukturen, die ich mir ganz alleine erschaffen hatte.

Ich arbeitete weiterhin bis in die tiefe Nacht hinein und an den Wochenenden. Nach den Drehs ging's ins Büro. Vor dem Dreh ging's ins Büro und an den Wochenenden ebenfalls.

Um Kosten zu sparen, teilte ich mir mit Doreen zunächst ein 34 qm großes Appartement im Münchner Arabellahaus, ein Hotel (mit Lobby, Sauna, Pool und Solarium auf dem Dach), welches auch Appartements anbietet. Zu Zeiten der Roten Meile dann zogen wir jede in unsere eigenen 34 qm.

Doch bei all dem Sparen, Schuften und Aufmerksamkeit Lenken, lief ich Gefahr – etwas ganz Entscheidendes zu übersehen … … …

DER SCHLEIER FÄLLT

Und so geschah es in einer Nacht im Mai 2002.

Nach einem wieder sehr langen und arbeitsintensiven Tag ging ich spät abends schlafen. Ich träumte einen etwas undurchsichtigen Traum von einer Beerdigung eines mir fremden Menschen, auf der ich nicht Gast, sondern beobachtend war. Doch unabhängig davon, dass man eigentlich nie oder sehr sehr selten von Beerdigungen träumt, begann sich plötzlich etwas zu ändern:

Ich hörte noch in dem Traum eine Stimme, die mit diesen Bildern überhaupt nichts zu tun hatte. Als schaute ich einen Film von einer fremden Beerdigung und hörte dazu aber eine Stimme sprechen, etwas rufen, die irgendwie gar nicht zu diesen Bildern passte. Auf dieser Beerdigung sprach niemand. Ich sah auch keine Gesichter, nur Körper von hinten – alle schwarz gekleidet.

Doch diese Stimme rief irgendetwas.

Meinen Namen?

Ich versuchte das zu eruieren, doch es war unglaublich schwer die Bilder und die Stimme gleichzeitig aufzunehmen. Völlig irritiert von dieser Divergenz zwischen Bildern und Stimme wurde meine Neugier geweckt. Als müsse man einen Radiosender einstellen, so war die Stimme mal lauter, mal leiser, mal hallend, mal nah, mal dumpf, mal flüsternd – je nachdem wie sehr ich es schaffte, mich darauf zu konzentrieren.

Und je mehr ich mich auf diesen Ruf konzentrierte, umso mehr entschwanden mir die Bilder des Traumes. Immer mehr.

Dann Dunkelheit. Keine Bilder mehr. Dunkelheit.

Aber die Stimme war weiterhin da.

Es war wie ein Flüstern, das immer stärker wurde, und es suchte meine – ganz gezielt meine – Aufmerksamkeit.

Bruchteile einer Konversation konnten beginnen. Ich hörte und wollte antworten: »Wer ist da?« Doch meine Motivation, dabei den Mund zu bewegen, funktionierte nicht. Es ging nicht. Ähnlich der Schwere, die ich empfand, als ich in meinen Körper nach meinen Astralreisen zurückkam, wirkte allein die Bemühung den Mund zu bewegen, unüberwindbar. Er schien tonnenschwer. Als sei der Körper ein Instrument und ich dessen nicht mehr Herr, suchte »es« in mir immer verzweifelter (aber die Konzentration dabei haltend) nach einem Weg zu sprechen, ohne zu sprechen. Doch je mehr ich es mit dem, was wir Sprechen nennen, versuchte, umso mehr verlor ich wieder die Konzentration. Der Körper, so schwer und heiß, wirkte wie schweres Blei an dem, was aus mir heraus kommunizieren wolllte. Es war mir unmöglich, ihn noch zu bewegen. Es ging nicht. Er war eine schwere, leblose Hülle, die ich mit nichts mehr steuern konnte.

Das Rufen hielt an, und ich suchte weiter verzweifelt nach Wegen, mich mitzuteilen.

Was ist das? Was ist da los? Wieso höre ich diese Stimme?

Das Zusammenspiel zwischen einem »Gefühl von Denken« (man denkt im Traum ja nicht bewusst) und dem Sprechversuch, brachte mich wie eine Forscherin dennoch weiter. Ich erkannte, dass jeder unterlassene Versuch die tonnenschwere Zunge und den Mund zu bewegen, eine Übermittlung ermöglichte. Je weniger ich mich also mit körperlichen Werkzeugen auszudrücken versuchte, umso mehr Kraft hatte mein »Gedanke«.

Ich ließ völlig los. Völlig los von meinem Körper. Er konnte mir hier nicht helfen, im Gegenteil, er blockierte, was da war.

Und siehe da. In dem Moment, in dem ich all meine Aufmerksamkeit voll auf eine rein geistige Kommunikation lenkte, begann sich meine ganze Wahrnehmung völlig zu verwandeln.

Als hätte jemand das Licht eingeschaltet, eröffnete sich mir in dem Moment, in dem ich die weltliche Art zu kommunizieren gänzlich aufgab, eine Welt aus Licht.

Licht.

So viel Licht gibt es auf der Erde nicht.

So viel Licht können Menschenaugen gar nicht wahrnehmen.

Alles war gleißend hell, so hell, als würde man in der Sonne sitzen und um einen herum nichts anderes als Licht existieren. Keine Landschaften, keine Formen. Nur Licht.

So unfassbar schönes Licht.
Ein Gefühl der Freiheit, Grenzenlosigkeit und Ewigkeit erfasste mich.
Hier gab es keinen weltlichen Gedanken. Keine Sorgen, keine Angst.
Nicht einmal einen Funken eines Gedankens an mein Leben, meinen Körper, das Geschehene. All das schien … bedeutungslos, lächerlich, dumm und sinn-los im Vergleich zu dieser Erhabenheit, dieser Größe, dieser Schönheit …

Wir kennen derartige Visualisationen aus Filmen wie Matrix, wo Morpheus und Neo sich treffen, um in einer Art Computerdeck die unterschiedlichsten Dinge in einem weißen »Raum« ohne Boden und Himmel zu materialisieren.

Dieser »Raum«, diese Dimension, oder wie auch immer man das etikettieren will, war nicht weiß, sondern es machte ihn ein warmes, minimal gelblich strahlendes Licht aus. Und die Form- und Grenzenlosigkeit nahm ich genauso wahr wie das, was wir aus dem Film kennen.

Doch da war noch etwas.

So deutlich wie wir andere Menschen mit unseren Augen wahrnehmen, so klar und deutlich erkannte ich plötzlich: ein Gesicht.

Ein menschliches (männliches) Gesicht, das zu mir sprach und telepathisch mit mir kommunizierte.

Inmitten dieses warmen schönen Lichtmeeres.

Dieses Gesicht war die Ursache des Rufes, es war – DIE Stimme. Und jetzt, wo ich meine weltlichen Werkzeuge gänzlich abgelegt hatte, war ich angekommen in dieser Art des Seins und der Art des Kommunizierens ohne die körperlichen Instrumente der Stimmbänder. (Übrigens eine extrem spannende, rein wissenschaftlich zu erörternde Thematik, denn wie wird dann eine Stimme erzeugt, und womit hört man sie …?)

Ich erfuhr, wer es ist, woher es kommt, doch vor allem erfuhr ich seine Intention:

Mich aufzuwecken.

Aufzuwecken, aus einem tiefen Taumelschlaf des Menschseins. Ein Weckruf, mein ganzes Potential zu leben (und nicht nur das halbe).

Meine mir gegebene »Aufgabe« zu leben, meine Gaben zu entfalten,

als ganzes Wesen zu wirken und nicht nur als Hülle. Es sei an der Zeit, den Rest meines Lebens nun wirklich zu wirken …!
Ja, das waren unter anderem die Worte …

Ich fühlte mich so unbeschreiblich wohl in diesem Zustand. So gut, so gesund, so ruhig, so erfüllt und glücklich, wie noch nie in meinem Leben. Auf der Erde würden wir diese Energie als »Liebe« bezeichnen. Doch in *dieser* Kraft, in *dieser* Masse halte ich es fast für unmöglich eine derartige Wucht an Liebe mit den Werkzeugen des Körpers überhaupt erfahren bzw. aufnehmen zu können.

Dieses Liebesmeer schenkte mir Wärme und Schönheit, Gelassenheit und Erfüllung – genau das, was ich im Leben so sehr in meinem Wirken suchte. Hier war es – einfach da. Ich war Teil dieser Energie, ich war diese Energie, weil sie mich durchfloss, weil sie mich belebte, mich ausmachte.

Ich badete darin, es durchdrang mich, ich »war« diese Energie, doch ich behielt die Wahrnehmung meiner Identität. Es gab keine Gefühl der Trennung wie zum Beispiel: dort ist es schöner als hier, oder der da hat etwas, was ich nicht habe, oder etwas Ähnliches.

Es war, wie es ist, und es war gut so, schön so, erfüllend und beglückend.

Ich wollte dieses Gefühl nie wieder loslassen.

Warum sollte ich mich freiwillig wieder in Sorgen, Ängste und einen schweren Körper begeben, der mir letztlich den Zugang in *diese* »Welt« auch noch hemmt …? Warum wieder kämpfen gehen, nur um zu überleben? Warum sich den kleinen und großen Dramen der Menschheit wieder hingeben und dabei das Risiko eingehen, dass Sie mir Energie rauben …?

Es gab in keinem Funken eine Wehmut oder Traurigkeit dem Leben gegenüber.

Allenfalls Dankbarkeit für die Schönheit in den Begegnungen, die Schönheit der unterschiedlichen Erfahrungen, die ich machen durfte, und Dankbarkeit für die Schönheit der Natur, die ich ab und zu einatmen durfte. Nicht mehr, aber auch nicht weniger.

Doch der Kosmos hat einen Plan und nichts geschieht aus Zufall.

Dafür ist der Plan zu groß. Und ich hatte eine Mission ... und an diese erinnerte er/es mich. Jetzt. In dieser Nacht. In diesem Moment.

Nach einer zeitlosen Weile des Austausches teilte mir mein Freund auf der anderen Seite mit, dass ich nun wieder zurück müsse. In den Körper. Eben noch in einem Lichtermeer »fiel« ich regelrecht aus dieser »Liebeswelt« zurück in meinen Körper, auch wenn ich das überhaupt nicht wollte. ES geschah einfach.

Doch nicht sofort war ich wach oder fand mich in meinem Traum wieder.

Nein, es gab noch einen »Zwischenstop«.

Meine Wahrnehmung war nun noch rein feinstofflich. Der Radiosender war so gesehen noch auf Langwelle eingestellt. Und das Umschalten zurück auf die Kurzwelle musste ich hier genauso »üben« wie beim Finetuning auf die Langwelle, für das »Empfangen/Verstehen« der Stimme.

Nun aber umgedreht.

Noch nicht ganz wieder im Körper, aber eben auch nicht mehr ganz außerhalb von ihm, in einer Art Zwischenzustand, Zwischenwelt, nahm ich nun noch etwas ganz anderes wahr: Ich fand mich in meinem Zimmer wieder, doch anders. Um mich herum war es, gemessen an der Liebe und dem Licht, das mich eben noch durchflossen hatte, eiskalt und dunkel. Ja, es war mein Appartement, aber ich nahm mich stehend wahr, (obwohl mein Körper auf dem Bett lag).

Plötzlich bemerkte ich andere Energien, die sich klein, auch eher dunkel, sehr schnell durch den Raum bewegten. Sie wirkten in ihrer Energetik mal »schleimähnlich schwarz«, mal sehr leicht fliegend (aber dunkel) durch den Raum, und manche wirkten wie das, was wir als »Kobolde« bezeichnen würden. Wie Parasiten, suchten sie meine Aufmerksamkeit. Meine Präsenz. Meine Energie.

Vielleicht aus einer Gewissheit heraus, dass ich sie nicht wahrnehmen kann, vielleicht aber auch einfach nur so, wirkte es, als sei meine Energie

Was für dich bestimmt ist, wird geschehen

ein Magnet für sie, an den sie sich anheften möchten. Angenehm und schön war das nicht. Und liebevoll waren sie auch nicht.

Es wurden immer mehr, und ich versuchte die mich aufsuchenden Energien immer wieder wegzustoßen. Doch das gelang mir bei der Masse immer weniger. Wie in einem schlechten Film, in dem die Aliens sich auf den Menschen stürzten, schien ein einzelnes Wegschlagen dieser Energien immer sinnloser.

Doch als hätte ich es irgendwo einmal gelernt und es sich in mir daran erinnert, begann es sich in mir nicht mehr zu wehren, sondern sich ganz auf sich selbst zu konzentrieren. Wie Merlin sammelte ich so alle Kraft über diese Konzentration meines Geistes in mir und formte einen Lichtball in mir, den ich dann über einen Impuls voller Kraft aus mir heraus schleuderte. Wie eine Sonne, die ich aus mir heraus strahlen ließ, aber mit einem starken Willensimpuls gelenkt, stieß diese Energie diese dunklen Wesen/Seelenanteile/Seelenbruchteile, oder was auch immer das war, von mir. Und siehe da, das gelang. Sehr gut sogar.

Plötzlich war ich wach.

Völlig aufgelöst. Mein damaliger Freund neben mir. Er hatte meine Atemlosigkeit bemerkt und mit Wiederbelebungsversuchen beginnen wollen, was ich aber während meiner Energiereise alles nicht mitbekommen hatte.

Was genau geschehen war, könnte man nun aus vielen Perspektiven unterschiedlich beschreiben.

Mein damaliger Begleiter würde einen atemlosen Körper beschreiben, und dass er gerade verzweifelt beginnen wollte, mich wiederzubeleben. Ärzte würden den Atemstillstand als Schlafapnoe bezeichnen.

Für mich aber war es eine Einweihung.

Eine Einweihung in so vielerlei Hinsicht.

Ein **Aufwachen**.

Ein Bewusst-geworden-Sein in einer weiteren Realität, einem weiteren Zustand im Kosmos, der mir so noch nirgends vermittelt oder erfühlbar übermittelt worden war.

DER SCHLEIER FÄLLT

So sehr ich zuvor aus der Liebeswelt nicht wieder in den Körper wollte, so froh war ich jetzt nach dem soeben Erlebten, wieder in meinem Körper zurück zu sein.
Doch ich war nicht mehr die Selbe.

Das Echo der Liebe, die mich durchdrungen hatte, erzeugte in meinem Körper unendlich viel Weinen. Ich weinte nicht aus Trauer, sondern aus der Übersetzung eines Gefühlsechos in mir.
Des Echos meiner Seele.
Diese Schwingung aus ihr erzeugte im Körper zunächst Tränen. Ein so gesehen rein chemischer Prozess, in dem die gleichen Rezeptoren getriggert werden wie bei Trauer. Aber es war keine Trauer, es war das ganze Gegenteil.

So viel Liebe, so viel Heimat, so viel Schönheit, so viel Erfüllung, so viel Glück, so viel Gelassenheit und Freude hatte ich in meiner ganzen Zeit auf dem Planeten noch nie gefühlt. Überhaupt, so viel Energie und Kraft kannte ich nicht.

Es schien, als sei die Erde, wir in den Körpern, in einer ganz anderen Wahrnehmung als dies außerhalb des Körpers der Fall ist. Und es schien so, dass ich gerade beide Seiten der Medaille erleben durfte. Die Lichtwahrnehmung (ohne Körper) und die Wahrnehmung in weniger Licht (mit Körper).

Die Intensität, mit der ich diese Reise erlebte, übertraf alles menschlich Erfahrbare. Auch weil es so bedeutungsvoll schien. So unangreifbar groß.

Mir wurde plötzlich klar, dass ich bisher nur einen Bruchteil meines eigentlichen Potentials gelebt hatte, doch vor allem wurde mir klar, dass das, wie die meisten Menschen ihr Leben leben gerade einmal die animalischen Bedürfnisse des Menschseins befriedigen, und wir gleichzeitig in einer Gesellschaft leben, die diese andere Seite der Medaille, das Licht, diese Kraft und vor allem diese Liebe überhaupt nicht fördert. Fast schon könnte man vermuten, es sei so gewollt, dass alle Menschen nur ihr animalisches Potential leben, und auf keinen Fall das göttliche Potential in ihnen gefördert werden soll. Denn auch in den meisten Religionen unserer Welt finde ich keine gesunde Umsetzung dieser einfachen Wahrheit. Sie arbeiten mit Schuld, Sünde, Buße und was weiß ich nicht für dunkle Bilder – aber das hat alles nichts mit Förderung von Potentialen zu tun.

Ich habe sie aber gesehen, die andere Seite.
Ich habe sie erfühlt.
Ich habe in ihr kommuniziert.
Ich habe eine Erinnerung an mein *ganzes* Sein geschenkt bekommen, doch vor allem habe ich die Schönheit, die Liebe und die Kraft des großen Ganzen, das sich in unserer Welt ganz anders manifestiert, erfahren dürfen.

Und ich habe einen Blick in die Ewigkeit geschenkt bekommen. Eine Offenbarung der eigentlichen Größe des Kosmos, die mich von nun an noch demütiger, dankbarer und vor allem die Relationen und Bedeutungen der kleinen und großen Dramen des Menschseins anders definieren lässt.

Von nun an hatte ich eine Mission mit vielen Missionen:

Die Menschen zu erinnern, aus dem animalischen Sein auch das göttliche Sein zu leben.

Nicht ein Leben lang mit dem ersten Gang zu fahren, wo man zehn Gänge hat. Nicht ein Leben lang nur anderen und seinen eigenen Bedürfnissen dienen, sondern das Leben als eine Station voller Chancen und vor allem Möglichkeiten energetisch zu wachsen, zu nutzen.

Sie daran zu erinnern, dass viele Werkzeuge in unseren Körpern schlummern, die unsichtbare Welt ebenfalls wahrzunehmen.

Die aus dieser Nacht mitgebrachte Demut dem großen Ganzen gegenüber (weil es wirklich gigantisch und mit unserem Verstand gar nicht fassbar, mit dem Herzen aber ansatzweise fühlbar ist) hat mich in ein andauerndes Gefühl der Dankbarkeit gegossen.

Diese unbegreifliche Liebeskraft, die ich in dem »Moment ohne Zeit« in der Lichtwelt »einatmen« durfte, halte ich fest in mir als den wertvollsten Schatz dieses Lebens. Rein energetisch war ich dadurch wahrlich eingeweiht, denn ich habe diese hohe Schwingung nun in meinen Körper »mitgebracht« und über das Erfahrene, an das ich mich jederzeit erinnern kann, eine Art Anker in diese Energie geworfen. Allein zu meditieren, und mich nur kurz aus dem Alltag auszuklinken erinnert es sich in mir sofort wieder an das Geschehene und aktiviert dabei diese Energie in mir. Hält sie lebendig. Wie eine Programmierung, die meinen Körper von nun an in dieser Energie hält, und das Erinnern daran verhindert, dass sie verloren geht.

ES schwingt in mir jetzt ANDERS. Oder vielleicht das erste Mal in meinem Leben, endlich GANZ … … …

Die Geschichten, die sich jetzt schreiben, werden von mir anders erzählt, weil ich seit diesem Momentum anders empfinde. Anders schaue, anders wandle, anders gehe, anders entscheide, anders fühle, anders BIN.

Nach einer langen Reise des Irrens und Wirrens in der Filmwelt und des Kämpfens in der Businesswelt, begann nun diese meine neue Wahrnehmung jeden meiner Schritte in diesem Leben zu bestimmen.
Meine weise Lehrerin Brigitta, die sich viele Jahre mit der pythagoräischen Kaballa beschäftigte und mich darin auch zwei Jahre lehrte, meinte einmal zu mir: »*Sylvia, du wirst alle zehn Jahre neue Impulse bekommen, die dir noch einmal ganz neue, andere Richtungen weisen. Es liegt dann an dir, diese auf- und anzunehmen oder nicht. Und du wirst nie wirklich etwas (von dem Alten) aufgeben müssen, solange du es nicht willst, weil alles Neue nur hinzu kommt. Freue dich auf ein spannendes Leben.*«
Recht hatte sie.
Denn ich hatte keineswegs vor, mein bereits erschaffenes Leben zu ändern, aber ich wirkte nun täglich anders – in diesem Leben.
In jeder Sekunde, in jeder Minute, jedem Moment. In jedem Augenblick.
Wir sind, was wir sind, doch wir sind es, indem und wie wir wirken. Mein Wirken war ab sofort auch ein »die Ganzheit fühlendes« Wirken.

Was für dich bestimmt ist, wird geschehen

Ich war neu geboren in dieser Nacht, und es wurde klar, dass sich nun noch ein ganz anderes Leben formen »muss«, als das vorher der Fall war.

Ich betrat die Stufe der Spiritualität. Geboren in einem sozialistischen System, erwachsen (geworden) in einem kapitalistischen System, nie mit Religion oder ähnlichem auch nur ansatzweise in Verbindung gewesen, durfte ich nun das »System Kosmos« über die Förderung meines spirituellen Potentiales selbst entdecken.

Wieder einmal allein, aber diesmal ohne eine Doktrin eines Systems, dem ich dienen muss, begann so eine der schönsten Reisen meines Lebens.

Die Reise zu mir.

Im Gepäck die Liebesenergie dieser Nacht und die Kraft meiner Seele.

Begleitet von meinem unsichtbaren Freund – und vielleicht noch vielen, vielen mehr …

© Alexander Stingl

DIE SUCHE BEGINNT

Die Energien lenken dich

Mein Kopf war voller Fragen.

Was genau war da geschehen? Kann mir das jemand mit weltlichen Dingen erklären? Wem ist das auch »passiert«? Und was hat er erlebt? Ähnliches? Gleiches? Anders? Und wie geht er mit dieser »neuen Energetik« um?

Hin- und hergerissen, ob ich das Erlebte kommunizieren kann, ohne dabei von »ganz empathischen« Menschen als verrückt etikettiert zu werden, entschloss ich mich, zunächst nur meinem engsten Familienkreis davon zu berichten. Ich konnte das Erlebte in keiner mir bekannten Form, mit keinem physikalischen Verständnis analysieren. Nur das Wort Nahtod fiel das eine oder andere Mal aus meinem Umfeld. Ein todähnlicher Zustand – ja so könnte man das bezeichnen aus der Sicht des Menschendenkens, aus meiner eigenen Sicht war ich so lebendig wie nie zuvor. Was ich erfahren hatte, war so kraftvoll und liebevoll wie kein Moment im Leben …

Dennoch ist es eben für so manchen leichter zu verstehen, rein von seinem weltlichen Verstand, wenn ich es als solches Phänomen bezeichnen ließ.

Doch die Kategorisierung des Erlebten hatte für mich keine Bedeutung, ich wollte es ganzheitlich verstehen. Was, wie, wer, warum, wieso …?

Und war *damit* zunächst sehr allein.

Die Energien lenken dich

Denn niemand in meinem Umfeld hatte so etwas je erlebt, geschweige denn, konnte mir erklären, was dabei in, mit und durch mich geschah. Warum ich mich jetzt so anders fühle als vorher, warum ich die Welt so anders betrachte. Anders schaue, anders gehe, anders entscheide und deshalb anders lebe ... mit einem völlig veränderten Bewusstsein.

So auf sich selbst »zurück«-geworfen zu werden, ist aus meiner heutigen Perspektive ein wichtiger Steigbügel des Kosmos, durch den man lernt, damit aufzuhören im Außen zu fragen und die Innenschau zu beginnen.

Doch auf Knopfdruck ist das nach einem Leben voller Äußerlichkeiten nicht möglich. Und so suchte es in mir nach Wegen, die ich zwar allein, aber dennoch intensiv und mit voller Aufmerksamkeit dem Thema widmend, gehen konnte.

Zunächst begann ich Lektüre dazu zu suchen. Elisabeth Kübler-Ross tröstete meine Sucht nach Antworten etwas, aber nicht wirklich. Denn das Beschriebene war zwar auf dem logischen Sektor stimmig, beantwortete mir aber viel zu wenige meiner Fragen.

Ich musste tiefer schauen.

Ich kaufte gefühlt alle Bücher, die es damals auf dem esoterischen Markt gab, und fraß mich dürstend nach Antworten durch sie hindurch – wurde aber leider noch immer nicht wirklich fündig. Die meisten Inhalte holten die traurigen Seelen gut ab, gaben ihnen Trost, doch so wirklich forschend, fast schon wissenschaftlich »fühlend« ging keiner die Sache an. Ich war in diesem etwas physikalischerem Anspruch der Erforschung des Unsichtbaren meiner Zeit anscheinend etwas voraus, denn die Quantenphysiker waren gerade erst dabei, die Bühne der Welt zu betreten. Nun denn, also esoterische Hausmannskost ... erst einmal ...

Doch der ansteigende Frust über die nicht zu findenden Antworten machte mich zunehmend wütend. So wütend, dass ich schließlich kein einziges Buch mehr las. Sicherlich waren und sind diese Werke für viele Menschen sehr, sehr hilfreich, aber aus meiner ganz eigenen (sich in dem Nahtod veränderten) Perspektive war das alles nicht hilfreich – zu wenig intensiv, zu oberflächlich. Mein Anspruch war eben ein anderer und dafür

DIE SUCHE BEGINNT

fand ich keine Antworten in diesen sehr liebevoll erstellten Büchern. Dennoch war der esoterische Buchmarkt ein sehr wachsender Markt, was ich vor allem als Zeichen einer wachsenden Sehnsucht in den Menschen deutete, und schließlich auch als Zeichen, dass ich ja doch nicht so alleine mit dieser Suche war.

Und so begann ich mich den unterschiedlichsten spirituellen Werkzeugen und Methoden zuzuwenden, um sie nach und nach tiefer zu studieren. Raus aus dem Lesen, hinein in das Praktizieren!

Als ersten praktischen Zugang nahm ich an Familienaufstellungen teil. Ich war verblüfft, wie präzise damit Informationen aus dem Unterbewussten gefunden, benannt und aufgelöst werden konnten. Und es war spannend und auch ein wenig anstrengend, weil meine feine »Seelensensorik« von den Aufstellern oft erkannt wurde, und ich als der Stellvertreter des Klienten eingesetzt wurde.

Für alle, die Familienaufstellungen nicht kennen:
»In der Aufstellung werden zunächst die Mitglieder so angeordnet, wie es der innerlichen Repräsentation des Klienten entspricht. Das heißt, ein Klient positioniert die einzelnen Mitglieder seiner Familie so, wie er die Beziehungen zwischen den einzelnen Beteiligten und zu seiner eigenen Person aktuell erlebt. Auch für sich selbst benennt er einen Stellvertreter und stellt ihn auf. Seine innere, gefühlte Realität wird also äußerlich sichtbar gemacht.

Die Personen, die dabei stellvertretend die Position einzelner Familienmitglieder einnehmen, erhalten vorher meist keine näheren Informationen darüber, wen sie repräsentieren. Sie fühlen sich in ihre Position ein und schildern aus dieser Perspektive, was sie augenblicklich wahrnehmen. Dies kann bereits zu erstaunlichen Situationen führen, wenn etwa die aufgestellte »Tante« Äußerungen macht, die der realen Tante tatsächlich entsprechen. Der Klient beobachtet dabei das Geschehen zunächst von außen und kann später, gegen Ende der Aufstellung, seine eigene Rolle im Familiensystem wieder einnehmen.«

(Quelle, Landsiedel Seminare)

Die Energien lenken dich

Antworten für das Erlebte fand ich nur leider auch dort nicht. Die Familienaufstellungen waren sehr hilfreich beim Erörtern des eigenen Unbewussten und vor allem der Beziehungen und den daraus entstehenden Missverständnissen mit anderen, aber spirituell … oder gar wissenschaftlich forschend, aufklärend was außerhalb des Körpers, seelenwissenschaftlich, energetisch geschieht, war diese Methode nicht.

Die Zeit verging, ich hatte wieder etwas Neues kennengelernt, doch war ich bezüglich meines Anspruchs leider keinen Schritt weiter gekommen. Ich wusste noch immer nicht, *wo* ich damals war, *warum* ich das erfahren hatte und wie all das »funktionierte«. Noch immer Fragen über Fragen.

Und so suchte und suchte ich immer weiter und nahm alle Impulse, die der Kosmos mir offenbarte, immer ganz wach auf und an.

Doch da war auch noch das berufliche Leben, das umso herausfordernder war, da die Divergenz zwischen meinem (neuen) Empfinden und der Art, wie man »Unternehmer ist« mit jedem Atemzug größer wurde. Ein Spagat begann, den ich aber dringend lernen musste, wenn ich meinen Lebensstandard erhalten oder gar erweitern wollte.

Ich bin kein Mensch, der die Blumen seines Gartens welken lässt, nur weil sich die Perspektive auf diesen, die Bedeutung dessen verwandelt hat. Und mit meinem bisherigen Leben auf roten Teppichen und unzähligen Titelbildern war ich, war es in mir, ein gewisses Flair an Schönheit »gewohnt«, den ich nicht einfach so aufgeben wollte. Diese Schönheit zu kreieren, war und wird immer auch ein Teil meines Schaffens sein. Eleganz und Anmut sind ein Entschluss, ich war mit nichts in meinem Sein bereit, diese Haltung aufzugeben – im Gegenteil. Ich wollte dem Anspruch auf äußere Schönheit auch mit einer inneren, seelischen Schönheit gerecht werden.

Und dazu braucht es umso mehr Aufmerksamkeit und Liebe.
Packen wir's an.

GESANGSTHERAPIE

Erkenne die Zeichen des Schicksals und gehe mit ihnen, nicht gegen sie

Im Herzen entflammt, das Unsichtbare zu erkunden und tiefgreifend zu erforschen, hielt ich das bisher Erschaffene, im Außen Manifestierte fest in meinen Händen. Und es mich.

Dieser neu entdeckte Muskel musste erst trainiert werden. Die alten Denkmuster brachen nach und nach von ganz alleine durch die in mir veränderte Energetik auf. Ich musste dazu gar nichts extra »machen«. Doch die Welt, und vor allem die unternehmerische Welt veränderte sich nicht für mich. Sie blieb, wie sie immer war. Klar, strukturiert, effizient und vor allem herausfordernd.

Ein wahrer Spagat begann. Innerlich noch intensiver als schon zuvor die Menschen, die Momente fühlend und äußerlich die selbe Person mimend – das war wahrlich herausfordernd. Vor allem auf eine Weise, die ich bisher nicht kannte. Und es gab niemanden, der mir etwas dazu sagen oder mich darin unterstützen konnte. So fühlte ich mich mit meiner veränderten Wahrnehmung, und vor allem in den Spielfeldern Film und Unternehmertum, erneut sehr alleine.

Nachdem Wiebke gefühlte hundert Anläufe genommen hatte, um ihn davon zu überzeugen, doch einmal mit mir zu arbeiten, ließ sich Meister Rademann endlich einmal herab und gab mir eine Rolle auf seinem »Loveboat« (der englische Name der Serie). Wiebke erzählte mir, wie schwer sie es hatte, ihn zu überzeugen und solche Sätze wie »Die Leifheit kommt mir nicht auf mein Schiff« nur mit Engelszungen übergehen konnte, um ihn zu besänftigen. Aus meiner Perspektive war dieses Verhalten, nach-

Erkenne die Zeichen des Schicksals und gehe mit ihnen, nicht gegen sie

dem mich dieser Mensch nie getroffen, gesehen oder mit mir einmal einen Austausch hatte, unerklärlich. Warum man so abwertend über einen Menschen urteilt, ohne ihn zu kennen ... aber ja, wir leben doch auf Planet Erde. Da ist das Etikettieren und vor allem das Abwerten das beliebteste Werkzeug. Wie konnte ich das nur vergessen?

Die Zeit auf dem besagten Schiff war dennoch eine wunderschöne wie auch die Gespräche, die ich mit Onkel Rademann führen durfte. Wiebke reagierte mit ihrer Berliner Schnauze genau richtig, indem sie *seine* Berliner Schnauze einfach nicht zu ernst nahm. Ich lernte das auch, und so konnte ich dann ebenfalls schmunzelnd über derartig bewusst- und deshalb auch lieblose Kommentare lächeln.

Acht Wochen durch die ganze Südsee, unendlich viel Zeit für mich und viele, viele unvergessliche Momente an Deck, allein mit mir, Zeit zum Meditieren, Zeit zu lesen, Zeit zu studieren und so viel Schönheit überall – diese Reise war ein Geschenk des Kosmos. Die MS Deutschland hatte zwar keine Außenkabinen (ich glaube nur die Hochzeitsuite), doch war das Schiff als fahrender Luxusdampfer wirklich ein Erlebnis aus weichen, plüschigen, goldverzierten Inneneinrichtungen, die das mit 20 bis 40 km/h tagelang durch die Südsee Gleiten an sich schon zu einer reinen Meditation machten. Das Essen war traumhaft, die Stille, die einem das Meer schenkte, sowieso. Und dazwischen noch ein bisschen Arbeiten und Geld verdienen, bildeten den i-Punkt, der das i erst zum i macht ...

Zurück in Deutschland schenkte ich dem Ruf der Tourmanagerin der No Angels meine Aufmerksamkeit. Regina war bei der Roten Meile unsere Choreographin gewesen, die liebevoll versuchte uns Darstellerinnen »Table Dance light« beizubringen. Und gleichzeitig waren sie und ich inspiriert von der Idee, meine vielen Jahre Atem- und Gesangstechnik nicht brachliegen zu lassen. Regina war sehr gut vernetzt in die Musikwelt und ich – wie immer neugierig.

Die vielen Gespräche mit den Menschen in Amerika brachten mir das Geschenk der tiefen Erkenntnis, dass Erfolg nicht immer etwas mit finanziellem Erfolg zu tun hat. Einzig und allein die Erfahrungen, die wir sammeln, bereichern uns in Form von Erkenntnissen und neu Gelerntem. Erfolg ist, wenn du dich weiter bewegst und fort-bildest, dich neugierig interessierst für anderes, über den Tellerrand schaust und dein Leben voller neuer Inspirationen gestaltest.

Also nahm ich diese inspirierende Geste des Schicksals an und begab mich auf eine sehr bunte Reise. Bunt, weil die Produzenten, die mir von nun an begegneten (als die musischen Künstler, die sie sind), noch einmal ganz, ganz anders waren als Schauspieler und Regisseure es waren und bis heute sind.

Kunst ist eigentlich nie wirklich bewertbar, weil sie etwas ausdrückt, das in dem jeweiligen Künstler wohnt. Lediglich ob man mit dieser Kunst in Resonanz geht, ist ein Indiz, aber auch noch lange kein Zeichen von Wertigkeit. Da wir aber in einer Welt leben, in der nur Geld als Indikator für Erfolg angesehen wird, ist eben genau diese Resonanz (der Masse) der einzige Maßstab für Erfolg. Leider.

Oder anders: Nur wer es schafft, etwas zu erschaffen, mit dem die Masse in Resonanz geht, wird dafür mit Aufmerksamkeit und Energie (Geld) »belohnt«. Schlussendlich hat das aber nichts mit gut oder schlecht zu tun, sondern ist – aus meiner Perspektive – pure Seelenphysik.

Und so wagte ich mich in das nächste Haifischbecken der Egos.

Regina unterrichtete mich fleißig darin immer mehr meine sogenannte Bruststimme zu formen. Im Kinderchor war die Kopfstimme zum Einsatz gekommen, in der Popwelt ist die Bruststimme mehr gefragt, also musste diese aufgebaut werden. Für mich eine erneute Mutprobe, denn mein einziges »Problem«, meine größte Herausforderung war es, nur mich alleine und noch dazu laut singen zu hören. Die Bruststimme ist eine viel lautere, stärker wirkende als die Kopfstimme. Und so habe ich mit jeder Gesangstunde bei Regina zwar auch neue Atemtechniken geübt, doch vor allem meine inneren Blockaden (vor der Kraft in mir selbst) bearbeitet.

Das war spannend, weil so bezeichnend und gleichzeitig essentiell wichtig für mein Leben. Die Echos der Mobbings, in und außerhalb der Schulen haben dann doch einige sehr tiefe Krater in meiner Seele hinter-

Erkenne die Zeichen des Schicksals und gehe mit ihnen, nicht gegen sie

lassen. Nicht (so) sein zu dürfen, sich nicht so ausdrücken zu dürfen, keine Fragen stellen zu dürfen zu Themen, die mich interessierten, mich nicht so kleiden zu dürfen, wie ich mochte und so vieles mehr – all das hatte Spuren hinterlassen. Und vor allem eine Scheu. Vor mir selbst…

Um aus diesem Schneckenhaus herauszukriechen, war die Arbeit als Model die erste, die Filmarbeit mit all ihren verrückten Herausforderungen die zweite und jetzt das Singen in ein Mikro die dritte große Mutprobe.

Doch Leben ist, was du draus machst, indem du die Chancen, die sich dir bieten, ergreifst … oder eben nicht.

Entschlossen diesen Wink des Schicksals über die begeisterte Regina aufzugreifen, traf ich nun alle in ihrem Netzwerk aktiven Musikkontakte und probierte mal da, mal dort auch unterschiedliche Richtungen aus. Denn es ist essentiell, über das Ausprobieren der eigenen Stimme seine sogenannte »Range« zu finden. Ein Bereich, in dem die Bruststimme am kraftvollsten ist, und um auch genau zu erfahren, ab welchem Ton man dann in die Kopfstimme wechselt – und vor allem wie -, sodass im besten Fall kein Übergang zu hören ist. Abgesehen von den Tiefen und Höhen dann … in denen man schlicht und ergreifend einfach keinen Ton mehr herausbringt … Auch diese galt es auszuloten.

Es ist also in jedem Fall eine spannende Entdeckungsreise, durch Studiosessions innere Blockaden zu überwinden, sowie auch das Werkzeug Körper kennenzulernen. Mit seinem Atem und der Kunst, diesen mit den Stimmbändern mal lauter, mal weniger laut, doch vor allem gefühlvoll zu formen.

Und ich will keinesfalls behaupten, dass ich darin eine Koryphäe war. Aber es machte Spaß und es inspirierte mich. Andere Menschen, andere Herausforderungen, ganz andere maßgeblichen Parameter als in der Filmwelt.

Ich wuchs daran erneut, und das war das Einzige, was mich wirklich daran interessierte.

GESANGSTHERAPIE

So kam es, dass ich eines Tages auch bei Leslie Mandoki im Studio in Tutzing stand und einen Testsong für eine Plattenfirma aufnehmen durfte. Dieses Mal versuchten der Tontechniker und ich, das Timbre von unserer Lieblingssängerin »Sandra« nachzuahmen ... Aber nachahmen kommt in der Musikwelt nicht so gut an. Individualität schon eher. Aber dazu war ich noch viel zu scheu. Die Plattenfirma sagte dankend ab.

Ein anderes Mal fand ich mich in Berlin wieder bei einem Probesingen für die Plattenfirma von Wolfgang Glück, der beispielsweise Sarah Connor sehr erfolgreich etabliert hatte. Dies wissend zitterte ich wie Espenlaub beim Vorsingen.

Manchmal ist es besser, man weiß nichts.

Ich wusste aber, wo ich da bin und mit welchem Anspruch hier getestet wird, und damit war es eigentlich schon vorbei. Meine Unsicherheit und Scheu fremden Menschen gegenüber machten mir einen Strich durch die Rechnung.

Ein Außenstehender könnte jetzt fragen, was ich da bitte schön gemacht habe, so scheu und unsicher könne ich doch nicht vor eine Menschenmasse treten, auf-treten ...

Tatsächlich hat aber niemand diese Analyse gestartet, weil die Menschen (ich damals eingeschlossen) generell viel zu wenig reflektieren, was, wie, wo die eigentlichen Potentiale sind. Regina hätte schon in den Unterrichtsstunden bemerken müssen, dass ich rein mental, was ja die Ursache unserer äußeren Formen darstellt, gar nicht bereit war, für irgendeine »Karriere als Sängerin«. Hat sie aber nicht, also haben mir dann die Feedbacks der Produzenten und Plattenfirmen diese Antwort gegeben. Dazwischen haben wir einfach fleißig weiter meine Stimme geformt und sie gerechterweise für ihre Arbeit etwas Geld verdient.

Zum Glück hat mich keiner dieser ganzen »Ausflüge« wirklich viel Geld gekostet. Ich hatte mir nie eine der Produktionen kaufen müssen, sondern war immer von den Musikern, Produzenten und Plattenfirmen »eingeladen« worden, es zu versuchen.

Nach Ausflügen zu Songs in englischer Sprache, aber dem Drängen von Regina nachgebend es immer wieder auch einmal auf Deutsch zu versu-

Erkenne die Zeichen des Schicksals und gehe mit ihnen, nicht gegen sie

chen, veröffentlichte ich schließlich sogar drei Songs mit Schlagercharakter in Deutsch, doch die Kraft, das weiter zu forcieren, hatte ich nicht, weil es mir zu mühsam wurde.

Auch in der Musikwelt ist man von den Launen und den Geschmäckern der Macher abhängig. Anders und doch ähnlich der Filmwelt sind diese die eigentlichen Macher dieser Industrie und sie nutzen die Künstler nur wie Farben einer Farbpalette, um ihr Ziel zu erreichen. Jeder auf seine Weise, jeder mit seinen Lieblingsfarben. Erfüllt man keines *Ihrer* Bedürfnisse, so haben Talent, Kraft und Kreativität keine Bedeutung. Nicht für diese Menschen.

Ich erkannte diese neue Gefahr einer Bedürftigkeit und die damit einhergehende Ohnmacht und begann vorsichtig all meine Erwartungen in dieser unberechenbaren Branche zu korrigieren.

Um einen kleinen Einblick in die Details hinter den Erinnerungen zu geben, hier einmal die Geschichte der Veröffentlichung zu meinem ersten Song »Mein Geheimnis« :

01.12.2004: Die Grundidee, die Melodie zu »Mein Geheimnis« wird geboren. Dezember + Januar – Ich stelle den Text fertig.
01.02.2005: Einsingen/Aufnahme im Studio von Sami Khatib, dem Produzenten.
04.04.2005: Persönlicher Besuch beim MDR und Gespräche mit dem Musikchef, der begeistert von dem Song ist und beschlossen hat, ihn in einer hohen Frequenz spielen zu wollen. Man nennt das in der Musikwelt »Rotation«. Eine hohe Rotation zieht nach sich, dass man das Lied sehr oft im Radio hört, was wiederum nach sich zieht, dass ein Ohrwurm entsteht. Am Ende des Tages entscheidet nicht primär der Hörer, was gespielt wird, sondern diese Redakteure, Musikchefs, und das beeinflusst den Hörer. Er »gewöhnt« sich an das, mag es und dann wählt er in Chartshows genau das. (Die Macht, die dabei subtil auf das Unterbewusstsein der Menschen ausgeübt wird, erörtern wir ein andermal …)

GESANGSTHERAPIE

29.04.2005: Fotoshooting in Wien für das Plattencover.
03.05.2005: Endbesprechung mit genaueren Zielen bei dem Musikchef, dessen Namen ich hier aus Pietätsgründen nicht nennen möchte, so gerne ich das täte, da er ein großartiger Mensch war.
06.06.2005: Ein Interview im MDR TV.
12.06.2005: Zwischen 15.00 und 16.00 Uhr das erste Airplay des Songs. In den folgenden Tagen immer wieder Ankündigungen. Die eigentliche VÖ (Veröffentlichung) ist am 20.06.2005.

Doch das Schicksal wollte es anders. Ganz anders.

Noch in der gleichen Woche der VÖs erlitt mein Förderer einen schweren Schlaganfall und war damit sofort nicht mehr in seiner Position tätig. Das ist Schicksal, daran hatte ich keinerlei Zutun, Schuld oder wie man es benennen mag. Das ist pures Schicksal.

Denn ein anderer Mensch übernahm dann umgehend seinen Posten. Er kannte all die Absprachen und Agreements, die wir getroffen hatten, nicht. Da er mich nicht kannte, förderte er die VÖ nicht mehr, geschweige denn garantierte er eine hohe Rotation. Was mein Förderer so liebte, mochte der neue Programmchef gar nicht, und »aus die Maus«. Ganz einfach. Ende Gelände.

Alles was ich bis dato liebevoll angeschoben hatte, platzte von einem Moment auf den anderen.

Als sei nichts passiert, stand die Musikwelt für mich wieder still. Gerade als sie abheben wollte.

In meiner neuen Wahrnehmung der Verbundenheit ist nichts mehr ohne Bedeutung. Und so hielt diese Koinzidenz und vor allem das Timing eine für mein Leben wichtige Botschaft bereit:

Der Spaß, die neuen Erfahrungen waren gelebt. Die Musikwelt war keineswegs wärmer, liebevoller oder freundlicher als die Filmwelt es war. Nein, sie war auch einfach nur eine Maschine, die Geld verdienen wollte und musste. Nicht mehr und nicht weniger.

Erkenne die Zeichen des Schicksals und gehe mit ihnen, nicht gegen sie

Es gibt so viele Künstler, die keiner kennt, welche aber großartige Musik machen, sogar internationale Potentiale haben, aber niemand weiß von ihnen. Weil die Musikbranche nicht immer nach großen Talenten sucht, sondern manchmal auch einfach nach einem Reißbrettprinzip, das erschaffen will, von dem man sicher weiß, was ganz sicher! Geld erwirtschaften kann. Viel Geld.

Alle Boy- und Girlbands dieser damaligen Zeit sind solche Reißbrettprodukte. Sie wurden primär nach Typen gecasted, die dann an zweiter Stelle auch ein bisschen singen können sollten. Die besten Songschreiber der Welt wurden bezahlt, um aus diesen vorhandenen »Ranges« dann »Ohrwürmer« zu schreiben, voilà – und fertig war das Produkt.

Mit alledem hatte ich überhaupt nichts am Hut, sondern nur Spaß am Singen, um mich dabei weiter zu entfalten, meine Unsicherheit weiter zu bearbeiten und durch das viele Stimm- und Atemtraining mein Selbst-Bewusstsein erstarken zu lassen.

Und das hatte ich wieder ein Stückchen mehr geschafft.

Mit Sami veröffentlichte ich noch zwei weitere Songs, aber mein Fokus lag dabei längst ganz woanders. Wir hatten Spaß am Musizieren, Spaß am Schreiben und Komponieren, doch als Beruf wollte ich das nicht mehr forcieren.

Ich hatte viel dazugelernt, viele, noch einmal ganz andere Menschen kennengelernt, viele Inspirationen und viele Enttäuschungen erlebt, und mit diesem Schatz an Erfahrungen setzte ich nun ganz bewusst einen Schlussstrich unter dieses Vorhaben. Das Schicksal hatte mir keinen Megamanager, wie es beispielsweise Freddie Burger an der Seite von Udo Jürgens gewesen war, zur Seite gestellt. Es ließ mich all das immer alleine tun.

Alleine zum MDR Radio gehen. Alleine mit dem Musikchef den Song besprechen, die Rotationen, die Ideen drum herum (Interviews, Auftritte bei MDR Sponsorings etc.). Doch all das ist nicht meine Expertise gewesen. Ich musste es selber tun, um aus dem Hobby in eine Profession zu kommen, und genau an diesem Punkt setzte das Schicksal einen Akzent. Ich erkannte das, und da gerade 2005 noch wunderschöne andere span-

GESANGSTHERAPIE

nende Erfahrungen in der TV Welt auf mich warteten, war es ein Leichtes, den Wink des Kosmos anzunehmen und das Kapitel Sängerin zu schließen.

Reich an Erfahrungen und Erkenntnissen und gestärkt an Selbstbewusstsein.
Was gibt es wertvolleres ... ?

WECHSELBAD DER ERKENNTNISSE

*Leben ist was du daraus machst
und nicht die Anderen*

Doch noch bevor ich sie wieder an den Nagel hängte, schulten die Gesangsausflüge nicht nur weiterhin meine Stimme, sondern schufen erneut die Sehnsucht nach einer anderen Form von Support auf eine andere Ebene der Wirkung als Künstler. In eine noch andere Erwartungshaltung. Eine Erwartungshaltung, die Wiebke nicht erfüllen konnte, denn sie war eine der besten Schauspielmanager, aber eben keine Künstlermanagerin und auch keine PR Managerin.

All diese Menschen kann man separat engagieren, oder man findet *EIN* Management, das das alles abdeckt. Und davon gibt es nicht viele in Deutschland. Diese Art »Full-Management« kennt man eher aus Amerika, wo der Künstler zu einer Marke aufgebaut wird und diese dann für alles, was man wirtschaftlich gewinnbringend umsetzen kann, eingesetzt wird. Wenn der Künstler singt, wird er auch für Filme eingesetzt und umgekehrt ebenso. Doch vor allem werden immer mehr dieser Künstler (anstelle normaler Models) für große Marken als Testimonials eingesetzt. Die Einsatzgebiete sind unendlich, wie die Phantasie der Manager und vor allem ihres Geschäftssinnes.

Wie schon erwähnt, hatte Amerika immer eine sehr inspirierende Ausstrahlung für mich. Ich gehe und ging schon immer mit dieser »großen Art zu denken« in Resonanz. Vielleicht ist das der empfundenen Enge der DDR geschuldet, vielleicht aber auch einfach meiner »Alligatorkraft«.

WECHSELBAD DER ERKENNTNISSE

Vor allem als Frau hat man in den Medien nur eine begrenzte Zeit des Schaffens. Die Ursache dafür kann ich nur erraten. Denn wie schon erörtert sind es Redakteure und Filmemacher, die letztlich die Entscheidungen lenken, wer, wo, wie besetzt wird, und mit diesem Produkt werden dann die Zuschauer beliefert. Und dabei werden diese – ähnlich wie beim Radio – subtil beeinflusst. Mittlerweile gibt es ganze Bewegungen, die eben diese Altersthematik bei Frauen benennen. Es geht um die Sichtbarkeit von Frauen über 40 im TV.

»Let's change the picture« widmet sich dem sogar für Frauen über 47 noch intensiver. Doch derartige Initiativen zeigen letztlich nur, wie katastrophal die Beschäftigungsthematik der weiblichen Darsteller in den Medien ist. Das bräuchte es gar nicht, wenn genügend Geschichten in diesen Altersklassen erzählt würden. Und wer entscheidet, was erzählt wird? Genau, die Macher. Und schon sind wir wieder am Anfang der Gedankenschleife.

All dies wissend und vorgewarnt von den liebevollen Kollegen am Set damals, wollte ich mich so breit es nur geht »aufstellen« – als Unternehmerin, als Sängerin und als Schauspielerin. Und um ehrlich zu sein, war all das für mich auch immer eine Art Test, wo, wie und wann das Schicksal Türen öffnet oder schließt.

Und so stand ich erneut vor der Frage meines Lebens: Die liebe Wiebke und ihr großes Herz schon wieder verlassen ...... oder mit ihr weitergehen ...?

Und wie sich jeder aufmerksame Leser denken kann, war das ein innerer Kampf, der Seinesgleichen suchte. Einerseits zu wissen, dass man in genau diesen Jahren die Weichen für sein Leben stellen *muss* und innerlich getrieben von viel Unsicherheit jede Chance nutzen *muss*, und andererseits diese eine mich bisher fördernde Seele erneut zu verletzen – fühlte sich wie ein Pakt mit dem Teufel an.

Doch der Alligator in mir ließ mir keine Wahl, er schob und schob mich in eine Entscheidung, die keineswegs aus dem Herzen getan wurde.

Ich verließ Wiebke ein weiteres Mal.

Und wieder unter Tränen und mit viel Herzschmerz und einem Planeten voll schlechtem Gewissen, so etwas einem Menschen anzutun, der mir nie etwas Böses getan hatte.

Mein Ziel war mit einem Management zu arbeiten, das eben genau solch ein »amerikanisches Prinzip« in einer kleineren deutschen Version, aber dennoch beachtlich, anbot. Schauspieler, Moderatoren und auch Sänger wurden dort nicht nur in vielen Bereichen platziert, sondern auch an eine PR Agentur gekoppelt, die sich dann um die Vermarktung der abgewickelten Projekte kümmerte.

Ich musste es versuchen.

Man lebt nur einmal.

Und das Risiko wieder einen Fehler zu machen, ging ich ein, eben weil ich in Amerika gelernt hatte, dass Fehler Teil des Erfolges sind. Das machte mich mutiger, auch wenn es wirklich tief schmerzte.

Ich erhoffte mir vom neuen Management, dass es eben auch genau diese Ganzheit meiner Persönlichkeit aufgreifen, ergreifen und begreifen würde, um daraus, ja, vielleicht sogar eine Art Marke zu machen. So wie das eben in Amerika gang und gäbe ist.

Eine der größten Gefahren als Künstler ist die subjektive Abhängigkeit von dem Manager. Dem Booker. Nur wenn er dein ganzes Potential wirklich erkennt, kann er dich in diesem auch »vermarkten«.

Doch eben genau an dieser Phantasie haperte es tatsächlich, und all die ganzen Versprechen, die mir anfangs beim Wechsel in diese neue Agentur gemacht worden waren, entpuppten sich erneut nur als heiße Luft.

Meine musikalischen Ambitionen wurden nicht einmal angeschaut. Meine spirituellen, andersdenkenden Ambitionen wurden verwirrt verschwiegen, und die Pressearbeit versuchte sich ausschließlich den aufsteigenden Printformaten wie FHM, GQ und Playboy zu widmen. Im filmischen Bereich wurde genau da angesetz, wo Wiebke bereits agierte und von einem wirklichen Markendenken war die Realität weit entfernt …

Das war alles genau das Gegenteil von meinem inneren Wesen, das sich ausdrücken wollte.

Doch die Hoffnung, dass sich das noch ändern würde, stirbt zuletzt, wie man weiß.

Also hielt ich fest an ihr und an dem Gedanken, dass das neue Management vielleicht nur einfach etwas Zeit bräuchte und ich nach und nach all diese Farben auch zeigen dürfte ... Ich war verzweifelt und fühlte mich erneut so ohnmächtig. Das schlechte Gewissen Wiebke gegenüber machte all das nicht leichter.

Aus meiner heutigen Perspektive weiß ich, dass ganz andere Parameter unser Leben führen. Energien, die wir mit unserem bloßen Auge gar nicht sehen, die sich jedoch letztlich in der Materie, die wir sehen können, manifestieren. All das, was wir Leben nennen, ist letztlich nur die Ausdrucksform einer sehr großen inneren Bewegung an Energien. Da kann ich tausendmal dies wollen und das wollen – letztlich bin ich Teil dieser großen Energie und nicht ihr Anführer.

Eine solche Fügung beispielsweise geschah, als ich ein Interview für die Superillu gegeben hatte und dieses Interview der damalige Programmchef des MDR las.

Es gibt bösartige Journalisten und es gibt in diesem Berufsfeld auch einfach nur freundliche Menschen . Bei der Superillu fand ich ausschließlich liebevolle – wie Birgit. Immer wieder berichtete sie aus meinem Leben und Schaffen und so erstellte sie eben auch dieses Interview.

Den Artikel gelesen, zückte der damalige Programmchef des MDR das Telefon und wollte mich vom Fleck weg für die Moderation der »Goldenen Henne« engagieren. Die Goldene Henne ist übrigens für die Superillu und ihre ostdeutschen Leser das, was das goldene Bambi für die Bunte im Westen ist.

Eine neue Mutprobe wartete also auf mich. Auf einer großen Bühne, live und in Farbe vor einem Millionenpublikum zu stehen und dort zu moderieren ... nicht unbedingt etwas, worin ich bis jetzt wirklich schon viel Übung hatte.

Doch das Leben ist dazu da es auszuprobieren, also sprang ich ins kalte Wasser – immer in der Hoffnung, mein Management würde mich dabei sicher bestens betreuen. Immerhin hatten sie einige sehr angesehene Moderatoren in ihrem Portfolio.

Ich sollte mich irren, denn auch diese Hoffnung wurde nicht erfüllt.

Ich sprach mit dem Chef, ob ich nicht vielleicht eine Art Coaching machen sollte, doch er schmetterte diese Idee als nicht notwendig ab. Es ginge ja nur um das Ablesen von einem Teleprompter, und alles andere bekäme ich sicher leicht und spielerisch hin.

Trotz meines ehemaligen Ausfluges damals bei dem Musiksender Viva – das »spielerisch« in diesem Satz war unmöglich auszuführen auf diesem Terrain, zumal ich auch die Texte erst einen Abend vor der Sendung vom Sender final bekommen hatte. Wie sollte ich aus dieser Tatsache heraus auch nur einen Funken an Sicherheit erlangen? Das war unmöglich.

In mir sprangen alle Unsicherheitsparameter erneut auf und schrien mich an, doch vor allem war ich enttäuscht, so allein in diese Schlacht geschickt worden zu sein. Kein Coach, kein Manager, kein Niemand, der für mich da war und mich begleitete. Nur der liebe Stefan Mross, der mir ansatzweise Halt und Vertrauen gab. Danke dafür Stefan.

Natürlich habe ich auch das überlebt, doch in meiner Welt des Anspruchs an diejenigen, die dafür (sehr viel) Geld bekommen haben, dass sie sich meine Manager nannten, war ich danach völlig desillusioniert.

Von Wiebke hätte ich ganz sicher mehr Aufmerksamkeit und Unterstützung erfahren, doch sie brüstete sich nicht mit der Maske eines Full Managements. Aber es bringt nichts, jetzt derartige Vergleiche anzustellen. Ich war es, die sich für diesen Weg entschieden hatte, also trage ich die volle Verantwortung dafür, dass der Programmchef damals nicht Wiebke angerufen hatte, sondern eben mein neueres Management.

Einen besonderen Anteil an diesem Hergang hätte dennoch keiner von beiden gehabt. Wenn, dann die liebe Birgit von der Superillu, doch letztlich war es der MDR Programmchef, der hier entschied. Kein Anderer. Das war Schicksal.

Genauso wie es Schicksal war, dass eben genau dieser Programmchef keine Möglichkeit mehr hatte, an diesen ersten Versuch anzuschließen. Denn er wurde suspendiert wegen irgendwelcher internen Sachen, die mir schon wieder entfallen sind. Ähnlich, aber anders als beim Musikcheck beim Radio MDR, war meine Moderationsgeschichte mit dem MDR hier zu Ende, bevor sie wirklich beginnen konnte.

Schließlich nahm ich die Impulse meines neuen Managements auf und unternahm dann doch einen kleinen Shootingausflug in die FHM und die GQ, wobei letztere Zeitschrift, dem Condé Nast Verlag zugehörig, wirklich sehr, sehr hochwertig produzierte. Ein Fotograf aus LA wurde eingeflogen, Topvisagisten und Hairdresser, Stylisten und Setdesigner aus der ganzen Welt engagiert. Das was eine schöne Erfahrung.

Genauso wie es das Shooting mit der Zeitschrift Max war. Eingeflogen nach Paris, mit dem berühmten Michel Comte zu shooten, das war spannend.

Denn dem berühmten und sehr kreativen Michel fiel ein, ich solle mich ganz ausziehen, er wolle meine zerbrechliche Art einfangen, etwas, wie mich noch nie jemand gesehen hätte. Wissend, dass ich am Set eh nicht alleine bin (und hier also nichts unerwartet passieren kann), gab ich diesem Wunsch statt und saß plötzlich nackt seitlich zusammengekauert in Paris auf einem Holzboden.

Er wünschte sich Tränen in den Augen, ich gab sie ihm ... auf dem schwarz-weiß Bild aber muss ich sie suchen. Dennoch war es ein schöner, ganz stiller, sehr intensiver Moment, den wir alle am Set hatten. Er war Feuer und Flamme von seiner Kreation, alle sollten sich schweigend und bewegungslos im Raum aufhalten, und er fing diesen Moment für die Ewigkeit ein. Das hatte tatsächlich eine Magic, wie ich sie selten an einem Fotoset erlebte.

Und besonders lustig war, wie er mich nach dem Shooting in seiner Limousine mit Chauffeur mitnahm und fragte, ob wir nicht gemeinsam den Abend verbringen möchten, gerne auch noch mit einer Shoppingtour zu Prada (keine Ahnung warum ausgerechnet Prada). Doch ich verneinte freundlich, und er respektierte das ganz wie ein Gentleman das tut. Ich spürte, dass er nicht an Freundschaft interessiert war, also gab es für mich nichts zu verlieren, nur Lebenszeit und innere Balance zu gewinnen. Ach ja, doch, die Pradatasche … nun ja …

Die Lebenszeit verging, und eine Erkenntnis musste ich mir zugestehen: Das neue Management sah mich anders, als ich mich wahrnahm. Und damit war klar: Es war letztlich nur ein ganz normales, weiteres Schauspielmanagement. Mit dieser Erkenntnis fühlte ich mich letztlich erneut einfach nur wieder sehr allein.

Allein während der Vorbereitungen auf die Moderation. Allein in meinem Schaffen als Sängerin, allein in jeglicher strategischer Hinsicht.

Doch wenn mir das immer offene Herz von Wiebke nie reichte und der Hunger nach mehr solch eine Rechnung präsentierte, dann war ich keineswegs unbeteiligt oder gar ohnmächtig bezüglich dieser Wahrheit und ich würde mit keinem Funken jemand Anderem außer mir hier einen Vorwurf machen.

Leben ist, was du erschaffst. Und vor allem, wie du deine Wünsche kommunizierst. Meine Menschenscheu war sicher nicht sehr hilfreich im Kommunizieren meiner Hoffnungen und Erwartungen und deshalb erschuf ich mir auch immer wieder derartige Ent-täuschungen. Denn letztlich hatte ich mich selbst getäuscht. In mir und in der Folge daraus in den Managements.

Sie fegen wie ein Feuerball über die Hoffnungen der Künstler und greifen jeden, der hungrig nach mehr ist, ab.

Es ist ein Dschungel und es ist immer auch ein Geschäft mit der Hoffnung.

Und die war groß in mir.

Das Aufmacherbild in der Super Illu mit Stefan Mross und mir als Moderatoren

ENT-TÄUSCHUNGEN

Am Ende der Täuschungen

Doch nicht nur die Managements spielen mit den Künstlern ab und zu ein fadenscheiniges Spiel. So mancher Produzent tut dies auch – auf seine Weise.

So erlebte ich es bei einem TV Movie für Sat.1 Wir drehten auf einem Schiff und ab und an auch an Land. Auf einem der Landdrehs geschah, nicht von mir verursacht, ein kleiner Unfall, der mir hätte meine oberen Schneidezähne allesamt abbrechen oder mich anders hätte verletzen können – zum Glück aber war es nur die gesamte Oberlippe, die sich aufblähte und so blau wurde, dass kein Makeup das mehr abdecken konnte. Die Folge war, dass ich in dem anstehenden Dialog nicht mehr abgefilmt werden konnte und all das nachgefilmt werden musste. In einem Studio, in einer ganz anderen Stimmung. An einem ganz anderen Tag.

Ich hätte darauf bestehen können, dass wir diesen Drehtag abbrechen und die (sehr lange) Szene am Folgetage oder später direkt vor Ort nachdrehen. Das hätte aber einen ganzen weiteren Drehtag verursacht. Damals kalkulierte man vor allem Drehs on Location, also nicht im Studio, mit ca. 50.000 – 100.000 €. Je nach Aufwand.

So komisch (und furchtbar egoistisch) das klingt, aber am Ende ist man als Schauspieler eben diese Speerspitze einer Idee und das, was der Zuschauer letztlich sieht. Und ich war in dem Fall unansehnlich verletzt und nicht einsetzbar. Ein klarer Fall für einen Drehstopp. Wir stoppten aber nicht und fanden eine sehr kostengünstige Lösung für die Erschaffer. Nicht für mich, denn ich war Wochen später in Berlin in einem nachgebauten Raum in einem ganz anderen Gefühl, und die Szene wurde ohne Anwesenheit meines Gegenspielers nachgedreht. Dass das nicht optimal für das Spiel, also die Darstellung ist, ist nachvollziehbar. Ich stellte diesen Anspruch aber hinter den Wunsch und die Bitte, die an mich herangetragen wurde.

Ich kann gut mitempfinden, wenn Missgeschicke entstehen, und wenn ich dann auch noch freundlich um Mithilfe gebeten werde, sage ich natürlich nicht nein.

Der Produzent rief mich sogar persönlich an, um sich dafür zu bedanken, dass ich diesen Unfall nicht weiter dramatisiert hatte und unkompliziert diese Lösung mit dem Studio mitging. Und als Dankeschön dafür wollte er sich »auf jeden Fall mit schönen Folgeaufträgen revanchieren«.

Mein (unhysterisches) Verhalten hatte ihnen, grob gesagt, den Arsch und vor allem viel Geld gerettet, doch ratet mal, was genau außer diesem Telefonat am Ende bei mir angekommen ist …?

Nichts, niente, nada, zero.

Ich habe doch tatsächlich *nie wieder* etwas von dem Produzenten gehört. Und er hat sehr wohl weitere Filme produziert.

Ich weiß, dass man als Schauspieler einen bestimmten Typ verkörpert. Und dass es in der Commedia dell'arte nicht immer Rollen für jeden geben kann, ist mir auch bewusst. Deshalb erwarte ich auch keine Dauerbeschäftigung von einem Sender oder Produzenten, doch nach zehn Jahren Funkstille aus seiner Richtung kann ich sagen, dass dieses Versprechen nicht eingehalten worden ist.

Warum auch, Schauspieler gibt es wie Sand am Meer und die meisten sind arbeitslos. Da muss man sich nicht an Versprechen halten, es sind genügend da, denen man gar nicht erst etwas »schuldig« ist … Was soll's, tempi passati, die 100.000 € sind in seiner Tasche gelandet – und tschüss.

In einer Welt der Hoffnungen (arbeitsloser Künstler), die oft auch von den Machern mit Füßen getreten werden – was genau war das dann, was ich da erlebt hatte? Ein: »We also« oder: »We too«?

Es gibt sicher noch viele andere Darsteller, die mit leeren Versprechen von einem Projekt zum nächsten hoffen, oder gar von einem arbeitslosen Jahr ins nächste …wir sind also nicht wenige. Wir sollten daraus eine Medienbewegung machen, damit »unsere Minderheit endlich ernst genommen wird« ...

Nun denn, wieder um ein paar neue Erkenntnisse reicher, konzentrierte ich mich auf das, was meine Aufmerksamkeit suchte, und nicht ich sie.

Zum Beispiel rief meine Heimatstadt nach mir.

Gotha. Ein Bekannter hatte die Idee, meine Heimatstadt noch mehr mit mir zu verankern, indem er mich für eine Botschafterrolle vorschlug. 2005 war es dann soweit, und ich wurde vom damaligen Bürgermeister zu einer kleinen Zeremonie geladen, in der ich feierlich zur »Businessbotschafterin Gothas« ernannt wurde. Business, weil ich nicht nur die Kunst vertrete, sondern eben *auch* mit Leib und Seele Unternehmerin bin.

Ein paar Jahre später baute der darauffolgende Bürgermeister darauf auf, und ich durfte mich im Goldenen Buch der Stadt verewigen. Ab sofort gab es ein Papierdenkmal von mir in diesem Buch, das hoffentlich noch viele hundert Jahre überleben wird. Spannend.

Aber es waren leider auch die Jahre, in denen einer meiner wichtigsten Unterstützer in Sachen Film und Fernsehen seine Arbeit niederlegte und begann seine Rente zu genießen. Was erst noch zögerlich begonnen hatte, formte sich schließlich nach der Roten Meile zu einer sehr schönen Zusammenarbeit, doch auch diese erlebte nun leider einen Akzent, der erneut eher schicksalshaft war.

Dr. Behling verließ das ZDF und mit ihm ging unfreiwillig eine ganze Garde an Schauspielern, die ab diesem Zeitpunkt immer weniger vom ZDF beschäftigt wurden. Wieder und wieder sprechen mich (eher ältere, treue ZDF-Zuschauer) auf der Straße an, wann sie denn endlich einmal wieder etwas mit mir sehen könnten, und ich kann dazu ganz der Ohnmacht, die ich so »liebe«, entsprechend – nur mit den Achseln zucken und sagen, dass wir Schauspieler die Letzten sind, die so etwas beschließen. Wir dürfen darstellen, aber nur, wenn es die Entscheider wollen.

Als sei eine ganz besondere Haltung des Senders mit seinem Fiction-Chef gegangen, schien, woher auch immer gesteuert, ein fataler Wunsch in dem Sender inmitten einer demographisch gesehen anwachsenden

ENT-TÄUSCHUNGEN

Zahl von älteren Zuschauern zu entstehen: Sich zu verjüngen ... Ja, zu verjüngen.

Dieser Richtungswechsel zog zunächst unsere (der »relativen« Stammbesetzung) »nicht mehr Beschäftigung« nach sich und in der Folge dann, dass sich viele der (alternden) Zuschauer von dem Sender abwandten. Es obliegt mir nicht darüber zu urteilen, aber dass ich es nicht verstehe, darf ich festhalten. Denn es passiert sicher nicht nur mir, dass mich viele Rosamunde Pilcher-Liebhaber immer wieder ansprechen, warum all ihre Lieblingsschauspieler so viel weniger bis gar nicht mehr engagiert werden. Ich schreibe das aus meiner Perspektive und der meiner Kontakte. Ob der Beschluss so vollzogen wurde, kann ich nur vermuten, doch es wirkt so.

Mir fehlen die Details, doch ist es für mich noch immer sehr unlogisch, warum man die Gesichter zwischen den Werbepausen, die, wie bereits in einem anderen Kapitel beschrieben, zur Bindung und zum Image eines Senders beitragen, einfach austauscht, und die Sehnsucht der Kunden nach ihnen dadurch vernachlässigt wird. Gerade in Zeiten, in denen alles immer schneller und unverbindlicher wird, ist die Tradition und das Bindende genau das, was die Menschen am meisten suchen. Es wirkt, als seien Menschen an die Spitze des Senders in Positionen gelangt, die genau dieses Gefühl, dieses Bewusstsein nicht kennen und daher mit Modernisierungsversuchen hierhin und dorthin schnuppern und dabei den Wald vor lauter Bäumen nicht mehr sehen. Den Menschen eine Heimat zu geben, etwas Verlässliches. Nicht experimentieren, sondern stolz sein auf das, was sie haben. Es halten und es pflegen ...

Gerade in *diesem* Sender müssten all die ach so beliebten Gesichter von damals gemeinsam mit dem Publikum die unterschiedlichen Phasen des Lebens in Geschichten erzählen. Wie gesagt, für mich ist die Herangehensweise überhaupt nicht nachvollziehbar, aber messbar. Mit dem Weggang von Dr. Behling war meine Beschäftigungsbasis bei diesem meinen Lieblingssender sehr geschwächt, ja so gut wie beendet.

Doch was macht eigentlich das Unternehmertum?
Die Weltwirtschaft wurde sieben Jahre nach 2001 erneut tief erschüttert.

2008 war die Lehman-Brothers-Pleite. Plötzlich fällt über Nacht die Wirtschaft wie ein Kartenhaus zusammen und erzeugt viel Unsicherheit in den Menschen, was folglich die Kaufkraft der Endverbraucher immens schwächt.

In einer Welt, die auf Konsum ausgerichtet ist, und Milliarden Menschen der Motor dieses Konsums sind, ist Werbung das wichtigste Werkzeug, um diese Menschen zu erreichen. Viel und gute Werbung kann in den Menschen eine so große Sehnsucht erschaffen, dass sie sogar das schlechteste Produkt in schlechten Zeiten haben wollen. Egal zu welchen Zeiten und unter welchen Umständen. Es geht um genau diese Sehnsucht. Und dieses Geschäft mit der Sehnsucht (so aussehen zu wollen, so leben zu wollen, so sein zu wollen wie die in der Werbung) ist wiederum der Motor für die Beschäftigung von Models. Insofern waren wir zwar Teil dieser erneuten Wirtschaftskrise, doch eben auch Teil eines wichtigen Motors der Menschheit: Des Konsums. Und daher hielt sich, glücklicherweise, der Verlust in Grenzen. Wir konnten in dieser Zeit keine großen Luftsprünge machen, aber das Überleben war machbar.

Dennoch. Es wurde einmal mehr klar, in welcher Ohnmacht wir eigentlich leben. Es gibt keine Sicherheit. Nicht als Künstler, nicht als Unternehmer. Vielleicht einfach auch generell nicht.

Derartig große Bewegungen in der Außenwelt der Wirtschaft und der Filmwelt begannen wie Stoßwellen eines Defibrillators meine seelische Alligatorkraft weiter **zu erwecken.**

Soll's das echt sein?

Spielball der Menschen zu sein, die (meist nur an ihren eigenen Vorteil denkend) über Besetzungen entscheiden, und auf der anderen Seite Spielball einer gewissen Gruppe Menschheit zu sein, die die Wirtschaft weltweit lenken, und damit deren Willkür und Fehlern ausgesetzt zu sein …?

Das Leben ist doch noch so viel mehr und vor allem der Teil, den wir mit unseren körperlichen Augen nicht sehen können …?!?

Wo sind die anderen, die sich das auch fragen?

Wo seid ihr?

Bin ich allein mit diesen Fragen?

KURSWECHSEL

*Bewahre dir deine Neugier, sie lehrt dich
ein Leben lang*

Erfüllung. Es geht um Erfüllung.
Und wie man diese erlangt, ist ausschließlich abhängig von dem eigenen Anspruch.
Wer nur Materielles kennt, wird die Erfüllung deshalb immer in der Materie suchen.
Wer aber – wie ich – auch die (für unsere Augen) unsichtbare Welt berührt hat, trägt mitunter den Anspruch in sich auch dort bzw. dadurch Erfüllung zu suchen.
Materielle Erfüllung ist eine andere als die feinstofflich seelische. Denn materielle Fülle kann nie das Seelische erreichen, sie geschieht nur im Außen. Der Mensch ist aber auch ein innerliches Wesen. Das ist das Ergebnis seiner seelischen Komponente, der Bewusstheit in ihm. Seelisch aufgewachte Menschen haben ein klareres Bewusstsein als schlafende Seelen, die durch das Leben taumeln. Folglich wird jeder, der mit seiner Seele in Berührung gekommen ist, immer auch nach einer anderen Art Erfüllung suchen als in der Haltung: »Mein Haus, mein Pferd, mein Auto, mein Boot«.

Einmal (sich selbst wieder) bewusst geworden, ist das seelische Empfinden über die Körperlichkeit nicht mehr zu unterdrücken.
Das ganze Leben schwingt anders, weil es nicht als ein einzelnes abgeschlossenes System mit einem Anfang und einem Ende des Bewusstseins erfasst wird, sondern als *eine* Stufe von einer Unzahl an Stufen, die alle unterschiedliche Werkzeuge (Umstände/Techniken/Natur/Körper) mit

sich bringen – das Leben also nicht als etwas zwischen Anfang und Ende, sondern als ein Teil der »Art zu existieren« verstanden und gefühlt wird. Wie ein Raum durch den man geht, der immer wieder unterschiedliche Chancen und Möglichkeiten mit sich bringt, die ergriffen werden wollen/können. Bis der nächste Raum sich offenbart.

Meine beiden selbst erschaffenen »Spielfelder« – Film und Unternehmertum – konnten unterschiedlicher nicht sein. Im Film therapierte ich meine geprügelte und gehänselte Kinderseele mit einer Unzahl an Mutproben und Masken; im Unternehmertum entfaltete sich meine mir angeborene Kraft zum Führen und Lenken von Menschen und Ideen. Doch beides bediente, wenn man das aus einem übergeordneten Blickwinkel betrachten will, nur mein Ego. Keinesfalls meine Seele, diese Sehnsucht in mir, zu entdecken, zu erleben, zu ergründen und zu erforschen, was ich da des Nachts erlebt hatte und vor allem: *Warum?!*

Wie bei einem Radar war mein Bewusstsein zwar **erweckt** für derartige Inhalte und scannte das sich mir Offenbarende, doch lenkten mich diese weltwirtschaftlichen Themen und diese Masken sehr ab. Ich widmete mich noch immer nicht wirklich dem für unsere Augen Unsichtbaren.

Ich nahm Sachen auf, tauchte aber nie wirklich tiefer hinein.

Die Stürme an der Oberfläche dieser beiden Spielfelder waren kräftezehrend und kalt. Nichts von all dem umarmte meine Seele, nichts davon nährte sie. An nichts davon wuchs sie. Und mit jedem Tag vergrößerte sich die Leere in mir, der Ruf nach »seelischer Heimat«, dem Gefühl, das ich in der Nacht damals trank. Ich wollte, dass es mich stärker erfüllte, als nur eine Erinnerung in meinen Zellen zu sein. Dass es aus mir heraus strahlte!

In der Materie war ich (relativ) sattelfest angekommen, doch der Kosmos schenkte mir die Erkenntnis, dass dies nur die halbe Wahrheit war. Es war also an der Zeit, dieses Geschenk anzunehmen und sich dem (endlich) voll und ganz zu widmen.

Also beschloss ich wieder einmal, mich mehr und mehr den seelisch, feinstofflichen Inhalten noch intensiver zuzuwenden.

KURSWECHSEL

Spiritualität ist nichts, das man im Vorbeigehen so nebenbei lebt. Und schon gar nicht etwas, das man im Vorbeigehen wachsen lässt. Es braucht Aufmerksamkeit. Innerlichkeit. Konzentration und Zeit. Manche haben den Zugang zu ihr schneller als andere, doch letztlich muss jeder diese uns innewohnenden Werkzeuge dazu *trainieren*. Kein Handwerker, Banker oder Sportler kommt ohne Ausbildung und Fortbildung weiter. Wieso sollte das in der Spiritualität anders sein?

Ich suchte und suchte.
Doch vor allem suchte ich nach eben genau dieser beständigen Aus- und Fortbildung. Auch auf diesem Weg.
Und so fand ich als erste beständige Führung in die Spiritualität die **Rosenkreuzer**. Es gibt die Freimaurer (die sich aber selbst den weiblichen Kanal in die andere Wahrnehmung amputierten, ähnlich der Kirche) und es gibt die Rosenkreuzer, die weise genug sind, das weibliche Potential nicht zu eliminieren. Um so als Ganzes zu agieren.
Und sie waren und sind meines Erachtens ein wunderschönes, wenn nicht perfektes Werkzeug, um zunächst einmal wirklich intensiv in eine Art Schule oder Schulung der spirituellen Wahrnehmung einzutreten. Sicher gibt es dazu viele Ansätze, mich hat das Schicksal eben dorthin geführt. Und ich genoss es sehr.

Ich fand dort vor allem erst einmal die Sehnsucht nach Gleichgesinnten gestillt. Und dazu gab es viele schöne Kurse mit viel theoretischem Wissen, aber auch Übungen.*

---

* Am Ende des Kapitels findest du eine Zusammenfassung, die ich nicht besser formulieren könnte: http://www.rosenkreuzer.de/amorc/das-lehrsystem/heimstudium/

Jede Woche erreichte mich also ein Paket mit Lesestoff, der den Adepten nach und nach in geistig, energetisches Wissen einweihte. Stufe für Stufe (dort genannt Grad) mit Ritualen, die man zuhause, aber auch in städtischen Treffen absolvieren konnte.

In jedem Fall eine schöne beständige Führung für eine suchende Seele.

Und zusätzlich zu diesem Heimstudium besuchte ich ab und zu auch längere Kurse direkt vor Ort in Baden Baden, dem Hauptquartier der deutschen Rosenkreuzer. Diese waren umso intensiver, weil ich ganz abtauchen musste, um den vielen Lehrstoff und die Übungen in voller Aufmerksamkeit aufnehmen zu können.

Es waren schöne Momente, erhabene Momente und vor allem sehr stille Momente.

Ich war dabei, langsam, ganz langsam aber entschlossen, aus dem Rad der rein materiellen Wahrnehmung auszusteigen – in eine feinere stoffliche Wahrnehmung, die ganz andere Dinge priorisierte, als ich das je gekannt hatte.

Mein ganzes Weltbild musste sich drehen. Um 180 Grad.

Und auf dieser Reise ist es nicht immer nur lustig oder unterhaltsam. Es ist vor allem eines: harte Arbeit. Ich war bereit, das ganze Terrain grundlegend zu studieren. Und diese Erkenntnisse teile ich auch hier, damit sie Mut machen, dass bei allen Irrungen und Wirrungen, die auch dieser Weg mit sich bringt, nie das Eigentliche aus dem Fokus verloren wird. Das, worum es wirklich geht. Nämlich um uns selbst und das, was uns belebt. Das, was wir mitbringen, was sich im Laufe unseres ganzen Lebens ausdrückt und dem, was wir wieder mitnehmen. Die ENERGIE, die wir sind.

Die Rosenkreuzer sind sehr dezente Menschen. Keine lauten, egoforcierten Selbstdarsteller, sondern sehr liebevoll bedachte Menschen, die in dieser Form der spirituellen Lehre ihre Heimat gefunden haben.

Ich habe das tatsächlich auch für eine Weile, aber so viel ich auch (weiterhin nach Antworten auf meine Fragen aus dem nächtlichen Erlebnis) suchte und so oft ich auch fragte – die Antworten der Lehrer waren immer die gleichen: »Die Antwort wird sich dir offenbaren, wenn du bereit dafür bist.«

Das trug für meine Alligatorenergie viel Frustpotential in sich.

Es fühlte sich an, als würde ich wie ein Zombie wieder nur einen Bruchteil der eigentlichen Ganzheit in mir leben können/dürfen. So viel, das weiterhin »brachlag«, aber immer noch »hoch in mir schwang«, wollte (endlich) angeschaut und erhört werden ... verstanden werden. Mir fehlte immer noch die Erklärung für die in dem nächtlichen Erlebnis empfundene Energie, diese alles durchdringende, mit nichts zu beschreibende Liebes- und Lichtkraft, die mir so viel Frieden schenkt(e), wie nichts auf Planet Erde bisher.

Ich hatte wahnsinnig viele Informationen, Geschichten und Übungen im Kopf, aber all diese vielen Erfahrungen waren noch immer keine Antwort auf die Welt, die ich sah, das Gefühl, das in mich eindrang und die Botschaft, die sich mir übermittelte. Nicht weil sie schlecht oder falsch waren, das sind sie keineswegs, sondern weil »es« in mir eben nach einem anderen Zugang suchte. Ein Zugang, der auch meinen Verstand befrieden kann, indem er erklärt, was genau energetisch passiert – wenn man denkt, wenn man bittet, wenn man wünscht, wenn man Rituale abhält, wenn man stirbt, wenn man geboren wird und noch sooo viel mehr.

Aber auch ein Zugang, der gleichzeitig viel mehr meiner Werkzeuge nutzbar macht. Es fühlte sich in mir immer wieder an, als nutzte ich nur eines, wo ich doch Hunderte Werkzeuge in dem »Werkzeugkasten der Selbsterkenntnis« hätte.

Ich weiß nicht mehr, ob es die Rosenkreuzer waren oder ein anderer Impulsgeber, aber zunächst tauchte ich damals in die Welt des »Programmierens des Geistes« ein. Im Grunde ist das Prinzip ganz einfach. Wenn man im Bett liegt vor dem Einschlafen, nimmt man sich im Geiste ganz fest vor, einen bestimmten Ort oder Menschen zu besuchen, und dann schläft man ein und, je nach Übungsgrad, kann man sich an die eine oder andere »Reise« tatsächlich erinnern.

Ich wusste, wie es ist aus dem Körper auszutreten und war dafür auch offen. Aber letztlich, so kommt es mir vor, hat die Seele mit ihrem Bewusstsein noch ganz andere Parameter und Werkzeuge als nur »programmiert zu werden«. Dennoch funktionierte es, und das eine oder andere Mal wirklich grandios.

Erste Aufzeichnungen zu dieser Art bewussten Träumens habe ich aus 2004. Erstes wirklich bewusstes Bewegen im Traum, über Orte, Landschaften und Gebäude zu fliegen und sich in einem wunderschönen Gefühl des Fallens mit Kribbeln im »Bauch« fortzubewegen, hatte durchaus seinen Reiz. Es geht um die Details. Immer wieder lehrten die Rosenkreuzer, dass wir auf die Details in den Träumen achten sollten. Also tat ich das und bemühte mich in jeder Nacht um weitere und tiefer gehende »Forschungsreisen«.

Ein paar bemerkenswerte Erlebnisse dazu will ich hier teilen, da dort für mich physisches und spirituelles Empfinden das erste Mal überlappten:

Ich befand mich gerade in der Toskana im Hotel beim Dreh des Ferienarztes. Es war September 2005.

Als ich fest schlief, bemerkte ich plötzlich vier kleine Beine über meinen Körper laufen. Ich schlief noch immer, aber ich nahm etwas ganz Feines wahr. Eine Präsenz. Dann fragte ich, ob da jemand ist und wer, bekam aber keine Antwort. Also beschloss ich (im Schlaf) meine Augen zu öffnen. Und siehe da, neben mich hatte sich ein Tier, eine Art Fuchs mit einem milchig hellen Körper gelegt, der am Fell einen Hauch heller schien, also eine sehr helle Aura hatte. Das Tier kringelt sich neben mir ein wie eine Katze und liegt ca. 30 cm entfernt von mir auf dem Kopfkissen. Ich möchte es berühren, was aber nicht geht, weil mein Körper schläft – die Arme sind, wie damals in meinem Nahtod, tonnenschwer, ich kann sie nicht bewegen. Also beschließe ich wieder, nicht mehr körperlich etwas tun zu wollen, sondern ätherisch. Und siehe da, das klappt. Ich kann das Tier berühren und erfühle einen Fuchs oder eine Katze. Ich spüre kein Fell, sondern eher eine Art Aurafeld, das fast schon knistert, als ich es berühre. Und dieses Strahlen, das aus diesem Körper kam, war sehr erhaben. So erhaben, dass ich aus Respekt die (nicht körperlichen) Augen wieder geschlossen habe.

KURSWECHSEL

Eine sehr schöne Begegnung mit diesem schweigenden Lichtwesen. Wir kommunizierten nicht weiter, ich habe es einfach wahrgenommen und bin danach wieder tiefer weggeschlafen. Auch hier hätte ich dieses Erlebnis so gern noch tiefer erörtert, aber ich habe dieses Wesen zunächst einmal nur so hingenommen. War es die Aura eines verstorbenen Tieres? Mein Krafttier ...? Etwas ganz anderes? ...

Auch sehr beeindruckend war, als ich im Juni 2006 einen ganzen Sonntag damit verbrachte in meiner kleinen Wohnung nach meiner Lohnsteuerkarte zu suchen und sie partout nicht und nirgends fand. Ich hatte gefühlt bereits die ganze Wohnung umgekrempelt, bin extra auch noch ins Büro am Wochenende gefahren, um auch dort alles zu durchsuchen, was mir einfiel – aber nein, sie war nirgends zu finden.

Also blieb mir »nur noch« ein weiteres Experiment im Sinne der nächtlichen Träume: Ich programmierte mich darauf, dass ich doch bitte des Nachts Hinweise bekomme, wo diese Lohnsteuerkarte ist.

Und so schlief ich ein, die Frage fest einprogrammiert. Und ich träumte. Ich fand mich in meiner Wohnung wieder und hatte diese Frage noch wie ein leises Summen in mir. Meine Aufmerksamkeit wurde davon gelenkt und bewegte sich im Raum in Richtung eines Umzugskartons, den ich aber auch schon tagsüber begutachtet hatte. Ich betrachtete diesen, verlor dann aber wieder das Bewusstsein und schlief.

Am nächsten Morgen als ich aufwachte, erinnerte ich mich an diese Bilder, suchte in meiner Wohnung erneut nach dem Karton, ging zu ihm und suchte darin noch intensiver, und tatsächlich – dort war die Lohnsteuerkarte.

Das war einmal mehr wirklich eindrucksvoll. Da ich derartige Werkzeuge nicht in der Schule gelehrt bekommen hatte, war ich nun umso froher, diese jetzt zu kennen. Und so arbeitete ich mich weiter emsig durch derartige Übungen.

Das Leben wurde durch diese neuen Zugänge umso spannender.
Und ich und meine Neugier langsam befriedeter.
Langsam. Aber beständig.

Bewahre dir deine Neugier, sie lehrt dich ein Leben lang

»Jahrhundertelang wurden die Rosenkreuzerlehren ausschließlich von Mund zu Ohr an geheim gehaltenen Orten übermittelt. Seit 1909 existiert neben dieser mündlichen Überlieferung eine Tradition der schriftlichen Übermittlung der Lehren des Ordens.

Die Lehren des Ordens werden heute den Studierenden in Form von Manuskripten, Monographien genannt, periodisch zugesandt. So haben sie die Möglichkeit, in der vertrauten häuslichen Atmosphäre ihren Studien nachzugehen. Jede monatliche Sendung enthält i.d.R. vier Monographien, die nach Möglichkeit im Maße von einer pro Woche studiert werden sollten. Eine Monographie erscheint in Heftform und enthält meist ungefähr 12–18 Seiten.

Die Monographien vermitteln parallel zu den behandelten Themen auch eine große Anzahl Übungen, die dazu dienen, die mentalen und psychischen Fähigkeiten des Menschen zu entwickeln. Der Studierende wird dadurch in die Lage versetzt, sich die schriftlichen Ausführungen nach und nach selbst zu beweisen. Diese durch die Übungen entwickelten Fähigkeiten sind sehr wichtig, denn sie bieten besondere Hilfen, um die Meisterschaft des Lebens zu erlangen und tragen natürlich zum spirituellen Erwachen der Persönlichkeit bei. Naturgemäß ist die Hauptaufgabe, die es zu bewältigen gibt, die praktische Umsetzung des gelernten im Alltag. Ein Wissen, das nicht umgesetzt wird, erscheint wertlos.

Gelegentlich werden Studienberichte erbeten, und übermittelte Fragen sind zu beantworten, die vom Studienkollegium des Ordens geprüft werden. Deren Antwort wird dem Studierenden mitgeteilt. So schreitet der Studierende aufgrund seiner eigenen Bemühungen auf dem mystischen Pfade gradweise voran. Neben dieser schriftlichen Form existiert auch heute noch eine ausschließlich mündliche Tradition.

Das Studium der AMORC-Lehren steht auf zwei Fundamenten, dem Heimstudium und dem Ritual. Das Heimstudium baut auf dem zugesandten Studienmaterial und den Initiationen auf. Das Ritual oder die Ritualarbeit erlangt hauptsächlich bei Zusammenkünften der Studierenden in den einzelnen Städtegruppen Bedeutung.«

EXPERIMENTE

Erforsche alles, was du nicht verstehst,
bis du es verstehst

Als Nächstes lenkte ich meine Aufmerksamkeit auf andere Lehrmethoden, um der unsichtbaren Welt immer wieder (anders) näher zu kommen.

Und so besuchte ich erste Reiki-Kurse, um mich langsam weiter an die Welt der Energiearbeit heranzutasten. Doch in mir brannte so viel mehr als das Handauflegen. Ich wollte verstehen, was genau passiert während dieser Prozesse und vor allem, was die Parameter sind, die die Energien lenken. Sind es meine Gedanken, oder ist es meine Seele? Sind die Gedanken vielleicht Ausdruck meiner Seele, oder wessen Ausdruck sonst? Und überhaupt, wo, wie und wann drückt sich die Seele aus? Wie spricht sie?

So viele Fragen und niemand konnte mir wirklich eine Antwort geben. Immer und immer wieder nur Vertröstungen bis Sprachlosigkeit.

Genauso wie bei meiner Ausbildung zum Omega Health Coach. Eine Praktik, die auf kinesiologischen Testmethoden basiert und sich (auch eher analytisch als fühlend) in das Unterbewusstsein des Gegenübers an die Ursache einer Krankheit herantastet.

In der Kinesiologie wird über einen Muskeltest mit dem Unterbewusstsein des Menschen Kontakt aufgenommen. So kann der Therapeut in die Schichten unseres Unterbewusstseins gehen, die uns bei normalem Bewusstsein verborgen bleiben. Antworten auf die unterschiedlichsten Fragen zum eigenen Lebensweg, zu Ereignissen, aber auch Ernährungsfragen und vieles mehr können dabei ganz individuell, wirklich tiefgehend, erörtert werden. Zu meinen wöchentlichen Studien der Rosenkreuzer addierte sich so eine neue Perspektive auf unser Sein – über Muskeltests.

Erforsche alles, was du nicht verstehst, bis du es verstehst

In vielen Wochenendkursen lernte ich alle möglichen Herangehensweisen an eben diese Ursachen einer Krankheit, und vor allem erneut (aber anders als bei den Rosenkreuzern), dass und wie man das Gegenüber und sich selbst (um)programmieren kann, um gegebenenfalls über diese Programmierung dann die eigentliche Ursache der Krankheit zu eliminieren. In dem Punkt ähnelten sich die Rosenkreuzerlehre und die Kinesiologie tatsächlich, gleichwohl sie völlig andere Werkzeuge zur Umsetzung hatten.

In der Essenz bleibt: Wir können uns selbst (und natürlich unterstützend auch andere) in unserem Unterbewusstsein programmieren und von dort aus dann unsere Leben erschaffen (lassen).

Mein analytischer Geist staunt bis heute über diese Tatsache, denn sie bedeutet in der Übersetzung, dass der menschliche Körper »nur« eine andere Form von Computer, ein organischer Computer, ist, der genauso wie die uns bekannten Geräte, Software-updates bekommt, und auf dem Programme neu geschrieben werden können. Aber es gibt eben auch »Viren« in Form von Krankheiten, die die Software lahmlegen, blockieren etc.

Eine solche Erkenntnis kann die Perspektive auf das ganze Leben verändern, uns aus der Opferrolle heraus holen, uns unsere eigentlich schöpferische Rolle bewusster machen und damit tatsächlich aus einer passiven in eine aktive Kreation lenken. Und es ist ein ganz anderes Leben, wenn wir dieses Potential wirklich erkennen und angehen.

Ich lernte viel über die Meridiane, die mit ihnen verbundenen Organe. Wie verheerend es ist, wenn der Körper geschwächt wird und was für Auswirkungen eine solche Schwächung mental, physisch und letztlich auch seelisch haben kann. Im Prinzip sind wir »nicht wir selbst«, wenn der Körper geschwächt ist. Wir können nicht klar denken, sind gelähmt in Entscheidungen und letztlich auch manipuliert, eben von diesen Energielecks. Ängste, Sorgen, aber auch andere starke Emotionalitäten der Negativität drücken sich dann leichter aus. Sie »bestimmen« unser Sein. Das System lenkt uns, anstelle wir das System. Da sind wir wieder bei der Ohnmacht, der Opferrolle. All das ist nur eine Frage der Energetik. Hat man einmal diesen Schlüssel erkannt, ist es leichter das verzweifelte

EXPERIMENTE

Gegenüber zu verstehen und ihm zu helfen, es einzuordnen und mit ihm Lösungen zu finden.

Doch das Verstehen des Gegenübers war nie mein Problem, sondern das kinesiologische Testverfahren. Meine Unsicherheit funkte wieder und wieder Zweifel (übrigens auch ein Energiedefizit) dazwischen und machte mir die Diagnose sehr schwer. Reagierte der Muskel nur schwach, wiederholte ich den Test wieder und wieder, und dabei entstand dann viel Durcheinander. Wenn man keine eindeutige Diagnose hat, braucht man gar nicht erst weitermachen, denn dann wird alles zu einer Vermutung, zu Theorie, zu Phantasie. Und vor allem ist es Zeitverschwendung.

Ich fand diese sehr analytische Art in das Unterbewusstsein des Gegenübers zu reisen zwar sehr aufschlussreich, spannend und lehrreich, doch gab mir das Unterbewusstsein keine Antworten zu *meinen* eher feinstofflichen Fragen. Hier war alles *noch* körperlicher und mentaler als bei den Rosenkreuzern.

Und das war gut so. Es in mir wollte auch diese fast schon medizinische Herangehensweise studieren. Ich lernte so ganz zu verinnerlichen, dass jedes feinstoffliche Wachstum nur auf einem gesunden Körper basieren kann. Also war dies ganz sicher kein Umweg gewesen, es war der richtige Weg, gleichwohl auch nicht mein Ziel.

Besonders erwähnenswert und schnell in der Wirkung empfand ich übrigens den zweitägigen »Nie wieder Rauchen«-Kurs, nachdem der Klient tatsächlich ohne das Bedürfnis rauchen zu müssen wieder nach Hause fuhr. Ein Wochenende, das ein ganzes Leben verändern konnte. Den Körper wieder gesunden und dadurch auch den Geist wieder klar und kraftvoll werden ließ.

Ich bin kein Omega Health Coach, der tagtäglich anderen Menschen über den Muskeltest in ihr Unterbewusstsein kriecht, aber ich habe viele tolle Menschen an den vielen Wochenenden voller Übungen getroffen. Und ich nahm viele tolle Meditationsreisen mit, die mich erste Sonnenstrahlen eines ganz anderen Ansatzes der »Forschungsarbeit« am Horizont erahnen ließen. Doch bis dahin sollte noch etwas Zeit vergehen.

Erforsche alles, was du nicht verstehst, bis du es verstehst

Ursprung Reiki
Reiki ist eine japanische Energieheilungsmethode, die im frühen 20. Jahrhundert von Mikao Usui entwickelt wurde. Der Begriff »Reiki« setzt sich aus »Rei« (universelle) und »Ki« (Lebensenergie) zusammen. Usui soll Reiki nach einer spirituellen Erfahrung auf dem Berg Kurama in Japan entdeckt haben.

Behandlungsweise
- Reiki-Praktizierende legen ihre Hände sanft auf oder über den Körper des Empfängers.
- Die universelle Lebensenergie soll durch die Hände fließen und Blockaden im Energiefeld lösen.
- Eine Sitzung dauert meist 30–60 Minuten und erfolgt in ruhiger Atmosphäre.

Ergebnisse und Wirkungen
- Fördert tiefe Entspannung und Stressabbau
- Unterstützt die Selbstheilungskräfte
- Kann körperliche und emotionale Blockaden lösen
- Wird oft als angenehm und beruhigend empfunden
- Wissenschaftlich nicht eindeutig belegt, aber viele berichten über positive Erfahrungen

Anwendungen
- Stressabbau und emotionale Balance
- Unterstützung bei körperlichen Beschwerden (zusätzlich zur Schulmedizin)
- Begleitung in der Schmerztherapie oder Palliativpflege
- Förderung von geistigem und spirituellem Wachstum
- Tier- und Pflanzenheilung (in manchen Reiki-Traditionen)

EXPERIMENTE

Die Kinesiologie wurde in den 1960er Jahren von dem amerikanischen Chiropraktiker Dr. George Goodheart entwickelt. Sie kombiniert Erkenntnisse aus der Chiropraktik, der traditionellen chinesischen Medizin (TCM) und der Bewegungslehre.

Behandlungsweise
- Zentrales Element ist der Muskeltest, bei dem Muskelreaktionen auf sanften Druck getestet werden.
- Der Test soll Ungleichgewichte im Energiesystem des Körpers aufzeigen.
- Durch verschiedene Methoden (z. B. Berührungen, Akupressur, Bewegungen oder Affirmationen) wird versucht, Blockaden zu lösen.

Omega Health Coaching (OHC) ist eine erweiterte Form der Kinesiologie, die von Dr. Roy Martina, einem niederländischen Arzt und Alternativmediziner, entwickelt wurde. Sie kombiniert Kinesiologie, Neurowissenschaften, Quantenheilung, psychologische Methoden und spirituelle Konzepte, um Blockaden auf verschiedenen Ebenen zu lösen.

Grundprinzipien des Omega Health Coachings

1. Energetische Diagnostik mit Muskeltests
- Wie in der klassischen Kinesiologie werden Muskeltests verwendet, um energetische Blockaden oder unbewusste Konflikte zu identifizieren.
- Dies kann emotionale, mentale oder körperliche Ursachen haben.

2. Arbeit mit dem Unterbewusstsein
- Viele Blockaden basieren auf negativen Glaubenssätzen oder traumatischen Erfahrungen.
- OHC nutzt Methoden wie Affirmationen, Visualisierungen und Bewusstseinsarbeit, um diese zu transformieren.

3. Quantenheilung und Informationsmedizin
- Konzepte aus der Quantenphysik werden genutzt, um Heilungsprozesse zu unterstützen.
- Es geht darum, das Bewusstsein zu verändern und dadurch die Selbstheilungskräfte des Körpers zu aktivieren.

4. Emotionale und energetische Balancen
- Durch gezielte Techniken (z. B. Atemtechniken, Akupressur oder energetische Impulse) sollen Blockaden gelöst und das Nervensystem reguliert werden.
- Ziel ist es, ein emotionales Gleichgewicht zu erreichen und Stressreaktionen zu reduzieren.

PYTHAGORAS UND DIE KABBALA

*Wände sind dazu da, um die Türen zu finden,
die sie überwinden*

Denn als Nächstes fand die pythagoräische Kabbala meine Aufmerksamkeit.

Erneut sehr analytisch, aber auch wieder sehr interessant, lehrte uns Brigitta in ihrem sich über lange Zeit erstreckenden Kurs die einzelnen Zahlenschwingungen von 1 bis 78 und die Bedeutung ihrer Kombinationen und Stellungen im Geburtsdatum. Sie lehrte, dass Pythagoras viele Jahre die Zahlenmystik (in) der Kabbala studiert hatte und einen Schlüssel suchte, wonach man mit diesem Wissen über die Bedeutung dieser 78 Schwingungen für unser Leben arbeiten könnte. Und er entdeckte, dass man anhand des Geburtsdatums eine Art Aufschlüsselung anwenden kann, die uns besser unsere (meist versteckten) Potentiale verständlich macht.

Wer weiß, was seine Werkzeuge sind, kann damit besser sein Leben gestalten. Genauso wie es gut ist zu wissen, welche Potentiale man eben *nicht* hat. Für jeden (noch weit über das Leben hinaus) wirklich nützlich ist aber die Seelenlehre. Und mit den Zahlen findet durchaus jeder noch so analytische (also nicht feinstoffliche) Geist Zugang zu eben genau diesen versteckten Informationen. Das, was man nicht über Muskeltests oder beim Reiki über sich selbst erfahren kann, kann also über den Blick in die Zahlen leichter entdeckt werden.

Ich fand jedenfalls großen Gefallen an diesen Schlüsseln und verstand immer mehr, woraus Brigitta damals ableitete, dass ich in meinem Leben alle zehn Jahre neue Dinge materialisieren (könnte). Ja könnte, denn es liegt immer auch an der eigenen inneren Bereitschaft und den (noch vorhandenen oder nicht mehr so vorhandenen) Blockaden (im Körper), diese vom Kosmos gegebenen Energieflüsse auch anzunehmen und mit ihnen zu gehen. Das gegebene Potential also zu leben oder an ihm vorbei zu navigieren.

Ich habe mich natürlich für Ersteres entschieden und konnte eigentlich auch gar nicht anders nach dem *Dornröschenkuss*.

Nach zwei Jahren intensiver Zahlenanalytik war ich sogar bereit, Beratungen dazu zu geben. Es machte mir Spaß und war immer wieder sehr spannend, anhand der unterschiedlichen Schicksale zu erfahren, wie oft die Menschen ihre Potentiale leben und wie oft auch daran vorbei.
Der Analytiker in mir war voll und ganz in seinem Element.

Und die Seele weiter hungrig.

Denn schließlich erfüllten mich diese sehr pragmatischen Werkzeuge des Muskeltests oder eben des Analysierens des Geburtsdatums nicht vollends. ES in mir spürte, dass noch ein ganzer Berg an Werkzeugen in mir schlummerte und suchte weiter nach einem Weg, diese zu finden. Die mir gegebene Hypersensitivität endlich aufzugreifen und nutzbar zu machen. Es kann doch nicht sein, dass ein derartiges Werkzeug brachliegt, ein Leben lang. Dass ich nur den Schatten davon in Form von einer hohen Verletzbarkeit erleben darf, muss, kann, soll. Ich konnte mich nicht damit abfinden, dass diese schmerzvolle Seite der »Medaille Hypersensitiv« das Einzige sein sollte, was ich dazu erfahren darf. Nein, es musste noch ein schlafendes anderes Potential geben. Und um dieses zu finden, musste ich anscheinend noch tiefer graben.

Wie ein schlafender Riese, der mehr und mehr schnarchte, erschufen all diese eher analytischen Herangehensweisen ein Ungleichgewicht in mir. Eine Sehnsucht, die sich vor mir aufbäumte wie ein Planet. Ich konnte nicht anders, als diesen Zustand auszubalancieren, indem ich mich erneut auf die Suche nach einem *noch* anderen Zugang zur Feinstofflichkeit machte.

PYTHAGORAS UND DIE KABBALA

Die pythagoräische Kabbala ist eine esoterische Strömung, die pythagoräische Zahlenmystik mit kabbalistischen Lehren verbindet. Sie ist nicht Teil der traditionellen jüdischen Kabbala, sondern eine westliche, oft hermetische Interpretation, die sich auf Zahlen, Geometrie und kosmische Prinzipien stützt.

Hintergrund und Konzepte: Pythagoreische Zahlenmystik
Pythagoras (ca. 570–495 v. Chr.) lehrte, dass Zahlen die Grundlage des Universums sind.
Jede Zahl hatte eine eigene metaphysische Bedeutung (z. B. 1 = Einheit, 2 = Dualität, 3 = Harmonie).
Die »heilige Tetraktys« (1+2+3+4=10) galt als göttliche Ordnung.
Verbindung zur Kabbala

Die hebräischen Buchstaben haben ebenfalls Zahlenwerte (Gematria).
Die »Zehn Sephiroth« im Baum des Lebens werden manchmal mit der pythagoräischen Tetraktys verglichen.
Einige Systeme kombinieren die hebräische Kabbala mit pythagoräischer Numerologie, um neue Bedeutungen abzuleiten.
Anwendung in westlicher Esoterik

Renaissance-Philosophen wie Pico della Mirandola und Athanasius Kircher kombinierten Kabbala mit pythagoreischer Lehre.
In der modernen Esoterik (z.B. Hermetik, Theosophie) wird diese Kombination oft für numerologische Analysen genutzt.
Bedeutung und Einfluss
Die pythagoräische Kabbalah ist eine Mischform aus jüdischer Mystik und griechischer Philosophie, die in westlichen esoterischen Traditionen weiterlebt. Sie wird oft zur Interpretation von Namen, Symbolen und spirituellen Konzepten verwendet.

ENTFALTUNG

*Zweifle nicht an dir und deinen Werkzeugen,
nutze sie!*

Und so fand ich zunächst eine Art Schule, die einmal alle vier Wochen einen Lehrer nach München schickte, um dort schamanische Praktiken zu lehren. Mit Schamanismus hatte ich bisher wie mit allem Religiösen nichts am Hut. Aber das Schicksal brachte mich in diesen Moment, zu dieser Schule, und meine unerfüllte Sehnsucht schob wie eine Rakete an, sich jetzt diesem, ganz anderen Zugang (auch einmal) zu widmen.

»House of Shaman« aus Berlin organisierte angemietete Räume in München und schickte uns einen sehr kompetenten und echten Schamanenlehrer, der uns nach und nach in diese Lehre einführte.

Ich war begeistert von dieser Art des Zugangs. Denn zu meinen bisher sehr analytischen Erfahrungen bildete diese Herangehensweise die perfekte Ergänzung.

Endlich war Empfindsamkeit gefragt, so richtig tiefe, am besten hypersensible Empfindsamkeit im Fühlen, im Sehen, im Hören – mit allen Sinnen, die wir haben. Nur nicht im Denken. Der Analytiker, der bisher so groß und laut geworden war, musste nun ganz leise sein und alles andere »sprechen« lassen.

Hypersensibilität war der Schlüssel in die Erkenntnisse, und die Führung durch einen Lehrer der sichere Pfad, sich dem langsam nach und nach anzunähern.

Die Übungen zum Erspüren von Dingen fielen mir sehr, sehr leicht. Im Grunde lernte ich dort »nur«, diesen meinen Empfindungen (endlich)

ENTFALTUNG

wirklich Aufmerksamkeit zu geben und ihnen dadurch mehr und mehr zu vertrauen. Es war alles da. Immer schon. Es war mir nur »herausgeprügelt« worden durch die groben Unmenschlichkeiten in so manchen Begegnungen mit unbewussten Menschen, und durch eine große Verunsicherung ersetzt. Dankeschön die Herrschaften für die entgegengebrachte lichtvolle Art, Mensch zu sein … … …

Schnell konnte ich das Energiefeld (Aura) von Bäumen, Menschen und Tieren fühlen, wie auch nicht sichtbare Präsenzen. Jegliche Form des Erfühlens fiel mir so leicht wie das Atmen.

Womit ich aber noch haderte, war das Sehen während der Meditationen. Die Träume waren die eine Herangehensweise, welche ich ja nun schon eine Weile aktiv nutzen konnte, doch das »bewusste« Sehen beim Meditieren meinte ich, sei mir noch nicht vergönnt.

Meine Erwartungshaltung, etwas zu sehen, war sehr menschlich geprägt, und immer wenn ich in den Feedbackrunden die Geschichten der Meditationsreisen anderer hörte, wurde ich mehr und mehr verunsichert. Denn ich sah nur Schwarz vor meinen Augen. Ganz einfach nur Schwarz, wie beim Schlafengehen.

Also versuchte ich mich auf das Fühlen zu konzentrieren und erfühlte einfach, während die anderen Filme schauten.

Dabei erreichten mich nicht wenige Informationen. Teilweise war ich tief involviert in die Geschehnisse. Ich fühlte tiefe Traurigkeit, Freude, Ängste und alles, was das Gefühlsspektrum so hergibt. Und das war durchaus auch sehr unterhaltsam.

Ich hielt nicht damit zurück, dass ich »ja nun mal nicht sehen kann« und betonte daher immer wieder vor dem Lehrer, was ich alles in den jeweiligen Aufgaben erfühlt hatte.

Doch dann, eines Tages, nahm mich mein Lehrer einmal zur Seite und meinte:

»Sylvia, du siehst längst! Dein stärkster Zugang ist der Fühlende, doch das, was du dabei erfühlst, ist letztlich alles Information. Die anderen Mitschüler sehen die Bilder, aber sie fühlen nicht, wie es dem- oder derjenigen geht, der vor ihrem geistigen Auge auftritt. Du aber kannst sie erfühlen, und wenn du einfach nur den Schalter umlegst und deine Erwartungshaltung änderst, werden sich auch dir Bilder dazu formen. Wenn dies geschieht, hast du zwei unterschiedliche Informationsträger: Die Gefühle und die Bilder. Hör auf Bilder zu erwarten wie in einem Film, den du schaust, lass diese Haltung einmal ganz los und gib den Gefühlen, dem Erspüren der Räume und Landschaften einmal ganz viel Raum und lass sie fliegen, du wirst dich wundern, was du dann erlebst ...«

Und so tat ich es.

In der nächsten Mediation führte er uns durch eine Waldlichtung hin zu einem Baum und gab uns Zeit, uns dort einzufinden, zu erfühlen wie es ist, auf dieser Lichtung und bei diesem Baum zu sein. Wir sollten ihn *wirklich* wahrnehmen, erspüren. Dann lenkte er unsere Aufmerksamkeit auf die Krone und bat uns, diese aufzusuchen, jeder auf seine Weise. Dort angekommen, fanden wir ein Werkzeug. Jeder für sich.

Ich ließ völlig los und erfühlte den Baum, die Umgebung und was auch immer sich noch so zeigte. Immer mehr ließ ich mich fallen, völlig ohne eine Erwartung an Bilder.

Und dann, plötzlich, nahm ich fühlend zwei Hände wahr, die mir einen Stab reichten, der ungefähr eine Elle lang war.

Gleiches taten wir nun mit der Wurzel des Baumes und fanden auch dort erneut jeder ein weiteres Werkzeug. Ich fühlte dort eine Kugel und immer mehr Details, wie beispielsweise eine Gravur eines Dreiecks oder einer Pyramide darauf.

Dann holte unser Lehrer uns langsam wieder zurück in das Hier und Jetzt, und jeder berichtete von seinen Erfahrungen und seinen Werkzeugen.

Ich war sprachlos.

Ich war wirklich ohne Worte, denn ich hatte tatsächlich Werkzeuge gefunden. Und durch die Bewusstwerdung der unterschiedlichen Perspektiven durch unser Gespräch, war meine Erwartungshaltung gänzlich verändert, verschwunden. Ich gab mich diesem Weg des Fühlens vollends hin, und siehe da, über das »Heranfühlen« an die Aufgabe erlebte ich das, was die anderen die ganze Zeit als Sehen beschrieben hatten. Doch das ist ein anderes Sehen, als wir es kennen. Jeder, der vor mir felsenfest behauptet hat, dass es genauso ist, wie mit unseren physischen Augen, war ungenau. Diese Art des energetischen Sehens ist eine ganz andere Art des Sehens. Vor dem Schwarz der geschlossenen Augen und in dem leeren Raum darin können sich Gefühle zeigen, die diesen Raum erfüllen. Und geht man immer tiefer in dieses Fühlen hinein, ist es, als würden sich darüber Bilder im Geiste formen, nicht vor dem Auge. Sie nehmen, wenn man ihnen viel Raum gibt, den gleichen Radius ein, also ca. 180 Grad, aber all dies geschieht nicht mit der Augensensorik – über das Lichtbrechen – sondern über eine Art Übersetzung des Erfühlten. Und letztlich lesen wir dabei Energie. Energie, die als solche immer im Raum besteht und »nur« unsere Aufmerksamkeit braucht, um gelesen werden zu können. Lenkt man nun die Aufmerksamkeit dorthin, ent-faltet sich diese Energie im wahrsten Sinne des Wortes vor uns. Etwas aus dem Energie-Raum faltet sich vor uns auf.

Und das können wir lesen, erkennen, wahrnehmen.

Es kostet nur einen Entschluss. Und natürlich Konzentration. Aber das ist ein anderes Thema.

Das Finden der Kugel und des Stabes in Wurzel und Krone dieses Baumes war meine kleine Einweihung in die Annahme dieser Wahrheit (über meine Art) energetisch zu sehen. Die Werkzeuge, die ich gefunden hatte, trugen genügend Potential in sich zu interpretieren oder einfach damit zu arbeiten.

Zumindest bei mir – Heinz, ein sehr liebevoller Mitschüler aus der Gruppe, fand in der Wurzel eine Gießkanne … Auch das kann man interpretieren, wenn man möchte.

Der Lehrer lächelte mich sehr liebevoll an, als er von meinen Werkzeugen erfuhr, weil auch für ihn klar war, das mein »Groschen gefallen war«, und er freute sich mindestens genauso wie ich.

Und so begann ich umso begeisterter diesen Weg der Schamanen weiter und immer weiter gehen zu wollen. Mein analytischer Geist konnte mit dem Muskeltest und der Zahlenmystik den Alltag als Schauspielerin und

Unternehmerin angenehmer machen, ohne immer wieder an den Unbewusstheiten der Menschen zu sehr zu leiden – doch dieser neue Zugang setzte den i-Punkt, der das i erst zum i macht. Jetzt stand ich auf beiden Beinen und konnte je nach Bedarf andere Zugänge nutzen. Ein wunderschöner bunter Werkzeugkasten mit eine Unzahl an Methoden und Werkzeugen, die mir nun zur Verfügung standen und stehen.

In der gleichen Zeit erweiterte sich meine Wahrnehmung auch in den Träumen. Meine Aufzeichnungen vom 11. Februar 2008 beschreiben dazu eine sehr wichtige, wenn auch traurige Erkenntnis.

Meine Oma Marianne, liebevoll Oma Janne genannt, war wegen einer Blutvergiftung im Krankenhaus in Friedrichroda eingeliefert. Ich hatte die Tage davor schon versucht einige der mir bekannten Übungen zum Chakrenausgleich auch durch Reiki bei ihr umzusetzen, um ihr Energiefeld anzuheben, doch ich erkannte, dass es bereits sehr schwach und ihre Seele schon nicht mehr sehr im Körper verankert war. Dennoch, ich gab so viel ich konnte.

In der Nacht vom 9. auf den 10. Februar 2008 aber sah ich sie in meinem Traum direkt vor mir in ihrem Krankenbett. Aus dem Gesicht, das groß vor mir sichtbar war, verschwand das Leben wie mit einem Atemzug nach hinten weg, und übrig blieb nur noch ein ausgemergeltes Gesicht, völlig leblos. Es war tot. Die Botschaft war ganz klar: tot.

Ich wollte das nicht, und es wühlte mich energetisch sehr auf. Ich schrie laut im Traum, und das riss mich (leider) aus dieser Wahrnehmung. Noch nie Derartiges erlebt, war ich unsicher bezüglich dessen, was ich da gerade erfahren hatte, und konnte nur ahnen, dass sie bald ihren Körper verlassen möchte.

Als wir sie am Tag darauf, dem 10. Februar erneut besuchten, gab ich ihr erneut direkt am Körper viel Energie. Ich sehe sie jetzt noch vor mir mit ihren leuchtend dankbaren Augen, als sie meinte, wie glücklich sie ist, dass alle, die sie liebt, jetzt bei ihr sind. Die alten Menschen spüren, wenn sie die Verankerung mit dem Diesseits verlieren, und dann sagen sie solche Sachen. Ich war innerlich so zerrissen, ob ich nun meiner nächtlichen Sichtung Raum geben und davon berichten sollte – oder weiter nur

ENTFALTUNG

schweigen sollte. Ich entschied mich für das Schweigen, weil ich meinen Werkzeugen noch nicht so traute. Es war schließlich Angst gewesen, die mich aus dieser Wahrnehmung gerissen hatte, also konnte auch Angst das Motiv dieser Sichtung gewesen sein.

Ein Teil in mir wusste dennoch, dass es nicht bedeutungslos oder ein Zufall war, dass ich so etwas in der Vornacht wahrgenommen hatte und dass meine Oma diese nach Abschied klingenden Sätze sagte – da konnte sie noch so gut bei Kräften wirken, diese beiden Tatsachen waren energetisch feinstofflich und hatten eine andere Botschaft als die der Maschinen, an denen sie noch hing.

Einen Morgen später, am 11. Februar 2008 um 10.30 Uhr bekomme ich ein komisches Gefühl in meinem Solarplexus und kann dies nicht einordnen. Mir wird fast schon schlecht davon. Ich versuche mich mit Atmung stabil zu halten, doch plötzlich klingelt das Telefon: Oma hat soeben ganz still und leise, ganz allein mit sich in ihrem Krankenzimmer den Körper verlassen.

...

Somit war die Sichtung, die ich hatte, ein Geschenk des Kosmos, das es gilt anzunehmen. Es tut mir leid für meine Schwester und meine Mutter, denen ich diese Information aus Zweifel an meinen Talenten unterschlug. Entschuldigt bitte. Es ist eine ganz eigene Lernaufgabe, mit solchem Wissen umgehen zu können. Ich hatte mich für das Schweigen entschieden, einerseits weil ich an mir zweifelte aber andererseits auch, weil ich mir ausmalte, was und wie dann unser Besuch bei ihr gewesen wäre. Es wäre kein solch hoffnungsvolles Beisammensein gewesen, voller Lachen und Zuversicht. Es wäre eine Trauerfeier geworden. Ich weiß nicht, ob Oma das gewollt hätte. Nun denn, es ist wie es ist, ich weiß auch heute nicht, ob ich mich jetzt anders entscheiden würde. Zwar habe ich keine Zweifel mehr an meinen Zugängen, doch umso mehr Bewusstheit und eine daraus entstandene wachsame Verantwortung wächst, was man teilt, was es bedeutet und was geschehen könnte, wenn man derartige Informationen teilt ...

Zweifle nicht an dir und deinen Werkzeugen, nutze sie!

In den Monaten darauf war ich umso wachsamer, was sich noch alles aus mir heraus offenbaren mochte. Welche Werkzeuge.
Das Reisen des Nachts war an einem Punkt angekommen, an dem ich andere, noch hellere Landschaften (mit Pyramiden und Tempeln usw.) wahrnahm, mich dort aber nicht wie gewohnt fortbewegen konnte. Es waren nur kurze Sichtungen, keine intensiveren Forschungsreisen.

Im Juni 2008 war ich auf einer Gala und aß genüsslich mein Dessert, da zerspringt plötzlich mein Teller in zwei halbe Teile. Das Glas ist ca. 5 mm dick und der Teller ziemlich groß. Man könnte jetzt sagen, das war ein normaler Materialfehler. Ich sage, ja sicher, aber er ist bei mir gesprungen. Ich zeichne das hier auf, weil gerade die Schamanen immer wieder lehren, dass bestimmte Dinge – und vor allem Glas – bei einer bestimmten hohen Frequenz zerspringen können. Insofern könnte es auch sein, dass beides miteinander wirkte. Der Materialfehler und diese andere Frequenz ... Wir wissen es nicht, aber ich möchte es festhalten für alle, denen ähnliches auch geschieht. Es *kann* also durchaus auch ein energetisches Indiz sein. Kann – aber muss nicht. Dennoch gilt es auch hier wachsam zu sein und nicht alles gleich immer verstandesmäßig zu erklären – genauso wie nicht alles zu überinterpretieren.

Ebenfalls im Juni 2008 besuchte ich einen Bildhauer, der als Hochzeitsgeschenk für meinen Mann eine Büste anfertigen sollte. Als ich ihm bei seiner Arbeit zuschaue, sehe ich vor dem Hintergrund des hellen Ateliers, in dem er viel mit Gips arbeitete, plötzlich ganz stark seine Aura um seinen Kopf herum. Sie ist grün und ein ziemlich großes Feld.

Manchmal geschehen solche Dinge, dass sich Energiefelder plötzlich stark sichtbar zeigen. Eine derartig starke Einfärbung des Energiefeldes hatte ich bisher noch nicht wahrgenommen, das war neu.

Das Leben ist eine Entdeckungsreise zu uns selbst, und diese vielen unterschiedlichen Werkzeuge und Möglichkeiten, die sich hier auftaten, begrüßte ich ausschließlich dankbar und nahm sie an.

All das war in mir erst in den Kinderschuhen und ich konnte es kaum erwarten, nun damit erwachsen zu werden.

ENTFALTUNG

Ursprung
Schamanismus ist eine der ältesten spirituellen und heilenden Traditionen der Menschheit und existiert seit Jahrtausenden in verschiedenen Kulturen weltweit (z. B. Sibirien, Mongolei, Südamerika, Afrika, Nordamerika). Der Begriff »Schamane« stammt aus der tungusischen Sprache (Sibirien) und bedeutet »der Wissende« oder »der Sehende

Arbeitsweise
- Schamanen gelten als Vermittler zwischen der sichtbaren Welt und der geistigen Welt.
- Sie arbeiten mit veränderten Bewusstseinszuständen, die durch Trommeln, Rasseln, Gesang, Tanz oder Pflanzenmedizin (z. B. Ayahuasca, Peyote) erreicht werden.
- Zentrale Methoden sind schamanische Reisen (Seelenreisen), Krafttier-Arbeit, Ahnenkontakte und energetische Heilrituale.
- Schamanen nutzen Naturkräfte, Rituale und Symbole, um Disharmonien im Körper, Geist und Seele zu transformieren.

Wirkungsweise
- Energetische Heilung: Lösung von Blockaden, Harmonisierung des Energieflusses.
- Seelische Balance: Verarbeitung von Traumata, emotionalen Belastungen oder alten Glaubensmustern.
- Spirituelle Führung: Kontakt zu spirituellen Helfern, Ahnen oder Naturwesen.
- Krankheitsverständnis: Krankheiten werden oft als Zeichen eines Ungleichgewichts zwischen Körper, Seele und Umwelt gesehen.
- Persönliche Entwicklung: Stärkung der Intuition, Verbindung zur Natur und Förderung des inneren Wachstums.

Zweifle nicht an dir und deinen Werkzeugen, nutze sie!

Anwendungen
- Energetische Reinigung von Personen, Orten oder Gegenständen
- Rituale zur Lebensbewältigung (z. B. Visionssuchen, Initiationen)
- Seelenrückholung (bei traumatischen Erlebnissen)
- Naturverbundenes Wissen für Heilpflanzen, Elemente und Tierkräfte
- Spirituelle Begleitung in Lebenskrisen, zur Selbsterkenntnis oder bei spirituellem Wachstum

HOUSE OF SHAMAN

Übe, Übe, Übe

Im Oktober 2008 habe ich erneut einen Traum, eine Sichtung, in der ich des Nachts in einem Wasser in einer Höhle Symbole funkeln sehe. Es sind Zeichen, die ich noch nie gesehen habe, eine Art Mix aus Runen und Hieroglyphen. Die Symbole leben. Sie bewegen sich, sie pulsieren. Während der Sichtung weiß ich die Namen dieser Symbole alle, aber als ich aufwachte, kannte ich kein einziges mehr.

Auch ein paar Wochen später hatte ich einen ähnlichen Traum, in dem ich in einem Buch las und bestimmte Worte aus sich selbst heraus leuchteten und mir entgegen schienen. Auch hier hat es nichts davon in mein Oberbewusstsein geschafft, und diese Kluft zwischen mystischen Träumen und völligem Irren im Deuten rief regelrecht nach einer intensiveren Betreuung – nach noch mehr Intensität der Schulung.

Das bisherige Leben war so viel Denken, so viel Analysieren, so viel Kalkulieren – das Pendel in die Richtung der Gefühle *musste noch viel weiter ausschlagen*, um in eine wirkliche innerliche Balance zu finden.

Und ich fand genau diese Art der kontinuierlichen Führung in einem Upgrade der selbigen Schule.

Die »House of Shaman« hatten gerade die Idee eines Intensivkurses geboren, einer Art Schulklasse, in der eine etwas größere Gruppe aus ganz Deutschland einmal im Monat, aber diesmal in Berlin, in den Räumen der Schule zusammentraf, um zu »studieren«.

Und so flog ich einmal im Monat, jeweils an einem Sonntag, mit einem sehr frühen Flug nach Berlin und einem späten wieder zurück nach Wien, wo ich damals bereits lebte.

Zur Einschulung »scannten« die Lehrer an einem ganzen Tag die jeweiligen Energiepotentiale der Schüler, um so einen energetischen Eindruck zu bekommen. Das Ego kann viel kaschieren, positiv wie negativ.

Otto in der Mitte, Jana links und Lutz rechts begrüßten jeden Einzelnen von uns und gaben uns ein paar erste Impulse mit. Jeder der Lehrer hat eine ihm eigene Wahrnehmung, die er zur Weitergabe des Wissens an die Schüler nutzte. In diesem ersten Begrüßungsgespräch sprach nur Otto zu mir. Ich hätte »eine schöne große Kraft und diese will nun bewusst gelenkt werden. Alles davor war Vorbereitung, jetzt ist es soweit ein neues Kapitel zu beginnen.« Er teilte mir in meiner Gruppe die Mittlerrolle zu, als einzige weibliche Kraft. Der Mittler war kein direkter Führer, wie wir es kennen, aber er war eine Art Klassensprecher für die Gruppe. Ein Vertreter, eben jemand, der zwischen Gruppe und Lehrer vermittelte. Im energetischen, wie auch im materiellen Sinn. Die andere Kraft als Mittler war zum Ausgleich eine männliche.

Bezüglich meines Lebens machte er mich darauf aufmerksam, dass Menschen mit so viel Kraft dazu da sind, andere Menschen zu führen. Ich solle mich auf beides, die Mittlerrolle in der Gruppe wie auch in der Menschheit *einlassen*; loslassen, was mich daran hindert, und vertrauen, dass dies richtig ist.

Damit hat er die Essenz meiner ganzen Problematik gesehen und benannt. Und viele andere »Seher« werden Gleiches tun, doch dazu später.

Ich muss sagen, dass mir diese Herangehensweise des Energiescannens sehr gefiel, denn sie war im Prinzip genau das, was ich mir eigentlich von jedem Menschen in jeder Situation wünschte – dass wir einander auf der energetischen Ebene betrachten und nicht (nur) an der Oberfläche.

Als der Unterricht begann, wurde uns als Erstes die wichtigste aller Herangehensweisen intensiv nahegebracht: **»Nicht die Gesetzmäßigkeiten des Kosmos werden sich verändern, es wird eure Wahrnehmung sein, die sich wandelt, die in der Folge den Kosmos dann immer wieder anders empfindet«**

Damit war der Schlüssel für alles, was uns von nun an auf diesem Pfad erwartete, gegeben, denn im Prinzip ging es primär nicht darum, jemanden etwas zu lehren, sondern über das Üben (und vor allem Einsetzen) der (vergessenen) eigenen Werkzeuge, die Wahrnehmung immer feiner und feiner zu formen. Und über diese verfeinerte, klarere Wahrnehmung wird das, was eigentlich die ganze Zeit da ist, nur immer wieder neu wahrgenommen. Ein Ewigkeitsschlüssel.

Und so begann der Unterricht.

In meinem Gepäck hatte ich die Erfahrungen aus vielen Monaten Schulung in München mit den entscheidenden Kniffen und Werkzeugen, nun ging es darum, diese noch viel intensiver einzusetzen.

Ich war aufgeregt.

Immer.

Jedes Mal, wenn wir uns trafen.

Der Lehrer anspruchsvoll.

Meine Erwartung an mich selbst noch anspruchsvoller.

Die Unsicherheiten aus meinen (fast ausschließlich furchtbaren) Erfahrungen in Gruppen, in Klassen, stark präsent.

Die Selbstzweifel, ob ich das kann, was die Lehrer als Basis erwarten, groß.

Wahrscheinlich wusste der Zauberlehrer um diese eine oder andere Energetik in uns und brachte uns als Erstes den »**Darshn**« bei. Ich muss zugeben, dass gefühlt jeder eine andere Definition für diesen Begriff hat, aber ich habe ihn so gelernt und teile die Bedeutung hier deshalb sehr gerne. Darshan kommt aus dem Indischen und bedeutet so viel wie »der Anblick des Meisters«; andere übersetzen ihn mit »den Anblick der Wahrheit«. Diese Übung, die (angeblich) in Indien viel praktiziert wird, ist eine Art »energetische Begegnung«, mit der jeder Mensch mit dem dritten Auge und mit dem Herzen betrachtet wird.

Kleine Bemerkung am Rande: Nach meinen Erfahrungen mit indischen Programmierern bezweifle ich jedoch, dass sie das dort *wirklich* praktizieren, aber das ist hier jetzt genauso wenig von Relevanz wie die Bezeichnung dieser Übung. Denn sie ist als solche einfach nur sehr, sehr wertvoll.

Wie setzten uns in Zweiergruppen gegenüber. (Immerhin war ich diesmal nicht »übrig« … wie in der Tanzstunde …)
Die Handflächen werden aufeinandergelegt. Derjenige, der das Energiefeld des anderen »liest« legt seine Hand über die des anderen, dessen Feld gelesen wird. Der Passive hat also die Handflächen nach oben geöffnet, der Aktive nach unten.
Dann konzentriert man sich auf den Herzraum des Gegenübers, indem man die Augen schließt, um fühlend oder schauend, je nachdem, wer welchen Zugang (leichter) hat, den anderen »kennenzulernen«.
Und in der Tat, einerseits sahen wir einander ganz anders als im menschlichen Körperkleid, und andererseits lernten wir die Scheu vor dem Gegenüber etwas abzulegen.

Was sich beim Darshan zeigt, ist natürlich viel spannender für den, der das Reading bekommt als für den, der das Schauen lernen muss. Aber unterhaltsam und sehr lehrreich ist es in jedem Fall. Denn als Passiver erfährt man sehr viel über sein aktuelles Energiefeld, als Aktiver lernt man, dass das, was sich zeigt, ernst zu nehmen ist, weil das Gegenüber *immer* etwas damit anfangen kann. Die Botschaften sind nie umsonst. Die Bilder sind keine Zufälle, die Gefühle schon gar nicht.

So gewannen wir Sicherheit und Vertrauen. Nach und nach.

Darshan – Die Indische Praxis des Göttlichen Sehens
Darshan (Sanskrit: »Sehen« oder »Vision«) ist eine spirituelle Praxis im Hinduismus, Jainismus und Sikhismus, bei der eine Person durch das Betrachten eines Heiligen, einer Gottheit oder eines spirituellen Lehrers spirituelle Gnade empfängt.

Darshan ist eine tiefgehende, oft transformative Erfahrung in der indischen Spiritualität. Es geht nicht nur um das physische Sehen, sondern um eine Verbindung mit einer höheren spirituellen Realität. Viele Menschen erleben durch Darshan Frieden, Liebe und eine gesteigerte spirituelle Wahrnehmung.

Vorbereitung Darshan

1. Das Wort »Darshan« kommt aus dem Indischen und bedeutet so viel wie »der Anblick des Meisters«. Wir können es auch mit »der Anblick der Wahrheit« übersetzen.

2. Wenn du gelernt hast, anderen Menschen den Darshan zu geben, indem du ihre Wahrheit erkennst, beginnst du sie durch deine Anerkennung zu stärken. Nun haben sie die Möglichkeit, sie auch zu erkennen und werden ihr Leben allmählich verändern.

3. Du legst durch Darshan einen Grundstein der positiven Veränderung in deinem unmittelbaren Umfeld. Es erscheint dir vielleicht auf den ersten Blick nichts Weltbewegendes zu sein, jedoch wirst du bald merken, wie viel Energie allein durch diese Veränderung freigegeben wird.

4. Richte dich darauf aus, die Schönheit, Kraft und Wahrheit im Kern zu erblicken und auf nichts Anderes (Negatives) mehr zu reagieren. Ruhe stets in deiner Mitte und erlange die absolute Handlungsfreiheit deines Seins. Intrigen, Mobbing und Rechthabereien werden keinen Einfluss mehr auf dich haben.

5. Die meisten Missverständnisse entstehen, wenn Menschen ihre Wahrheit als das absolute Maß für die Welt der Anderen betrachten und keine Abweichungen davon zulassen. Wie kann ein anderer Mensch verstanden werden, wenn die subjektiven Wertmaßstäbe angelegt sind? Wo bleibt da das Verstandnis? Erst, wenn eigene Maßstäbe abgelegt und durch aufmerksames (objektives) Zuhören ersetzt werden, kann Verständnis und das objektive Sehen des Anderen entstehen.

6. Zuwendung ist eine abgewandelte Form von Zuneigung. Sie ist die Grundlage jedes Verstehens, denn eins ergibt oft das andere und umgekehrt. Jemandem zugeneigt sein (ihn zu mögen/befreundet zu sein) bedeutet, für diesen Augenblick bereit zu sein, die Welt durch seine Augen zu sehen, die Lage aus seiner Sicht wahrzunehmen, seinen Standpunkt mit ihm zu teilen.

7. Verstehen bedeutet nicht, die Meinung des Anderen bejahen oder gar übernehmen zu müssen. Auch wenn die Vorstellungen sehr unterschiedlich sein können, so wohnt doch in jedem von uns eine göttliche Seele. Diese Seele ist vielleicht in diesem Moment auf dich angewiesen, sie öffnet sich, um von dir erblickt zu werden. Lerne mit deinen Augen und deinem Herzen den göttlichen Kern in jedem und in allem zu sehen, lasse dich nicht von den äußerlichen Erscheinungsformen ablenken. Nur so wirst du das wirkliche Sehen erfahren.

Deine Wahrheit ist nicht die Wahrheit der/des anderen.

8. Egal wie schwer/leicht es dir fällt, eröffnet der gemeinsame Standpunkt beidseitiges Verstehen. Man sieht die Dinge im gleichen Licht, man kann die Welt des Anderen sehen, so wie er sie wahrnimmt. Mit den Augen des anderen sehen.

9. Willst du jemanden verstehen, schenke ihm deine Zuwendung.

10. Lerne zu erkennen und blicke ihre innere Wahrheit an. Solange wir das Göttliche in der Menschheit sehen, ist uns auch die Wahrheit sichtbar. Erblicke auch du das Heilige im Inneren und im Außen, so wird es erwachen und ganz allmählich seine volle schöpferische Kraft entfalten.

Die vorbereitende Meditation zum Darshan Gelassen-Da-Sein-Übung

Setze dich in Meditationshaltung vor deinen Altar oder an einen für diese Übung vorgesehenen Platz.

Wenn du auf einem Stuhl sitzen musst, achte darauf, dass beide Fußsohlen den Boden vollständig berühren.

Die Handflächen liegen locker auf den Oberschenkeln, dein Rücken ist gerade. Achte auf deinen Atem, wie er sich beruhigt. Atme langsam ein bis in den Bauchraum, der Atem breitet sich langsam aus und steigt zum Brustkorb auf.

Nun atmest du langsam aus. Nach und nach wird dein Atem länger und die Entspannung durchströmt deinen ganzen Körper.

Mit jedem Ausatmen fällt mehr und mehr Spannung von dir ab. Beobachte deinen Körper von innen, wie deine Füße warm werden, dann deine Beine, deine Hände, die auf deinen Oberschenkeln ruhen, deine Arme, dein Unterleib und dein Oberkörper – dein ganzer Körper ist warm, ruhig und entspannt.

Höre gelassen auf deine Körpergeräusche.

Dein Herz schlägt ruhig.

Dein Atem fließt gleichmäßig.

Genieße den Moment, so wie er ist.

Nun richte deine Aufmerksamkeit auf die Geräusche, die von außen zu dir dringen.

Du nimmst sie wie die deines Körpers.

Nimm sie wahr – wie sie kommen und gehen (wie die Gezeiten). Bleibe ruhig, beobachte nur, es gibt keinen Grund, auf eine von ihnen zu reagieren. Du bist ganz ruhig und aufmerksam und gleichzeitig entspannt. Genieße einfach dieses Schweben im Sein.

Wenn sich das angenehme Gefühl der Leichtigkeit oder Schwerelosigkeit einstellt, dann ist das nur ein Zeichen.

Zeichen. Ein »guter Punkt«, um die Übung zu beenden.

Atme dreimal tief ein und aus, bewege langsam deine Hände, deine Füße, räkele dich genüsslich und öffne dann die Augen.

Darshan – Übungen

Übung 1:
Jeder Mensch ist schön, sobald wir gelernt haben, das Äußere zu durchdringen und das Wesentliche zu sehen.

Die modische Vorstellung von Schönheit hat im Darshan keine Grundlage. Interessiere dich nur für die wahre Schönheit im Menschen.

Schaue den Menschen, der dir gegenübersitzt, ruhig und unvoreingenommen an.

Wenn dir das gelungen ist, fahre mit der zweiten Übung fort.

Übung 2:
Du kennst sicher den Ausdruck »da geht das Herz auf« im Zusammenhang mit Schönheit. Schau dir nun Menschen an, entdecke ihre Schönheit und lass sie auf dich wirken. Du wirst feststellen, dass du auf diese Weise Zuneigung oder sogar Liebe für völlig fremde Menschen entwickeln kannst.

Lass dein Herz sich öffnen für das Wesen dieser Menschen.

Überall, wo Menschen sind, kannst du diese Übung machen und diese Gefühle für Fremde empfinden.

Der Anblick von Schönheit öffnet das Herz.

Übe dich darin.

Fahre nun mit der dritten Übung fort.

Übung 3:
Beginne wie in den Übungen eins und zwei. Sieh die Schönheit im anderen. Erfreue dich an diesem Anblick. Spüre, wie sich dein Herz beim Anblick der Schönheit öffnet.

Lass Gefühle der Zuneigung und Liebe in dir aufsteigen.

Du wirst all die Masken und Fassaden erkennen, mit denen sich der Mensch zu schützen versucht. Angefangen bei der äußeren Fassade wie Schminke, Kleidung etc. Frisur etc. bis hin zu den tieferen seelischen Fassaden und Blockaden.

Durchdringe nun die Fassaden, Masken und Mauern, die dieser Mensch um sich errichtet hat. Lass deine Liebe zu diesem Wesen fließen und lass dich von ihr zum göttlichen Wesen dieses Menschen führen.

Betrachte auch die geprägte Gedankenwelt dieses Menschen gelassen und erkenne sie als solche.

Lerne aufgesetzte Arroganz von gesundem Selbstvertrauen zu unterscheiden. Solche Masken werden sich offenbaren. Erkenne sie, sieh sie, aber beachte sie nicht. Spüre, was für ein Wesen der Mensch ist, der dir gegenüber steht/sitzt.

Für dich gibt es kein »gut« oder »böse« und von diesem Standpunkt aus brauchst du nicht zu urteilen.

Frage dein Herz nach dem Wesen.

Welche Erfahrungen haben dieses Wesen geprägt?

Welche Erlebnisse haben ihn glücklich und unglücklich gemacht?

Wo ist dieser Mensch schwach?

Wo ist dieser Mensch stark?

Sieh den Menschen wirklich als Wesen mit all seinen menschlichen Schicksalen, mit Freud und Leid.

Wenn du dich nur von deiner Zuneigung zu ihm tragen lässt, wirst du staunen, wie viel du mit Hilfe deiner Intuition wahrnehmen, erkennen und verstehen kannst.

Wenn dir das gelungen ist, fahre mit der vierten Übung fort.

Übung 4:
Sieh im Menschen einen bewussten, absichtlichen und gewollten Ausdruck Gottes.

Lass dich von deinem Herzen führen.

Erforsche das Heilige/Göttliche in diesem Menschen – was für ein Ausdruck der großen Kraft ist dieser Mensch, der vor dir steht.

Was verwirklicht die große Kraft in diesem Menschen?

Frage deine Intuition, die dem Göttlichen am nächsten steht, um die Antwort zu verstehen.

Wenn du bereit bist, gehe zu Übung fünf über.

Lerne in einer Gruppe Gleichgesinnter

Übung 5:
Nun, da du gelernt hast, in eines der vielen Gesichter Gottes zu schauen und das Wesentliche zu sehen, gibt es nur noch eines zu tun:

Dem schlafenden Heiligen/Göttlichen muss noch die Kraft gegeben werden, zu erwachen und zu wachsen.

Die meisten Menschen haben noch nicht gelernt, ihre Göttlichkeit wahrzunehmen, sonst hätten sie keinen Platz mehr für all ihre Fassaden, Masken, Maskierungen.

Platz für all ihre Fassaden, Masken und Mauern. Sie würden von einer allumfassenden Liebe umspielt, die falschen Stolz, aufgesetzte Arroganz usw. sinnlos macht.

Was du in diesem Wesen gesehen hast, kannst du nun pflegen. Wende dich ihm zu und gib ihm Kraft, bis dieser Mensch sein eigenes Göttlichkeitspotential spüren und erkennen kann.

Wir nähren das, was wir erblicken, wir nähren es mit unserer Kraft durch Aufmerksamkeit und Zuwendung. Es beginnt vor unseren Augen zu wachsen.

Auch dafür sind wir verantwortlich, denn wir lassen es wachsen.

Die Liebe, die dich dazu bringt, die göttliche Liebe in anderen wachsen zu lassen, damit sie ihre Probleme überwinden können, lässt auch deine Liebe wachsen.

Wenn du fähig und bereit bist, die Liebe in deinen Augen anderen zu schenken, dann verdient sie den Namen Darshan.

* mit freundlicher Unterstützung »House of Shaman, Berlin«

GRUPPENPHYSIK

Die Welt eroberst du nicht allein

Wir verbrachten jeweils acht Stunden – nur mit einer sehr kurzen Mittagspause – in diesen meditativen Haltungen und Übungen. Mehr und mehr wurde das Meditieren zu einem Ritual, in dem die Schüler miteinander, und zwar nur miteinander, eine Energetik erschaffen konnten, die man als Einzelner nicht erreichen kann. Im Prinzip ist es simple Quantenphysik. Ein Mensch ist ein (Energie)Feld, viele Menschen erschaffen ein anderes Feld, ein größeres, stärkeres und im besten Fall höher schwingendes Feld. Über dieses Energiefeld verändern sich wiederum die eigenen Felder, und alles beginnt miteinander zu schwingen. Es befruchtet sich gegenseitig. Und wer sich auskennt mit der Heisenbergschen Unschärferelationstheorie, der weiß wie kraft- und damit machtvoll nur die Präsenz eines einzigen Beobachters sein kann. Was bedeuten dann 22 Schüler, die miteinander gleichschwingend, meditierend, tönend und visualisierend »sind« … …?!?

Für alle, die davon noch nie gehört haben, ein kleiner Ausflug in meinen Worten.

Die Heisenbergsche Unschärferelationstheorie besagt, dass eine andere Präsenz, die ihre Aufmerksamkeit auf etwas richtet, diese nur durch ihre bloße Präsenz beeinflusst. In Teilchenexperimenten wurde festgestellt, dass zwei Teilchen sich anders »verhalten« / bewegen, wenn sie durch ein Drittes »beobachtet« werden. Die Wissenschaftler formulierten daraus den Nachweis für Bewusstsein im Kosmos. Die unterschiedlichen Reaktionen der zwei (beobachteten) Teilchen durch den Beobachter gel-

Die Welt eroberst du nicht allein

ten als Beweis, dass eine Verbindung zwischen ihnen herrschen muss. In einfachen Worten: Richtet eine Präsenz ihre Aufmerksamkeit auf etwas, so beeinflusst sie das ganze Feld, dass sie beobachtet. Ich mochte Physik ja bekanntlich sehr, aber für tiefere Beschreibungen dazu bin ich nicht kompetent genug. Wer mehr dazu erfahren möchte, kann sicher viel Spannendes selbst recherchieren.

Immerhin ein Anfang. Ich werde nie verstehen, warum die Wissenschaftler immer nur die dreidimensionalen Werkzeuge nutzen, um Mehrdimensionalität nachzuweisen. Den wirklich nächsten großen Sprung kann und wird die Menschheit nur tun, wenn sie auch die Werkzeuge ändert. Das bedeutet, endlich auch die medialen Werkzeuge IN den Menschen anzuerkennen, wertzuschätzen und vor allem einzusetzen, um dem Geheimnis des Kosmos näher zu kommen.

Aber da sind wir noch lange nicht, und ich bezweifle, dass ich das noch miterleben werde.

Zurück zur Schule. Das Energiefeld, welches in und durch die Gruppe während unserer Arbeit entstand, war sehr besonders. Wo hat man schon die Möglichkeit, sich mit so viel Gleichgesinnten »einzutunen« und einen »Raum« zu erschaffen, der uns allen neue Wahrnehmungen schenken kann? Das ist nicht alltäglich, das ist in jedem Fall außer-gewöhnlich.

Neben dem ersten großen »Schlüssel«, wonach der Kosmos und seine Gesetzmäßigkeiten immer so sind, wie sie sind, unsere (zu schulende) Wahrnehmung uns daraus jedoch immer wieder Dinge anders offenbart, übermittelte Lutz, unser Lehrer, uns als Nächstes, wie essentiell es ist, sich über die Erkenntnis der Resonanzen von den Dingen zu lösen, mit denen man nicht in Resonanz ist.

Ich nehme dich wahr.
Ich erkenne dich.
Ich löse dich in Liebe.

So lautete die Formel, über die wir ab sofort alles, was nicht »zu uns gehörte«, also alles, was uns nicht gut tat, uns triggerte und Energie und

GRUPPENPHYSIK

Aufmerksamkeit nahm, zunächst erst einmal wahrnehmen, annehmen und dann auflösen/abgeben lernen sollten. Eine sehr schöne Übung, die als dauerhafter Aufruf zu bewusstem und vor allem ganz authentischem Handeln aufruft. Heraustreten aus den Erwartungshaltungen anderer und vor allem der Dienerschaft ihrer Ansprüche.

Die Schule arbeitete ausschließlich mit den medialen Werkzeugen. Im Prinzip hatten wir die Hälfte der Zeit die Augen zunächst geschlossen, um eben genau diese anderen Formen der Wahrnehmungen umso intensiver zu erleben. Das Erspüren von Energien auf unterschiedlichen Wegen wurde so das 1x1 für das weitere Wachsen. Erst wenn jeder seine Werkzeuge dieses Erspürens und medialen Sehens wirklich kannte, konnte er weitergehen. Erst wenn du das Alphabet kennst, kannst du Worte lesen und schreiben ...

Man kann all das abtun als Spinnerei, oder man lässt sich darauf ein. Ich kann jeden verstehen, der keinen Zugang dazu hat, aber meist haben diese Menschen diesen auch nie gesucht. Für mich bleibt dennoch eine Tatsache die Essenz jeder menschlichen Perspektive: Egal auf welche Weise – ob visuell, emotional, schlafend, schreibend, liegend, stehend usw. – die Informationen die sich zeigen, sie sind wie die Spitze eines Eisbergs nur die Boten der in uns schlummernden Antworten auf all das, was uns in unserem Tagesbewusstsein abhanden gekommen ist. Sei es durch gewollte oder ungewollte Ablenkung – es liegt brach, es ist wie vergessen, ohne vergessen zu sein. Und es will angeschaut werden. Ähnlich den Bildern in unseren Träumen sind es Übersetzungen der eigentlichen Botschaften aus unserem Unterbewusstsein. Es kommt nicht von ungefähr, dass ich in all den Jahren der Reise zu mir selbst viele Heiler, Seher, Medien und Schamanen erlebt habe, die alle immer ein und die gleiche Essenz, nur eben in ihren vielen unterschiedlichen Zugängen, formuliert haben. Und genauso ist es kein Zufall, dass ich in meinen eigenen Forschungen in den vielen Lehrstunden bei eben solchen Lehrern wie Lutz und Otto auch eben genau diese Essenz immer wieder durchleuchten, erforschen und annehmen lernen durfte. Als seien die Medien »nur« die Richtungsweiser, die Leitplanken des Weges, auf dem ich die Schritte aber selbst setzen musste. So passte alles immer mit allem zusammen. Aus unterschiedlichen Perspektiven.

Mein Nahtod hatte die Zweifel an der Feinstofflichkeit gar nicht erst zugelassen und (glücklicherweise) ohne einen Funken einer Prägung durch eine kranke Religion durfte ich mich also nur noch in *das* hineinfallen lassen, was sich nun offenbarte. Mich dem hingeben, ohne es zu sehr zu blockieren.

Und je mehr ich das tat, umso unterhaltsamer, umso spannender und lehrreicher wurde es. Ich konnte auf diesem Weg nur »gewinnen«, also nahm ich von nun an alles, was sich mir zeigte, so an wie es war – ohne Zweifel, ohne zweite Wand, ohne Backup. Es zeigt sich mir so, weil es eine Bedeutung hat. Basta.

Und so ging es immer weiter und weiter mit jeder Übung, gemeinsam oder allein, tief in die Geschichte eines jeden Einzelnen von uns hinein. Jede Seele hatte eine andere Geschichte, andere Körperkleider mit anderen Emotionalitäten, eingebettet in eine andere Sozialität, die auch prägt. Und so gab es kein Be- und Abwerten unseres Seins mehr – es war so, weil es so ist.

Und es war gut so.

STUDIEN-
AUFZEICHNUNGEN

Zulassen was der Kosmos für dich bereit hält

Zwischen den intensiven Gruppenübungen bekamen wir viele Hausaufgaben, die dann wieder bei den gemeinsamen Treffen besprochen und analysiert wurden. Der Unterricht war in vollem Gange.

Wer Inspiration sucht und die einzelnen Schritte einer solchen intensiven Lehre über mehrere Jahre genauer erfahren möchte, findet hier vielleicht ein paar Impulse zur eigenen inneren Arbeit. Für ihn und für alle Detailinteressierten halte ich hier die wichtigsten Stufen und Erkenntnisse aus dieser Art des Unterrichts in Tagebuchfom fest.

Tagebucheintrag:
Am 28. Juni 2009 fuhren wir alle in die Natur, um dort die Energetiken noch genauer zu er-kennen und damit zu arbeiten. Schamanismus ist nicht nur die unsichtbare Welt zu kennen und zu bereisen, es ist auch immer das Studieren der heilenden Kräfte, die uns die sichtbare Welt von Mutter Natur zur Verfügung stellt, um etwaige Blockaden in unserer Energetik wieder zu lösen. Also ist das Studieren der und IN der Natur ein essentieller Pfad dieser Lehre.

Und je mehr wir uns auf die Impulse und Dinge einließen, umso mehr offenbarte sich uns – wie der Eingangsschlüssel der Schule: Nicht die Gesetze ändern sich, es ist unsere Wahrnehmung, die sich wandelt.

So nahm ich auf dem Weg zum Ritualort eine stufenweise unglaublich deutliche Erhöhung der Energie wahr. An einem bestimmten Punkt stoppten wir auf dem Feldweg, um zu erforschen, ob und was sich zeigt, wenn wir den Wald »erspüren«.

Wissend, dass die Wahrnehmung sich wandeln wird mit jeder Übung, und dies stark von meiner Hingabe abhängig ist, blendete ich alles schnell aus und ließ mich in diese Wahrnehmung fallen. Ich erwartete nichts. Immerhin sah ich ja einen Wald nicht das erste Mal. Doch siehe da, je mehr ich diese logisch analytischen Gedanken abschaltete und einfach nur erlaubte, dass sich einmal eine andere Wahrnehmung offenbarte, begann etwas Spannendes:

Ich sah den Wald in weiße, sehr starke Energie getaucht.

Wir bewegten uns weiter auf dem Feldweg bis in diesen Wald hinein.

Plötzlich nahm ich eine Energiewand vor mir wahr, flimmernd deutlich, wie ein Vorhang, der den Wald von der anderen Welt trennte, aber transparent war.

Meine Mitschüler erzählten von einem noch anderen Energiefeld auf dem Feld, welches ich aber nicht wahrnahm. Je mehr wir in den Wald eintauchten, umso stärker wurde die Energie. Bis wir am Ritualplatz auf einer Lichtung direkt mitten im dichten Wald ankamen. Lutz bat uns, uns kreisförmig genau in die Mitte dieser Lichtung, umrandet vom Wald, hinzusetzen.

Nach einer ersten Begrüßung wurde ein Schüler bestimmt, der die heutige Meditation führen sollte.

Aber als er begann, stieg ich innerhalb kürzester Zeit aus der Meditation aus: Ich sehe vor mir eine energetische Sonne wachsen. Sie wird immer stärker, immer größer. Irgendwann ist sie mir so nah, dass ich sie berühren möchte, was ich auch tue. Heiß, warm und angenehm fühlt sie sich an. Dann schließt sie uns ein und wir sitzen in ihr. Ich öffne die Augen, »schaue Aura« und sehe, dass wir alle in einem Meer aus weißem Licht sitzen, welches gerade über den Köpfen aufhört. Wie Morgennebel, der am Boden liegt.

Ich nehme sehr viel wahr, was auch oft der Grund dafür ist, dass ich in den geführten Meditationen schnell aussteige. Meist »hängen« die Meditationsführer lange an einer Stelle oder einem Ort fest, um ihn zu beschreiben, doch ich habe ihn längst wahrgenommen. Und das unterfordert meinen Geist schnell. Er beginnt dann selbst Erkundungsreisen zu machen, geht einen eigenen »Weg«.

Auch hier gelang es mir nicht der Meditation zu folgen, weil mich diese große Lichtkugel, diese Sonne so faszinierte, dass ich sie weiter erkunden und erforschen wollte.

Dann spüre ich plötzlich, wie sich ein Wesen an mein linkes Bein lehnt … ich weiß aber nicht, was es ist. Es kam sanft an und lehnte sich wie selbstverständlich an mein Bein. Vielleicht war es mein Krafttier, welches ich damals in der Nacht berühren durfte? Der Fuchs …? Eine Katze? Etwas ganz anderes ? … Es hatte in jedem Fall etwas unglaublich Selbstverständliches, dass dieses Wesen/Tier bei mir, dort an diesem Ort auch war, wie ein Freund …

Am Ende der Meditation führte uns der Meditationslehrer wieder auf unsere Lichtung im Wald, arbeitete dabei nun aber auch (plötzlich) mit einer Sonne als Symbol, was sich schließlich mit meiner bisherigen »Sichtung« traf. Ich war sichtlich »unterhalten«, aber doch ganz anders als gedacht …

Anschließend absolvierten wir alle wieder ein gemeinsames Ritual, um eine ganz besondere Verbindung mit Mutter Erde herzustellen. Um durch sie Altes zu transformieren, abzugeben und loszulassen.

Dieses Mal sollte jeder von uns eigenständig einen Ort in der Gegend aufsuchen, um dort innezuhalten und zu schauen, was sich ihm »zeigte«.

Ich habe einen wunderschönen Ort gefunden, an dem ich fast wie in einem Zeitloch »verloren ging«, so sehr gab ich mich dem hin. Getaucht in diese weiße Energie vor Ort, hätte ich dort ewig bleiben können. Es war schön, es war reinigend und es war beruhigend.

Danach kehrten wir alle wieder zu unserem Kreis zurück und sollten, je nachdem was aus uns gesprochen werden »wollte«, materialisieren. Ich hatte versucht der Aufgabe als »Mittler« gerecht zu werden und fünf Wünsche in die Gruppenenergie gegeben. Und jedes Wort, das ich sprach, beinhaltete eine andere Energiequalität:

Kraft war die stärkste, Liebe die wärmste, Licht die zarteste, Harmonie die weiteste und Wachstum die beflügelndste Energie.

Dabei spürte ich mit jedem Wort ganz deutlich das wachsende Energiefeld in der Mitte. Es wurde dabei nicht höher oder weiter, sondern dichter in seiner Energetik, sehr dicht.

Lutz gab uns die Freiheit noch einmal in den Kreis zu gehen und dort etwas zu tun, was uns in den Sinn kam. Da »zuckte« mein Arm plötzlich wieder, als ziehe etwas oder jemand kurz daran. »ES« wollte dorthin. Es zog an mir, als würde »jemand« an mir ziehen. Das war lustig und spannend zugleich. Die spannendsten Erlebnisse hatte ich oft, wenn ich mein Denken abschaltete, also gab ich dem nach und bewegte mich in diese Mitte, ohne dass ich wusste, was ich da jetzt machen sollte. Als ich dann dort ankam, übergab ich die »Kontrolle« dieser so feinen aber drängenden Energie in mir, und es begann sich eine liegende Acht in das Energiefeld der Mitte zu schreiben. Das war sehr, sehr energetisch, mein Solarplexus war unglaublich aktiv. Generell war zu diesem Zeitpunkt der Mittelpunkt des Kreises schon sehr energetisiert, und nachdem das getan war, »wollte« es, dass ich mich wieder an den Rand setzte zu den anderen.

Der eigenständige Teil des Rituals war dann sehr emotional für mich (und ich denke für jeden Einzelnen), da wir unsere Blockaden bzw. Themen benennen mussten, ihnen Symbole aus dem Wald geben und dann vergraben, das heißt an Mutter Erde übergeben sollten. Eine spannende, tiefgreifende Reise mit einem unglaublich schönen befreienden Gefühl danach.

Angst kannte ich nicht während dieses Prozesses – es war eher wie ein »heimkommen, zurück
in MICH ...« – den Müll abgeladen, Mutter Erde übergeben, um nun erneuert, kraftvoll zu »sein«.

Danach war die Wahrnehmung erneut feiner, wachsamer und offener, ich fühlte mich sehr energetisiert.

STUDIENAUFZEICHNUNGEN

Und auch die Träume begannen bewusster und lebendiger zu werden. So träumte ich in der darauffolgenden Nacht relativ bewusst, dass eine Taube zu mir geflogen kam, eine weiße Taube.
Ich wollte sie anfassen, und das habe ich auch ... aber sie zappelte, so wie es Tauben eben tun. Sie hatte eine sehr friedliche Ausstrahlung ... Ruhe, Harmonie ...
Deuten kann man das nun wieder in 1000 Richtungen. Ich fand es in erster Linie spannend. Eine weiße Taube in einem Traum hatte ich davor und seitdem nie wieder erlebt ...

Als Nächstes lernten wir die Energetik des CHI kennen, und dass man mit einem gewissen CHI-Potential geboren wird, dieses sich aber (leider in beide Richtungen) modifizieren kann. Das heißt, wir können Chi verlieren oder anreichern. Den Hahn auf- oder eben zudrehen. Um ihn bestenfalls aufzudrehen, gibt es Übungen, und zu diesem Thema hatten uns die Lehrer auch vieles mitgegeben. Im Grunde ist das Verständnis dieser Gesetzmäßigkeit der Schlüssel in das Verständnis der Individualität eines jeden Menschen. Einer jeden Seele. Denn sie drückt sich im und durch den Körper aus. Wer viel Chi-Kraft über eine reinere Seelenkraft in seinen Körper lenken kann, kann daher dieser Seele auch mehr Ausdruck im Leben verleihen.
Wenig Kraft = wenig Ausdauer, wenig Materialisation.
Viel Kraft = viel Disziplin, viel Ausdauer, viel Kreation.
Als eines der effizientesten und daher auch essentiellsten Werkzeuge, diese Chi-Kraft in den Körper (und damit auch in die Seele) zu leiten, habe ich später aus der geistigen Welt das Kosmische Kreuz übermittelt bekommen. Aber dazu später mehr.

Die Schule übermittelte uns, dass die Menschheit anscheinend an einer Art Übergangsschwelle in der Energetik und damit auch in ihrer Bewusstheit steht. Da dieser Übergang aber einen Sprung darstellt, stellt dies eine besondere Herausforderung dar und bedarf sehr viel Energiearbeit. Zumindest wenn man das hochschwingende Potential dieser naturgegebenen Energieveränderung bewusst mitnehmen möchte. Für den »Rest«

der Menschheit ändert sich nicht viel, sie schlachten sich selbst weiter unnötig ab, geistig wie auch körperlich, und leben ein rein auf Konsum und Fortpflanzung ausgerichtetes Dasein. Wer sich aber der Energiearbeit widmet, *kann* seinen Chi-Hahn sehr weit aufdrehen. Ich bestätige das gerne, es wirkt, als gäbe es keinerlei Begrenzung in diese Richtung. Und das ist ein unglaubliches Geschenk. Eine wunderschöne Chance für unsere Seelen(kraft).

Zuhause – damals im Wiener Umland – hatte mein Mann Gabriel eine Stoffpyramide, die ich damals begann mehr und mehr zum Meditieren hinzuzuziehen. Und tatsächlich hatte diese kleine Pyramide anscheinend eine sehr verstärkende Wirkung. Wie ein »Brennglas der Feinstofflichkeit« zog sie mich viel schneller und intensiver in die jeweilige Meditation. In den ersten Sessions wurde mir fast täglich von der Energieanhebung übel. Der »Katalysator« schien mein Energiesystem immer wieder an seine (damaligen) Grenzen zu bringen. Doch wie wächst man anders als über seine Grenzen hinaus ...?!

Ich skizziere dir hier einmal eine solche Meditation über diese kleine Stoffpyramide. Denn Inspiration kann nur durch Kommunikation geschehen:

Aus der kleinen Pyramide zog es mich oft regelrecht sofort direkt in die große Cheops-Pyramide in Ägypen. Vielleicht sind sie miteinander verbunden, vielleicht ist die Stoffpyramide aber auch nur eine Brücke.

Verbunden mit der großen Pyramide, erhöhte sich die Energie nochmal um ein Vielfaches mehr als in meiner kleinen Stoffpyramide. Ein herausforderndes und sehr erfüllendes Gefühl.

Zeichen offenbaren sich mir.

Es erscheint ein Zeichen, der Adler oder Falke, mit offenen Schwingen nach oben, halb ägyptisch zeigt sich mir. Ich bleibe noch ein paar Minuten in der Schwingung und lasse die Energie auf mich fließen.

Es scheint, als gäbe die Pyramide den Weg vor, habe eigene Prozesse, denen ich mich nur hingeben kann.

Sie erhöht die Energie immens und gibt mir dadurch die Möglichkeit mein System auf noch höheren Ebenen zu halten. Daran gekoppelt sind viele neue Wahrnehmungen. Doch immer wieder muss ich mich zur Ruhe und Achtsamkeit im Umgang mit dieser Energie aufrufen. Es wirkt spielerisch, ist aber hoch energetisch. Ich tanze auf einem Seil immer höher und immer feiner.

Es macht Spaß, sie schenkt mir sehr viele neue Werkzeuge und putzt mein System in Turbogeschwindigkeit mit purstem Licht. Ich möchte erhöhen auf zwei bis drei Sitzungen die Woche in der Pyramide. Mein System noch mehr daran »gewöhnen«.

Und so geschah es wieder und wieder, Woche um Woche.

Parallel dazu wurden die Unterrichtsstunden immer intensiver.

Zwei Monate später hatte die Schulleitung gleich zu Beginn des Unterrichts ein großes Einweihungsritual geplant: Die Öffnung der vier Tore. Auch hier nehme ich dich gerne in diese Ritualarbeit mit, damit du ein Gefühl dafür bekommst, wie ein derartiges Studium vonstatten gehen kann.

In den Träumen, im Alltag, in den Heimmeditationen und im Unterricht selbst.

Zu Beginn stehen wir im Kreis.

Otto, der Direktor der Schule, ruft Kräfte in den Raum, die ich noch in der gleichen Sekunde spüre. Die eine Energie erdet mich immens, die andere öffnet mich kraftvoll nach oben.

Als er die Tore aufruft, spüre ich /sehe ich es so, als würden sich wirklich Tore vor mir auftun. Nach dem vierten Tor strömt unheimlich viel Energie durch diese Tore. Sie treffen sich oberhalb meines Kopfes. Dort wird die Energie immer stärker. Das »offene« Gefühl, das ich bereits vorher in meinem Kronenchakra empfand, wird immens verstärkt. Wieder beginne ich zu experimentieren und möchte jetzt, dass diese Tore ihre Energie in meinem Herzen kreuzen. Ich ziehe also die Energien direkt dorthin und konzentriere auch meine Aufmerksamkeit ausschließlich auf diesen Herz-Raum. Das funktioniert. Die Lehrer gehen nun zu jedem Schüler einzeln, um ihn final zu weihen. Ich warte, bis Lutz und Otto bei mir sind, doch deren Energiefeld ist so massiv, dass es mein Oberbewusstsein benebelt. Wenn sie mich nicht festgehalten hätten, wäre ich zu Boden gesunken. So überwältigend stark waren diese Energien, dieses Ritual.

Aber sie hielten mich fest in ihren Händen. Die weichen Knie des Körpers wurden von einem sehr intensiven Gefühl der Erdung aufgehoben, welches mich rein energetisch dann doch gerade wie eine Eins hielt. Der Direktor sprach etwas, das ich aber nicht mehr klar erinnere. Lediglich der Befehl unser Kraftsymbol zu rufen, kommt gerade noch bei mir an. Das fällt mir nicht so leicht, da die hohe Energie es mir schwer macht, mich zu konzentrieren, und ich komme mir vor, als wäre ich nicht in mir. In jedem Fall aber »anders« bewusst.

Das Symbol, das mir erschien, habe ich notiert. Eine Kugel mit dem Halbkreis darunter ... wie ein Tiegel ...

Es hat sich im Laufe des Rituales verändert. Ganz dem Eingangsschlüssel der Wahrnehmungsformel entsprechend, nehme ich das als eine Erweiterung meiner Wahrnehmung wahr. Nicht das Symbol selbst änderte sich, ich, meine Energie verwandelte sich und nahm das Zeichen dadurch leicht verändert wahr. Das, was ich jetzt sah, war vorher genauso schon da. Nur welches Tor auch immer mir den Blick verwehrte, jetzt konnte ich das Zeichen als solches neu/anders wahrnehmen. MEIN Zeichen.

Dann war das Ritual vorbei, und wir sollten uns in eine Meditationshaltung setzen, doch meine Beine zitterten wie Espenlaub. Ich hatte den Eindruck, dass nicht ich mehr meinen Körper lenkte, sondern die Energien ihn. Doch dann, nach einem kurzen Innehalten, konnte ich mich schließlich setzen.

Es war still. Die Lehrer gaben uns sehr viel Zeit, diese veränderte Wahrnehmung nun langsam zu erfühlen. Wie bei einer Neugeburt, neu zu »atmen«. Alle waren ganz mit sich, in ihrem Echo dieser Weihe. Noch ganz benebelt und wortwörtlich körperlich ent-kräftet, musste ich sofort die Hände auf den Boden legen, um mich zu erden, was sehr gut tat. Der Atem veränderte sich, der Körper balancierte sich langsam wieder. Er wurde immer ruhiger. Die Erschöpfung aufgrund des Geschehenen ließ ihm gar keine andere Wahl. Doch im Körper erschöpft, bedeutete das noch lange nicht, dass mein Geist das war. Im Gegenteil. Die Fragen zu dem Geschehen wurden mehr und die Rätsel immer größer.

Mein Körper war auf ganz eigene Weise durch das Ritual entkräftet, was mich umso leichter in eine Art Tiefenentspannung brachte, sodass ich keinerlei Muskelspannung mehr in ihm fühlte. Als würde er schlafen, ließ ich ihn ganz ruhig und wartete, was nun geschah.

Sich all dem vollends hingebend, war ich bereit sofort einzuschlafen oder eben etwas anderes geschehen zu lassen. Und siehe da: Plötzlich begann sich mein rechter Zeigefinger von den anderen Fingern abzuspreizen und eine Art unsichtbare Kraft die Hand mit einer Intention zu führen (die ich immer noch nicht kannte).

Zulassen, meine Aufgabe war »nur« das zuzulassen, was sich ausdrücken wollte. Anfangs noch mit letzten Zweifeln, was das sollte, gewann schließlich meine ewige Neugier. Ich konnte nur innerlich wachsen und lernen, *wenn* ich »mitmachte«. Und der Grad des Mitmachens entschied sich an der Hingabe, also galt es sich hinzugeben. Und zwar völlig.

In halber Tiefentrance, erschöpft und gedankenleer mit geschlossenen Augen, sich einem lustigen Experiment hingebend, bewegte sich meine Hand so, dass der Zeigefinger den weichen einfarbigen Teppich wunderbar als Schreibunterlage nutzen konnte und dort etwas zeichnete. Schrieb. Festhielt. Ich ließ »es« einfach machen.

Dann plötzlich Pause – nichts mehr. Schweigen. Keine Bewegung, kein Drängen mehr. Schluss.

Also öffnete ich die Augen, um zu überblicken, was sich geschrieben hatte. Und ich sah vier sich leicht unterscheidende Symbole.

Eine Weihe der vier Tore, und es zeichnen sich vier Symbole – konnte das Zufall sein?

Ich war sehr berührt davon, etwas verwirrt und doch umso neugieriger, was denn genau hier geschah. Einerseits konnte ich das nicht fassen, andererseits erahnte ich hinter diesem Rätsel ein ungeahntes Potential. Was, wenn sich dadurch auch Worte schreiben würden?

Symbole sind ja fein, aber geben sie leider auch sehr viel Raum für Interpretationen. Wenn ich »damit« womöglich ganze Wörter oder Sätze schreiben »lassen könnte«, wäre das ein (nicht nur für mich) wertvoller Zugang in das Jenseits. Ist so etwas möglich?

Noch staunte ich und zweifelte.

Doch Leben ist, was wir darin zulassen. Also forschte ich weiter und fragte, ob sich auch etwas schreiben könne. Ich blieb weiterhin in der völligen Hingabe und meditativen Bereitschaft zu empfangen, was sich denn da noch so schreiben lassen wollte.

Es schien als würde diese Art des »schreiben lassens« magnetisch funktionieren. Ich spürte Widerstände und Anziehung. Ganz fein, wie mikroskopisch fein war da eine Art Magnetismus in der Luft spürbar, dem ich nur meine Aufmerksamkeit geben musste.

Und tatsächlich. Es funktionierte. Eben noch eine Frage gestellt, schrieb sich plötzlich in den weichen Teppich langsam über dieses Erspüren des Magnetismus ein Buchstabe, dann noch einer und schließlich ein Wort, Absatz. Dann wieder Anziehung in eine Bewegung hinein, die erneut einen Buchstaben formt. Ein weiteres Wort entsteht. Und schließlich die Antwort auf meine Frage entstanden ist. Ich frage weiter. Eine weitere Antwort schreibt sich. Ich staune und frage erneut, und noch einmal folgt eine Antwort. Und jede dieser Antworten war in sich schlüssig aber ungekannt. Dinge, die ich nicht wusste oder kannte, die aber meine Frage beantworteten und mein Verständnis für das Geschehene lenkten. Mich tatsächlich auf-klärten. Mir Klarheit verschafften.

Da saß ich also.

Am Ende des ersten Drittel meines Lebens, in einer Schule der etwas anderen Art, auf dem Boden sitzend im Schneidersitz und meine Hand, genauer gesagt mein Finger, malt und schreibt Dinge auf den Teppich …

Das ist crazy.

Das ist total crazy.

Und doch fühlt es sich so gut an … ich meine, mir geht es gut dabei, ich bin sichtlich entspannt, so entspannt wie nie. Es kostet mich überhaupt keine Kraft, im Gegenteil, ich bin danach energetisiert wie nie.

STUDIENAUFZEICHNUNGEN

Ich war tief berührt von dem Moment, denn ES in mir ahnte die Bedeutung eines solchen direkten Zugangs in das Unsichtbare. Wenn dadurch Kommunikation, echte Kommunikation mit anderen Energieformen möglich ist, dann könnte das sehr vielen Menschen, einschließlich mir, sehr helfen zu wachsen, zu reinigen und sich dadurch in seinem besten Potential vollends zu entfalten. Was gäbe es Schöneres als diese Brücke real zu machen?! ...

Denn dieser Moment war es, der mir den Kanal in die unsichtbaren Welten völlig neu eröffnete. Ich könnte ihn als ein neues Werkzeug einsetzen, bearbeiten, weiter an und mit ihm arbeiten und mit diesem Werkzeug tatsächlich auch Dinge materialisieren. In Factum Wissen materialisieren. Es auf die Erde bringen ... und damit vielen, vielen Menschen zugänglich machen.

Ich bin die ganze Zeit von Menschen umgeben, die alle möglichen Bilder sehen, Stimmen hören. Die Informationen bekommen, die nicht offensichtlich für uns sind, sondern erst über spezielles Training zugänglich werden. Was spricht dagegen, dass diese Art der Wahrnehmung *mein* Zugang in die unsichtbaren Welten ist? Oder eben ein zusätzlicher Zugang zu all dem anderen, bisher von mir studierten und trainierten?

Fragen über Fragen. Staunen über Staunen.

Doch als Nächstes war Ablenkung angesagt, oder besser Umlenkung auf die nächste Übung für die Gruppe.

Hier sollten wir den »Raum unserer Gruppe« auf der feinstofflichen Ebene erkunden. Sie nannten es den »Channel-Raum Dendera«, weil unsere Gruppe die Dendera-Gruppe war. Das war der Name der Gruppe. Also hatte der energetische Raum, in dem wir uns energetisch betrachteten, besuchten und übten, logischerweise auch diesen Namen.

Der aufmerksame Leser erkennt spätestens hier, dass das Wahrnehmen der feinstofflichen Energien von nun an eine essentielle Bedingung für den Unterricht wurde. Nur wer das konnte, nur wer dazu bereit war, konnte hier überhaupt weitergehen. Weil das Wahrnehmen dieses Energieraumes der Gruppe die Eintrittskarte in alle weiteren Übungen mit der Gruppe wurde. Sein musste.

Ganz eigenständig, was ich sehr begrüßte, sollten wir nun nach und nach den Weg dorthin, sowie den Raum selbst erkunden. Zunächst offenbaren sich mir Landschaften, wunderschöne und sehr weite Landschaften. Eine Sonne zeigt sich fest und groß an einer Stelle am Horizont. Sie ist riesig und gelb und in der Mitte weiß. Doch die Erde zeigt sie nur halb, Sonnenaufgang.

Ich reise weiter.

Dann nehme ich erneut ein Tor wahr, ein dunkles Tor. Riesensäulen. Ich bin alleine, niemand anderes ist da. Ich gehe hinein, es ist immer noch dunkel, ich habe das Bedürfnis Licht zu machen, doch werde ich abrupt von Lutz unterbrochen, der uns leider schon wieder zu einer kurzen Feedbackrunde aus dieser Meditation ruft. Schade.

Dies erledigt, sollen wir dennoch dort weitermachen, wo wir waren, den Raum noch tiefer erforschen. Ich setze schnell genau dort an, wo ich unterbrochen wurde, und komme schnell durch das Tor hindurch und durch die Dunkelheit, halte mich aber nun nicht daran auf, dort Licht machen zu wollen. Ich spüre, dass da etwas ist, das diesem Raum einen ‚Sinn' gibt, aber ich weiß noch nicht welchen. Ich gehe einfach weiter und plötzlich nehme ich am Ende des Raumes eine Tür wahr. Eine sehr große Tür, wohl doch auch eher ein Tor. Ich gehe hindurch.

Und plötzlich tut sich eine Kathedrale auf. Riesengroß und weit. Hell und wunderschön. Ich spüre andere in diesem Raum, aber nur ganz, ganz zart. Wirklich »sehen«, also wahrnehmen, kann ich (noch) niemanden. In ihr erkenne ich auch eine Art Bibliothek, aber eben doch eine Kathedrale mit einem Altar. Hier kann ich mich nur fliegend bewegen. Ich kann in ihr nicht gehen. Ich schaue mich um und erforsche, es ist wunderschön dort. Ich erkenne viele Details und staune die Schönheit an. Sehr klar nehme ich alles wahr. Das Licht bricht durch große Scheiben an den Wänden. Ich fühle mich hier wohl und will gar nicht mehr weg. Doch dann ruft uns Lutz erneut zurück. Wir sollten den Raum finden und erforschen, nicht in ihm leben …

Im September 2009 kreuzte ein Heft meinen Weg, in dem es um Totemtiere aus dem Indianischen geht. Meines ist – der Falke. Zumindest nach dem Kalender, der mir vorliegt. Ich musste leicht schmunzeln, denn nun wurde mir klar, dass die kleine Stoffpyramide klar einen eigenen Weg vorgab. Im Prinzip eine Art »geführte Meditation der anderen Art«. Ich kann tausendmal etwas beschließen – die Energetik darin lenkt, und nicht mein Wille. Also hatte sie mir mein Totemtier eröffnet. Sehr interessant. Ich beschloss von nun an, nur noch ohne Ziel in die Pyramide zu gehen und mich dem, was sich zeigen möchte, völlig hinzugeben.

Ob es die Pyramide ist, oder die Tore, oder meine ganze Arbeit zusammen, all das verändert mich. Mein Bewusstsein verändert sich und wird noch klarer, noch feiner. Gleichzeitig verstärkt sich meine Hellfühligkeit. Ich kann fast schon kein Fernsehen mehr schauen, keine Fotos mehr anschauen, ohne gleich das Gegenüber zu fühlen. Doch mit der Verfeinerung der Antennen geht leider auch eine noch größere Verletzbarkeit einher. Einerseits fühle ich dieses friedliche Meer aus Energie in und um mich herum immer deutlicher, doch bringt diese Empfindsamkeit eine neue Herausforderung mit sich, die mir schier unlösbar scheint: Schutz. Wie soll sich etwas schützen, das sich immer mehr öffnet …?

In den darauffolgenden Wochen verspüre ich einen sehr sehr starken Drang mich meiner inneren Heilung und eben dieser Herausforderung zu widmen. So stark war es noch nie. Ich treffe unterschiedliche Heiler, die alle aus ihrer jeweils einzigartigen Wahrnehmung mein Energiefeld, meinen Astral-, Emotionskörper und so vieles mehr lesen und mir dabei durch ihren Filter Botschaften zutragen. Sabine, eine Geistheilerin, Georg, der mit seinem Talent eines »Röntgenblickes« in die Materie hineinschauen kann. Oder auch Mari, eine sehr liebevolle Seherin aus Berlin, die mich einmal mehr ermahnt, mich nicht länger mit dem angriffslustigen, groben Umfeld zu sozialisieren. Ich kann nur in meine ganzen Kraft kommen, wenn ich aufhöre zu hoffen, dass ich genauso wie meine Umwelt leben und denken muss, um geliebt zu werden. Ich verliere dabei Kraft, hemme mein eigentliches Potential und – schaffe es eh nicht. Energy does not lie. Die Energien lügen nicht und sind daher auch nicht belüg- oder manipulierbar. Die Seelen sind Energie, also kommunizieren sie durch diese. Und wenn eine feinsinnige Seele so tut, als wäre sie nicht feinsinnig, um ihre Verletz- und Empfindsamkeit zu schützen, kann das nur gewaltig nach hinten losgehen. Wieder und wieder werde ich diese meine Achillesferse benannt bekommen. Noch viele, viele Jahre.

Eine der schwersten Übung auf dem Weg zu sich selbst, zumindest für solch einen neugierigen Geist wie mich, ist die Erkenntnis, dass jede neue Antwort, die der Kosmos uns schenkt, 1000 neue Fragen aufwirft. Es wirkt, als sei man nie am Ziel, erfüllt von einer Art finalem Verständnis. Zumindest für eine lange Weile nicht …

Meine Wahrnehmung wandelt sich – oder vielleicht auch nur meine Bewusstheit dessen, was ich all die Zeit längst bin. Mehr und mehr formt sich das Gefühl einer Art »Verantwortung«, einer Art »Berufung«. Und immer geht es dabei um die Menschheit. *Es* in mir fühlt damals wie erste Sonnenstrahlen am Horizont eine Kraft, die für die Menschheit wirken möchte, und nicht für sich allein. Immer wieder zeigen sich in Meditationen der Stab und die Kugel aus der Session mit Benedikt damals in München. Was auch immer der Stab und die Kugel bedeuten, sie scheinen in direkter Verbindung mit diesem Gefühl der Verantwortung zu stehen und rufen mich auf, alle meine Kraft/Zeit und Konzentration in diese »Reise« zu stecken, denn DAS ist MEIN WEG!

Diese Erkenntnis festigt sich und in den folgenden Meditationen baut sich immer mehr eine ganz andere Dimension vor mir auf. Ein Bild, klar, hell, farbig aber nicht von dieser Welt. Wunder- wunderschön ähnlich dem, was die Menschen als »Himmel« beschreiben. Hier gibt es keine Räume, keinen Ort. Um es annähernd beschreiben zu können, nehme ich ein Beispiel aus den Kirchenmalereien. Dort sieht man »himmelähnliche« Darstellungen, aber es ist nicht unser Himmel, wie wir ihn mit unseren Augen wahrnehmen. Generell war der Ort, wenn man das so nennen kann (weil es eigentlich ein Zustand und kein Ort ist), vergleichbar mit dem, wie ich ihn in meinem Nahtod erlebt hatte. Kein Raum, keine Zeit, aber klare, deutliche Bilder. Hatte ich nun diesen Zustand mit meinem Bewusstsein erreicht, ohne dass mein Tagesbewusstsein dazu schlafen musste? War ich **aufgewacht** in meinem Bewusstsein? Angekommen?

STUDIENAUFZEICHNUNGEN

Im Oktober 2009 suche ich den Channel-Raum der Gruppe auf und nehme ihn als angenehm, hell, fein, erhaben, still und weise wahr.
Doch plötzlich fühle ich an den Seiten Wesen, mit weißen Gewändern und weißen Bärten. Sie sind hell, sehr hell und weiß.
Ein Wesen wendet sich mir zu und reicht mir etwas: ein Buch, groß, braun. Und so langsam begann – wie eine kleine Knospe, die sich aus dem Winterboden schiebt – ein Gefühl in mir zu dieser Übergabe zu wachsen. Doch noch war es nicht soweit, dass sie austreibt.

In den darauffolgenden Wochen »lande« ich in meinen Meditationen immer mehr in einem Lichtermeer. Nur noch Licht, hier gibt es keine Landschaften mehr. Doch ich orte in diesem Lichtmeer ein Wesen (noch ohne Gesicht) und dahinter viele, viele andere Wesen. Es sind alles Freunde. Sie sind da, sie sind immer da, doch kann ich sie nicht immer so direkt wahrnehmen. Dadurch fühle ich mich etwas alleine auf der Erde. Immer schwerer wird es, wieder in den Alltag zurückzufinden. Ich möchte diesen Zustand, die Wahrnehmung dieser Energien nicht mehr loslassen. Es wirkt fast schizophren. Im Außen so ganz anders zu leben und agieren (zu müssen), und kaum habe ich die Ausrichtung ins Innere gelenkt, so ganz anders zu empfinden. So ganz anders zu sein.

In einer der folgenden Unterrichtsstunden übten wir die Zukunft zu erspüren. Nach und nach führte uns Lutz in einer geführten Meditation in die nächsten Jahre. Eine Zäsur war dabei für mich das Vorfühlen »in zehn Jahren«, also 2019. Auf dem Weg dahin schien es mühsam und sehr anstrengend, doch plötzlich in diesem zehnten Jahr nahm ich unter mir eine Art Nebel wahr, befand mich selbst aber beständig in dem Zustand des Lichtermeeres, in dem ich mich so heimatlich warm und wohl fühlte. Ich kann die Energie halten und habe daher viel Zeit zum Erforschen. Ich bin dort alleine, unter mir der Nebel, über mir ist es himmelähnlich. Es scheint, als bewohne ich ein Gebäude, welches große helle Fenster trägt, denn von außen dringt viel helles Licht ein. Ich gehe hinaus auf eine Art Plateau und erkenne ein Lichtmeer, ein Himmelsmeer. Wunderschön.
Ich, die mit Religionen nix am Hut hat, sehe aber plötzlich eine Energie,

die die Menschen als »Maria« bezeichnen. Sie ist dort sehr präsent und umarmt mich. Genauso wie eine Art Jesusenergie, ist dort an diesem Ort, in diesem Zustand, eigentlich alles, was man als »heilig« bezeichnen würde, präsent.

Es ist ein Platz des Friedens und des Wissens, nicht von dieser Welt.

Ich kann nicht nach »unten schauen«. Mein Gebäude steht im Himmel, so gesehen über den Wolken. Eine wunderschöne Vorausschau, ich bin fast wie süchtig nach dieser Schönheit, dieser Erhabenheit.

Für diesen Tag bin ich so dankbar, wie es keine Worte formulieren können. Es beginnt in mir etwas Neues zu blühen, das von mir gesehen, erkannt und nun gelebt werden will. Etwas, das aber in dieser Welt hier noch keine Form hat. Als Gesicht andere Rollen zu mimen und dabei eine Mutprobe nach der anderen zur Angstbewältigung im Außen zu absolvieren, ist das Eine, doch ich muss nun meinen noch viel tiefer sitzenden Ängsten begegnen, um aus der Selbstmanipulation meiner Energien (um des Gefallens willen) herauszutreten und zu diesem sehr komplexen System namens ICH zu stehen. Denn dieses ICH ist in diesem Lichtermeer zuhause und will vor allem Eines: es teilen.

Ich erkenne immer wieder, dass ich diesen Weg nur in Stille, im Rückzug aus der Glamourwelt leben kann. Aber bin ich bereit dafür?

Die enge Zusammenarbeit mit den Studierenden des House of Shaman ermöglichte durch das gegenseitige Testen unserer wachsenden Wahrnehmungen immer wieder unterschiedliche Perspektiven auf das eigene Wachstum. Wo man steht, wie man sich entfaltet. Doch wir alle schauten auf unsere Weise auch noch weiter über den Tellerrand hinaus. So traf ich in dieser Zeit ein weiteres Medium, welches mir aus dem Kreis der Studierenden empfohlen worden war. Sie wies mich darauf hin, dass ein anderes Leben und dessen Erlebnisse in mein jetziges Leben direkt überlappe und ich diese Echos noch lösen/reinigen/ausbalancieren sollte. Es sei wie eine falsche Prägung, die mich auf der Stelle treten ließe. Sie betonte, wie wichtig es sei, unbedingt aus der Schleife auszusteigen, dass ich Menschen ändern oder positiv beeinflussen könne, wenn ich ihnen in Liebe begegne. Sie unterstrich, dass dies eine der gefährlichsten Trugschlüsse der esoterischen Welt sei, die mich immens Kraft kosten würde. Diese Hoffnung mache mich bedürftig, wartend und Menschen zugewendet, die nicht bereit sind, sich zu wandeln, sich zu öffnen und ihre Energie zu reinigen. Ich müsse dringend lernen, zu GEHEN, wo man nicht liebt. Nicht mich zwingen zu bleiben und an etwas festzuhalten, um etwas zu bewirken. Das funktioniere nicht! Ich hatte es selbst längst erkannt – Energien lügen nicht, sie zeigen und sind ein sofortiges Ja oder Nein. Zwar sind sie wandelbar, aber nur aus sich heraus und das hat viel mit Bereitschaft zu tun. Ist diese Bereitschaft zur inneren Wandlung der Energie in einem Menschen nicht gegeben, ist alle Liebesmüh im wahrsten Sinne des Wortes vergebens. Absolut vergebens – zu glauben, dass viel Lieben, viel Mitgefühl, viel Empathie und Verständnis das Gegenüber bewegen könnten oder gar sollten. Dieses gefährliche Glaubensmuster koste mich unendlich viel Kraft und ich solle dringend daraus aussteigen, riet mir das Medium. Akzeptieren, dass andere Menschen eine andere Geschichte, andere Prägungen und eben eine andere Bereitschaft in sich tragen, sich ihrer Energie (Seele) zu widmen. Außerdem solle ich alle Allmachtsansprüche, jeden immer und überall heilen zu wollen vollends ablegen. Erst wenn ich in dieser Akzeptanz angekommen sei, wäre mein ganz eigenes Energiesystem wirklich geheilt. Ironie des Schicksals: »Hör auf andere heilen zu wollen, dann heilst du … «

Ich konnte in der Tat all dem auch viel abgewinnen, es fühlte sich richtig und weise an, und so nahm ich es gerne auf und an und ließ mich sofort nach der Session durch meine unsichtbaren Freunde in ein Ritual dazu führen. Ein langes Ritual, das fast zwei Stunden dauerte und sehr intensiv war. Ich konnte dabei alles Besprochene noch einmal anders »anschauen«, ablegen, verzeihen und loslassen, was loszulassen sich zeigte. Ganz nach unserer Lehre aus der Schule:

Ich nehme dich wahr.
Ich erkenne dich.
Ich löse dich in Liebe.

Es war wie kleiner Tod, den ich da erlebte, der aber etwas Entfesselndes und sehr Gutes hatte. Tatsächlich fühlte dieses Loslassen sich an, als würde es eine Art »falscher Verbindungen« lösen. Etwas, das nicht zueinander passt, auflösen. Und übrig blieb ein wunderschönes, befreites und gestärktes Gefühl. Als seien in einem Gefäß Lecks geschlossen worden, und es könne nun den ganzen Inhalt bei sich halten. In der Tat, neu geboren.

Am nächsten Morgen offenbarte mir die Morgenmeditation zu dem Erlebten die folgende Geschichte:
Ich fand mich in einer fremden Landschaft wieder. Gehe durch einen Tunnel, welcher sich dann zu einer Höhle formt. Ich folge dem Licht durch diese Räume und suche die Lichtquelle wie einen unsichtbaren Führer. Dann bin ich in einer Halle aus Stein gelandet, an den Wänden befinden sich Einkerbungen, als würden dort Statuen stehen, ich kann sie aber (noch) nicht wahrnehmen. Alles ist leer. Meine Aufmerksamkeit aber zieht mich irgendwie in die Mitte des Raumes. Dort befindet sich eine Barke aus Stein, und ich fühle, dass ich mich auf sie legen sollte. Ich ruhe und lausche dem, was ich wahrnehmen »kann«. Plötzlich erkenne ich eine Öffnung, eine sehr große Öffnung, und mir kommt das Wort Dimensionstor in den Sinn. Dieses Licht erfasst dort auf dieser Barke meinen ganzen, dort liegenden Körper. Je länger ich meditiere, umso mehr nehme ich wahr. Nach einer gewissen Zeit fühle ich meinen Energiekörper in Bandagen gewickelt. Als sei ich gefesselt in diesen. Je mehr ich diese Bandagen erkenne, umso schrecklicher fühle ich mich, doch gleichzeitig empfinde ich auch eine Gewissheit, dass es gut ist, dass ich jetzt diesen Moment erlebe.
Plötzlich nehme ich andere Wesen um mich herum wahr. Viele Meister, Helfer, unterschiedliche Wesenheiten – sie sind da und beginnen damit, mir die Bandagen herunterzunehmen. Stück für Stück. Langsam aber ganz beständig und nach und nach verwandelt sich meine Energie. Meine Empfindung. Ein Gefühl der Freude und Dankbarkeit überkommt mich und wächst mit jeder weiteren entfernten Bandage. Dann, plötzlich, verändert sich meine Wahrnehmung gänzlich, und ich sehe, dass der Raum nicht mehr leer ist, sondern gefüllt von Hunderten anderer Wesen, Gegenständen, Symbolen und an den Wänden stehenden Wächtern in goldenen Gewändern. Der Raum ist erfüllt von Schönheit. Und irgend-

wie kommt er mir bekannt vor ... Diese Wesen sind Freunde, alle ... sie gehören zu mir – und ich zu ihnen. Dann, völlig ohne Bandagen und von Kopf bis Fuß erfüllt von einem intensiven Gefühl der Demut und der Dankbarkeit, empfinde ich einen Impuls mich aufzurichten und meine Hände nach oben in das Licht zu strecken, als würde ich es damit in mich hineinsaugen können. Wie ein Gefäß, das nun wieder in der Lage ist, das Licht nicht nur (wieder) wahrzunehmen, sondern es tatsächlich auch aufzunehmen, ganz in sich, zu trinken.

In diesem wunderschönen und auch sehr demütigen Gefühl endete diese Meditation und ließ mich völlig aufgelöst und in tiefen Gefühlen der Liebe und Wehmut zurück.

Es scheint, als sei mein Empfindungsapparat namens Körper nun noch mehr sensibilisiert.

Ich beginne andere *noch* deutlicher zu spüren und zu sehen.

Ich gebe mich der Wandlung vollends hin. Doch einen Schatten wirft das viele Licht: Je mehr ich forsche, umso mehr empfinde ich Sinnlosigkeit im Agieren in dieser Welt. Es wirkt, als sei das Bedürfnis, das mich bisher IN die Materie, in das Wirken IN ihr getrieben hatte, geheilt. Verschwunden. Und ohne dieses Bedürfnis will ES in mir nichts mehr tun, was eben ohne einen Sinn für mehr als das eigene Bedürfnis nötig ist. Um mich ist es still und wird es immer stiller. Etwas in mir nimmt Abschied von dieser Welt und kennt doch die neue noch nicht – das ist ein haltloses Gefühl – schon wieder Ohnmacht.

Doch diese ... ist anders.

Dann im Mai 2010 veranstaltet die Schule eine Reise nach Ägypten. Gerne wäre ich mitgefahren, doch ging es sich finanziell und auch zeitlich leider nicht aus. Auf dieser und vielleicht durch diese Reise kam es zu internen Differenzen, die das rasche Auflösen der Schule nach sich zog. Entsetzt über diese so plötzliche Entwicklung wuchs meine Dankbarkeit umso mehr, überhaupt so weit mit der Gruppe und der Schule gegangen sein zu dürfen. Denn derartige außergewöhnliche Möglichkeiten, die geistige Welt anhand einer solchen Gruppenenergie kontinuierlich zu erforschen, sind so selten wie ein Lottogewinn. Ein unglaublicher »Katalysator«, der für meine (seelische) Entfaltung, neben dem Nahtod, eine epochale Bedeutung hatte.

Es war schade, es war traurig, aber es hatte nichts mit mir zu tun, sondern war ein Prozess, der von ganz anderen Prozessen und Energiebewegungen gelenkt wurde. Die gemeinsame Zeit und vor allem die vielen intensiven Lehrstunden sind der eigentliche Schatz meiner Seele geworden. Ein Schatz, den ich mitnehme in meine weiteren Leben und der von nun an Teil meiner Energie sein wird. Für die Ewigkeit, die ich bin.

Die letzte Botschaft, die Lutz uns noch mit auf den Weg gab, will ich hier festhalten, denn sie setzt durchaus einen Akzent. Vor allem nach dem gemeinsam absolvierten Weg, der nun überwiegend allein, aber in einem anderen Bewusstsein, nämlich in der Gewissheit, dass wir eben nicht allein sind, zu absolvieren vor uns liegt:

Unsere Lebensaufgabe ist vorherbestimmt. Wir wählen, ob wir sie annehmen.

Auf jeder Bewusstseinsebene haben wir Filter für unsere Wahrnehmung. Wandeln wir unsere Energie, so wandelt sich unser Bewusstsein. Dadurch werden wir bewusster. Unsere Seelen werden wacher.

Wir müssen lernen, klarer und klarer die Trübung aus dem Bewusstsein zu reinigen, um dann zu erkennen und zu wählen, was wir *jetzt* sein und leben wollen.

»Ich sage ja zum Ich, ja zur Lebensaufgabe«.

So können wir lernen, den Filter zu bewegen, ihn zu reinigen, uns zu verändern, zu identifizieren oder zu entidentifizieren.

Und so ist es möglich, die Muster der Vergangenheit loszulassen und dadurch unser Bild im Außen zu verändern.

Täglich, immer wieder neu.

Wenn wir es uns erlauben und zulassen!

Die Kraft in uns lenkt die Bereitschaft in uns. Sie lenkt und führt uns. Wer also bereit ist und sich ganz auf diese Entdeckungs-und Entfaltungsreise konzentriert, wird anderes erfahren, als der, der es nur nebenbei, oder gar nicht, fokussiert.

Wir entscheiden, wie wir wählen. Nehmen wir diese Möglichkeiten wahr und an, oder lassen wir sie verstreichen.
Wir entscheiden. Jeden Tag, Jeden Moment aufs Neue.

Mir wurde bewusst, dass dieses Gefühl meiner empfundenen Ohnmacht, das »alte Leben« sinnloser und sinnloser zu empfinden, aber das »neue Leben« noch nicht greifen zu können, der Prozess der Entidentifizierung ist, die Lutz das benannte. Und ich erkannte, dass jeder Bewusstseinssprung, der nach einer solch intensiven Energiewandlung in uns geschieht, zunächst immer auch erst eine solche Ohnmacht dem Neuen gegenüber mit sich bringen *muss*. Weil man neu geboren wird – im gleichen Körper. Doch die Energie, die ihn erfüllt, schaut anders, empfindet anders, und wird daraufhin auch anders entscheiden.

Und vielleicht war es deshalb auch ein ganz organischer Prozess, dass mit diesen vielen Neugeburten, die wir alle gemeinsam erlebten, so manche Erkenntnis des Abschieds miteinherging.
Denn die Schatten einer solchen Gruppe sind ihre Gruppendynamiken. Unausweichlich, unveränderbar. Als sei es ein Energiegesetz. Eine Gruppe von mehr als zwölf Menschen beginnt eigene Lager zu entwickeln. Alles was über diese Anzahl hinausgeht, bringt mehr und mehr Reibungen mit sich. So war es hier auch. Vielleicht noch nicht bei zwölf, aber ganz sicher bei zwanzig Teilnehmern *muss* es (mindestens) einen geben, der meine Alligatorenergie nicht »aushält«, bekämpfen mag, blockieren muss – in jedem Fall mit ihr in Reibung geht. Das bringt mich dann unweigerlich auch in eine Reibung, die mir Schmerzen verursacht und mir Kraft raubt. Es wird anstrengend. Auch wir hatten in unserer Gruppe eine solche Dissonanz, die begann mich persönlich anzugreifen und damit meinen inneren Rückzug nur noch mehr beschleunigte.
Insofern kam dieses plötzliche Ende der Schule (zumindest für mich) passend, um aus diesem dummen Spiel der Egos aussteigen zu können, noch bevor es mich noch tiefer hineinzog und noch mehr Energie verbrennen hätte können.

Und in der Tat trug dieser Rückzug ein großes Potential in sich. Nämlich das Besinnen auf sich selbst. Wir hatten bereits die wichtigsten Werkzeuge gelehrt bekommen, wir hatten die Zugänge in die geistige Welt gelegt, wir hatten verstandes- und gefühlsmäßig erkannt, was, wo und wie der Kosmos agiert und vor allem, dass wir diese Energiegesetze und ihre Bewegungen (nur) akzeptieren müssen. Ohne Zweifel ist absolute Hingabe möglich und je mehr wir uns in Freude und Dankbarkeit in diese inneren Welten hinein begeben, umso spannender und bereichernder wird es. Für unsere Energie. Das in uns, was ewig *ist*.

Und so endete diese Reise mit einer sehr begabten Gruppe in einer sehr visionären Schule – und wir alle waren nun reicher, als wir gekommen waren.

Reich an Erkenntnis. Reich an Erfahrungen, die wir allein so nicht hätten machen können. Reich an Transformationen unserer Energie.

Und reicher an eben genau dieser ewigen Währung: Unserer Kraft!

LÜCKEN-PRESSE

Zensur ist die Inquisition unserer Zeit

Die Schule hinterließ dennoch zunächst ein Loch, in welchem sich die »Neugeburtsohnmacht« umso anstrengender anfühlte. Immer mehr zog es sich in mir aus der Sehnsucht zurück, jede noch so unbedeutende Filmrolle annehmen zu müssen, »um zu sein«, der Bedürftigkeit, am besten wöchentlich über rote Teppiche zu flanieren, um »nicht vergessen zu werden«, und der Doktrin der Agenten gehorchend, unbedingt täglich in der Presse mit halb (oder ganz) erfundenen Geschichten »stattzufinden«, um »weiter im Zirkus mitzumischen«.

Der plötzliche Zusammenbruch der Schule legte zu diesem Empfinden (nur) den Steigbügel und warf mich wie noch nie ganz auf mich zurück. Still, aber so wach wie nie in diesem Leben, lauschte es in mir, was der Kosmos mir nun zutragen würde.

In der schamanischen Schule hatten wir gelernt, das ganze Sein aus der »energetischen Perspektive« zu erkunden und zu betrachten. Nicht das Äußere der Menschen zu betrachten, sondern ausschließlich ihre Energien, das, was aus ihnen und in ihnen strahlt – und dieses als die Ursache ihres Äußeren richtig zu lesen. Und mir hatte die Schule durch ihre vielfältigen Rituale (und besonders durch das Torritual) den Zugang zu einigen mir innewohnenden Werkzeugen offenbart. Mit dem Wissen und dem Einsatz dieser Werkzeuge wurde ich mit jedem Atemzug ein anderer Mensch, weil mich diese völlig neue Perspektive bezüglich unseres Seins veränderte.

Die Bilder in den Meditationen zeigten immer wieder Bücher, Bibliotheken, Papier und unterschiedliche Schreibwerkzeuge. Sie formten eine Gewissheit, ein Gefühl, einen Impuls: Die Erkenntnisse festzuhalten, auch für eine Zeit nach meiner Zeit hier. Sie aufzuschreiben. Sie fest-zu-halten. Für die Ewigkeit, für die es gebraucht wird.

Denn immer mehr erkannte ich, dass meine Art zu fragen, zu hinterfragen, die wenigsten meiner Mitschüler in der Schule, aber auch in den anderen Seminaren und Workshops anwandten. Oft wunderten sie sich, schauten mich an wie ein Alien, wieso ich dies oder jenes wissen wollte: Mein Forschergeist war es, der mich immer wieder schnell an die Grenzen der Lehrer stoßen ließ und somit immer wieder das Bedürfnis stärkte, selbst die Antworten finden zu müssen/wollen.

Nach und nach entstand ein Gefühl und ein Name für ein Werk, das genau diese Essenzen des Kosmos festhalten wollte. Wenn jetzt schon allein forschend, dann bitte richtig.

Es war soweit. Der Ohnmachtsnebel lichtete sich, das bisher Unsichtbare offenbarte sich mir und wollte nun in Form meines ersten Buches geboren werden: »Das 1x1 des Seins«.

Und so begann ich mich von diesem Impuls führen zu lassen. Ich hatte keine Geschichte, keinen wirklichen Plan, ich trug (nur) ein Weltall voller Fragen in mir, die nach Antworten dürsteten. Die Werkzeuge erkannt und einsatzbereit, war ich entschlossen, alles, wirklich alles, was mir auf der Seele brannte, zu erfragen und die Antworten für die Nachwelt festzuhalten.

Ich nutzte meine Zugänge und Werkzeuge abwechselnd, je nachdem, was mir die Antworten besser erläuterte. Manchmal waren es Bilder, die sich mir zeigten, die mit Gefühlen untermalt wurden. Manchmal aber meldete sich auch mein »zuckender Finger«, der unbedingt ein Wort oder auch Symbole zeichnen »wollte«.

Immer mehr erkannte ich eine gewisse »Logik« in dem, was sich schrieb. Als fände ich nach und nach ein Puzzle eines großen Mosaiks, welches aus einem gewissen Abstand dann ein sichtbares, verständliches Bild ergibt. Für mich wurde dieses Buch daher zu einer Art Einweihung in dieses übermittelte große Ganze (Bild). Niemand zuvor hatte mir diese

Dinge so berichtet. Manches wurde gestreift, manches in einem ganz anderen Kontext übermittelt, aber vieles war neu. Für mich völlig neu.

Beispielsweise das »Rad des Seins«. Ich wusste bis dato nicht, dass die Energien in einem bestimmten Zustand linksdrehend sind (und dabei natürlich anders wahrnehmen) und in anderen Zuständen rechtsdrehend, wobei sie dann ein und das Gleiche noch einmal ganz anders wahrnehmen. Dass die Wahrnehmung der Seele also auch an ihre (Bewegungs-)Ausrichtung gekoppelt ist. Und ich wusste nicht, dass es in diesen Bewegungen jeweils einen Umkehrpunkt gibt und dieser epochal wichtig für die weitere Entwicklung dieser Seelenenergie ist. All das und so viel mehr hatte ich noch nirgends vorher gelesen, gelehrt bekommen oder woanders aufgenommen. Doch es entfaltete sich vor mir, als würde ich ein unsichtbares Buch nur sichtbar machen. In unsere Ebene materialisieren.

Außerdem forderte das ganze Buch auf, das Thema Bewusstsein und Liebe als die beiden kosmischen Elemente zu »erkennen« und die Kraft einer jeden Seele als den einen und einzigen »Gradmesser einer Seelenwirkung« zu unterstreichen. Egal was sich wie, wo und wann im Kosmos (im Sichtbaren und Unsichtbaren) ausdrückt – es ist auf der Basis dieser Triangel so, wie es ist. Und es ist, wie sollte es anders sein – in dauernder Bewegung. In dauernder Wandlung.

Der Kosmos offenbarte mir bei der Arbeit an dem Buch (in Form von Meditationen) so viele Bilder, die mir visuell schnell verständlich machten, was es zu übermitteln galt, sodass ich unbedingt noch nach einer Möglichkeit suchte, den Lesern ähnliche Erkenntnisse zu übermitteln. Meine liebe, medial extrem begabte Freundin Eva konnte »medial zeichnen«. Sie gab sich einem Thema oder einer Frage auch völlig meditativ hin und »ließ dann dazu malen«. Ähnlich meinem Schreiben mit dem zuckenden Finger malte sie ganze Gemälde. Sie erklärte sich bereit diesen Part zu übernehmen, und so entstanden zwölf wunderschöne Gemälde (beispielsweise zu den Themen: Aussehen der Seelen, Bewusstsein, Quelle, Dualität, Männlichkeit, Weiblichkeit), die alle Teil des Buches wurden.

Mein erstes Buch.

Da war es also.

Zensur ist die Inquisition unserer Zeit

Die ersten wirklichen Antworten nach so vielen Jahren der Suche und so vielen ratlosen Lehrern, die immer nur ein frustrierendes: »Du wirst es erfahren, wenn die Zeit reif ist«, parat hielten – all dies wurde hier (endlich) erlöst. Ich gebar sie einfach selbst, die Antworten. Ich erlöste mich selbst.

Endlich Erfüllung. Endlich ein Weg, der mich wachsen lässt, der mich weitet, der meine Lust am verstehen Wollen abholt, der die Neugier in mir wie eine Blume weiter und weiter entfaltet und mich bei alledem direkt lehrt.

Eine Ironie des Schicksals, dass es die Abkehr von den weltlichen Lehrern war, die mir letztlich die (für mich) besten Pfade bereitete …

Aber so wollte und sollte es wohl sein. Und ich nahm diese Erkenntnis gerne an, denn sie war tatsächlich die für mich optimalste Form des Wachstums und Lernens. Keine Reisen zu Schulen, die viel Geld, Zeit und Energie verbrennen, keine Gruppendynamiken mit Egoreibungen, keine Bewertungen und damit auch kein Risiko der Abwertungen – sondern nur mit mir sein, ganz in mir sein und egal, wo ich auf dieser Welt Fragen stellen und Antworten sammeln wollte. Als würde ich mit meinem Finger in das »ätherische Internet« greifen, fand ich zu jeder Frage eine passende Antwort und erlangte somit nicht nur immer tiefere Einsichten in die Energetik des Kosmos, sondern und vor allem auch Gewissheit und Gelassenheit im Umgang mit diesen meinen Werkzeugen.

Ich erkannte immer deutlicher die Heerschar an (unsichtbaren) Lehrern, die mehr und mehr greifbar für mich wurden, und begann dadurch mit diesem Buch eine neue Stufe meines Schaffens als Mensch in dieser Zeit.

Das 1x1 des Seins läutete diese neue Stufe sichtbar ein.

Nun war ich nicht mehr nur Schauspielerin, sondern auch eine Autorin und das, wo ich beides so nie »geplant« hatte. »Nur« den Impulsen aus mir heraus und den Möglichkeiten, die mir das Schicksal schenkte, gefolgt, könnte man also beides auch Bestimmung nennen. Doch im Grunde ist diese Etikette unwichtig. Ich fühlte mich wohl und bin bis heute sehr erfüllt von diesem Schaffen, in welchem meine (bewegliche) Perspektive die Fragen stellt, meine Werkzeuge dann die bisher so vermissten Antworten finden, und ich all dies nun festhalte.

LÜCKEN-PRESSE

Nicht nur für mich, sondern für alle, die jemals an einen Punkt in ihrem Leben gelangen, an dem sie sich auch derartige Fragen stellen. Ich darf ihnen helfen, nicht mehr nur Blabla-Antworten akzeptieren zu müssen, sondern wirklich einfach direkte und konkrete Antworten auf ihre Fragen zu finden.

Und wer jetzt glaubt, dass mein Schaffen in der Medienwelt, meine bis dato erlangte Bekanntheit in irgendeiner Weise diesem (sehr wertvollen) Wissen helfen hätte können, eben dieses Wissen den Menschen schneller zugänglich zu machen – der irrt gewaltig. Denn das ganze Gegenteil ist der Fall.

All die Jahre hielt ich mein Netzwerk zu Journalisten und Medienmachern aufrecht. Immer wieder unterstrichen sie, dass ein Kinofilm und eine Buchveröffentlichung perfekt für eine sogenannte »gute Story« wären.

Nun denn, da war sie, die Veröffentlichung von Buch und Film zugleich, denn Das 1x1 des Seins erschien relativ parallel mit dem Kinofilm »Baked Beans«, in welchem ich eine der Hauptrollen an der Seite meines Mannes spielen durfte.

Und siehe da, plötzlich fielen solche Sätze wie: »Ja, über den Film können wir reden, aber das Buch werden wir nicht erwähnen« …

Das Buch nicht erwähnen? Mit keinem Ton, keiner Zeile?…

Wieso diese Lücke erschaffen in meinem Wirken?

Ich bin ehrlich gesagt bis heute noch schockiert, welcher Inquisition und Zensur ich plötzlich ausgesetzt war und bis heute bin, denn außer in den esoterischen und spirituellen Medien, ist diese Form der Unterdrückung meines Schaffens bis heute lebendig. Bis heute weiß ein Großteil all der Menschen, die mich auf der Straße ansprechen oder zu Autogrammen anschreiben, absolut nichts von meinen Werken.

Aber was verlange ich: Eine Klatschpresse, die nur die Dramen des menschlichen Seins sucht und davon lebt, kann sich nicht derartigen Themen widmen. Ich gebe zu: dass es einen derartiges faschistoides Verhalten auslöst, hätte ich tatsächlich nicht erwartet.

Aber man lernt ja bekanntlich immer neu dazu, und diese Wahrheit hat mich das erste Mal erkennen lassen, welche Funktion Medien tatsächlich haben. In der Schule wurde mir gesagt, sie informieren die Menschen nach einer guten Recherche, bestenfalls neutral. Derartige Erlebnisse aber zeigen ein ganz anderes Bild. Es geht anscheinend nicht primär darum zu informieren, es geht um Verkaufszahlen, Klicks und Likes. Und in einem digitalen Zeitalter ist Zeit für Recherche genau das, was nicht existiert. Es geht längst nicht mehr darum zu informieren. Es geht nur noch um eine schnelle Schlagzeile, um die Aufmerksamkeit des Volkes für einen Moment so aufzublasen, dass von den Werbeeinnahmen (dieses Momentes) all die Journalisten und Buchhalter, Mieten und Anwälte bezahlt werden können. Die Nachricht an sich ist nur noch ein schnelles Produkt, sie hat keinen ideellen Wert mehr. Und die Menschen, das Volk, wird auf diesen schnellen Konsum konditioniert. Denn tatsächlich bekommen dann diejenigen mit der schnellen, lauten und gar nicht so selten auch falschen Nachricht mehr Aufmerksamkeit als die, die sich eben länger mit der Aufbereitung der Informationen Zeit lassen konnten.

Doch unabhängig von dem Zeitfaktor gibt es auch interne Agendas eines jeden Blattes bzw. Senders, und nicht zu unterschätzen ist auch die Tatsache, dass die Medien, in denen ich bisher zu Filmen und Privatleben meine Interviews gab, schlicht und ergreifend völlig überfordert waren, sich jetzt über Energiearbeit und Seelenphysik zu unterhalten. Schon die Journalisten selbst wären mit der Fragestellung überfordert gewesen, und noch mehr mit den Antworten.

Ich kann all das nachvollziehen, doch ist es erwähnenswert, dass den Menschen auf diese Weise derartige Inhalte einfach völlig vorenthalten werden. Gerade auch zur Trauerbewältigung, die jeden Menschen mal mehr mal weniger, aber dennoch zweifelsohne, also tatsächlich jeden Menschen betrifft, ist solch ein Zugang vielleicht sehr, sehr hilfreich? Es müssen ja nicht seitenweise Interviews sein, aber den Menschen dieses Wissen fast ganz vorzuenthalten, halte ich für fahrlässig und grundsätzlich falsch.

Und so war ich in diesem Schaffen ab sofort auch immer einem gewissen Gegenwind ausgesetzt. Und **aufgewacht**, dass unsere Welt von einer kleinen Gruppe Menschen gelenkt wird, die über den Kopf einer großen Gruppe hinweg entscheiden, was diese wissen dürfen und was nicht.

Mich wird dieser Medienfaschismus aber nicht davon abhalten können, dieses Wissen weiter festzuhalten, um anderen Menschen den Zugang vorzubereiten, wenn sie ihn suchen. Denn weit mehr als die Schlagzeile von heute werden die Menschen diese Inhalte brauchen, wenn sie die »anderen Fragen« stellen, die Perspektive ihres Lebens ändern und aus dem Außen in das Innen schauen möchten. Wenn sie realisieren, dass sie mehr sind als nur dieser Körper, dass sie ein Bewusstsein in sich tragen, das geformt werden kann, ein Leben leben, das sie bewusst ändern können, und dass sie selbst verantwortlich sind, für das so ersehnte Gefühl der Erfüllung.

Niemand anderes und schon gar nicht die Unterhaltungsmedien werden diese Sehnsucht heilen können.

ABADJANIA

Sei immer bereit für das Unerwartete

Auf meiner Suche nach Antworten streifte ich auch immer wieder meine Augenthematik. Zur Erinnerung: Nach einem sehr heftigen Fieber im Alter von zwei Jahren, entstand eine Fehlstellung in meinen Augen. Ich schielte nach dem Fieber. Dies wurde durch eine OP korrigiert, doch aus der OP ging ich mit einer Sehschwäche heraus. Manche der Heiler, die ich besuchte, wollten dem eine tiefere Bedeutung geben, und da ich mich dazu entschieden hatte, diesen Weg ernst zu nehmen, ging ich auch derartigen Impulsen nach.

Auch hier beschreibe ich sehr detailliert die einzelnen Stufen der Heilung anhand vieler Rituale und Meditationen. Wer diesen Weg mitgehen will, ist gerne eingeladen, den Tagebuchaufzeichnungen zu folgen. Wer nicht, blättert bitte einfach weiter.

Eines Tages erreichten mich Informationen über einen Heiler, der in Brasilien für seine Wunderheilungen zu Weltruhm gelangt war. Wie immer neugierig, was da genau geschieht, doch auch hoffnungsvoll, dass er meiner Augenschwäche tatsächlich Hilfe geben kann, startete ich also im August 2012 nach Abadjania in Brasilien.

Eine Gruppenleiterin organisierte, begleitete und übersetzte alles Wichtige auf dieser Reise.

In Brasilia angekommen wollte sie uns ein paar einschlägige Sehenswürdigkeiten der Stadt nicht vorenthalten. Ich weiß nicht, wie man auf eine solche Idee kommen kann, Menschen, die gerade eine gefühlte Ewigkeit an Anreise hinter sich hatten, noch weitere viele Stunden mit Stadtrundfahrten zu nerven, aber ich musste mich dem hingeben.

Doch – unerwartet – wurde ich für diese Hingabe tatsächlich auch »belohnt«.

Wir besuchten eine Art Tempel, es war aber ein moderner Tempel, kein antiker. Eher ein Gebäude mit ganz vielen Kristallen ausgestattet, und im Zentrum des Gebäudes befand sich ein sehr großer Raum, kreisrund und sehr, sehr groß. Man könnte sagen, eine Art Tempelhalle.

Auf dem Boden war aus Marmor eine Spirale aus zwei Farben gepflastert. Osmarina, die Gruppenleiterin, erklärte uns, wie man diese Spirale begeht. Zu Beginn geht man den Teil aus dunklem Marmor entlang bis zur Mitte, und dort findet man erneut einen Kreis, ein kreisförmiges Zentrum. Von diesem Zentrum aus beginnt dann der dunkle Marmor nach und nach heller zu werden. Der Weg aus der Spirale war also von einem immer heller werdenden Marmor gekennzeichnet.

Ich erkannte sofort eine Art »Rad des Seins«.

Völlig übermüdet von der langen Reise, war dennoch das Schlafen im Autobus von der Gruppenleiterin nicht gestattet gewesen. Und ich dachte mir nun, wenn ich dieser Pflicht schon nicht entkomme, dann mach ich daraus eben eine Kür. Also entschloss ich mich dazu, diesen Weg mit meiner vollen Aufmerksamkeit und Hingabe zu bestreiten. Es ist oft nur ein kleiner Entschluss, der unsere Haltung und damit unsere Ausrichtung lenkt – und mit diesem meinen Entschluss zur völligen Hingabe öffnete ich mich dem, was da kommen wollte voll und ganz. Meine Feinfühligkeit half mir dabei, denn umso intensiver konnten die Eindrücke wirken. Frei nach Meister Yoda: »Tu es oder tu es nicht, versuchen gibt es nicht«, stürzte ich mich also ganz und gar in diese »Übung«.

Die Energie des Raumes war nicht wirklich hochschwingend, aber auch nicht speziell blockierend, sondern eher neutral. Doch das ist nebensächlich gewesen, denn dann begann ich.

Zunächst schloss ich meine Augen zu Beginn der Spirale und wartete auf den Impuls und vor allem auf ein Gefühl, das diesen Impuls in sich trägt. Wir hatten in der Schamanenschule gelernt, dass Energiearbeit immer erst dann beginnt, wenn man sich der Energie bewusst wird. Und das tun wir anhand unserer Empfindungen. Erst wenn wir den Ort, den Moment, das Gegenüber oder das Ritual wirklich fühlen, beginnt die Reise. Vorher sind es Masken des Egos.

Ich besann mich also ganz auf mich. Zentrierte mich und versuchte mich vor allem zu konzentrieren, was aufgrund der Reiseerschöpfung eine echte Schubumkehr bedeutete.

Dennoch, es funktionierte: Nach einer Weile zeigte sich in mir ein erstes deutliches Gefühl und ich wusste: Da war er, der Impuls, das Gefühl, ich war ganz da und bereit. Jetzt konnte es losgehen:

Es begann mit dem Zeitpunkt meiner Geburt: Ich empfand ein wunderschönes Gefühl, warm, federleicht, friedlich, fröhlich. Dann ungefähr zehn Schritte nach der Geburt fing es an, dass ich mich zurückzog. Etwas in mir wurde immer trauriger, immer, immer trauriger, resignierend, desillusioniert. Ich wunderte mich über diese Wandlung, wie aus der feinen, friedlich leichten Energie plötzlich so viel Traurigkeit und daraus wiederum so viel Wut entwuchs, doch dann wurde ein Gefühl der Enge zusätzlich immer stärker und lenkte mich vom Sinnieren über diese Traurigkeit völlig ab. Ich kann gar keine Worte finden für die Enge, die mich wie eine Schlange, wie Fesseln begann zu umschlingen. Immer mehr und immer stärker zog sie sich um mein ganzes Sein, nahm mir meinen freien Atem, mein aufrechtes, kraftvolles Gehen, meine Hoffnungen und meine Zuversicht. Ein furchtbares Gefühl.

Die Traurigkeit übermannte mich so sehr, dass ich noch in diesem Kreis, während ich dort langsam vor mich »hin ging« begann, Rotz und Wasser zu heulen – so sehr wie lange, lange nicht mehr.

Ich wusste sofort die Traurigkeit einzuordnen. Das »Emotionskleid«, mit dem (in das) ich inkarniert war, war *so* sensibel, dass es jegliche Hänseleien und Beschimpfungen immer wie einen Atomkrieg völliger Zerstörungswut der anderen empfunden hatte. Und durch die Masse an Unbewusstheiten und Verletzungen (die übrigens auch sehr gerne im Deckmantel des Humors und des Zynismus geschehen) entstand eine Menschheits-Traurigkeit. Eine resignierende Menschheits-Traurigkeit. Eine Betroffenheit. Tiefe Verzweiflung.

ABADJANIA

Eine Frage aus dieser Betroffenheit heraus wurde immer lauter: »Wo bin ich da gelandet, sie sind alle so grob und verletzen einander dauernd, bringen sich gegenseitig (physisch und psychisch) um, und es scheint, als tragen sie Liebe und Mitgefühl nur wie eine Maske vor sich her … Wieso tun sie das? …

Die Frage wurde nicht beantwortet, und ich fühlte mich immer mehr in ein resignierendes Schweigen eingetaucht. Ich verlor Energie. Immer mehr Energie. Immer kraftloser schleppte ich mich die nächsten Schritte weiter. Mir wurde schwerer und schwerer ums Herz, und ich empfand keine Freude mehr. Das Leben war ein Überlebenskampf. Ich hatte Angst. Ich war voller Sorgen und Unsicherheiten. Destabilisiert, traurig und hoffnungslos.

Mir war bewusst, dass dies nicht das Jetzt beschrieb, dennoch offenbarte mir diese Übung etwas in mir Verborgenes, Verschüttetes, vielleicht auch absichtlich Verdrängtes. Und jetzt hier in diesem Moment wurde es sichtbar. In meinem Oberbewusstsein.

Und ich erkannte: Diese Riesenspirale war die Basis für ein essentielles Ritual, zu dem ich nur mich und meine ehrlichen Gefühle brauchte. Ohne sie zurückzuhalten oder zu unterdrücken. Es funktionierte tatsächlich wunderbar. Der Ort war die perfekte Umgebung für derartige Selbsterkenntnisse. Also machte ich weiter und gab allem, wirklich allem, was sich noch zeigen und ausdrücken wollte *den* Raum, den es suchte. Das Wunderbare an diesem Momentum war: Ich konnte das Vergangene aus meiner jetzigen Perspektive beleuchten und mich jetzt entscheiden, welchem (ehemaligen) Gefühl ich mehr und welchem ich weniger Aufmerksamkeit schenkte. Das hatte etwas Spielerisches, doch war es (für mich zumindest) sehr ernst.

Ich bewegte mich immer weiter in der Spirale Richtung Mitte, doch schien sie noch eine Ewigkeit entfernt. Plötzlich begann sich die Traurigkeit zu verfestigen, als würde sie verklumpen, »hart«, stählern hart werden und dabei Wut in mir formen.

Und es wurde kalt. Immer kälter. Hart und kalt. Unfassbar hart und kalt. Als hätte ich eine Rüstung gegessen. Als wäre ich diese metallene Rüstung geworden. Stählern hart – und schwer ...

Die Traurigkeit schien überwunden, doch es war, als wären die Tränen zu Blei geworden, das sich verfestigte und daraus eine Rüstung erschuf. Eine Maske begann »sich zu erschaffen«, die ausschließlich einen Nutzen hatte: Meine Empfindsamkeit zu schützen.

Ich ging weiter. Voller Trotzenergie und so viel Kälte in mir und um mich herum, dass ich am ganzen Leib zitterte ... ja, ich zitterte, mitten im schwül-heißen Brasilia.

Die Schritte fühlten sich an, als sei ich ein Soldat einer Armee, der nicht selbst denken, fühlen, sondern ausschließlich funktionieren soll. »Es« in mir lief die Spirale weiter. Voll ausgestattet mit Rüstung, Schwertern und schwer wie 1000 Tonnen Blei.

Dann kam ich (endlich) in der Mitte des Kreises an. Tonnenschwer, freudlos und hoffnungslos.
Ich hielt kurz inne.
Stille.
Erschöpfung.
Müdigkeit.
Kraftlosigkeit.

Schließlich drückte mich all die Schwere auf den Boden. Tief nach unten. Noch ein paar Reste an Erinnerung, wie ich mich energetisch balancieren kann, halfen mir, die Hände zur Erdung auf den Boden zu legen. Mir war übel, doch ich versuchte mit diesen letzten »Energiehebeln« meine Wahrnehmung dennoch voll konzentriert in dem Ritual zu halten. Ich konzentrierte mich weiterhin mit voller Hingabe und wartete, welcher Impuls der nächste sein würde. Demütig und neugierig zugleich.

Demütig, weil mir durch die Desillusionierung über den Zustand der Menschheit bewusst wurde, dass meine Empfindsamkeit auch ein unglaubliches Geschenk bedeuten kann. So empfindsam zu fühlen, zu denken, zu leben – offenbart eine andere Perspektive als das Bekämpfen und nur vor sich hin Taumeln.

Und neugierig, weil ich ja über meine Meditationen und die Rituale um die epochale Bedeutung der Neugeburt, des Umkehrpunktes seelischer Energien (im Rad des Seins) weiß, in dem *jede* (sich bewusste) Energie über zwei gegensätzliche Bewegungen in eine Balance hinein wächst. Und in jeder dieser Bewegungen gibt es einen Punkt, ich habe ihn aus der geistigen Welt als die »Ohnmachtserfahrung der Seelen« gelehrt bekommen, an dem die Energie »aufgibt«. Kapituliert. Resigniert. Es gibt so viele Worte dafür, doch vor allem aber ändert sich ihre *Ausrichtung*. Und mit dieser »Änderung der Richtung« beginnt sich eine völlig neue Energetik aus sich heraus zu entfalten. Und wie wir schon erfahren haben, hat all das auch viel mit Bereitschaft zu tun. Denn die Bereitschafft einer Seele, einen Weg zu gehen oder Dinge zu tun, die vorher undenkbar waren, entsteht so plötzlich und wie von alleine aus uns heraus, und das neue »Ich« entsteht.

Die Bedeutung dieses energetischen Wendepunktes hatte ich längst verinnerlicht, doch hatte ich einen solchen noch nicht in einer solchen Geschwindigkeit durchlebt. Bisher waren es Monate, wenn nicht Jahre gewesen, die ich taumelnd in Ohnmacht suchte, doch hier und jetzt geschah all dies bewusst erfühlend und so reflektierend – in Minuten.

Da war er nun. Ich konnte ihn fest angreifen, wie den Boden, auf dem ich saß. Ein solcher Moment. Inmitten eines Kristalltempels in Brasilien. Auf einem kühlen Marmorboden, im Meditationssitz mit den Händen auf dem Boden und dem Kopf gesenkt.

Es war still. Und zugleich sehr bewegend.

Dieses **Aufwachen**.

Diese Neugeburt.

Meine Energie drehte sich.

Aus der Traurigkeit formte sich nun Akzeptanz, aus der Akzeptanz Vergebung (all den wunderbaren Menschen gegenüber, die mir solche Schmerzen in meiner Seele bereitet haben), aus der Vergebung wurde Loslassen und aus dem Loslassen wurde Dankbarkeit dafür, dass ich und was ich bin. Dass ich sein darf, gesund bin und lebe. In dieser Zeit, an diesem Ort leben und wirken darf.

Entschlossen aus der Ohnmachtserfahrung voller Schmerzen heraus- und in eine andere Bereitschaft und Haltung hineinzutreten, die mich fort-bewegen wird von jedem einzelnen Menschen, Moment und Gefühl, die diese Schmerzen verursachten – verspürte ich endlich den Impuls aufzustehen. AUFZUSTEHEN und weiter zu GEHEN.
Ein unglaublich schöner Moment.
Kraftvoll, stark, entschlossen und das nicht aus Wut, sondern aus Hingabe und Liebe. ZU LEBEN:
In dieser ganz anderen Energetik und vor allem Ausrichtung begann ich also nun die andere Richtung der Spirale über den immer heller gepflasterten Weg zu gehen.
Schritt für Schritt, langsam und ganz bewusst, setzte ich einen Fuß vor den anderen und lauschte weiter ganz wachsam meinen Gefühlen.

Zunächst begann sich ein wunderschönes (vermisstes) Gefühl der Weite zu zeigen. Als würde meine Seele nach einer langen Zeit des Atemstillstands wieder atmen. Und ich bin größer und größer geworden. Es fühlte sich an, als würde ich platzen vor Energie. Ein Teil der Rüstung nach dem anderen sprang aus meiner Energetik heraus. Bum, Bum, Bum, einer nach dem anderen und jedesmal mit unglaublich viel Kraft dahinter. Wie Raketen, die diese Rüstungssplitter aus mir wegsprengten. Ich erinnerte mich an die »Sichtungen« meiner Mitschüler im House of Shaman, die meine Energetik manchmal so beschrieben, dass sie wie durch Spinnweben gefesselt in einem Kokon festhing. Ich erinnerte mich in diesem Moment an dieses Bild, weil es mich aufrief, noch feiner, wirklich jede noch so feine klebrige Fessel aus der Rüstung zu entfernen. Ich ergriff sie nach und nach und ging dabei wirklich jedem noch so kleinen Impuls nach, der sich aus mir formte.
An den Augen bemerkte ich noch eine andere Energetik, eine Art Schlamm, den ich schwer packen konnte, aber dennoch versuchte ich so viel es ging zu »greifen« und wegzuwerfen.
Die Kraft in mir wurde dabei stärker und stärker, größer und weiter. Freier.
Ein wunderschönes Gefühl.

Ich ging beständig weiter. Auf dem Weg formten sich nun ab und zu irgendwelche Mudras (die ich alle nicht kannte, weil ich Mudras nie studiert hatte, aber ich wusste, dass es welche sind). Ich ließ sie einfach zu, ließ mein Energiesystem »machen«, was es meinte, machen zu müssen, jetzt hier an diesem Ort in diesem Moment. Immer wieder hielt ich inne, gab dem, was sich formte, auch Raum, sodass ich es ganz intensiv erspüren und erfühlen konnte und tankte dabei immer mehr Kraft. Unendlich viel Kraft, eine starke Kraft, eine schöne Kraft. Immer mehr hatte ich das Gefühl, als atmete nicht mein Körper, sondern meine Seele. Und sie atmete dabei Kraft, immer mehr Energie ein.

Die Hände formten sich dabei zu Schaufeln, die symbolisch und sicher auch tatsächlich Energie in mein Energiefeld schaufelten. Ich begann zu lächeln, mich leicht zu fühlen und an diesem Energieschaufeln sehr viel Freude zu empfinden.

Ich badete in dieser Freude und hielt am Ende noch einmal ganz inne. Meine Seele tanzte, mein Körper war leicht wie eine Feder.

In diesem Moment dort am Ende dieser Spirale wollte sich aus mir heraus noch eine Bitte an die geistige Welt formen. Die Bitte um Heilung und dass alles, was mit diesen Schmerzen und den Echos daraus noch in mir sein mag, bitte gänzlich heilt, transformiert, ausgeglichen und dadurch von mir vergessen werden kann. Ich wieder ganz in meiner Kraft wirken kann und in der Folge dann stark genug bin, um die Unbewusstheit der Unbewussten und die Schmerzen aus ihren Taten gar nicht erst zuzulassen.

Die geistige Welt schenkte mir auf diese intensive Bitte ein: »Ja, so wird es sein.« So ein richtiges Ja – ohne wenn und aber. Keine Zweifeln, kein doppelter Boden, kein Zögern, ein glasklares, kristallklares »JA, so wird es sein«.

Wenn der Kosmos antwortet, dann immer stabil, und wenn man ihn »versteht«, dann empfängt man genau diese Stabilität. So wie ich es damals tat.

Mit einem phantastisch gestärkten und befreiten Gefühl stieg ich also aus der Spirale heraus und war noch eine Weile sehr berührt von diesem

Ritual. Denn es war zu einem sehr intensiven Ritual geworden, dessen Intensität ich heute noch bestaune.

Nicht jeder hat das so durchlebt, oftmals liefen die Mitreisenden sehr schnell durch die Spirale, man sah, dass sie fast schon gelangweilt von der Örtlichkeit und der Aufgabe waren; andere brachen ab, wieder andere empfanden es als anstrengend. Ganz der Formel aus der Schule entsprechend – »wir sind jeweils, wie und was wir wahrnehmen« - nahm also jeder diesen Moment aus seiner inneren Bereitschaft wahr. Ich war sehr bereit, einzutauchen und mich dem hinzugeben und habe (vielleicht gerade deshalb) ein kleines, großes Einweihungsritual geschenkt bekommen, für das ich unendlich dankbar bin und immer sein werde.

Danach fuhr uns Osmarina zu weiteren Sehenswürdigkeiten, doch mein System war noch sehr ergriffen von dem Erlebten und suchte dringend Stille. Also verblieb ich ab sofort im Bus, immer in der Hoffnung, dass wir nun doch bitte endlich zu unserem eigentlichen Ziel losfahren mögen.
In mir formte sich mehr und mehr ein Entschluss:
Dieses Ritual, die Spirale, das Rad des Seins waren ein Hinweis, wie sehr es an mir liegt, was ich aus dieser Reise und dem noch zu Erlebenden mache. Also, ganz angelehnt an das soeben Durchlebte, beschloss ich, die ganze Reise mit einer derartigen Hingabe und in Stille zu verbringen. Ich trat in eine Art Schweigekloster ein, wollte so wenig wie möglich in Austausch mit anderen gehen, so wenig wie möglich reden – alles mit dem Ziel, in jedem Moment ganz mich zu spüren. Ich wollte jeden, wirklich jeden einzelnen Atemzug ganz bewusst energetisch erspüren können, weg von Wertungen, einfach nur »ICH sein«.
Abadjania sollte ein sehr energetischer Ort sein, also lag es nah, all dem seine ganze Aufmerksamkeit zu schenken und einmal nicht den Menschen.
Ich bat auch alle Wesenheiten, die mich wahrnehmen, die mir helfen können und möchten, um Heilung und rief alle zu Hilfe, dass sie mich führen und mir Antworten für mein Wachstum geben würden.

ABADJANIA

Endlich in Abadjania angekommen, trafen wir gleich am ersten Morgen Joao de Deus, das Medium vor Ort, und als Erstes verschrieb er mir eine Session auf einem Kristallbett.

Eine solche Session dauerte 45 Minuten Man liegt dabei auf einem Bett und über einem flackern in unterschiedlichen Farben sieben Kristalle, den Chakren entsprechend, abwechselnd auf. Das soll das Energiesystem anregen und dabei reinigen. Jeder Kristall war auf der Höhe eines Chakras angebracht.

Ich begab mich also ganz meiner Haltung entsprechend sehr wachsam und doch auch voller Vertrauen hingebend auf dieses Kristallbett.

Schnell fand ich einen meditativen Zustand, und es taten sich ganz klare Bilder auf. Ich sah mich als kleines Mädchen, wie ich mit meinen weissblonden Haaren durch eine Landschaft gehe und von rechts und links schmeißen irgendwelche anderen Menschen, die auch eher kleiner waren, mit Schlamm. Dieser Schlamm blieb an mir hängen und kleben. Und er schmerzte unendlich, denn in ihm waren kleine, kleinste Steine, und diese fühlten sich auf meiner Haut wie feine Messer an. Jeder Wurf schmerzte unendlich tief und ich wurde dabei trauriger und trauriger. Extrem traurig.

Dann bin ich weiter in diesem Bild geblieben, doch es veränderte sich.

Plötzlich fand ich mich wie auf einer Art anderen Ebene wieder. Der Schlamm wurde zwar weiter geworfen, aber in dieser Ebene »erreichte« er mich nicht mehr so. Der Schlamm gehörte zum »Erdbereich« - ich aber war energetisch »woanders« angekommen.

Dennoch war die Traurigkeit nicht geheilt und die Kristallbettsitzung leider schon zu Ende. Diese Bilder passten zu der Spirale am Boden, doch verließ ich hier den Ort leider nicht so fröhlich. Es war zu wenig Zeit gewesen.

Am nächsten Tag sollte ich mich in der Nähe des Mediums in den Meditationsraum setzen.

Das Echo aus der Kristallbettsitzung schwang leider noch in mir.

Hinter mir saß ein kleines Mädchen. Ich weiß nicht warum, aber inmitten der Meditation begann sie plötzlich bitterlich zu weinen. Dieses verzweifelte Weinen des kleinen Mädchens hatte etwas Einnehmendes

Sei immer bereit für das Unerwartete

und bot mir daher eine leichte »Rutsche«, mich vielleicht auch meiner tiefen Traurigkeit erneut noch einmal hinzugeben und alles aus mir herauszuwaschen, was noch immer darin feststeckte.

Obwohl ich dachte, ich hätte das längst in der Spirale schon herausgewaschen, gibt es anscheinend tiefere Schichten derartiger Traumatas, die sich wie Zwiebelringe nach und nach offenbaren und dann auch angeschaut und gereinigt werden »wollen«.

Auch diese »Waschung« tat sehr gut. Am Ende der Meditation war es vollbracht. Ein weiteres Gefühl der Bereinigung und Befreiung war eingetreten, und ich fühlte mich erneut gestärkt.

Am nächsten Morgen ging ich zum Wasserfall, welcher zu Fuß ca. 30 Minuten entfernt weiter unten im Tal lag. Da ich fest entschlossen war, diese Zeit nur in völligem Einklang mit dem Kosmos zu erleben, »befragte« ich ihn (in einer Meditation) vor diesem Morgenritual zu der Aufgabe und dem Potential in meinem Vorhaben.

Und so zeigte sich auf meine Frage, was ich heute dort »bearbeiten« soll, ein Gefäß, das ganz viele Risse in sich trug. Diese Risse machten es instabil. Jeder einzelne destabilisierte es mehr und mehr. Doch es waren unendlich viele. Das Gefäß wirkte, als würde es bald auseinander fallen und in 1000 Splitter zerfallen. Gleichzeitig mit dem Bild übermittelte sich das Gefühl, diese Risse wieder zusammenzufügen. Es schien eine Kraft zu geben, die das möglich machte.

Dies sehend fragte ich natürlich auch die Ursache für diese Splitter ab, und lauschte, was sich zeigte.

Da begann mein Finger wieder zu »zucken«, also gab ich mich dem hin und es schrieb das Wort: *Selbstwert*. Ich fragte weiter, wie ich das bearbeiten könne, und es schrieb, *dass ich die Energie zunächst visualisieren soll, in ihrer rissigen Form, und es sich dann, wie das Wasser des Wasserfalls wie eine Art heilende Tinktur über mich ergießt und dabei alle stumpfen, scharfen und gesplitterten Teile wieder miteinander verbindet, verschmilzt.*

Entschlossen das genau so anzugehen vollzog ich dieses kleine Ritual ganze fünf Mal, bis ich wirklich das ganz tiefe, intensive Gefühl hatte, alles

»Gebrochene« wieder miteinander, und damit mit meiner Seele, verbunden zu haben.
Und so fühlte es sich dann tatsächlich auch an.
Unglaublich schön und gesund.
Ein langes, intensives und unglaublich wichtiges Ritual, denn nur da, wo keine Lecks in unserer Seele sind, kann in der Folge auch Energie angereichert werden. Was bringt es, als Fass ohne Boden Energiearbeit zu machen … nichts. Gar nichts. Zunächst muss das Gefäß erst einmal wirklich dicht und sauber sein. Ich kam aus dem Staunen über diese unglaublich schöne und sinnvolle Führung gar nicht mehr heraus. Keine Gruppenleiterin, kein Lehrer, kein Mitreisender, kein Niemand, der mir diese (für den Heilungsprozess) essentiellen, wertvollen und wichtigen Impulse gab. Nein, es war die geistige Welt, die das tat. Impressive. Most impressive.

Nach diesem schönen Ritual begab ich mich in die Pension und rastete viel. Dabei machte ich noch eine kleine Session, um ein bisschen detaillierter zu erfahren, wie denn diese »Risse in der Seele« entstehen konnten.

Langsam gewann ich Gefallen an dieser direkten Kommunikation mit dem Unsichtbaren – gleichwohl ich immer auch noch voller Zweifel war. Dennoch, ich hatte Zeit und Lust darauf, weiter zu forschen, was alles so möglich sei. Langsam und behutsam tastete ich mich also weiter vor.

Ich nahm einen Bleistift zu Hilfe und fragte weiter:

Was ist die Ursache für diese Risse? Die Antwort: *Ein Schaden im Energiefluss aus diesem Leben, der aufgrund von Ängsten hervorgerufen wurde.*

Wie kann ich ihn wieder beheben? Die Antwort: *Nach dem Ritual der Versiegelung nun als Nächstes die Stärkung der Verbindung mit der Quelle.*

Und zur Frage nach meinem Aufenthalt vor Ort und den Heilungsarbeiten des Mediums, kam die Antwort: *Eins nach dem Anderen, erst die energetische Reparatur, danach die nächsten Schritte durch das Medium.*

Die Antworten schrieben sich sehr langsam und klein, als schriebe eine Mausehand, aber dennoch waren sie für meinen Verstand eine sehr hilfreiche Stütze. Einerseits durch die Energiearbeit und andererseits die

Sei immer bereit für das Unerwartete

logisch nachvollziehbaren Antworten in den geschriebenen Antworten. So entstand ein sehr erfüllendes Gefühl des hier solide vonstatten gehenden Prozesses der Heilung.

Wer oder was auch immer mich hier führte, das erste Ziel schien zu sein, dass ich erst einmal einen ganz bestimmten Energielevel erreichte. Und wie ich in der Schamanenschule lernen durfte, hat dieses »Energiewachstum« immer auch viel mit Loslassen zu tun. Mit dem Auflösen letzter Ängste und Blockaden, um ganz, oder zumindest erst einmal mehr, wieder in die eigene Kraft zu kommen. (Nachdem sie einem »liebevoll« und ganz »beherzt« von anderen Menschen genommen worden war …)

Ist dies erreicht, können die nächsten Schritte gegangen werden. Aber wie bei einem Hausbau muss das Fundament stark und solide sein. Erst dann kann das »Energiehaus« darauf aufgebaut werden. Klingt logisch …

Schon bald fragte ich natürlich eben genau nach diesen nächsten Schritten. Die Antwort: *Ich solle beten, dass sich meine Ängste auflösen, und ein Ritual absolvieren, welches eine Art symbolische Opfergabe beinhaltet, die aber gleichzeitig alles Alte, was mir Energie genommen hat, nun auch bewusst loslässt. Die Vergangenheit loslassen und reinigen, damit Platz für das Neue entsteht.*

Ich überlegte kurz, was ich Altes bei mir hatte, meinte sehr zu brauchen und jetzt aber opfern konnte und mochte …

Ich entschied mich für meine alten Schuhe. Alte weiße, aber schon sehr kaputte Schuhe, von denen ich mich ewig nicht trennen wollte, weil sie mir so gefallen haben. Zeit, sie gehen zu lassen und auf neuem Schuhwerk zu wandern.

Also vollzog ich in der kleinen Kapelle der Casa ein schönes kleines intensives Ritual, indem ich die Schuhe als das Symbol nahm für das Alte, das aber kaputt war und mir nicht mehr gut tat. Ich stellte mir vor, wie alle meine Ängste, die ich noch irgendwo in mir trug, wie mit einem magnetischen Kaugummi durch meine Hände aus mir gezogen wurden. Dann formte ich diese Energien zu einem Energieball und lenkte diesen auf die Schuhe, welche ich in diesem Ritual vor mir liegen hatte. Sie boten meinen Augen etwas Sichtbares für das sonst Unsichtbare und halfen mir dadurch diese Innenwelten besser zu transformieren. Mehr und mehr wurden die Schuhe zu dem (Platzhalter) Mülleimer meiner Ängste, was letztlich »nur« verunreinigte Energiefelder waren. Dabei war ich hoch konzentriert und sprach vor mich hin, was mir in den Sinn kam, und was das Abladen der alten schmutzigen Energien, die nicht mehr meine sein sollten, finalisierte. Dann ein tiefer Atemzug und es war vollbracht. Der alte Kram landete in der Tonne. Ein wunderschönes befreiendes Gefühl.

Mir ist klar, dass das von außen betrachtet sehr merkwürdig erscheinen kann, doch sind *wir* es, die den Dingen Bedeutung geben, und ich hatte diese Reise nicht angetreten, um dort Urlaub zu machen, sondern mich entschlossen, auf dieser Reise jedem energetischen Impuls Raum und Hingabe zu schenken – sei er noch so verrückt. In meiner Rechengleichung hatte ich nur etwas zu verlieren, wenn ich all dem nicht lauschte und mich den Impulsen verweigerte. Denn dann hätte ich auch zuhause bleiben und meiner normalen Arbeit weiter nachgehen können.

Also war ich mit meiner vollen Aufmerksamkeit bei der Sache.

Abgesehen davon ergab das alles, wirklich alles einen Sinn. Der Wasserfall half bei der äußeren Glättung und Heilung der Energieschichten. Dies erschuf eine weitere Basis für die darauf folgende innere Reinigung. Und dieses kleine Ritual war auch ein Puzzleteil davon.

Nach dem Ritual lief ich barfuß in die Pension, und sogar das war ein sinnvoller Teil des Rituals, denn so nackt, den Boden unter den Füßen wirklich spürend, mich mehr und mehr erdend, fühlte ich mich wahrlich Schritt für Schritt immer gestärkter und freier. Verbundener mit Mutter Erde und damit zentrierter.

Es fühlte sich gut an, es fühlte sich unglaublich richtig an, und ich war sehr dankbar für diese Momente. Und noch mehr war ich es für die Führung der unsichtbaren Welt, denn nichts von all dem hätte ich erfahren, ohne die Botschaften der kurzen Wörter und Sätze, die sich da plötzlich aus mir geschrieben hatten.

Am nächsten Tag besuchte meine Gruppe eine Schamanin im Ort. Sie verdiente sich ihren Lebensunterhalt mit einem kleinen Laden, der Accessoires verkauft, die von den Indianern tief aus dem brasilianischen Urwald hergestellt werden. Alles Handarbeit. Aber sie war zusätzlich auch eine bekannte »Seherin deines Krafttieres«. Jeder von uns durfte sie also kurz fragen, welches Krafttier sie bei ihm wahrnahm.

Als mein Krafttier nahm sie den blauen Schmetterling wahr. Und dieser Schmetterling sei wohl sehr fein, aber gleichzeitig extrem stark. Menschen mit diesem Krafttier haben die Aufgabe Menschen anzuziehen und diese dann miteinander zu verbinden.

Nicht so unpassend ... (wenn denn diese Menschen nicht so brutal wären ... das macht die Sache dann wieder komplizierter.)

Am Tag darauf bin ich wieder vor das Medium getreten, in der Erwartungshaltung endlich eine energetische OP zu bekommen. Jeder aus unserer Gruppe hatte schon eine solche OP bekommen, nur ich nicht. Das machte mich stutzig. Ich versuchte zu erörtern, wer, wann, wie, welche OP hatte, um eine Logik dahinter zu erkennen. Doch ich fand sie nicht. Ich fragte mich: Vielleicht werde ich schon die ganze Zeit »energetisch operiert«? Oder vielleicht brauche ich das nicht, weil ich ja eh meine Zugänge in die geistige Welt habe und auch intensiv lebe. Es ist ja nicht so, dass ich die ganze Zeit im Zimmer sitze und Langeweile habe. Im Gegenteil, ich folge ja eigentlich schon längst einer unsichtbaren Agenda ... brauche ich dann vielleicht gar keine OP mehr? Was genau geschieht eigentlich in diesen energetischen OPs ...?

Da waren sie wieder, die Fragen ohne Antworten ...

Etwas durcheinander von diesen vielen Perspektiven trat ich also erneut vor das Medium in voller Hoffnung auf eine OP.

Doch diesmal war alles anders.

Denn »Es« (die Wesenheit, die in ihn inkorporiert war) schaute mich durch die Augen des Mediums lange an. Sehr lange.

Betrachtete mich eine gefühlte Ewigkeit.

Kein Wort, keine Mimik.

Stille.

Als sei die Zeit stehengeblieben.
Ich war aufgeregt. Was hatte das zu bedeuten?
Dann plötzlich sprach das Medium in seiner Sprache (portugiesisch) und Osmarina übersetzte: »**Deine Seele ist in völliger Balance und du wirst jetzt eine Gabe entfalten. Liebe dich mehr, genieße das Leben und vor allem, erlebe mehr Freude …**«

Das gesagt, zeigte er, ich solle bitte weitergehen, um Platz für den Nächsten zu machen.

Wow.

Ich war sichtlich geplättet.

Die ganze Zeit fieberte ich auf eine energetische OP hin, in der Hoffnung, dass meine Augen endlich wieder kraftvoller werden und heilen, doch das Schicksal hat (mal wieder) einen ganz anderen Plan. Ich werde (eigenständig) von einem Ritual ins nächste »geführt«, betreibe ganz mit mir Reinigungs- und Bewusstseinsarbeit wie nie zuvor so (allein), und bekomme dann als Abschluss solch ein »Paket« an Botschaft mit.

Und noch immer keine OP …

Leicht verunsichert von dieser Tatsache, dass alle anderen in der Gruppe längst ihre OP hinter sich hatten, lenkte ich dennoch meine Aufmerksamkeit auf diese Botschaft. Diese »Nachricht aus dem Jenseits«.

Und ja, immerhin, eine der wichtigsten Botschaften meines Lebens.

Denn je mehr Abstand ich zu diesem Moment gewann und mich von der »Überraschung« erholen konnte, umso mehr wurde mir die Bedeutung dieses Satzes klar.

Ich war hin- und hergerissen zwischen Wissen und Ahnen, *was* denn nun diese angebliche Gabe sein sollte. War sie schon in meinem Leben? Und wenn ja, wie? Wenn nicht, wann kommt sie?

Wie ein kleines naives Mädchen sah ich den Wald nicht vor lauter Bäumen. Rätselte, verlor mich in Verzweiflung und vor allem Wut darüber, dass mir nicht en détail die Gabe erklärt wurde, oder ich nicht einfach darauf bestand, dass sie mir erklärt wird.

Das machen sie gerne, die spirituellen Lehrer. Sie geben dir ein Paket an Infos, aber nie so viele, dass man in Frieden weitergehen kann. Immer und immer wieder blieben, so schien es zumindest aus meiner Perspektive damals, entscheidende Infos aus und vergrößerten das Fragezeichen in mir zu einem ganzen Planeten. Selten war ich »beruhigt«, angekommen, befriedet mit dem, was sich offenbarte.

Ich grübelte und grübelte, was denn die Gabe sein könnte.

Die Fragen und das Grübeln ließen meinen Kopf schier platzen, sodass ich mir dachte – warum frage ich nicht einfach, ob ich noch eine Aufgabe bekomme von den unsichtbaren Energien hier.

Doch es schrieb sich nur ein Satz: *Segen für Dich.*

Und egal, was ich fragen wollte, immer wieder schrieb sich nur: *Segen für Dich.*

Nichts weiter. Als sei alles gesagt und alles getan auf dieser Reise.

Denn diese neigte sich dem Ende zu.

Das war das Finale.

Das war die finale Botschaft für mich. DAS, was meine Seele am meisten brauchte. Reinigung innen und außen und dann einen Stups aus dem Nest, um nun zu fliegen.

Mein Grübeln brachte nur Frust, daher entschied ich mich immer mehr dazu, meinen Direktkanal in den Äther einfach noch intensiver zu nutzen. Also fragte ich natürlich umgehend, was denn nun diese angebliche Gabe ist oder sein sollte? Vielleicht haben ja meine unsichtbaren Freunde mehr Infos. Zeit, ihnen zu lauschen, hatte ich genügend. Nicht wie in der Casa in der Line, wo hinter mir Hunderte Seelen auch auf Hilfe warteten.

Und tatsächlich. Die Antwort hätte klarer und einfacher nicht sein können: *Kommunikation.* Also fragte ich weiter, ob das also das Schreiben sei, dieses mediale (magnetische) Schreiben? Die Antwort: *Ja, auch.*

Ich musste weiterfragen: Ja, was ist es dann noch? Die Antwort kam schön klar und verständlich: *Kommunikation mit anderen Welten, mit anderen Wesenheiten und das auf mehreren Wegen, hörend, fühlend, schreibend und sehend.* Und auf meine Frage, wann das geschieht, kam ein: *Jetzt.*

Langsam dämmerte mir, dass ich mitten in dieser Gabe war. Die Wesenheit sagte ja nicht, ich werde diese Gabe noch entdecken, noch finden, nein es ging darum, sie zu entfalten, weiter zu entfalten.

Und ein großes Staunen stellte sich ein.

War das wirklich die Gabe, die die Wesenheit durch das Medium meinte?

Natürlich hatte auch ich viele, viele Lebensjahre verlebt, ohne auch nur ansatzweise einen Schimmer von diesen uns innewohnenden Werkzeugen für den Zugang zum Unsichtbaren zu haben. Die Erinnerungen an die sehr intensiven Erfahrungen des Nachts außerhalb meiner körperlichen Sinneswahrnehmung waren immer da, ja, aber unsere Welt, unsere Gesellschaft, das ganze Leben hatte alles dazu so ausgeblendet und mich so sehr mit dem »Überleben« beschäftigt, dass ich tatsächlich alles andere vor der Nase hatte als an diese nächtlichen Kindheitserfahrungen anzuschließen, oder gar darauf meinen Fokus zu lenken.

Je länger ich über all das sinnierte wurde mir eine gewisse »Logik« in dem Geschehen ersichtlich:

Der Nahtod war eine Art Weckruf aus meinem Tiefschlaf (des Seins), der mich all diese Zugänge, Werkzeuge und damit auch die Gabe vergessen machte, gewesen. Als hätte sich eine Pforte geöffnet, die (für meine Seele) existentiell war, um in diesem Leben nicht völlig vom Weg abzukommen.

Wie ein: »Licht an – und ein vergessener dunkler Raum wird wieder sichtbar.«

Und alles, was dann kam, war das Erforschen dieses Raumes gewesen (der ja immer schon da war, nur eben dunkel – vergessen).

Dass es Werkzeuge gibt, um diesen Raum zu erforschen, war für mich nie eine Frage gewesen. Nur wie, wo und wann sie sich mir offenbaren würden, war die Frage. Sicher auch manchmal mit ein bisschen Startschwierigkeiten, wie bei meiner visuellen Wahrnehmungsfähigkeit, doch auch dieses Stolpern gehörte zum Wachsen, Lernen und *Aufwachen* dazu.

Genauso wie in dem Moment, als meine Hand in dem Ritual begann sich wie von Geisterhand zu bewegen, etwas zu zeichnen und dann schließlich zu schreiben. Niemand hatte mir diese Dinge beigebracht, das Sehen, das Fühlen, dieses Schreiben lassen – es geschah einfach. Weil und nur wenn ich es zugelassen habe!

Sei immer bereit für das Unerwartete

Und weil es immer einfach nur geschah, war ich der festen Überzeugung, dass es so jedem gehen kann. Je nachdem, wohin er seine Aufmerksamkeit lenkt.

Doch anscheinend war dem nicht so. Und es ist mit Sicherheit tatsächlich ein Mix aus unendlich vielen Komponenten, dass der Eine eben diesen, der Andere einen anderen und noch Andere noch gar keinen bewussten Zugang in diese energetischen Welten haben.

Mein »Mix« »wollte« diesen Weg. Wie eine Komposition mit unterschiedlichen Akten, die oftmals auch völlig unabhängig voneinander eine Geschichte erzählen, aber dennoch Teil einer großen Idee sind – so schien mein Leben kosmisch »komponiert«. Als sei die schamanische Schule nur dafür dagewesen, dieses Torritual zu erfahren, in dem dieser Zugang (mit dem Schreiben) geöffnet, gelegt wurde, so schien die ganze Reise hier in jedem Impuls, jeder Frage und den daraus entstandenen Ritualen bis hin zu dieser Botschaft wie eine Komposition einem ganz bestimmten Ziel zu dienen: Dass ich diesen meinen Zugang respektiere, ihn ernst nehme und mich ohne wenn und aber diesem dankbar noch intensiver hingebe. Mit allem, was sich dazu zeigt.

Am letzten Tag wollte ich dem Medium etwas schenken, also bereitete ich mein Buch »Das 1x1 des Seins« vor, schrieb eine Widmung als Dankeschön hinein und trat vor ihn.

Er nahm sich tatsächlich wieder Zeit, schaute es sich ganz ruhig, nach und nach an, blätterte
Seite für Seite durch und hielt bei den Bildern inne. Schloss kurz die Augen und kommentierte manchmal. Bei dem Bild, auf welchem Eva die Bewegung des Bewusstseins visualisiert hat, fragte er, ob ich denn weiß, was dieses Bild bedeutet, und ich erklärte kurz, wie die Bewegung der Energie mit dem Bewusstsein *in* der Energie verbunden ist, und dass all dies sich ständig wandelt. Er bestätigte das mit dem kleinen Zusatz, dass dieser Prozess unendlich ist, ohne einen Anfang, ohne ein Ende.

Als wir bei der Visualisation der Quelle ankamen, meinte er, die Farben stimmen nicht, es ist viel heller dort, eher weiß. Darauf erwiderte ich schmunzelnd, dass man aber leider weiß nicht auf Weiß malen kann, und sie deshalb mit diesen Blautönen dargestellt wurde. Und das verstand er (es) dann auch.

Die Energie dort direkt beim Medium so nah und so lange war sehr eigen. Sehr hochschwingend. Ich kann verstehen, dass so mancher dort aus seinem Rollstuhl aufgestanden ist, weil der entscheidende Energieimpuls ankam, der das »System Körper« veranlasste, sich wieder anders zu bewegen. Für mich war die Energie wie gefühlte 1000 Volt, wo wir sonst mit 100 Volt und weniger existieren. Sie war sehr, sehr kraftvoll, aber auch sehr weit, sehr groß und gleichzeitig sehr konzentriert. Ich konnte für einen kleinen Moment die Gabe des Mediums einordnen. Und dass seine korpulente Körperlichkeit nötig war, um diese hohe Energie zu »halten«, fest-zu-halten in sich. Und gleichzeitig weit und offen genug, um überhaupt eine solche Energetik in einen Körper zu ziehen. Dazu bedarf es nämlich auch wieder eines ganz bestimmten Cocktails an Potentialen. Wie auch immer, beides vereinte Joao, und damit gab er dem Unsichtbaren (dem Energiehaufen, der Wesenheit) die Möglichkeit zu dem Sichtbaren (den Menschen) zu sprechen und an ihren Körpern zu arbeiten. Somit geschahen Energieanhebungen, die sich bei dem einen nur mental, bei dem anderen auch körperlich sichtbar machten.

Nach der Betrachtung des Buches bat er mich direkt dort zu meditieren und das nahm ich gerne an. Nicht weit weg von ihm, in einer Reihe Meditierender, empfand ich die Energie dort auch sehr, sehr hoch. Aus heutiger Sicht, nach so vielen Jahren der Forschung, weiß ich, dass ich letztlich noch weiter im Kraftfeld der Wesenheit gesessen habe, was mir schließlich auch noch mehr Kraft schenkte. Das war ein schöner, kraftvoller und dankbarer Abschluss dieser Art von Seelenarbeit dort.

Nach dieser »Energietankstelle«, die der Current (so nannten sie diesen Bereich) für mich darstellte, nahm ich mir viel Zeit im Garten der Casa. Ein übrigens sehr schön gepflegter Bereich mit vielen unterschiedlichen Sitzgelegenheiten. Ich setzte mich inmitten des Zentrums, aber weit genug weg von einem Platz, an dem sich viele Menschen aufhielten.

Ich lauschte den Vögeln und der Stille und besann mich auf das Geschehene.

Noch immer sehr staunend und demütig, konnte etwas in mir das eigentliche Potential des hier Erlebten nicht wirklich greifen. Aber es war da, es war in mir, und ich wusste, dass ich den Ort anders verlassen würde, als ich gekommen war. Energetisch gereinigter, mir meiner Potentiale bewusster, dem, was sich offenbart, aufmerksamer und meinem verschütteten Werkzeug, meiner Gabe einen entscheidenden Schritt annehmender. Und natürlich folgt auf so viele Geschenke des Kosmos ein unglaublich intensives Gefühl der Dankbarkeit. Dass ich da sein darf, dass ich das alles erleben und so an meiner Seelenkraft arbeiten kann und darf, diesen meinen Seelenschatz wahrlich so zu bereichern – das ist schier nicht in Worte zu fassen.

Und während ich dort saß, tief meditativ und erfüllt, begann sich wieder mein Finger zu bewegen. Das Werkzeug als Gabe immer deutlicher erkennend und annehmend, ließ ich also schreiben, was sich schreiben wollte, und siehe da, Dom Inazio, der Schirmherr der ganzen Idee vor Ort, meldete sich, mit einer Bitte: *Ob ich denn nicht über den Ort und in Austausch mit den inkorporierenden Wesenheiten ein Buch erschaffen könne, das die bisher unbeantworteten Fragen und so manchen Prozess vor Ort besser verständlich machen könnte.*

Etwas überrascht, aber auch geschmeichelt, dass er/es mir das (schon) zutraute, nahm ich diese Bitte gerne an und beschloss, dass ich bald wiederkommen und mich direkt vor Ort dem Thema und damit all den wichtigsten/bekanntesten Wesenheiten widmen würde.

Dom Inazio betonte außerdem, *dass ich bitte in Verbindung und Austausch bleiben solle* und auf meine Frage, warum das so wichtig sei, antworte er, *es sei wichtig für meine Aufgabe, die ich in diesem Leben habe und dass es eine große Aufgabe sei. Die Aufgabe formt sich noch, denn sie formt sich vor allem auch durch mich, wie sehr ich mein Talent ausbaue, nutze, entfalte und einsetze, forme, leben lasse und damit Spuren hinterlasse.*

Nach dieser überraschenden Session und dieser wunderschönen Aufgabe, von Dom Inazio übermittelt, fühlte ich mich wahrlich »bereit« wieder abzureisen und besuchte zum Abschied noch einmal die Schamanin. Ich lebte immer mehr in dem Bewusstsein, dass es sein kann, dass man besondere Menschen in diesem Leben nie wiedersieht, daher war es mir wichtig, von ihr ganz bewusst Abschied zu nehmen und Danke zu sagen. Sie war auf dieser »magischen« Reise ein Ruhepol gewesen, der bei allen Neuigkeiten und Unsicherheiten immer als Orakel, Stütze und Hilfe diente.

Eine allerletzte Frage an sie konnte ich nicht zurückhalten, um ein allerletztes Mal Zuversicht und Bestätigung zu bekommen und damit wirklich auch die letzten Reste der Zweifel aus meinem alten Leben zu heilen.

Wir wissen aus der Schamanenschule, dass jeder eine andere Wahrnehmung ein und der gleichen Energetik hat, daher frage ich immer gerne auch noch andere »Perspektiven« ab.

Sie betonte erneut, *»dass es nun darum geht, Menschen anzuziehen und miteinander zu verbinden. Und dass dies ein Akt der Hilfe ist und ich soll die mir innewohnende Güte voll ausleben. Sie muss leben. Ich darf sie nicht zurückhalten, auch wenn alle anderen Menschen um mich herum diese nicht nachvollziehen können.«* Damit konnte ich etwas anfangen, denn meine Mitmenschen haben mich oft als Mutter Teresa betitelt, was natürlich ausschließlich abwertend gemeint war. Abwertend einer Energie gegenüber, die anderen zu gutmütig erscheint ... Jetzt ermunterte sie mich, das sogar noch mehr zu leben. (Die große Gefahr darin, ausgebeutet und ausgenutzt zu werden, ist ein anderes Thema.)

Ich verließ den Ort mit einem sehr schönen, sehr energetisierten, warmen und geerdeten Gefühl, welches sich von diesem Moment meines Lebens an weiter und weiter entfaltete.

Mein Leben wurde ein anderes, nicht mehr nur auf das Außen fokussiert, sondern (auch) tiefer und tiefer die Innenwelten erforschend. Ich war mir meiner Ganzheit und den damit einhergehenden Zugängen in die unsichtbaren Welten nicht nur noch bewusster geworden, sondern ich nahm sie an, akzeptierte sie und integrierte sie in mein tägliches Wirken!

Als hätte das Wesen, das diesen meinen Körper belebt (Seele), seinen (Energie)Körper und seine (Energie)Werkzeuge nun alle bewusst erweckt und wirkte nun mit ihnen dort, wo es mein fleischlicher Körper nicht kann.

Beide zusammen sind das Ying und Yang des Seins und ergeben gemeinsam das *eine* vollkommene Ganze (Gefäß), durch das sich der Kosmos ausdrückt.

Von nun an wurden die Sessions mit der unsichtbaren Welt aufgezeichnet, und daraus entstanden und entstehen jeweils separate Bücher zu einzelnen Themen. Somit wird jeder Interessent in die Erforschung der unsichtbaren Welten und ihrer Energien, in das Wissen und die Geheimnisse darin mitgenommen – wenn er es möchte und bereit dafür ist.

Ab sofort wurde dieser mein Weg zu einem Weg für viele.

MIT DEM KOSMOS TELEFONIEREN

Lebe alles aus, was sich ausdrücken will

Die Reise nach Abadjania setzte einen wichtigen Akzent. Denn durch die beginnende (ganz bewusste) direkte Art der Kommunikation mit der unsichtbaren Welt taten sich unendliche Möglichkeiten auf, auf meine ewig rastlosen Fragen endlich Antworten zu finden. Wenn man einmal weiß, wie man direkt ins Jenseits »telefonieren« kann, dann telefoniert man ab sofort ständig, um den Fragenstau (endlich) zu erlösen.

Die Antworten waren allesamt so erfüllend und unbeschreiblich bereichernd, dass schnell das Gefühl in mir aufkam, diese Inhalte festhalten zu »müssen«. Derartiges nicht auch andern zugänglich zu machen, fühlte sich falsch an. Es *musste* Wege geben, diese Gespräche, diese vielen Antworten irgendwie festzuhalten.

Und so entstand im darauf folgenden Jahr mein zweites Buch nach dem 1x1 des Seins. Inspiriert durch die Bitte Inacio de Loyolas trägt es den Titel: »Interviews mit den Wesenheiten von Abadjania«, in welchem ich tatsächlich in einer Art Interviews die unsichtbaren Wesenheiten, welche dort wirkten, nacheinander kontaktierte und befragte, wie sie in ihrem letzten Leben gelebt haben, wie sie den Übergang (den körperlichen Tod) erlebt haben, wie sie *jetzt* die Menschen wahrnehmen und vor allem, *wie* genau sie heilen und was sie den Menschen übermitteln möchten.

Nach und nach erfuhr ich, wie jeder Übergang in die Anderswelt von jeder Energie mit individuellem Bewusstsein (Seele) anders wahrgenommen wurde, aber auch, was sie bewegte und was in ihren Seelen jeweils am längsten ein Echo hatte. Es wurde ein Buch, das ganz unterschiedliche Perspektiven aufzeigt, doch vor allem eine Sammlung ist von Weisheiten über das Leben, zum Übergang und für das Verständnis des großen Ganzen, in dem unser jetziges Leben tatsächlich (nur) eine Stufe auf einer unendlichen Leiter ist. Die Relation zu den (aus dieser großen Perspektive erscheinenden) menschlichen Dramen schien ein erster Schritt in die Heilung aus den täglichen Dramen des Menschseins heraus zu sein. Keine der Wesenheiten hatte beispielsweise in seiner Übermittlung auch nur ansatzweise den Streit mit dem Nachbarn, die Verzweiflung über die gescheiterte Liebe oder seine Ängste, ob das Dach undicht ist, übermittelt – alle hatten das große Ganze, die Seele in diesem Ganzen als das ausschließliche Gefäß voller Erinnerungen angesprochen. Und dabei ging es immer um (die eigene) Energie …wie sie wandelt und was sie prägt.

Den hinteren Teil des Buches widmete ich einem sogenannten »Casa Guide«, der ein paar Regeln vor Ort mithilfe dieser anderen Perspektive (der Wesenheiten) unter die Lupe nahm Dieses kleine Pflichtenheft wurde vor Ort immer bei Ankunft übermittelt und hielt ein paar Regeln fest, die man beim Betreten der Casa beachten sollte. Doch wie ich im Laufe der Telefonstunden mit dem Kosmos feststellen durfte, hielt sie einiges leider nicht fest!

Wie bereits erwähnt, erkannte der Schirmherr des Hauses »Dom Inazio de Loyola« das Potential dieser direkten Brücke des Unsichtbaren in das Sichtbare und bat mich daher auch diesen Casa Guide in manchen Passagen zu korrigieren. Der Guide war bisher »nur« von Menschen gemacht gewesen – doch um als Ganzes komplett zu sein, fehlte die energetische Sicht. Dieses Upgrade hatte es jedoch in sich. Denn, diktiert von dem Bewusstsein des Schirmherrn gab es so manche Korrektur, die das ganze Gegenteil von dem bisher Veröffentlichten offenbarte. Wieder und wieder rief beispielsweise die Wesenheit zu Ruhe und Besinnlichkeit auf – etwas, das im Vorraum vor der Behandlung des Mediums überhaupt nicht gelebt wurde. Und so waren es viele kleine Impulse hier und dort, die letztlich ein neues Pflichtenheft erschufen. Und obwohl das ausschließlich in guter Absicht zur Verbesserung der Heilqualitäten vor Ort geschah, kam das bei den (menschlichen) Betreibern der Casa überhaupt nicht gut an.

Ob es ausschließlich die korrigierten Regeln waren oder die Tatsache betraf, dass ich all das ohne Absprache und völlig autark veröffentlichte, kann ich nur vermuten, doch das Ergebnis daraus war, dass das Buch letztlich von der Leitung der Casa verboten wurde!

Als klar denkender Mensch fasse ich zusammen:

Ein Buch mit der Intention, den Menschen die Heilmethoden (und vor allem das Unsichtbare hinter den Heilungen) näherzubringen, wird verboten, weil darin ein paar der vor Ort herrschenden Regeln neu betrachtet und optimiert werden – im Sinne der Heilung.

Am Ende dieser Gleichung steht also ein Fokus, der ganz klar nicht auf der Aufklärung im Sinne der Gesundung der Seelen scheint, sondern auf einem Regelwerk, das nicht erschüttert werden darf.

Ein Sinnbild für die Menschheit im 21. Jahrhundert – oder vielleicht schon immer. Hexen wurden auch lieber zu Tausenden verbrannt, anstatt ihnen ihre Heilungsarbeit zu ermöglichen.

Aus energetischer Sicht aber tat das Buch genau das Richtige. Abgesehen davon, dass es mittlerweile längst die Institution Casa selbst überlebt hat, erfüllte es genau den Zweck eines »Türöffners« für viele Menschen. Denn durch die direkte Kommunikation mit den Energien, die vor Ort durch das Medium und auch eigenständig wirkten, öffneten sich die Menschen dem Thema mehr, und durch diese Öffnung konnte schließlich noch mehr Heilung geschehen.

Viele Heiler meinen, dass man den Verstand bei der Heilung ausschalten solle – ich meine zu fühlen, dass das nur eine halbe Wahrheit sein könnte. Ich bin der Meinung, dass wir über den Verstand unser Bewusstsein *auch* erreichen können und wir durch dieses dann umso leichter, besser oder anders unser Herz öffnen *können*. Um dann den Verstand bewusster abzuschalten und bewusster in die Herzöffnung und Herzwahrnehmung gehen zu können. Er kann also durchaus eine wichtige Brücke darstellen. Wer versteht, kann auch besser akzeptieren, und Akzeptanz ist bekanntlich nicht unwichtig in der Energiearbeit. Es ist nie nur der *eine* Zugang, es gibt aus meiner Perspektive dazu so viele Zugänge wie individuelle Werkzeuge einer jeden einzelnen Seele. Und schließlich geht all das nur, wenn die Bereitschaft gegeben ist. Wie wir diese erreichen, ist letztlich egal.

Das Medium Joao de Deus gab außerdem ein Paradebeispiel für eine noch ganz andere, auch nicht so populäre Wahrheit, die ich hier festhalten möchte, welche mir auch oft an anderen Orten bei anderen Heilern aufgefallen ist – oder sagen wir Sichtweise. Denn Wahrheiten gibt es so viele wie Wahrnehmungen. Joao hatte die Gabe, dass Energiefelder Besitz von seinem Körper nahmen, und diese dann durch ihn hindurch kommunizierten und heilten. Das geschah mental wie auch physisch. In diesen Momenten, zu diesen Zeiten war Joao selbst nicht wirklich bei (Tages)Bewusstsein. So etwas gibt es, so etwas ist möglich. Das ist keine Frage.

Doch habe ich zwei Dinge bei derartigen Arbeiten beobachten können. Ist das Medium nicht bei Bewusstsein, bedeutet das, dass es sich an die Durchsagen, wie auch an die Arbeiten nicht mit seinem Tagesbewusstsein erinnern kann. In der Folge bedeutet das aber auch, dass die größte Weisheit, die sich in dieser Arbeit ausdrückt, und die größte Heilung, die damit vollzogen werden kann, absolut und überhaupt *keinen* Effekt auf denjenigen haben muss, der diesen Körper eigentlich bewohnt (das Medium). Das wiederum bedeutet in der Folge, dass, wer Weises in einem anderen Bewusstseinszustand spricht oder tut, deshalb nicht zwingend dadurch ein Weiser in seinem Leben werden bzw. sein muss!

Es scheint so, als ob die Entwicklung und Entfaltung einer Seelenenergie keineswegs zwingend an deren Gabe(n) gebunden sind. Auch hier scheint eine gewisse innere Bereitschaft notwendig zu sein, um die Gabe für die eigene Entwicklung wirklich nutzbar zu machen.

Das Medium Joao beispielsweise konnte nicht lesen und hat Zeit seines Lebens anscheinend auch keinerlei Motivation gehabt, das zu ändern. In der Folge war er also auf die Wiedergabe anderer angewiesen, es sei denn, sie haben ihm die Bücher direkt vorgelesen. Wurde es ihm aber wiedergegeben, dann immer über den Filter des Lesers – und somit war er in diesem Punkt massiv beeinflussbar. So ist es dann wohl auch bei meinem/unserem Werk geschehen. Er hat es nie gänzlich gelesen und immer nur durch die Filter des Übermittlers erfahren. Diese fühlten sich durch die Durchsagen vielleicht gestört, oder sie sprengten ihre Glaubensmuster, und schon wurde gefiltert und abwertend übermittelt. Was sonst.

Wir alle wissen – die größten Missverständnisse des Menschseins und der Geschichte der Menschheit entstehen, indem die Geschichten nie von Anbeginn, sondern oft aus dem Kontext heraus nur in Teilen bzw. Ausschnitten erzählt werden. Und derartig komplexe Systeme wie die Energiearbeit – ausgeführt in fast bewusstlosen Zuständen – misszuverstehen liegt daher sehr auf der Hand. Selbst von dem ausführenden Medium. Da es, wie schon erwähnt, eben nicht durch diese Arbeit irgendeine Art seelische Fortbildung erfahren *muss*.

Außerdem habe ich auch des Öfteren beobachten können, wie die energetisch arbeitenden Menschen durch ihre eigene, außerhalb des Gewöhnlichen, strahlende Energetik zu Missverständnissen geführt hat.

Arbeitet ein Mensch sehr viel energetisch, stärkt das beispielsweise im besten Fall sein Energiefeld, seine Chakren. Sind alle Chakren aktiv und gereinigt, entsteht ein klarer und starker Energiekanal, der dann Energien und die darin enthaltenen Informationen leichter empfangen kann und sie dadurch leichter lesbar macht. Kraftvolle Chakren bedeuten daher immer auch stark resonierende Felder. Also Menschen, die auf dieses Kraftfeld reagieren. Oft geschieht das unbewusst und deckt ein Feld von 360 Grad ab, in dem alles, das Positive wie auch das Negative, in den resonierenden Menschen getriggert werden kann. Je nachdem wie, also in welchem Bewusstseinszustand der jeweilige Mensch einem solch aktiverem/bewussteren Energiefeld begegnet, reagiert er darauf. Da sich viele Menschen in einem eher (seelisch) »bewusstlosen« Zustand befinden, nehmen sie daher vordergründig nur die Kraft der unteren Chakren wahr. Will heißen: Eine sehr starke sexuelle Anziehung *kann* entstehen.

Die hohe Energie aller Chakren eines Mediums kann so eine Art Divergenz zwischen feinstofflicher Energie (die ihn wie einen Kanal durchfließt) und der körperlichen Energetik (die relativ konstant in ihrer Frequenz strahlt) bedeuten. Denn feinstoffliche Energie ist viel höher schwingend. Sie durchfließt also den niedriger schwingenden Körper.

Lebe alles aus, was sich ausdrücken will

Und was passiert, wenn zwei unterschiedliche Energien in einem Gefäß fließen? Es entstehen Spannungen. Das ist einfachste Physik und leicht nachvollziehbar.

Diese Spannung (in dem Medium) muss nun ausgeglichen werden, sich entladen. Und das kann sie am besten über Erdung. Und diese Erdung kann auf vielerlei Wegen erreicht werden. Vom nackt auf dem Erdboden im Gras meditierend gehen bis hin zu Sex ist die Palette so bunt wie das Leben selbst.

Geschieht es über Sex wird die Sache etwas komplexer. Denn damit treffen zwei Bedürfnisse aufeinander, die einander (im wahrsten Sinne des Wortes) »befruchten« können. Einerseits das Medium, das diese immer wieder sich aufbauende Spannung entladen muss, und andererseits die Menschen, die sich von deren (Medien) hoher Energiestrahlung angezogen fühlen. Beide können darüber auf mehreren Ebenen Befriedung und Befriedigung erfahren. Doch nicht immer muss das so sein.

Dies wissend und bewusst immer wieder beobachtend, überraschte es mich deshalb nicht wirklich, dass Joao tatsächlich in dem Thema eine ganz eigene und abartige »Art des Ausgleichs lebte«.

Dass er das aber dann mehrfach ohne die Einwilligung des Gegenübers tat – warf leider einen so dunklen Schatten auf seine ganze Heilarbeit, dass die ganze Institution geschlossen und damit seine Heilungsmöglichkeiten vollends eingestellt werden mussten.

Das mit den hohen Spannungen, die sich entladen mussten und sicher auch die Existenz einiger freiwillig agierender Groupies, die sich wirklich von seiner Energie angezogen fühlten, ist alles nachzuvollziehen – dass so etwas dann aber zu Missbrauch führt, überhaupt nicht. Im Gegenteil: Gerade Menschen in einer derartig wichtigen (und ja dadurch auch machtvollen) Arbeit sind aufgerufen, umso behutsamer mit den Hilfesuchenden und auch mit ihren eigenen Schatten umzugehen. Ein Paradebeispiel dafür, dass der Besitz und sogar die Arbeit einer Seele mit einer Gabe keinerlei Bewusstseinsarbeit nach sich ziehen *muss*. Als könnte beides nebeneinander agieren, so lebte dieser Mensch jeden Tag die Hilfe an Tausenden, wahrscheinlich sogar Hunderttausenden bedürftigen Seelen – und gleichzeitig brach er andere. Was für ein Schicksal.

Aber Macht geht auf diesem Planeten nicht immer mit Weisheit einher. Leider sogar nur sehr selten.

Doch nicht nur sexuell, sondern auch in vielerlei anderer Weise sind solche Divergenzen zwischen der Arbeit der Heiler und ihrer Art zu leben zu erkennen, und ich möchte an dieser Stelle auch nur zur Wachsamkeit aufrufen. Heiler sind Menschen wie du und ich. Sie haben ihre Themen, ihre Probleme und Aufgaben, Blockaden und Hürden. Und sie haben eine oder mehrere Gaben. Nur weil sie diese haben, sind sie aber deshalb nicht alle gleich weiser, besser, klüger oder schöner als andere. Manche sind es und sie bereichern die Menschheit dadurch wirklich, aber eben nicht alle.

Ich trage in mir sehr viel Bereitschaft in mir, zu lernen, zu wachsen und zu geben. Die sich entfaltende Gabe ist dabei ein willkommenes Werkzeug, doch an erster Stelle will ich seelisch wachsen, mein Bewusstsein klären. Und dabei beanspruche ich für mich in keinster Weise Heilerin oder Medium zu sein oder sein zu wollen. Ich gebe, was es aus mir heraus geben möchte, und wenn es anderen hilft, ist das ein wunderschönes Gefühl. Wenn jemand etwas damit anfangen kann, freue ich mich, wenn nicht, ist das auch in Ordnung. Es existiert in mir kein belehren oder bekehren Wollen, sondern lediglich der Wunsch, mich ausdrücken zu dürfen. Abgesehen davon hat mir das bisher gelebte Leben längst gezeigt, dass Erwartungen nur ent-täuscht werden können. Also erwarte ich nichts mehr in der Energiearbeit, ich lebe sie einfach aus. So wie ich es mag und vor allem, so wie mich die geistige Welt führt.

Und so wurde ich zunächst immer mehr eins mit meinem »Telefon in den Kosmos« und fragte die folgenden Jahre alles, was mir jemals auf der Seele brannte, ab.

Eine ganze Buchreihe startete. Die Buchreihe der Einweihungen. Nach und nach formte sich ein immer klareres Bild, wie das für unsere Augen Unsichtbare aufgebaut und miteinander, ineinander wirkend existiert, und wie das Sichtbare mit diesem Unsichtbaren in enger Verbindung zueinander resoniert. Und letztlich eine für unsere Augen sichtbare Form annimmt. Aber noch viel weitreichender existiert. Immer tiefer und weitreichender verstand ich durch jede einzelne Antwort, dass, was und wie wir leben, letztlich nur wie die »Spitze eines Eisbergs« die Energie in uns offenbart. Wer tiefer schaut, erkennt mehr von dem »Eisberg«, erkundet seine Beschaffenheit, erkennt die »Besonderheit der Kristalle«, die ihn ausmachen, und so vieles mehr – wer nicht, der nimmt ein Leben lang nur den für die Augen sichtbaren Teil wahr und wird mit diesem letztlich eingeschränkten Blickfeld durch sein Leben navigieren.

Die geistige Welt nahm mich an die Hand und lehrte mich vom ABC der Energien bis in die feinsten Details die energetischen Hintergründe dessen, was unsere Religionen über Märchenbilder und Geschichten erzählen. (Und dabei leider die Menschheit über Schuld und Angst versklaven.)

Genau das Gegenteil erreichte und erreicht mich bis heute von meinen (für meine Augen hier) unsichtbaren Freunden. Voller Liebe und Aufmerksamkeit wurde mir eine tiefe, sehr verständliche und breite Aufklärung zuteil, die einen Großteil meiner Angst und dieser programmierten Schuldgefühle aus meinem Glaubenssystem löschten und mit einer unbeschreiblichen Erfüllung in Liebe und Dankbarkeit ersetzten.

Eines Tages in einer Schreibsession offenbarte sich mir mein alter Lehrer und Freund, der nicht mehr inkarnieren möchte. Er stellte sich mir vor und erklärte mir, wo er jetzt wirkt, was er in seinem letzten Leben erkannt hatte und was letztlich den entscheidenden Impuls gab, nicht mehr inkarnieren zu wollen – und wie er das dann umsetzte. Er erinnerte mich an unser gemeinsames Leben, unser Wirken und unsere Fragen, unsere Antworten, unsere gemeinsamen Erinnerungen – und vor allem an das Wissen, das wir gemeinsam entdeckten. Nun, da er auf der anderen Seite wirkt, ist er mein Satellit in die für meinen Körper unsichtbaren Welten, und ich bin sein Satellit, das menschliche Leben und seine Irrungen und Wirrungen zu erleben, ohne dass er inkarnieren muss. Doch vor allem bin ich sein langer Arm, sein Schriftführer, um all das Wissen, das wir damals wie heute gemeinsam fanden und finden, in unserer Welt hier festzuhalten, damit es sich weiter verbreitet. Viel weiter noch und länger als mein Wirken hier in diesem Körper.

Er teilte mir all sein Wissen in einer unfassbar schönen Logik, in verständlichen Bildern, mit unendlich viel Liebe und Geduld, fordernd aber nie überfordernd mit. Er setzte Grundmauern des energetischen Wissens, auf denen er dann immer feiner und feiner beschrieb, wie alles mit wem und womit zusammen agiert.

»Einweihung in die Geheimnisse des Kosmos« wurde der Startschuss in dieses Projekt, welches bis hin zur »Einweihung in die Kartografie der feinstofflichen Welten« (Stand 2024) jeden einzelnen Bereich des Unsichtbaren und die darin beobachteten Gesetzmäßigkeiten, doch auch die Beschaffenheit von Seelen und die Problematiken ihrer (feinstofflichen) Krankheiten, beschreibt.

Andere Wesenheiten berichten mir in anderen Büchern der Einweihungsreihe von den Abläufen bei Geburt und Tod, wieder andere von ihren Erfahrungen als weiser König.

All dieses viele, komplexe und doch verständliche Wissen macht dadurch das Mosaik des Kosmos umso bunter und reicher, doch vor allem bereichert es uns – durch die Heilung der Ängste, die uns festhalten, und durch Demut, die daraus entsteht. Demut, die Dankbarkeit schafft, dass wir sein dürfen, wie wir sein dürfen und dass wir – jeder auf seine Weise – uns wie kleine Götter in der Materie ausdrücken dürfen, erschaffen dürfen, wandeln dürfen und vor allem, wachsen dürfen. Der Kosmos fördert das Wachstum. Ein Tod ist dabei nur Werkzeug dieses Zieles.

Das Erfühlen und Verstehen des großen Ganzen, dessen, was die Märchenerzähler als Gott personifizieren, hat mein Leben tiefgreifend verändert. Vor allem in der Frage der Bedeutsamkeit.

Meine hypersensible Wahrnehmung hatte mich immer schon mehr als den Standard-zwei-Meter-Radius eines Menschenkörpers empfinden und wahrnehmen lassen. Doch im Laufe dieser Lehren durch die unsichtbaren Freunde hat sich dieser Radar um ein gefühlt Tausendfaches vergrößert. Ich sehe und empfinde nicht mehr nur mich in dem Raum, in dem ich gerade weile, ich fühle immer all das, was geschieht in Verbundenheit mit dem großen Ganzen. Ich erfühle es so gesehen aus einer anderen Perspektive. Und diese andere Perspektive verändert meine Entscheidungen in so vielerlei Hinsicht – jeden Tag.

Wenn du den Wert des Lebens anders empfindest, als nur vor sich hin zu vegetieren, sich fortzupflanzen und zu konsumieren – dann ist deine Bereitschaft, deine Energie an Kampf, Streit und Diskussion zu verschwenden, fast wie in Luft aufgelöst. Aber auch die Bereitschaft deine Lebenszeit mit Menschen zu verbringen, die dir Lebensenergie rauben, dir ein schlechtes Gefühl geben und dich dadurch unglücklich machen, löst sich fast in Luft auf. Alles in allem betrachtest du dein Leben unter einem viel größeren Aspekt, in dem auch die Bedeutung deines, dieses Lebens einen ganz anderen Wert bekommt. Und diese Einmaligkeit an Chancen und Möglichkeiten erkannt, kreierst du ein anderes Leben, als wenn du weiter in dem Glauben schläfst, dass du ja eh eine Unzahl an gleichen Chancen und Möglichkeiten hast. Denn dem ist nicht so. Es werden andere sein, sicher, aber warum auf diese warten, wenn sie sich jetzt gerade vor dir entfalten … … … ?

Im Prinzip war ich es schon immer, doch über diese vielen einzelnen Lehren durch die unsichtbare Welt bin ich mir dessen nur noch mehr und mehr bewusst geworden: Wir sind Werkzeuge eines viel Größeren, für uns nicht wirklich begreifbaren Systems. Lernen wir dies zu akzeptieren und anzunehmen, werden wir (etwas bewusst gewordener) Teil dieses Großen und agieren MIT ihm, in Einklang, in Absprache, in Verbundenheit und Hingabe – anstelle bewusstlos taumelnd uns wieder und wieder daran zu reiben, zu verzweifeln und in Selbstmitleid zu versinken. Natürlich kann man seine (sehr kostbare) Lebenszeit auch so verbringen, das ist tatsächlich wertfrei, aber wenn man aus diesem Gefäß der Einweihung, wie ich sie durch diese Energien erfahren habe, einmal »getrunken« hat, dann wäre ein unbewusstes Dasein in Negativität und Hysterie wie ein Affront, eine Ohrfeige an den Kosmos.

Und eins ist sicher: Er würde dir nicht das andere Ohr hinhalten …

ULTIMA RATIO

*Deine Perspektive entscheidet deine
Wahrnehmung des Lebens*

Meine Werkzeuge kannte ich nun, und es waren nicht wenige.

Über das Fühlen lernte ich auch das »energetische Sehen«, und über die völlige Hingabe an den Kosmos wurde mein Körper immer mehr zu *seinem* Werkzeug. Kein einziges Mal mehr fragte ich einen weltlichen Lehrer zu kosmischen und energetischen, seelischen Gesetzen – von nun an, »telefonierte« ich direkt mit dem Kosmos und beschritt so meinen Lehrpfad. Hier nun ein kleiner Exkurs als Zäsur zwischen flatternden Ballkleidern auf roten Teppichen und der Bewusstwerdung meines ganzen Ichs:

Wissen offenbart sich uns immer so, wie wir es aufnehmen können. Für den Einen ist eine Formel der Schlüssel zum Verständnis komplexer Zusammenhänge, für einen Anderen sind es nur Zahlen und Striche. Und so ähnlich verhält es sich mit dem Seelenwachstum. Was gestern noch langweilig und uninteressant erschien, kann morgen essentiell sein – entscheidend ist dabei die Bewusstheit der Seelenenergie. Und eben genau dieses Bewusstsein kann man Zeit seines Lebens mit den Werkzeugen der Inkarnation formen. Kann – muss aber nicht. Wer will, kann, wer nicht will, kann auch, aber will eben nicht.

Ich erkannte mit jeder Antwort, die sich schrieb, jeder Meditation und Energiearbeit, die ich mittlerweile ausschließlich in Abstimmung mit den unsichtbaren Freunden und unter ihrer Führung abhielt, den Dreiklang des Kosmos.

Liebe (die kosmische Mutter) und Bewusstsein (der kosmische Vater) können sich immer nur so offenbaren, wie es die Seelenkraft »(aus)hält«. Verändert sich diese Seelenkraft (durch Reinigungsarbeit oder Verunreinigungen), verändert sich auch die Wahrnehmung von Liebe und damit die gesamte Wahrnehmung des Lebens.

Verunreinigt ist sie getrübt, das Leben wird als Strafe und furchtbar anstrengend empfunden.

Gereinigter empfindet man das Leben liebevoller, empathischer, friedlicher und weniger hysterisch und sogar Hürden darin als Geschenk.

Denn Wissen ist auch Verantwortung. Tiefes energetisches Wissen offenbart sich daher tatsächlich nur demjenigen, der die Bedeutung, die Dimension dieses Wissens verstehen kann, erfühlen und sehen kann. Diese Art von »kosmischem Verantwortungsgefühl« steigt mit dem Grad der Bewusstheit einer Seele, um so einerseits andere vor Missbrauch zu schützen, aber auch, um die eigene Seelenenergie davor zu schützen, nicht aus dieser Energie »wieder herauszufallen« (durch verantwortungsloses Handeln).

Je bewusster ein Wesen, umso verantwortungs- und respektvoller sein Umgang.

Die Evolution ist Teil dieses Prozesses der Formung von Bewusstsein. Denn durch die körperlichen Werkzeuge wird die (Seelen-)Energie geformt. Darwin hat daher, ohne es zu wissen, auch eine energetische Gesetzmäßigkeit entdeckt. Je mehr sich die Werkzeuge verändern, genannt Evolution des Materiellen, umso mehr kann durch sie Bewusstsein wandeln.

Die Möglichkeiten für uns, heutzutage mit wenigen Klicks, Fortbildung oder Hilfe zu finden, beschleunigt das Potential, zeit unseres Lebens unsere Seelenkraft zu formen, immens. Wenn ich nicht diese Möglichkeiten gehabt hätte, wäre ich nie auf die Schule in Berlin aufmerksam geworden und damit anders, aber vielleicht erst am Ende meines Lebens, auf die Erweckung meines Zugangs in die feinstofflichen Welten gestoßen. Doch ich lebe jetzt, und die Menschheit hat diese Werkzeuge nun einmal jetzt, also kann ich diese nutzen. Genauso wie ich die vielen Sessions aufnehmen, von einer künstlichen Intelligenz abtippen und als Podcast neu aufbereiten lassen und dadurch ein Multiplikator dieser Antworten sein darf.

Die Werkzeuge der (jeweilig gegebenen) Materie sind somit ein wichtiger Schlüssel in das (sich wandelnde) Verständnis des ganzen Seins.

Doch gleichzeitig gehen mit der jeweiligen Bewusstheit eines Menschen auch die Interpretationen des Gemessenen, des Erforschten einher. Aus diesem Grund sind beispielsweise unsere bisherigen Naturwissenschaften keine Wissenschaften der Natur, sondern Wissenschaften der menschlichen Interpretation der Natur. Und das auch nur anhand der zur Verfügung stehenden Messinstrumente. Wir können Mehrdimensionalität nicht mit dreidimensionalen Messgeräten messen. Und so kann eine Seelenenergie voller Frust und Gram nicht die Dankbarkeit empfinden, die eine reinere Seelenenergie beim Betrachten ein und der gleichen Sache oder eines Moments, empfindet.

Immer mehr erkannte ich auch, dass die bisherigen Schriften, alles was bisher über Energetisches, Feinstoffliches festgehalten ist, aber auch das, was mündlich gelehrt wird, immer durch die Filter der jeweiligen Zeit und der jeweils herrschenden Religion, oftmals als Doktrin verfasst, eingefärbt, kommuniziert und festgehalten wurde.

Seelische Zustände in weniger Energie wurden von den Tyrannen der Kirche mit einem drohend erhobenen Zeigefinger in ein erschreckendes Märchenbild einer angeblichen Hölle verpackt. Gleichzeitig wurde, weiterhin mit dem erhobenen Zeigefinger, das angebliche Reinigen über Ablasszahlungen »ermöglicht«, und somit das Erreichen des höher schwingenden, (energetisch) reineren, helleren und hochschwingenden Zustand als Himmel erkaufbar gemacht oder über Zölibat und Co. zugesichert. Ich muss schon sehr lachen, wenn ich diese kurze Zusammenfassung dieser Geisteskrankheit hier festhalte, die so gar nichts mit dem zu tun hat, was mich aus der geistigen Welt täglich an Schönheit, Freude und Rat erreicht. Wären da nicht die Millionen von misshandelten Seelen als Echo dieser Geisteskrankheit, es hätte tatsächlich etwas von einem Zirkus voller Narren.

Aus unserer heutigen Perspektive sind das ganz simple energetische Zustände. Und würden die Wissenschaftler die medialen Werkzeuge des Körpers mehr integrieren, würden wir selbst das sogar noch besser, greifbarer und wissenschaftlicher erklären können.

Nach einer Unzahl an Antworten, die bisher alle ein sehr einfach verständliches, aber komplexes System des Kosmos wie ein Puzzle zusammenfügen, meine ich mit meiner heutigen Bewusstheit in meiner Seele, das Bewusstsein des Kosmos als unendlich erweiterbar und dehnbar erkannt und erfühlt zu haben. Sollte ich dazu dank meiner wachsenden Seele und dem damit wachsenden Bewusstsein neue Erkenntnisse gewinnen, werden die aufmerksamen Leser und Zuhörer dies mit verfolgen können.

Wirkliche Ganzheit ist nur über diese Ausdehnung des Bewusstseins (und damit ja auch der Liebesempfindung) zu erfahren. Wer sich für diesen Weg entscheidet, wird daher mit einem anhaltenden und sich ausdehnenden Gefühl der Weite »belohnt«. Jeden Tag ein bisschen mehr, jede Meditation ein bisschen klarer, jeder Schritt ein bisschen weiter.

Ich kann nicht aufhören über diese Zusammenhänge zu referieren, denn sie sind für das Seelenbewusstsein so essentiell wie das Atmen für den Körper. Und die Übermittlung dieser Zusammenhänge ist für mich so bedeutsam wie die Entfaltung meiner ganzen Energie.

Es gibt nichts Wertvolleres als diese Selbstwerdung. Und der Kosmos beschenkt uns dabei auch noch mit diesem unendlichen Gefühl der Befreiung und damit einhergehend mit dem größten, nicht mit Materie zu kaufenden Schatz: Seelenkraft.

Es ist kein System der Strafe oder der Belohnung, doch wir existieren in Gefäßen der Empfindung, und der Weg in die Balance der Seelenenergie fühlt sich besser an als der aus ihr heraus. Die angebliche Strafe ist daher keine bewusst erschaffene Strafe, sondern letztlich nur ein Gradmesser für die (selbst erschaffene) Disbalance in uns. Und genauso ist es in die andere Richtung: Wer sich auf den Weg in die Balance seiner Seele macht, wird sich immer besser, wohler und befreiter fühlen. Eine (vom Kosmos) bewusst erschaffene Belohnung ist das nicht, aber es kann als solche empfunden werden.

Du erkennst – es ist die Perspektive, die uns ein und das Gleiche wahrnehmen und deuten lässt. Die vom Menschen erschaffenen »Systeme« bewerten diese simplen energetischen Prozesse und bilden um diese herum Glaubensmuster, die die Menschen festhalten, um eben nicht aufzuwachen und sich dem wertfreien Kosmos dankbar zuzuwenden und sein Werkzeug zu werden.

Es geht um Balance – kosmische, energetische Balance.
Nicht mehr, aber auch nicht weniger.

SPIELKONSOLE

Finde Inspirationen

Die Unterhaltungsmedien hatten mich unübersehbar spüren lassen, dass ein Buch über energetische Wahrnehmung nicht in ihrem Interesse ist, doch das ein oder andere spirituelle Magazin und anders denkende Medien wurden auf mich aufmerksam.

Eines Tages meldete sich bei mir der Streamingdienst Nexworld und lud mich zu einer Sendung zum Thema Bewusstsein und Religion ein. Direkt nach der Sendung sprach man mich darauf an, ob ich nicht auch Lust hätte bei ihnen eine eigene Sendung zu moderieren. Ein eigenes Sendeformat zu etablieren.

Die energetische Arbeit lehrte mich immer mehr Demut den großen kosmischen Abläufen gegenüber, und je mehr ich das erkannte und mich diesen hingab, umso demütiger wurde ich. Auch diese Fügung hatte ich nicht bewusst bestellt, sondern sie wurde an mich herangetragen. Die Komplexität des Warum, Wieso und Weshalb ist nicht mit unserem menschlichen kleinen Geist zu begreifen, doch es war offensichtlich eine Folge der Resonanzen auf mein bisheriges Sein, in diesem und auch in den vorherigen Leben. So wie jede Fügung kein passiver Akt unseres Schaffens ist, auch wenn das zunächst so scheint.

Also ergriff ich diese schöne Möglichkeit und betrat den Bereich der seriösen Moderation von Wissenschaftlern, Forschern und Autoren im Bereich der Grenzwissenschaften mit großer Freude. Die Quantenphysik streift jeden spirituell interessierten Menschen mit einem gewissen analytischen Forschergeist, da sie erste weltliche Erklärungen für das (bisher)

Unsichtbare liefert. Ich erinnere an dieser Stelle gerne noch einmal an die »Bewusstseinsformel« : Mit den wachsenden Werkzeugen wächst auch die Bewusstwerdung. Und so verhält es sich in allen menschlichen Wissenschaften, natürlich auch in der Physik. Je feiner die Messwerkzeuge, umso tiefer die Einsichten in die mit den normalen Augen nicht sofort sichtbaren Abläufe. Und als schon seit Schulzeiten begeisterte Physikerin war nexworld.tv für mich eher ein nach Hause kommen als ein Ausflug in das Ungewisse. Der Sender legte vor allem Wert darauf, dass ich die Menschen hinter dem Wissen den Zuschauern näher bringe, ihre Geschichte, ihre Gedanken und ihre Sorgen.

Ein wahrlich spannender Ausflug, denn wo sonst in den Unterhaltungsmedien eher flache Konversationen über Heirats- und Familienplanung stattfinden, durfte ich wirklich tief in die Beweggründe und Gefühle der Wissenschaftler schauen. Was sich mir offenbarte, konnte spannender nicht sein. Neben den wissenschaftlichen Ansätzen und brisanten Lösungen für unsere Welt waren die Freuden und Sorgen auf deren holprigen Wegen, zwischen Genialität und Unterdrückung ihres Schaffens, eine echte Offenbarung für mich.

Denn neben den grandiosen Impulsen, die sie – jeder auf seinem Feld – der Menschheit schenkten, waren es Forscher, die Patente hielten, welche aber von bestimmten Lobbyisten unterdrückt werden, Dozenten, die aus Universitäten ausgeschlossen wurden, weil sie über ihre Erkenntnisse das bestehende Lehrsystem zu sehr in Frage stellten, und Autoren, denen Ähnliches wie mir passierte, deren Inhalte bewusst von den Medien nicht verbreitet werden.

Ich war wahrlich unter Gleichgesinnten angekommen und genoss diese Konversationen sehr. Einmal mehr durfte ich **aufwachen**, unter welcher Doktrin ich gerade lebe. Mir war nicht nur nicht bewusst, welch Vielfalt an großartigen Wissenschaftlern bahnbrechende Erkenntnisse fast täglich formulieren, sondern auch wie wenig Aufmerksamkeit sie von der Gesellschaft bekommen. Eine Gesellschaft, die vordergründig fast dauerhaft das Mantra von Toleranz und Offenheit formuliert und gleichzeitig das ganze Gegenteil lebt. Anders Denkende, anders Seiende werden versteckt und unterdrückt. Eine Frage dazu formulierte sich in meinem Aufwachen immer mehr: Warum? Wovor hat der, oder haben diejenigen denn Angst, wenn sie derartiges so blockieren? Was ist der Plan dahinter, derartig spannende Inhalte, nicht zu verbreiten?!?!

Eine wirkliche Antwort dazu habe ich bis heute nicht gefunden, wahrscheinlich ist sie zu simpel, und ich sehe den Wald vor lauter Bäumen nicht.

Doch neben dieser wirklich schönen Entfaltung meines Schaffens hielt der Sender Nexworld noch ein weiteres Schicksalsgeschenk für mich bereit. Denn der Investor, der Visionär hinter der Idee, einen Streamingdienst für Andersdenkende zu erschaffen, wollte mich kennenlernen wie jeden seiner Schäfchen im Stall. Und so befand ich mich eines Tages mit Thomas und dem Team von Nexworld in einem langen Austausch über das Leben, die Quantenphysik, Religionen und den Menschen unserer Zeit.

Thomas war in meinem Alter und gesegnet mit genügend Geld, um seine Visionen »in die Welt zu kaufen«. Ja, zu kaufen, denn ein solches Investment in einen solchen Sender ist kein Hobby. Das muss man sich wahrlich leisten können. Doch er leistete es sich und tat dabei, meines Erachtens, wirklich Gutes für die Menschheit. Zumindest für den deutschsprachigen Teil davon.

Thomas und ich verstanden uns auf Anhieb, weil wir uns in einigen Punkten ähnlich sind. Uns unterschied »nur« sein kapitalistisches Elternhaus, das ihn gleich zum Berufsstart durch ein Harvard-Studium in die Höhen des grenzüberschreitenden Netzwerkens von höchstem Niveau katapultieren konnte. In der gleichen Zeit prägte mich ein sozialistisches Geistesgut, in welchem Unternehmertum nicht gewollt und gefördert war, geschweige denn in Netzwerken »gedacht« wurde. Dennoch entstand, vielleicht gerade wegen dieser Unterschiedlichkeit unserer Geschichten, aber vor allem aufgrund der vielen gemeinsamen Denkweisen, eine schöne und lange Freundschaft. Und deshalb wurde diese Begegnung zu einer Schicksalsbegegnung, denn Thomas wohnte in Südamerika und alsbald besuchten wir ihn dort. Die Winter in Österreich wurden gefühlt immer länger, und die Sonne zeigte sich gefühlt immer weniger, sodass eine derartige Brücke Richtung Südamerika wie ein warmer Sonnenstrahl auf meine Seele wirkte.

Wir wanderten aus.

Thomas hatte eine neue Vision, ein neues Start-up, welches all seine Ressourcen abverlangte, und gab daher Nexworld leider auf, oder besser ab, an andere Inhaber, welche aber nicht mehr dieses Volumen an Investment bereitstellen konnten wie Thomas das getan hatte. Und somit neigten sich leider die spannenden Interviews einem Ende zu.

So überraschend wie dieser Ausflug in die Moderationsarbeit sich auftat, so schnell verschwand er leider auch wieder. Doch was bleibt, sind viele tiefe Einsichten in die Herzen dieser Menschen, die fast alle im Gleichklang den Satz: »Das erzähle ich dir, wenn die Kameras aus sind«, vor sich her trugen und damit die Erkenntnis stärkten, dass wir durch die Unterdrückung von diesem Wissen tatsächlich noch immer im Mittelalter leben – es sich nur digitaler schmückt.

Fortschritt gab es immer nur dort, wo dieser einer bestimmten Gruppe von Menschen »gefiel«. Aufklärung gab und gibt es immer nur dort, wo sie dieser Gruppe dienlich war und ist, und die Unterdrückung der Visionäre wird so lange fester Bestandteil der Menschheit sein, wie sie die Werte von Konsum und Status als ihre einzigen Gottesdienste lebt. Egal aus welcher Zeit, egal in welchem Bereich – Giordano Bruno, Galileo, Nikola Tesla bis hin zu Hildegard von Bingen – die Liste der Namen der unterdrückten Visionäre ist unendlich.

Über meine Arbeit in dem Sender traf ich einen Teil unserer heutigen Visionäre und kann dadurch diese Statistik (leider) bestätigen ... eine traurige Erkenntnis des »Wesens Mensch«, das anscheinend diese Schatten schon immer und auf ewig in sich trägt. »Entwundern« wir uns darüber und akzeptieren es, dann ist das Leben leichter.

Mir jedenfalls half diese Erkenntnis sehr, aus dem Rad der »Verbesserungswut« auszusteigen, das man als Visionär in sich trägt. Es wurde eine »Verbesserungsblume«, die ihren Duft bereitstellt, und wer daran riechen mag, ist willkommen. Doch zu glauben und zu hoffen, dass man als einzelne Seele derartige Bewegungen anhalten oder lenken könne, ist eine Hybris.

In der Akzeptanz, dass alles, was ist, so kosmisch »gewollt« ist und eine Plattform zur Entfaltung unterschiedlicher Seelenimpulse bietet, ist

Finde Inspirationen

auch die Erfahrung der Unterdrückung des Hilfreichen und das Verbot, das den Aufklärenden zum Schweigen bringen soll, nur eine weitere Chance für Erkenntnisse.

Ein andermal hielt der Kosmos einen weiteren, sehr überraschenden »Fügungsplan« bereit.

Über mein internationales Netzwerk erreichte mich eines Tages die Bitte, einen Schmuckhersteller kennenzulernen, der für seine Frau eine Schmucklinie entworfen hatte und diese zu einem internationalen Unternehmen aufbauen wollte. Er suchte nach einer Art CEO, jemandem, der den Laden hochzieht und dabei seine Erfahrungen in der Modebranche mit einbringen kann, inklusive des Know-hows über Buyouts und allem, was man zum Erstellen von Werbematerial für die Marke benötigt.

Und so fand ich mich unter anderem eines Tages in New York am Set eines zweitägigen Fotoshootings mit Peter Lindbergh als Fotograf und Sarah Jessica Parker als Repräsentantin der Marke wieder. Konzept, Organisation, Vertragswerk, Umsetzung bis hin zu den Anzeigenschaltungen, Verpackungsmanagement und so vielem mehr – alles lag in meiner Hand. So fühlt sich ins kalte Wasser springen an, aber so fühlt sich auch lernen in Hochgeschwindigkeit und unter massivem Druck an – aber es machte unendlich viel Spaß.

Noch heute bin ich sprachlos über die Geschwindigkeit, mit der dieses Projekt und seine vielfältigen Aufgaben an mich herangetragen wurden, und welche große Verantwortung ich dabei zusätzlich zu meinem Unternehmertum stemmen musste. Der Kunde in Thailand, die Shootings in New York und ich mittendrin als permanent traveler zwischen Südamerika und Europa.

Auch wenn es eine der anstrengendsten Zeiten meines Lebens war, so blicke ich vor allem auf die wunderbare Begegnung und die vielen Erinnerungen am Set mit Peter Lindbergh und seinem 12-köpfigen Team aus Assistenten für Licht, Ausstattung, Aufnahmeleitung, Grafiker und so vielen mehr zurück. Alle waren sie respektvoll und Weltklasse ruhig, keine Hysterien, kein Drama, ausschließlich Profis. Und mittendrin Peter, ein Mensch mit einem großen Herzen. Nahbar, herzlich, konzentriert und auf das Wohl aller Beteiligten bedacht. Als Sarah Jessica Parker die halbe Shootingzeit mit ihrem Styling bereits aufgebraucht hatte und ich verunsichert Peters Rat suchte, beruhigte er mich großväterlich und betonte, dass es nicht wichtig sei, wie viel Zeit er für ein Foto hätte. Sein Team sei es gewohnt, von so manchem Celebrity wirklich nur wenige Minuten zur Verfügung zu haben – doch immer würde er das gewünschte Ergebnis schaffen. Und so war es dann auch. Für jedes Outfit blieben uns circa fünf Minuten Shootingzeit, doch der Output sah aus, als hätten wir Stunden daran gebastelt. Unfassbar. Das war wirklich Weltklasse. Weltklasse … erschaffen immerhin von Peter Lindbergh, dem Mann, der die Supermodels Claudia Schiffer, Linda Evangelista und Naomi Campbel (u.v.a.m.) mit seiner Arbeit, seinen Fotos »erfunden« hatte. Also war ich umso dankbarer, Teil solch einer wilden Reise unter so außergewöhnlichem Schutz gewesen zu sein.

So geht lernen, so geht wachsen. Das ist Leben. Das ist es, was geschieht, wenn der Kosmos lenkt. Denn er hat einen Plan, ich musste nur lernen, diesem blind zu vertrauen und … bei all den Anstrengungen im Dauerjetlag und den höchsten Erwartungen des Kunden »einfach« durchzuhalten. Mitzumachen und die Herausforderungen zu meistern. So formt das Schicksal über Erfahrungen eine Seele.

Die geistige Welt lehrte mich auf unterschiedliche Weise täglich mehr die Gesetze des Kosmos, und zusammen mit dieser Art Fügungen und einer Menge weltlicher Erkenntnisse aus ihnen, erschuf sich in mir immer mehr die Gewissheit, das Leben als eine Spielkonsole zu verstehen, in der die Entwickler Regeln eingebaut haben und ich diese nicht umprogrammieren kann, sondern mich darin entfalten darf. Mal als Mario, mal als Terry, oder als Superman oder Supergirl – das sind nur die Avatare, die spielen. Die Regeln, welche Punkte mich in das nächste Level bringen, oder welche Fehler mich wieder auf Anfang zurückstellen, welche Werkzeuge ich einsammeln muss, um mich fort-zu-bewegen, zu erkennen, wer Feind und wer Freund ist – und so vieles mehr … all das bietet die Software, deren Erschaffer ich aber nicht bin, sondern mit der ich spielen darf.

Also dann. Lasst uns spielen.

DIE WÜRDE DES MENSCHEN IST ANTASTBAR

Auch wenn alle das Gegenteil behaupten

In der Spielkonsole mit dem Kosmos zu »telefonieren« und über eine Art Standleitung die eigenen Impulse dauerhaft zu reflektieren, ist das Eine, doch der Umgang mit dem, was sich dabei offenbart, eine ganz andere Sache. Und manchmal habe ich das Gefühl, dass eben genau dieser Umgang das ist, was wir im Leben üben und lernen dürfen.

Eines Tages erreichte mich in einem Traum die Gewissheit, dass mein Vater bald von uns gehen würde. Die Details dieses Traumes sind mir leider in meinen Aufzeichnungen abhanden gekommen, aber ich erinnere mich noch, wie er mir ganz liebevoll aber sehr eindringlich übermittelte, dass er nun gehen müsse.

Ich fand mich in einem Déjà-vu wieder und erinnerte mich an die Bilder, die ich sah, als die Seele meiner lieben Oma Janne den Körper verließ. Doch diesmal offenbarte sich mir nicht dieser Moment des Übergangs, sondern seine und meine Seele »sprachen« miteinander, und seine Botschaft war klar ein: »Ich muss/möchte gehen«.

Selbst noch schockiert von der Klarheit und dem Inhalt dieser Botschaft fand ich mich erneut in einem Labyrinth der Gefühle wieder. Die Nachricht an sich war schon schockierend für mich, doch um mich herum lebten alle, inklusive meinem Vater, ihr Leben natürlich weiter, als sei nichts gewesen. Weil für sie ja auch nichts geschehen war.

Erneut war ich hin- und hergerissen, ob ich dies mit meiner Familie teilen sollte, und erneut habe ich mich dagegen entschieden. Nicht, weil ich meinen Zugängen noch immer nicht traute, sondern weil ich alle Versionen und Perspektiven in mir durchspielte und niemals etwas Sinnvolles, Gutes dabei herauskam. Hätte ich das meinem Vater in seinem Tagesbewusstsein offenbart, wäre er traurig und depressiv geworden. Hätte ich es meiner Mutter offenbart, wäre sie ängstlich geworden und meine Schwester hätte all das auch nicht wirklich fröhlich gestimmt. Also beließ ich alles beim Alten, lebte genauso wie alle anderen weiter mit ihnen, nahm aber innerlich eine andere Haltung und Bereitschaft ein. Ich beschloss: Wenn mir der Kosmos schon derartiges offenbare, würde ich das sogenannte »Beste« daraus machen. Und was im Sinne des Seins ist das Beste? Genau – die Freude, die Schönheit, das Erschaffen von unvergesslichen (schönen) Momenten, denn sie sind der Schatz unserer Seelen. Also schickte ich mich an, ihm dieses schönste Potential noch bewusster mitzugestalten. Vielleicht war es eine Warnung, vielleicht auch eine Art **Weckruf**, dass ich noch wachsamer ihm gegenüber werde und seine Seele noch achtsamer beobachte. Denn eines übermittelt sich leider nie in der energetischen Arbeit: Zeit. Was auf der einen Seite also Gewissheit erschuf, ging auf der anderen Seite gleichzeitig mit Ohnmacht einher. Aber auch mit einer Chance, seine verbleibende Zeit noch intensiver zu nutzen.

Mein Vater arbeitete Zeit seines Lebens sehr viel, sehr lange und auch körperlich sehr hart. Diese seine Lebensenergie setzte er ein, um unserer Familie ein schöneres Leben zu ermöglichen, als er es zu DDR-Zeiten erlebt hatte. Im »alles gehört dem Volk« war es so gut wie unmöglich gewesen, sich einen eigenen Besitz zu erschaffen. (Was übrigens die Kluft zwischen Ost und West vermögenstechnisch gefühlt unaufholbar machte.) Während in Westdeutschland jeder, wenn er wollte und gesund war, irgendein kleines oder großes Vermögen anhäufen *konnte*, begann Ostdeutschland damit am Tag nach dem Mauerfall. Diese 40 Jahre Vermögensaufbau fehlen daher so gut wie jedem Ossi. Er »durfte« damit dann 1990 beginnen.

Doch schon zu DDR-Zeiten schuftete mein Vater rund um die Uhr, um diese Kluft zwischen West und Ost für uns Kinder nicht zu sehr spürbar zu machen. Was er möglich machen konnte, machte er möglich.

Und derartiger Einsatz muss balanciert werden. Wenn man dem Körper so viel abverlangt, muss er ruhen. Viel ruhen. Doch die Wenigsten können das so umsetzen, wie sie denken. Mein Vater schaffte das nicht und so zeigten sich nach und nach kleine und auch größere Abnutzungen an seinem Körper. Vor allem die Gicht machte ihm eines Tages zu schaffen. Eine Krankheit, die von der Schulmedizin – zumindest damals – als unheilbar eingestuft wurde und schmerzhaft war und ist.

Zu sehen, wie ein Mensch, der so viel gegeben hat, »dafür« dann am Ende auch noch Schmerzen erleiden muss, brach mir fast das Herz. Ich versuchte meinem Vater Löcher in den Bauch zu fragen, was denn die Ärzte unternahmen, um die Ursache für diese Krankheit in ihm zu finden, doch er meinte nur immer wieder: »Danach suchen sie gar nicht.«

Wie, danach suchen sie nicht?

Jede Krankheit hat doch eine Ursache. Und diese Ursache ist es, die behandelt werden muss. Wenn sie nicht genetisch bedingt ist oder durch einen Unfall verursacht, dann hat sie eine Geschichte, eine Disbalance im Energiefeld und damit im Körper. Und diese gilt es dann aufzuspüren. Doch auch in meinem nahen Umfeld an Kontakten erntete ich nur Kopfschütteln für diese meine Herangehensweise. Gicht sei eben Gicht. Ende der Fahnenstange.

Ich war verwirrt, doch am meisten deshalb, weil die Menschen sich mit derartigen Behauptungen einfach abfanden und die Wenigsten weiter und tiefer gruben.

Der Mensch unserer Zeit kann anscheinend entweder solche Ansagen einfach annehmen, ohne sie zu hinterfragen, oder dem Arzt Druck machen, er solle bitte die Ursache finden und ihn heilen. Anderseits kann der Arzt unserer Zeit anscheinend täglich einfach solche Sätze formulieren wie: »Sie werden jetzt immer diese Schmerzen haben, das ist unheilbar.« Oder gar bei schwerwiegenderen Themen sagen: »Sie haben nur noch XY Zeit zu leben.«

Doch wie auch immer und warum auch immer, meine Perspektive ist eben meine Perspektive, und der Alligator, der sich das alles aus dem

Fluss heraus scheinbar bewegungslos anschaut, kann bei derartigen Missständen nicht wirklich ruhig bleiben.

Meine Energie »kann« diese Art zu denken nicht, also begab ich mich auf die Suche. Auf eine lange Suche. Ich fragte jeden aus meinem bisherigen Netzwerk und suchte eigenhändig wochenlang das ganze Internet ab, bis ich eines Tages tatsächlich eine Institution in Thailand fand, die sich auf die Fahnen schrieb, die unterschiedlichsten Krankheiten »anders« zu behandeln und einen alternativen Heilansatz anboten. Ich fühlte dorthin sofort eine positive Resonanz, kontaktierte die Heiler und buchte bald schon einen Flug für meinen Vater und mich nach Thailand. Ich wollte sehen, was das für Menschen sind, wie sie arbeiten und vor allem, wie es meinem Vater während der 14-tägigen Behandlung ergeht.

Und so fanden wir uns im wunderschönen Pathaya bei »Bios Logos«, hoffnungsvoll und von der Reise ermattet, wieder. In einem ersten aufmerksamen Gespräch wurde meinem Vater eröffnet, was die vielen Medikamente, die er täglich einnahm, alles mit ihm und seinem Körper machten und was ihm bisher dazu verschwiegen worden war. Schön hörte sich das nicht an und gesund auch nicht. Und so war es fast unumgänglich, dass als nächsten Schritt ein Großteil dieser Tabletten abgesetzt werden musste, um eine andere Form der Heilung zu ermöglichen. Und anders als sonst wurde hier lange erklärt und darüber gesprochen, welches Produkt was genau im Körper macht, und was das in der Folge weiteres nach sich ziehen würde. Wir erfuhren gemeinsam ein bisschen Unterricht der anderen Art in Chemie und vor allem auch in Körperchemie.

Die nächsten Tage wurden vor allem für ihn zu einer echten Tortur. Von morgens bis abends musste er alle möglichen Übungen machen, mal gänzlich in Plastikfolie eingepackt, mal ohne, doch vor allem sollte er seinen Körper ganz anders bewegen, als alles, was er bisher an Turnübungen kannte. All das hatte *ein* zunächst sofort sichtbares Ergebnis: Mein Vater war jeden Abend am ganzen Körper krebsrot und sehr erschöpft. Aber er strahlte. Was auch immer diese Heiler dort machten, es wirkte sichtbar auf vielerlei Weise. Und das ziemlich schnell.

Denn nach zwei Wochen knallrotem Körper war sein Stoffwechsel so angekurbelt und »aufgewacht«, dass anscheinend seine Organe eine bessere Durchblutung und vor allem das Immunsystem einen schönen Energiekick erlebten. Ich schaute ihm vor allem abends, wenn wir gemeinsam essen waren, zu, wie das krebsrote Gesicht langsam verblasste und ein immer größeres Lächeln hervortrat. Wie eine Blume, die sich selbst vergessen hatte, strahlte seine Seele mit jedem Tag mehr. Und so fühlte er sich auch mit jedem Tag besser.

Doch vor allem aber schien er geheilt von der Gicht!

Nach 14 Tagen vor Ort war all das, was die Mediziner Gicht nennen, verschwunden. Verschwunden. Weg. Nicht mehr da. Als sei es nie dagewesen. Hatte ich wirklich zugeschaut, wie eine angeblich unheilbare Krankheit geheilt wurde?

Ja.

Hatte ich.

Doch wo war das »Aber«? Gab es denn ein »Aber«?

Ja, das gab es. Wie immer im Leben. Das Aber bestand in den Instruktionen der Heiler, die ihm bei den ausgiebigen Lehrstunden neben den vielen Übungen verständlich machten, dass er den Lebensstil, der ihm diese Krankheit beschert hatte, dringend ändern müsse. Das bedeutete, sich unbedingt anders zu ernähren und vor allem auch mental zu einigen Dingen Abstand zu nehmen, die ihn geistig zu sehr beanspruchten. Denn dort lagen die Ursachen für die Krankheit. Und basierend auf der Eigenverantwortung eines jeden Menschen, lag nun erneut dieser weitere Heilungsschritt ausschließlich in seinen Händen.

Im Prinzip ist der ganze Kosmos kein System, das Krankheit als solche verursacht. Unabhängig von Unfällen, entstehen Krankheiten »nur« dort, wo keine energetische Balance herrscht. Sie sind also meist ein Indiz dafür, dass etwas (im Energiesystem des Organismus) ausgeglichen werden muss – weil es aus der Balance gefallen ist. Sie sind somit die Leitplanken, die Lehrer unseres gesunden Seins. Der an sich »passive« Kosmos hat nur diesen einen Indikator (Balance) erschaffen, an dem sich alles misst und in dem sich die Energien, kraft ihrer Eigenverantwortung, entfalten oder zurückziehen, wachsen oder stagnieren, Energie anreichern oder verlieren können.

Diese Gesetzmäßigkeit macht so beispielsweise auch von ganz allein sichtbar, wer ernsthaft heilen will, oder wer nur gerne davon träumt, dass es jemand anderes für ihn tut.

Mein Vater hatte seine Ernährung umgestellt und damit diesen Teil der Anweisungen wirklich diszipliniert umgesetzt, aber seinen mentalen Lebensstil nicht so konsequent geändert, wie die Heiler es ihm ans Herz gelegt hatten. Sie wiesen darauf hin, dass gerade Gicht vor allem mentale Ursachen hat, und wenn dort nicht Wandlung geschieht, es nicht zwingend erneut Gicht sein muss, die sich dann erneut materialisiert, sondern andere Krankheitsbilder. Und so war es dann leider auch. Die Gicht ließ ihn bis zum Ende seines Lebens relativ in Ruhe, aber sein Herz machte ihm mehr und mehr zu schaffen.

2018 mochte es nicht mehr schlagen und machte damit seinen mir im Traum übermittelten Entschluss real. Zehn Jahre lagen zwischen der Botschaft und der Umsetzung. Ist das der Rhythmus des Kosmos von der Feinstofflichkeit in die Materie hinein? Ich bezweifle es, denn der Kosmos ist viel zu individuell, als dass er in diesem Punkt auch nur ansatzweise berechenbar werden könnte. Dennoch haben wir ganz sicher durch die Reise seine Ernährung zu einer bewussteren Ernährung und sein Leben nach der Reise ganz sicher noch mit einer Vielzahl schöner Momente reicher gemacht – und vor allem seine letzten zehn Jahre schmerzfreier gestaltet.

Das ist für mich wahrer Dienst am Kosmos – einen Impuls (beispielsweise aus einem Traum) annehmen, ernst nehmen, wahrnehmen und aus diesem heraus alles, was nun (noch) möglich ist, umso bewusster nutzen und der Seele die Lebenszeit verschönern, damit sie an mehr Freude und noch mehr schönen Erinnerungen erstarkt. Um dann, noch reicher an diesen schönen Erinnerungen, lächelnd weiterzuziehen und nicht in Gram und Traurigkeit den Avatar wechseln zu müssen.

Ganz anders sieht das unser Gesundheitssystem.

Denn dank der dort herrschenden kranken Regeln wurde der Übergang meines Vaters eine wahre Offenbarung an Grausamkeit, die ich mit nichts und nie zurückhalten werde.

Hier ein paar Details kurz zusammengefasst:

An dem Tag, an dem das Herz meines Vaters schließlich nicht mehr schlagen wollte, traf der Krankenwagen 20 Minuten nach dem Hilferuf meiner Mutter bei meinen Eltern ein. Damit war im Grunde schon der Hirntod geschehen. Fast kein Mensch kommt nach 20 Minuten Atemstillstand wieder zurück, als »sei nix gewesen«. Der Notarzt tat, was er meinte tun zu müssen, und brachte erneute 20 bis 25 Minuten(!!!) damit zu, sein Herz wieder zum Pumpen zu bringen. Und siehe da, nach 45 Minuten Atemstillstand also schaffte er es – und brachte damit einen Körper wieder zum Atmen – aber ganz sicher nicht zum »Gesunden«.

Das Ausmaß der sinnfreien Katastrophe wurde sichtbar, als über die Röntgenbilder klar wurde, dass, wie zu erwarten, das Stammhirn so geschädigt war, dass die lebenserhaltenden Maßnahmen alle nur noch über Maschinen ermöglicht werden konnten.

Soweit so erwartet, so sinnfrei, so intelligenzfrei – genau diesen Moment, diesen Zustand wollte mein Vater nie erleiden müssen. Auch angeschoben durch die Sichtung in meinem Traum, hatte ich ihn immer wieder daran erinnert, doch bitte eine Patientenverfügung mit allen wichtigen Infos zu erstellen, und tatsächlich tat er das dann auch.

Dumm nur, dass die Ärzte sich einen Dreck um diesen letzten Willen dieser Seele in dem Körper scherten. Sie ließen ihn an den Maschinen, egal was auf dem Papier stand. Ganz wunderbar liebevoll und empathisch wurde es dann, als Sätze wie: »Sie können ja gerne den Beatmungsschlauch ziehen – wir machen es nicht«, fielen … … …

Wir ließen nicht locker und nach zehn Tagen lenkten die Fleischer in weißen Kitteln plötzlich(!) langsam ein und begannen die künstliche Ernährung etwas herunterzufahren.

Für das, was dann kam, kann ich nur für alle Zeit meinen abgrundtiefen Hass den Verantwortlichen gegenüber hier festhalten. Da gibt es nix zu verzeihen, da gibt es nichts zu verstehen, da gibt es nur einen Plan zu erkennen: Denn das war pure Berechnung eines Systems, das sich mit Heilung brüstet, in welchem aber Gesundheit das Letzte ist, was es will. Es ist ein Geschäft, nämlich *mit* der Gesundheit der Menschen. Noch mehr Schmutz können die verantwortlichen Seelen nicht in einem Leben anhäufen, als durch ein derartiges Verhalten …

Denn nun durften wir diesem kaputten Körper zuschauen, wie er jeden Tag ein bisschen mehr starb, langsam, gaaanz langsam und mit furchtbaren Krampfanfällen. Es mag sein, dass mein Vater das als solches nicht bewusst erlebt hat (ganz sicher nicht bei der Morphium-Dröhnung), aber WIR – ich, meine Schwester und vor allem meine Mutter – mussten uns diesen Kampf seines Körpers nun anschauen, bis er dann in einem letzten furchtbaren Todeskampf verstarb. Jeder, der mir jetzt mit neunmalklugem Medizinerkauderwelsch erklären möchte, dass doch aber mein Vater keine Schmerzen hatte … … WIR HATTEN DIESE SCHMERZEN, und wer das bewusst »in Kauf nimmt«, ist kaputt in seiner Seele. So etwas tut man keinem Menschen an. Weder dem zugedröhnten und erst recht nicht den Angehörigen, die bewusst leiden dürfen und müssen.

Und ganz sicher ist es »nur ein Zufall«, dass damals eine Regel herrschte, wonach die Krankhäuser bei einem Intensivstation-Aufenthalt von über 14 Tagen eine Extrazahlung der Krankenkassen erhielten, und die Maschinen in unserem Fall genau nach 14 Tagen plötzlich doch modifiziert werden konnten …

Mein Vater hat sein Leben lang wirklich alles gegeben, was er hatte, seine Energie, seine Kraft, seine Lebenszeit, so viel Liebe, und nun nehmen sie ihm sogar in seinen letzten Stunden noch weitere Kraft.

Er wurde ganz offensichtlich in seinen letzten Stunden zu einer Geldmaschine, trotz Patientenverfügung und egal, ob die Familie das nicht wollte. Egal. Alles egal. Hauptsache Tausende von Euros flossen auf das Konto des Krankenhauses für diesen menschenunwürdigen Abgang.

Ach ja, da war doch was: Die Würde des Menschen …

Auch wenn alle das Gegenteil behaupten

Mir selbst hat das Verhalten aller Beteiligten, die damals eine Entscheidungsposition innehielten, den Boden meines Vertrauens in und meines Glaubens an dieses angebliche Gesundheitssystem unter den Füßen weggezogen. Ich bin einmal mehr **aufgewacht** aus einem Traum vom Helfen und Geholfen werden in Empathie.

Und die nächsten Jahre sollten mich diesbezüglich immer und immer mehr bewusst machen. Im schulmedizinischen wie leider auch im ganzheitlich arbeitenden, alternativ medizinischen Bereich.

Unbedingt möchte ich aber die Pflegekräfte ausnehmen, die damals liebevollst und WIRKLICH empathisch mit meinem Vater und uns umgegangen sind. Sie, die am Ende der Verdienstkette stehen, haben die größte Empathie und Liebe in ihrem Wesen eingesetzt, um Menschen auf diesem schweren Weg zu begleiten. Sie waren es damals, sie sind es heute, jeden Tag, an so vielen Orten, und sie sind es, denen bis heute nur leere Versprechungen gemacht wurden, als eine Grippehysterie die Menschheit einsperrte. Jeder Einzelne von ihnen, der diese Liebe und Hingabe noch immer als Berufung ansieht, obwohl er dafür nur leere Worte und viel zu wenig Wertschätzung des kranken Systems in Form von Gehalt erfährt, verdient mehr Respekt als alle Statusträger in weißen Kitteln. Denn sie sind Soldaten eines kranken Systems, und ich werde mich für den Rest meines Lebens dafür einsetzen, diese Krankheit zu benennen und meinen Beitrag zu ihrer Wertschätzung zu leisten.

Wie auch immer das aussieht.

FALSCHE GÖTTER

*Sei vorsichtig, wenn Menschen Kostüme tragen,
sie verschleiern ihren Kern*

Das ganze Geschehen um die Krankheit und das Sterben meines Vaters hat mich wirklich tiefgehend geprägt und in meiner Hoffnung auf das sogenannte »Gute im Menschen« brutal desillusioniert.

Durch das Absolvieren eines völlig anderen Heilansatzes und die dadurch erfolgreiche Heilung einer angeblich unheilbaren Krankheit verlor das Krankensystem meinen Vater als Dauerkonsumenten, holte sich dann aber den verlorenen Umsatz in seinem Ableben wieder.

Diese menschenunwürdige Behandlung der Fleischer wurde durch die Brutalität, mit der dieses kranke System arbeitete, zu einem Mahnmal für die Abgründe unseres Gesundheitssystems. Ach ja, ich hatte noch nicht erwähnt, dass die Wiederbelebung nach 45 Minuten eine sofortige Operation nach sich zog, in der seinem Herz drei Stents zur weiteren Unterstützung seines Zombidaseins (weil mit völlig kaputten Stammhirn) gesetzt wurden …

Ich muss sagen, mir würde in meinen dunkelsten Phantasien nur noch das (unerlaubte) Aus-schlachten der Organe einfallen, um noch mehr Geld aus diesem Körper herauszuschlagen. Zum besseren Verständnis, ich bin generell sehr für Organspende, ich fördere sie, wo ich kann, und trage den Ausweis immer bei mir, aber eine unerlaubte Entnahme wäre eine andere Basis.

Die Maske war gefallen. Mir war klar geworden – das Gesundheitssystem zeigte sich mir als ein nur vordergründig an wirklicher Heilung interessiertes System, doch vor allem ein Krankensystem. Ein Krankheitssystem. Und immer dann, wenn die Schulmedizin nur Symptome behandelt, wird es das auch bleiben. Erst wenn sich endlich immer mehr Schulmediziner auch den anderen Heilansätzen mehr öffnen, kann die richtige Mitte, die wirkliche Heilung geschehen. Es braucht beides, miteinander, um das große Ganze, den ganzen Körper als ein Organ besser zu verstehen. Doch solange das nicht wirklich geschehen ist, produzieren beide Systeme nur Konsumenten, weil sie sie brauchen, wie jedes Unternehmen dieser Welt.

Und ich kann, so gerne ich das würde, auch den alternativen Heilmethoden kein besseres Zeugnis ausstellen. Denn auf unterschiedliche Weise musste ich leider auch dort, nur ganz anders und viel subtiler, eine gewisse Gnadenlosigkeit feststellen.

Wenn beide Systeme ein solches Bild abgeben, liegt es dann am System oder doch eher am Menschsein an sich?

Ich vermute es sehr stark.

Denn um zu »überleben«, braucht der Heiler genauso wie das Krankenhaus das, womit Miete und Gehälter sowie das Essen gekauft werden können: Geld. Und wie bekommt er das Geld? Durch das Behandeln von Menschen. Aus dieser Perspektive darf man dieser Tatsache also nur völlig pragmatisch und ohne Emotionen begegnen.

Und wie verhält sich all das rein energetisch?

Ich habe diese Frage der geistigen Welt oft gestellt, und die Antwort war immer wieder wie zu er-warten und bereits übermittelt: »Heilung geschieht, wenn die Systeme wieder in Balance gebracht werden. Der Ausgleich für den Energieeinsatz (und damit auch Lebenszeiteinsatz), um diese Ba-lance des Patienten herzustellen, solle nicht vom Heilenden aufgerufen, sondern sollte vom Patienten aus freien Stücken gegeben werden.«

Konkret bedeutet das, dass der Heiler keinen Betrag aufrufen sollte, sondern dem Patienten die Eigenverantwortung übergeben müsste, aus der dieser dann geben darf, was er zum Ausgleich der Arbeit geben kann. Doch das ist nicht so leicht umsetzbar in einer Welt, in der man alles, was man zum Überleben braucht, nur mit der »Währung der Menschheit« zahlen kann. Und vor allem ist es schwer umsetzbar in einer Welt, in der wenig Bewusstheit herrscht, was unweigerlich dazu führt, dass derartige

FALSCHE GÖTTER

Angebote überwiegend von den Unbewussten ausgenutzt werden. Das darf nicht sein und würde erneut Ungleichgewichte erschaffen.

Insofern ist es in beide Richtungen wertfrei, wie die Heiler damit umgehen und wie die Klienten das tun. Wer das Angebot der geistigen Welt umsetzen mag, soll es tun. Wer nicht, ist deshalb keineswegs ein schlechterer Heiler.

Die Bedürftigkeit eines Menschen ist die Basis seiner Hoffnungen und manchmal auch Verzweiflung. Solange der Mensch also bedürftig ist, wird das von anderen missbraucht. Von den Medizinern UND von den Heilern – weil das anscheinend in der Natur des unbewussten Menschen liegt. Und ja, auch unter den Heilern gibt es sehr viele, sehr unbewusste Menschen.

Ich durfte das immer wieder erleben, wenn ich beobachtete, wie so mancher Heiler in seinen Seminaren, Workshops oder auch Einzelsessions nur sich selbst therapierte, aber andere Kunden dabei zuschauen und bezahlen ließ.

Zusätzlich zu dieser »Maskenfalle« aber fand ich leider auch ab und zu sehr viel Aggression in manch ach so heiligem Heiler. Das machte mich sehr nachdenklich.

Mir ist natürlich bewusst, dass jeder Mensch in seinem Leben Verletzungen unterschiedlicher Art erfahren hat und sicher auch noch weiter erfährt, und dass diese ja auch, wie bei mir selbst, die Ursache für Aggression und Wut darstellen können. Das ist menschlich und das will ich auch gar nicht bewerten. Es schockierte mich nur eben etwas, wie viel Aggression ich von denen erfuhr, die ganz besonders das »Wir müssen uns alle nur liebhaben und umarmen«, so vor sich hertragen.

Doch es gehört dazu, eben unter diesen vielen, vielen Möglichkeiten der Entdeckungsreise zu uns selbst, auch auf derartige Menschen und ihre Schatten zu stoßen. Ich erkannte es und akzeptierte es als Teil des Menschseins, Teil des Heiler und Lehrerseins. Und ging meinen Weg weiter.

Auf meiner Entdeckungsreise machte ich irgendwann auch einmal einen kurzen Ausflug in eine Merkaba-Ausbildung.

Für alle, die davon noch nie gehört haben, zitiere ich hier aus der Website von https://www.blumen-des-lebens.de/merkaba/ :

Der Begriff der Merkaba bedeutet aus dem Hebräischen übersetzt »Wagen« und stammt aus dem Alten Testament und der jüdischen Bibel. Hier wird damit der Thronwagen Gottes bezeichnet, ein Lichtwagen, der die Kraft Gottes in die Welt bringt. Noch heute steht die Merkaba für einen Licht-wagen, der Dich während Deiner Meditation in höhere Ebenen bringen kann. Eine Ähnlichkeit besteht zur Vimana, die auf Sanskrit »Flugzeug« bedeutet. In alten Schriften reisen hiermit Meister und Helden in höhere Dimensionen und zu fremden Planeten.

Das Wort Merkaba lässt sich als ein von Licht umgebener Geist oder Körper übersetzen. »Mer« heißt Licht, »Ka« bedeutet Geist und »Bah« heißt Körper. Die Merkaba ist – wie auch die **Blume des Lebens** oder **die fünf platonischen Körper** – ein Symbol der **Heiligen Geometrie**.

Ich traf auf Gareth, der das Adonai Zentrum leitete, und lernte bei ihm die Merkaba kennen und anwenden. Doch zusätzlich zu dieser spannenden Herangehensweise waren viele, viele Meditati-onsreisen Teil der Ausbildung.

Eine dieser Meditationsreisen sollte uns unserer Bestimmung, unserer Lebensaufgabe näher brin-gen. Wie immer begab ich mich in voller Hingabe und wachsam zugleich auch in diese Übungen.

Ziemlich schnell und leicht erfasste mich ein Gefühl von einer Art Mission. Eine Art Aufgabe im Sinne eines größeren Ganzen. Eine klare Vision, an deren Spitze ich stehe und diese materialisiere. Diese Materialisation sei die Hauptintention meiner Seele in dieser Inkarnation. Stark, groß und bedeutsam fühlte sich das an. Ich kannte dieses Gefühl bisher nicht. Doch es schoss wie ein Energiestrahl durch mich hindurch, direkt von oben bis unten, und er erfüllte mein ganzes Ich mit einer Vision, die diesem Gefühl folgte: Ein Netzwerk, das die Suchenden mit den Anbietenden verbinden kann. Leicht und spielerisch, aber mit einem einzigen und sehr wichtigen Sinn: Den Menschen zu mehr Gesundheit und mehr Bewusstheit zu verhelfen. Eine beständige (digitale) Führung zu sein, so wie die geistige Welt das für uns (leider eher unsichtbar) ist. Es greifbarer zu machen, was unsichtbar ist. Die Gemeinschaft der Suchenden und die Gemeinschaft der wunderbaren Heiler sichtbarer zu machen. Sich untereinander auszutauschen und dabei zu wachsen. Andere zu inspirieren und so viel mehr. All das fühlte sich unglaublich groß, wichtig und richtig an, und es in mir stellte es keine Sekunde in Frage. Nein, im Gegenteil. Ja. Ja. Ja. Genau das war meine Seelenaufgabe. Und fast schon, als sei es nur Beiwerk, wirkten alle anderen Schritte in meinem Leben – auf roten Teppichen und Zelluloid, in Büros und auf Businessreisen – nur wie die einzelnen Sprossen der Leiter, die mich aber eben genau dort hin führen wollten: In die Materialisation eines Werkzeuges, das uns digital das ermöglicht, was wir im Unsichtbaren suchen.

Tief mich diesem Gefühl und den Bildern eines Netzwerkes hingebend, formte sich außerdem eine Art Name für diese Aufgabe: »Community of human spirit«.

Ich staunte. Ich war sprachlos, denn die Bilder, das Erfühlte und Erlebte – waren so klar wie selten in einer Meditation. Als wüsste es in mir schon längst das Ziel, nur musste ich die Augen aufmachen, um es auch zu sehen ...

Ich wachte auf im Erkennen, wer ich bin und wofür ich eigentlich gekommen bin.

Ein Anker aus Energie war gefunden, der von diesem Moment an immer und immer mehr meine Schritte und Ziele beeinflussen wird. Diese Vision zog mich wie ein Magnet an und richtete mein Sein in eine ganz neue, deutliche Richtung. Andere würden es als Ruf des Kosmos bezeichnen. Doch egal, wie wir es betiteln, ich entkam dieser Energie nicht mehr.

Also nahm ich diese neue Energie, Ausrichtung und Aufgabe an und begab mich erneut auf eine noch einmal ganz andere spannende Reise in ein Fachgebiet, mit dem ich bisher noch nie in Be-rührung gekommen war: Dem digitalen Denken. Programmierer finden, sie lenken und verstehen lernen, doch vor allem immer auch denken und fühlen wie der Nutzer der Website oder App – all das und so viel mehr war ein wahrlich neues Feld für mich, doch ich wusste und vertraute darauf, dass der Kosmos sicher einen Grund und noch sicherer einen Plan dahinter verfolgte. Und am Ende dieser Reise kann ich nur reicher und weiser an Erfahrungen werden – in einem mir bisher völlig unbekannten Gebiet der Materie und sicher auch seelisch – was will ich mehr? Ich nahm die Herausforderung gerne an. Ich konnte an ihr nur wachsen.

Das schreibt sich hier leichter als das, was dann kam, aber dazu später mehr.

Ein Facebook, auf dem sich die Heiler listen und die Suchenden dann Hilfe finden. Das gab es bis dato noch nicht, also lag es nah, es ins Leben zu rufen. Doch um die hohen sechsstelligen Pro-grammierkosten dazu finanzieren zu können, wollte ich mich an die bestehenden Bezahlnetzwerke anlehnen, in denen der Profi 5,-€ pro Monat bezahlt, um gelistet zu werden. Doch was ich dann erlebte, sprengte jede meiner bisherigen Erfahrungen als Unternehmerin.

Wenn ich die Heiler persönlich anrief, um von der Idee zu berichten und sie zu einer Listung zu bewegen, wurde ich angebrüllt, wer denn bitte das Internet brauche … man habe Wichtigeres zu tun, als sich auf einer Website einzutragen. Niemand nutze so etwas, keiner brauche so etwas, man habe genügend Kunden und keine Zeit für so einen Quatsch« Die Beschimpfungen waren schier unendlich.

Und ich fassungslos.

Wo war ich da gelandet?

Das Internet braucht keiner?

Niemand nutzt so etwas?

Noch heute erinnere ich mich wirklich sprachlos an diese Diskussionen und vor allem an die darin enthaltene Aggression. Aber darüber hatten wir bereits gesprochen.

Spirituell arbeitende Menschen sind keine »besseren« Menschen. Sie sind nicht klüger, weiser, liebevoller oder empathischer als andere. Sie beschäftigen sich lediglich mit einem Feld, auf dem man andere Werte als »mein Haus, mein Auto, mein Pferd« vermittelt, doch das macht sie noch lange nicht zu bewussteren Menschen. Im Gegenteil – oftmals sind diese Menschen selbst noch sehr auf der Suche und haben sich deshalb noch lange nicht gefunden.

Derartige (von mir erlebte) Aggression ist ein Indiz dafür. Und so sehr ich übe, das nicht persönlich zu nehmen, was mir da an Dummheit und Ignoranz, doch vor allem an Rückständigkeit entgegen-strömte, so sehr hat es mich gleichzeitig auch geheilt. Die Heilerwelt von dem heiligen Sockel ge-hoben, auf den ich sie gestellt hatte. Zurück auf einen gesunden Boden der Realität. Weg von den Luftschlössern meiner Hoffnung, dass ich dort nur liebevolle, sehr bewusste und empathische Menschen treffe.

Der Heiler ist als solcher nicht grundsätzlich ein Heiliger – nun zeigte sich mir diese Wahrheit nur noch einmal umso klarer.

Denn das ist dort genauso wenig der Fall wie bei den Göttern in weißen Kitteln, den Fleischern. Es ist die Seele selbst, die sich über ihre Taten ausdrückt. Schauen wir genauer hin, egal ob bei den Medizinern oder den Heilern, es sind schließlich die Seelen, die wirken. Sind sie bewusst, tun sie dies liebevoll und achtsam. Sind sie unbewusst, dann zeigen sie sich in Negativität, Lieblosigkeit und Boshaftigkeit. Nur dieses Wirken sollte uns interessieren und nicht die Masken irgendwelcher Kleidung oder eines Status, den sie vor sich her tragen.

Ich lebe diese Erkenntnis nun täglich. Sie macht frei, klar und kraftvoll, aber gleichzeitig auch einsam. Denn wer lebt schon sich seiner selbst und seiner Taten wirklich bewusst … … … ?

Auch ich mache dabei Fehler, dazu sind wir Menschen. Doch diesen einfachen Schlüssel zur Freundlichkeit und Liebe zu finden, ist, wie eine Nadel im Heuhaufen zu suchen in einer Welt, die fast ausschließlich aus Masken des Kampfes um das Überleben existiert.

RÜCKFÜHRUNG

In der Vergangenheit entsteht deine Zukunft

Dass es unter den Heilern auch eine Menge »falscher Götter« gibt, hatte ich schon erörtert. Und auch ich durfte erst lernen, die Möchtegerns von den wirklichen Heilern zu unterscheiden.

So begegnete mir auf diesem Erkenntnisweg eine Heilerin, die immer wieder dazu neigte, in ihren Nebensätzen etwas Abwertendes einzubauen. Doch wie wir wissen, sind Abwertungen ein Produkt eines unbewussten Geistes. Und Heiler sind ja schließlich Heiler, also bewusstere Menschen, gell?

Nein. Weit gefehlt.

Es sind Menschen. Und niemand ist perfekt. Niemand ist fehlerfrei – das macht das Menschsein ja so spannend. Dennoch … gibt es Grenzen, die jeder anders fühlt.

Diese Heilerin hatte das große Talent, mit ihren Werkzeugen das Energieniveau eines Menschen im wahrsten Sinne des Wortes so anzuheben, sodass man anders (schwingend) ging, als man gekommen war. Für mich als kleiner Nerd eine geballte Ladung »Umprogrammierung des Energiesystems« in kürzester Zeit. Ich liebte diese Effizienz. Eine derartige Frequenzanhebung ersetzte gefühlt Jahre an Meditationsmarathon – und das in einer Stunde …!

Zu Beginn der Sessions, die ich ausschließlich als Einzelsitzungen buchte, tauschten wir uns zu den anstehenden Problematiken und Themen aus. Und immer wieder, ganz subtil aber kontinuierlich, bewertete sie meinen Charakter, mein Äußeres und meine bisherigen Taten. Nun ja, das muss grundsätzlich nicht nur falsch sein, da es ja die Perspektive auf das Geschehene für den Klienten ändert, doch gehen diese Bewertungen mit Abwertungen einher ... dann gerät die Heilarbeit leider in eine gefährliche Schieflage.

Und ich weiß nicht, ob es Teil ihrer Herangehensweise war, die Menschen, die sich ihr offenherzig und hilfesuchend zuwandten, zunächst erst einmal zu ermahnen, zu destabilisieren und Schuldgefühle in ihnen zu erzeugen, um damit (eventuell) umso mehr eine Art Bereitschaft und wirkliche Hingabe an die Heilarbeit zu bewirken ...?

Oder ob es eine Wesensart von ihr ist, einfach gerne den Lehrer mit erhobenem Zeigefinger zu mimen, ohne ein wirklich tiefgreifendes Konzept dahinter zu haben. Ich kann nur vermuten, wissen tue ich es nicht. Doch in mir und vielleicht auch noch in einigen anderen hochsensiblen Menschen erschuf diese Haltung in vielerlei Hinsicht alles andere als Heilung. Vielmehr das Gegenteil: Disbalance.

Immer wieder ertappte ich mich dabei, wie ich diese respektlosen Töne und Abwertungen versuchte, beiseite zu schieben und die Irritation und den Schock in meiner Seele zu unterdrücken. Anfangs funkten diese Dissonanzen nur ganz leise und selten, doch im Laufe der Jahre und der Sessions wurden sie zunehmend lauter. Es war, als träfe ich zwei Menschen in einem. Eine wunderbare Heilerin und einen verletzenden, respektlosen Menschen, der wie die meisten unbewussten Menschen (nicht immer – aber ab und zu) unter dem Deckmantel des Humors mal hier mal dort eine abwertende Bemerkung aus sich heraus platzen ließ. Wie konnte das sein? Ich verstand es nicht und war Anfangs leicht, doch gegen Ende immer mehr irritiert.

Irgendwann konnte ich dieser immer lauter werdenden Divergenz nicht mehr (mit der Unterdrückung meiner Irritation) standhalten, und die Heilarbeit nach ihrem »Feldzug der Vernichtung« reichte schließlich nicht mehr aus, um mein Energiefeld wieder zu stabilisieren. Bei meinem allerletzten Besuch verließ ich die Praxisräume so destabilisiert und energetisch »demoliert«, wie ich das noch nie in meiner langjährigen Energie- und Forschungsarbeit erlebt hatte. Was dem folgte, war einer Geisterbahnfahrt gleichzusetzen. Ihrer Energie (und den darin enthaltenen

Informationen) folgend, zweifelte ich immer mehr alles in und mit mir an. Ich destabilisierte immer weiter. Als hätten ihr »Konzept«, ihre Intention, ihre Energie mich in ein riesiges Energieloch geworfen. Ob bewusst oder unbewusst ist dabei nebensächlich. Das Tal der Verzweiflung in mir wurde größer und größer. Es wurde ein ganzer Planet. Und es zerriss mir schier das Herz.

Immer schon lebte und übte ich täglich das Vertrauen in den Kosmos, doch nach diesen »Brandbomben auf mein Sein« verlor ich diese Kraft immer mehr und landete im Zweifel. Sie hatte mir wirklich hart zugesetzt. So sehr, wie noch nie in meinem Leben ein Energiearbeiter.

Der Schock saß tief. Da gab sich jemand als Heiler aus, der aber in sich das Potential trug (und auch noch auslebte) andere Menschen ganz bewusst zu verunsichern. Unter dem Deckmantel des »ich bin erleuchtet und kann dir helfen« wurde das Vertrauen in diesen Menschen missbraucht. Ja, so fühlte es sich an. Furchtbar.

Und natürlich ist mir klar, dass man als »energetischer Arzt« auch einmal den Finger auf bestimmte Wunden legen muss, um eben genau dort Heilung zu ermöglichen, aber hier geht es mir nicht um das Was (benannt wird), sondern ausschließlich um das Wie. Wie zeigt der Zeigefinger auf die Wunde, und wie, mit welchen Worten, welcher Intention werden diese Themen besprochen? Ist die Intention dahinter eine liebevoll achtsame und respektvolle, oder eine respektlose, destruktive und überheblich abwertende …? Darum geht es. Nur darum. Denn Heilung kann nur dort geschehen, wo wir auch mutig sind, hinzuschauen, wo wir sonst lange weggeschaut haben. Aber sie kann eben nur in einem Raum geschehen, in dem die Energie sich geliebt und beschützt fühlt. Ist dies nicht gegeben, läuft grundsätzlich etwas falsch. Warum mir diese Heilerin diesen Schutz nach und nach entzogen hat, wird sich mir nie offenbaren, aber ich werde diesen Schutz jetzt im ewigen Abstand zu ihr finden.

Doch der Kosmos hat auch für solch eine verfahrene Situation einen wunderbaren Schlüssel zur Hand, den ich in meinem ersten Buch schon ausgiebig erklärt und festgehalten habe: Den Umkehrpunkt im »Rad des Seins«. Wenn die Seele nicht mehr kann und sich aufbäumt in ihrer

RÜCKFÜHRUNG

letzten Kraft, um diesem Zustand (endlich) zu entkommen, dann hört sie auf, der Ohnmacht die Macht zu geben und beginnt, sich wieder (aus ihr heraus) zu bewegen. Heraus aus dem Taumel, hinein in die Aktion. Ganz aktiv an diesem (energetischen) Fallen etwas zu ändern, es zu stoppen und in ein aktives Handeln zu drehen.

Ich hatte diesen Punkt nach ungefähr vier Monaten des Irrens und (energetischen) Fallens erreicht. Und dieses Mal griff ich zu einem von mir sehr geschätzten, aber bisher noch nicht genutzten Werkzeug: Einer Rückführung.

Auf dem Weg zu sich selbst ist eine Rückführung meines Erachtens ein essentielles Muss. Doch wann jeder Einzelne diesen Ruf des Kosmos in sich spürt, ist so individuell, wie wir alle es sind.

Ich schätzte Rückführungen und die Arbeit dieser Therapeuten schon immer sehr. Dass wir mehr sind als nur Maschinen aus Fleisch, die alles Erdenkliche aufführen, um nur ja ihre Art zu erhalten, um weiter viele funktionsfähige Körper zu produzieren, damit immer mehr brav noch mehr konsumieren – war bekanntlich nie eine Frage für mich. Doch auf welche Weise und wie tief es möglich ist, die gespeicherten Erinnerungen auf unserer Festplatte abzurufen – DAS weckte immer schon meine Neugier.

So war es also nur eine Frage der Zeit, wann diese Neugier den entscheidenden Impuls in mir formte, es auch wirklich anzugehen und nach all den vielen anderen Forschungsreisen, auch diese lebendig zu machen.

Ich kontaktierte Ursula Demarmels, die Koryphäe der Rückführungen im deutschsprachigen Raum. Schon so oft hatte der Name meinen Weg gestreift. Jetzt war es an der Zeit, daraus eine wirkliche Begegnung zu machen.

Als Expertin für spirituelle Rückführungen führt Ursula Demarmels seit über 30 Jahren Klienten zurück in ihre Vorleben und in ihr Leben zwischen den Leben als göttliche Seele. Sie führt auch Menschen vor laufender Kamera für private und öffentliche TV-Sender in vergangene Leben zurück und erreichte damit bereits über 52 Millionen Zuschauer. Mittlerweile glaubt jeder dritte Deutsche an die Wiedergeburt. Ihre Bücher gelten als Standardwerke der Rückführungstherapie.

Also, auf ging es in, ja, ich gebe es zu, großer Hoffnung, diesen Knoten zu lösen und endlich wieder die Sylvia zu werden, die ich vor diesem Irrweg gewesen war, und vielleicht sogar noch eine weitere Stufe der Bewusstheit in mir zu erklimmen.

Ich schilderte Frau Demarmels die Thematik und meine Sichtweise und bat sie, mir wieder auf die »energetischen Beine« zu helfen. Zum einen war ich schockiert, dass mir eine derartige Destabilisierung überhaupt noch passieren konnte, nach so vielen Jahren des Studiums – und zum anderen war ich schockiert, dass ein Mensch, der als Heilerin arbeitete, menschlich derartig versagt hatte. Doch irgendeinen Sinn musste diese ganze Odyssee haben, ich musste ihn nur herausfinden.

Nach einem sehr intensiven und weitreichenden Gespräch führte mich Frau Demarmels dann in eine drei- stündige Hypnose und bereiste mit mir die unterschiedlichsten Gefühlswelten.

Sie begann die Erinnerungen aus der Kindheit zu aktivieren und führte mich dann immer weiter Richtung Mutterleib. Bis zur Geburt, wie es sich anfühlte, in diese Familie geboren zu werden. Als Werkzeug dieser Reise dienten ausschließlich die Gefühle, die tief in mir, in meinem Emotionalkörper, aber auch in meiner Seele gespeichert waren.

Dann ging es weiter, in die Zwischenwelt, das Leben zwischen den Leben. Was zeigte sich dort, wie fühlte es sich an und vor allem, wie war der letzte Moment im Jenseits? Kurz bevor die Geburt letztlich vollendet war.

Mein letzter Moment vor der Geburt trug eine Art wehmütige Traurigkeit in sich. Etwas in mir »wusste«, dass ich ab sofort die Verbundenheit zu all den (befreundeten) Energien/Wesenheiten/zu meiner Seele, nicht mehr so stark empfinden werde – in diesem heißen, kleinen, schweren Körper. Dass ich mich isoliert und allein fühlen werde und dieses Gefühl vielleicht sogar lange mit mir sein wird. Doch die geistige Welt »funkte« mir immer auch ihre Liebe und das Vertrauen in den Kosmos, auf dass ich vertraue, dass sie da sind, mich lenken und führen. Immer.

RÜCKFÜHRUNG

Noch weiter, noch tiefer zurück nahm ich meine Freunde dann schließlich ganz klar und deutlich wahr. DAS war und ist meine Heimat. DAS und nur das. DAS ist meine Familie. Meine Seelenfamilie. Ich nahm unser Feld wahr, die Absicht, die Intention, eine Art Absprache, eine Mission, in der ich wie eine Art »Apostel in der Materie« das manifestiere, was die geistige Welt nicht manifestieren kann, aber wichtig für die Menschen dieser Zeit auf Planet Erde ist. Wissen, Zugänge, Übungen, Wegweiser, Impulse und so vieles mehr. Sie zeigten mir die Energetik dieser Aufgabe, was es bedeutet, wenn sie erfüllt wird und was, wenn nicht.

Das war nach all den Durchsagen und Lehrstunden, die mich bisher erreicht hatten, nochmal eine andere Form der Kommunikation und der Intensität. Denn wie in einem Holodeck eines Spiels durfte ich in dieser Tiefentrance meinen »Seelenkörper« ganz klar betrachten, mir dessen bewusst werden. Das »Wer bin ich« wurde klarer und noch einmal anders als mit einem Blick in einen irdischen Spiegel beantwortet. Es wurde GEFÜHLT. Und dann mit dem körperlichen Gefühl meiner (bisher erlebten) Identität neu verschmolzen. Ich erlebte eine Art »energetische Hochzeit« mit mir selbst und wurde mir dabei so bewusst, wie noch in keiner der unzähligen Erfahrungen davor.

Nach dieser energetischen Vermählung des »Diesseits und Jenseits meines Ichs«, warteten die Vorleben auf mich. Bereit wie nie und mir meines wahren Selbst so bewusst wie noch nie, offenbarte mir der Kosmos nun die Momente meines Seins, in denen ich diese Kraft noch nicht identisch lebte, und schenkte mir dadurch die Möglichkeit zu lernen und zu erfühlen, was, wo und wie meine Kraft »irritiert und destabilisiert« agierte. Anders als in so manch anderem Kapitel möchte ich hier die Details dieser einzelnen Leben bei mir belassen, sie sind nicht wichtig für dein Verständnis der Zusammenhänge, sondern nur die Essenzen daraus.

Alles, wirklich alles, was sich auf dieser Reise offenbarte, wurde liebevoll und achtsam, weise und sehr wachsam, mal tiefer, mal weniger tief, mal schneller und mal sehr langsam betrachtet. Schritt für Schritt offenbarten sich mir dabei tief verborgene, eher verschüttete Erinnerungen, die aber jede auf ihre Weise halfen, das Jetzt und Hier besser zu verstehen. Zusammenhänge zu erkennen und aus ihnen heraus noch klarer ich selbst zu werden. Und so erkannte ich auch mit jedem Bild aus den Erinnerungen und den gespeicherten Gefühlen immer mehr, wer, was und wie ich alles bereits in anderen Leben war und wirkte, und was mich zu dem gemacht hat, was ich jetzt in dieses Leben mitbrachte. Doch vor alledem erkannte ich, warum es überhaupt geschehen konnte, dass mich ein Mensch, dem ich mich mit der Bitte um Heilung geöffnet hatte, so misshandeln konnte. Und weil ich das erkannte, heilte ich genau *diese* Ursache, die mich in diesem Moment zu dieser Heilerin gebracht hatte, und weshalb ich diese Schmerzen und diesen energetischen Fall auch noch zugelassen hatte. »It takes two to tango.« Ich war nicht ohnmächtig in dieser Geschichte, und wenn man das Wort nehmen möchte, auch nicht unschuldig. Nein, niemand hatte mich zu den Besuchen und den Demütigungen gezwungen – ich hatte all das so erschaffen. Und zugelassen ...

All die Antworten auf das Wieso, Warum und Weshalb und noch so vieles mehr – schenkte mir diese »Reise in mein bisheriges Ich«.

Und bei alledem agierte Frau Demarmels ausschließlich liebevoll, respektvoll und in keiner Sekunde aus ihrem Energiefeld mir gegenüber abwertend. Im Gegenteil. Ich fühlte mich gesehen, liebevoll abgeholt und die ganze Zeit über weise und in einer ausschließlich positiven Intention geführt. Selbst wenn sich Negatives zeigte, so wurde dies nicht mit dem mahnenden Zeigefinger benutzt, um mir ein schlechtes Gefühl zu vermitteln und mich »energetisch zu drücken«, sondern um mir zu helfen, die Lehre aus dem Geschehenen zu erkennen, zu verarbeiten und zu verstehen.

Nichts geschieht aus Zufall. Alles ist Fügung und trägt eine Botschaft in uns. Wenn wir lernen, diese Botschaften des Kosmos zu verstehen, gibt es keine Frage nach dem Warum mehr. Es ist, wie es ist genau richtig so, und das Verhalten der unseriösen Heilerin hatte eben genau dieses Ziel gehabt. Die *Ursachen* der Schmerzen aus dieser Begegnung, *in mir* zu heilen. Mich noch mehr zu mir selbst zu bringen, mir noch mehr meiner Energie, meiner Seele bewusst zu werden, um nun vor allem eines nie wieder zuzulassen: Mir Energie rauben zu lassen. Von nichts und niemandem, egal wie beeindruckend das Kostüm ist, das die Person sich umgehängt hat. Egal wie angeblich weise, erleuchtet, wichtig oder erhaben sie sich selbst darstellt. Wer Anderen Energie nimmt, ist kein Heiler. Auch nicht, wenn er danach alle möglichen Kunststücke aufführt, wieder Energie zu geben. Nein, wer Energie nimmt, ist kein Heiler. Da gibt es kein Wenn und Aber.

Und somit formte sich ganz klar eine Entschlossenheit in mir: Diese gerade in ihrer Ganzheit im Diesseits und Jenseits erfühlte Kraft zu halten, zu halten und nochmals zu halten!

Und das bedeutet in der Folge, dass ich ganz schnell das Weite suchen werde, wenn mir jemals wieder ein Energiearbeiter begegnet, der so unsensibel ist, dass er es nicht einmal bemerkt, wenn er ein solches Ungleichgewicht, so ein schlechtes, verunsicherndes Gefühl und sogar eine Abhängigkeit erzeugt. Diese Menschen sind keine Heiler, es sind Energieräuber unter dem Deckmantel der Heilung.

Frau Demarmels aber leistete grandiose Heilarbeit und setzte damit für meinen Weg einen entscheidenden Schlussstein auf meiner Erkenntnisreise, der nicht nur die Wahrnehmung meines Selbst tatsächlich und wirklich komplettierte, sondern damit auch die Wahrnehmung meines Wirkens auf der Erde in unserer heutigen Zeit, der Resonanzen darauf und meine Erwartungshaltung den Menschen gegenüber tiefgreifend heilte. Das ist wirklich gelebte Verbundenheit in Liebe.

Ja, SO sieht Heilung aus. Danke, Ursula Demarmels.
Liebe.

In der Vergangenheit entsteht deine Zukunft

»*In tiefer Verbindung mit der spirituellen Welt führe ich meine Klienten in tiefe Entspannung und in deren Vorleben. Wir schauen uns wichtige Szenen daraus an, und dann führe ich den Klienten weiter zum Ende seines Vorlebens und über den Tod hinaus in die geistige Welt, wo er sich als freie, liebevolle, unsterbliche, göttliche Seele erfährt, und er begegnet auch Seelen von Menschen und Tieren, die ihm nahestehen. Das sind tiefgehende Erfahrungen reinen Glücks! Der Klient lernt auch seine Seelenfamilie und seinen Seelenführer/Schutzengel kennen, sowie andere hochstehende geistige Wesen. Er spürt die Gleichwertigkeit von allem Seienden und – auf die Erde bezogen – von Mensch, Tier und Natur. Dadurch findet er zu einem viel tieferen und liebevolleren Lebenssinn in seinem aktuellen Leben. Er kann dadurch bessere Entscheidungen treffen und lichtvollere, neue Wege einschlagen, die den Lebensaufgaben seiner göttlichen Seele entsprechen.*

Auch erfährt der Klient, dass unsere guten, wie auch unsere schlechten Taten aus der Vergangenheit, unser aktuelles Leben massgebend prägen. Mitgefühl und Nächstenliebe mit allen Lebewesen sind unerlässliche Grundeigenschaften, wenn man seelisch wachsen, gutes Karma für sein aktuelles Leben und seine weiteren Inkarnationen schaffen und ein Leben im Sinne seiner göttlichen Seele führen möchte. Eine vegetarisch/vegane Ernährung ist dabei von entscheidender Bedeutung, denn es gibt keine spirituelle Entwicklung auf Kosten anderer Lebewesen!

Eine immer stärker werdende Verbindung zur geistigen Welt hilft dem Klienten in seinem persönlichen Alltag, seine Seelenqualitäten wie Güte, Kreativität, Kraft, Mitgefühl und Freude immer bewusster und klarer zum Wohle aller und von sich selbst auf die Erde zu bringen.«

(Ursula Demarmels)

HOGWARTS EXISTIERT

*Der Weg dorthin beginnt am
Bahnsteig Neun 3/4*

Das Echo der Erlebnisse in der Schamanenschule in Berlin hallt jeden Tag in mir so deutlich, als sei es gestern gewesen. Die Gruppe dieser, nicht nur medial sehr begabten, sondern auch wirklich hingebungsvoll interessierten Menschen, die ganze Institution, all das war einfach wirklich einzigartig und außergewöhnlich. In einer derartigen Kontinuität zu forschen, zu üben und dadurch seine Wahrnehmung zu schulen, habe ich so leider (noch) nicht wieder gefunden.

In unserer Zeit der Vielfalt gibt es glücklicherweise dennoch ähnliche Ansätze, welche derartig Interessierte abholt. So zum Beispiel das Artur Findlay College in Stansted bei London. »Ein College für Spiritualismus und psychische Wissenschaften« – steht dazu bei Wikipedia, gleichwohl ich dieses Notizbuch nur als bedingt glaubwürdig einordne. Wikipedia wird von Menschen gepflegt, die aus ihrem Wissensstand und ihrer Wahrnehmung heraus schreiben. Ich selbst durfte erleben, wie dort mehrfach diese mir fremden Menschen falsche Infos festhielten und die richtigen unterschlugen. Aber das ist ein anderes Thema.

Jedenfalls stieß ich bei meiner immerwährenden Suche nach Fortbildung eines Tages auf die seit 1945 aktive Schule und buchte kurzum einen Kurs in Medialität. Hier geht man nicht wie wir damals in Berlin über einen längeren Zeitraum als *eine* Klasse durch unterschiedliche Lehrstunden, sondern es werden wöchentliche Kurse zu unterschiedlichen Bereichen angeboten, die man dann jeweils selbst zusammenstellen kann – je nach

Bedarf und zeitlicher Verfügbarkeit. Das Gefühl einer Gruppe oder Klasse kann sich dort also nur maximal für eine Woche aufbauen und ist dann abrupt vorbei. Dennoch liegt es natürlich auch hier, genauso wie immer, an jedem selbst, wie intensiv er diese Zeit und diese Tage erlebt. Und wie es immer meine Art war und sein wird, gab ich mich dem gänzlich hin und tauchte in eine noch einmal ganz andere Art der Wahrnehmung ein, die ich keinesfalls missen möchte.

Zwölf wildfremde Menschen aus unterschiedlichen Ländern in unterschiedlichsten Altersgruppen wurden von der Lehrerin Sally durch die ganzen sieben Tage geführt. Der Älteste (Jeff) war 72 und die Jüngste 28. Jeff kam aus Australien eingeflogen und liebte es, seinem Leben in der Rente einen ganz anderen Sinn zu geben, als er das den größten Teil seines Lebens als Unternehmer getan hatte. Umso schöner und erfüllender war es für uns alle zu sehen, dass es nie zu spät war, sich dafür zu interessieren, und dass vor allem das (meiner Meinung nach in jedem schlummernde) Talent alterslos und grenzenlos zu erwecken scheint. Er war sehr begabt in all seinen Readings.

Pippo kam aus Indien eingeflogen, Minna aus Schweden, Dolores aus der Schweiz, Arlene aus Frankreich und andere aus Kanada, Italien und England.

Der Kurs wurde in Englisch abgehalten, was für diejenigen wie mich, die diese Sprache nicht als Muttersprache hatten, eine Konzentrationshürde mehr darstellte. Ich für meinen Teil dachte zunächst in Deutsch und musste dann noch die richtigen Worte für die englische Übersetzung suchen – was definitiv eine leichte Verzerrung meiner Kommunikation über das Erlebte nach sich zog und dabei etwas kräftezehrender war. Gerade wenn man selbst noch unsicher in seiner Wahrnehmung ist und parallel noch nach Worten ringt – ist das durchaus doppelt herausfordernd. Dennoch war es machbar. Irgendwann »denkt« man dann auch in der anderen Sprache.

Ganz anders als bei den Schamanen in Berlin wurde hier im AF College extrem viel Fokus auf den Beweis der Quelle der Botschaft gelegt. So kam es, dass wir 90 Prozent der Zeit eines Readings nur damit verbracht haben zu beweisen, »wer« durch uns spricht, um dann in den letzten 10 Prozent die Botschaft zu übermitteln. Als kleine Schamanenfee, die gewohnt war stundenlang Welten und die dort wahrnehmbaren Formen und Wesen zu erforschen, und das alles ausschließlich direkt annehmend, ohne es tausendmal zu hinterfragen und zu zerdenken, empfand ich diese Arbeit zunächst als schwermütig und blockierend. Als wäre ich ein Vogel, der nun laufen müsste.

Hier wurde über eine Unzahl an kleinen Informationen, die sich auch visuell, aber unglaublich diffus darstellten, Kontakt überwiegend mit Verstorbenen hergestellt und Indizien ihrer Existenz anhand des Feedbacks des Klienten gesammelt.

Eine völlig andere Herangehensweise mit einem völlig anderen Ziel. Nie hatte ich in einem der vorherigen Kurse oder in der Schamanenschule gezielt Kontakte mit Verstorbenen gesucht; wenn, dann passierte das bei einem Ritual oder einem Channeling von ganz alleine. Hier aber wurde es eben ganz speziell forciert und auf unterschiedlichen Wegen trainiert.

Prinzipiell ist das in jedem Fall eine spannende Sache und definitiv etwas, das man als medial begabter Mensch ausprobieren und verfeinern sollte. Es ist Fortbildung. Doch habe ich während der ganzen Woche den Sinn dieser Herangehensweise nicht final verstehen können. Aber vielleicht lag und liegt das an meiner speziellen Perspektive, aus der ich grundsätzlich das Gegenüber nicht in Frage stelle und dabei ausschließlich meiner hohen Empfindsamkeit und der Führung des Kosmos vertraue. Fühlt es sich gut an, gehe ich weiter in die Forschung hinein. Fühlt es sich schräg oder eben nicht so gut an, lasse ich es. Da der Kosmos letztlich »nur« Energie und ihre Resonanzen zueinander »ist«, galt und gilt für mich diese simple Formel des Magnetismus als das Optimum. Und daher war für mich der Kontakt in die Anderswelt in meinem Schaffen so viel mehr noch als »nur« zu Verstorbenen. Ein Vielfaches mehr. Wenn ich meinen Radius auf Verstorbene reduzieren würde, dann wären auch meine Erkenntnisse reduzierter. So aber ist das Feld meiner Forschungen um ein Vielfaches größer und damit bereichernder.

Der Weg dorthin beginnt am Bahnsteig Neun 3/4

Bedenklich finde ich allerdings oftmals die Erwartungshaltung, mit der die Menschen Verstorbene kontaktieren möchten. Sie kommen mit den wildesten Fragen, von: »Wen soll ich heiraten«, bis zu den Lottozahlen, die zu wählen sind. Aber all solche Fragen wurden diesen gerade nicht inkarnierten Energien (meist) nicht zu Lebzeiten gestellt, wieso sollten sie diese jetzt also besser beantworten können? Weil sie nicht mehr in einem Körper sind? Weil sie feinstofflicher wahrnehmen?

Eine derartige Glorifizierung ihrer jenseitigen Möglichkeiten habe ich nie verstanden, passiert aber gefühlt zu 99 Prozent. Der Fragende verhält sich dabei, also würde er eine allwissende Seele befragen – tatsächlich aber fragt er gerade nur Oma Theresa oder Onkel Heribert, und die haben in den meisten Fällen leider ihre Wahrnehmung zu Lebzeiten eben NICHT geschult. Sie sind nicht weiser und klüger, allenfalls etwas befreiter, gelassener und dankbarer als im Körper. Nicht mehr, aber auch nicht weniger.

Dennoch erkannte ich das Heilungspotential in derartigen Kontakten. Vor allem das Thema Trauerbewältigung findet hiermit einen wunderbaren Hebel der Aufklärung von Unausgesprochenem, Vergessenem und Missverstandenem. Generell ist die Gewissheit der weiteren Existenz der Seele für die Trauernden sehr hilfreich. Das will ich auch gar nicht in Abrede stellen. Es funktioniert und es ist gut.

Daher begab ich mich sehr gerne in all die vielen Übungen, die nun vor uns lagen im »Hogwarts unserer Welt«.

Auch hier war das erste Credo, dass man sich erst selbst wirklich kennen und stabil in seiner Kraft sein muss, um eine derartige Arbeit zu vollziehen. Das »what I am capable to receive« – ich kann nur wahrnehmen, was ich geschult habe – wurde auch hier, genauso wie in Berlin damals, zum obersten Leitfaden. Das Hauptziel der Arbeit dabei sollte immer sein, dem Klienten anhand der Durchsagen ausschließlich positive, aufbauende Impulse für sein Leben mitzugeben. Das Hauptziel des Anbieters (also von uns) sollte immer sein, anhand derartiger Arbeiten die eigene Seele zu entfalten und diese Kraft dann in allem Wirken, ob nun beruflich oder privat, auszuleben.

CERT waren die Werkzeuge, der Weg, auf dem natürlich Vertrauen die absolute Basis der Arbeit darstellte:

Communication (Kommunizieren, was sich zeigt)
Evidence (Beweise bringen)
Reason why (den Grund für die Kontaktaufnahme herausfinden)
Tell a story (ein gemeinsames Erlebnis, das der Klient und der Verstorbene erlebt haben, soll erzählt werden und das als weiterer Beweis genommen werden.)

Die Lehrer waren, anders als in Berlin damals, wirklich unfassbar mehr analytisch geprägt, und so zerlegten sie die Herangehensweisen immer und immer wieder aufs Neue.

Sie lehrten uns, dass wir die Erinnerungen der Verstorbenen erfühlen und gleichzeitig das Höhere Selbst des Klienten lesen üben sollen, indem wir beides über unser Unterbewusstsein zu Gefühlen in *uns* aufbauen (zu)lassen. Diese Gefühle in uns, also dem Anbieter, werden dann zu den Worten, die den Kunden als Beweis oder als Botschaft übermittelt werden. Dabei gibt es, wie immer in der medialen Arbeit, kein Wollen, nur das »dem sich Hingeben, was sich zeigt«.

Alles was und wie wir wahrnehmen, ist der Schlüssel in unser Leben. Aus der Art, wie wir wahrnehmen, formt sich unsere Haltung, das Leben und seine Prüfungen zu meistern. Und aus dieser Kraft schließlich formt sich dann erneut das Leben (wie wir es wollen oder eben eher, wie andere es von uns wollen und wir das zulassen). Auch hier riefen die Lehrer auf – genauso wie alle Vorherigen auf meinem Weg – zunächst an unserer Wahrnehmung zu arbeiten, täglich und aufmerksam. Die Sinne mehr zu nutzen, sie zu intensivieren, feiner zu fühlen – denn so ist das Feinstoffliche leichter zu »verstehen«, zu »übersetzen«.

Übung 1:
Nach diesen Einführungen in die Bedeutung der eigenen Wahrnehmung beim »Lesen« der Informationen, begannen wir zunächst einmal, uns einzutunen, indem wir uns Partner suchten, denen wir gegenübersaßen und

alle Gefühle, die uns »in den Sinn« kamen, als wir uns auf diesen Partner konzentrierten, benannten. Somit konnte das »System Wahrnehmung« sich langsam eingrooven und man selber lernen, diesem zu vertrauen.

Übung 2:
Als Nächstes wurde mit einem anderen Gegenüber ein Verstorbener eingeladen. Nun übten wir uns auf diesen zu konzentrieren und allen Bildern und Gefühlen, die sich zeigten, Raum zu geben, ihnen zu vertrauen zu lernen.

Übung 3:
Erneut mit einem weiteren Mitschüler zusammen und gegenübersitzend, wurde in der nächsten Übung niemand Konkretes eingeladen, sondern geschaut, wer sich nun »von alleine« zeigte, und man ging über diese (nun schon erprobte und vertraute) Wahrnehmung genauso vor. In dem Fall wurde also nicht konkret ein Verstorbener gerufen, sondern auch Platz für andere »Geister« gelassen. Man erfühlte erneut das Unsichtbare und formulierte, was sich formte. Bilder, Gefühle, Worte, was auch immer. Wir mussten den Übungen alle Aufmerksamkeit schenken und vertrauen, so viel es nur ging. Der Klient durfte all die Zeit so gut wie kein Feedback geben, damit wir unbeeinflusst allem, wirklich allem, was sich zeigen wollte, Raum geben konnten.

Ich wollte dabei die Augen schließen, so wie ich es immer tat bei all meinen schamanischen Ritualen, allen Channelings, allen Meditationen. Doch hier rief die Lehrerin uns dazu auf, dass wir bitte mit offenen Augen arbeiteten ... warum auch immer.

Solch eine Umstellung kostete mich etwas Konzentration, mein System, das sonst sozusagen gewohnt war links zu fahren, musste jetzt rechts fahren. Nun denn, man will ja flexibel bleiben. Nach einer gewissen Umgewöhnungsphase gelang es dann glücklicherweise.

In dieser Übung nahm ich relativ schnell eine Energie war, die neben dem Klienten aufschien. Es war kein wirkliches »energetisches Sehen«, so wie ich das bisher gelernt hatte, aber ich nahm eine Präsenz wahr, die ganz deutlich neben meinem Gegenüber, dem Klienten, auftrat. Ich fühlte also, dass da jemand ist und formulierte, was sich zeigte. Dieser Mann klopfte dem Klienten auf die Schulter als Zeichen eines: »Ich bin sehr stolz auf dich«, und übermittelte ein Gefühl des: »Ich weiche nicht von deiner Seite«. Ich konnte damit nichts anfangen, aber wir waren aufgerufen einfach zu formulieren, was sich zeigte, also übermittelte ich all dies gerade heraus meinem Gegenüber. Um »Beweise« zu geben, beschrieb ich, so viel ich nur konnte von dieser Präsenz. Je mehr ich mich konzentrierte, umso besser klappte das. Die offenen Augen lenkten mich noch zu sehr ab, ich musste mich auf meine alte Herangehensweise (energetisch gerne mit geschlossenen Augen zu arbeiten) besinnen und schummelte daher etwas. Und ich muss leider zugeben, dass die Informationen für mich in diesem Zustand bei weitem schneller und klarer »lesbar« waren.

Ich fragte weiter, wie denn der Klient und die Präsenz miteinander in Verbindung stehen oder standen. Kaum war diese Frage in mir geistig formuliert, begann sich das Bild des Mannes zu wandeln, in einen jungen Mann, der einen kleinen Jungen in seinem Arm hielt und ihn hoch hielt vor Freude, sein Vater zu sein. Also schien diese (unsichtbare) Präsenz der Vater des Klienten zu sein.

Aus meiner Arbeit des medialen Schreibens hatte ich erfahren, dass alle Kommunikation am besten mit einem klaren Ja und einem klaren Nein beginnt. Ich grübelte nach einer Eselsbrücke, wie ich hier im Austausch mit verstorbenen Geistern zu einem klaren Ja oder Nein kommen könnte. Ich »sehe/spüre« nicht ihre Münder, ich »sehe/spüre« auch nicht wirklich ihre Kopfbewegungen und ich kann sie nicht hören. Bisher schrieben sich Ja und Nein, aber hier war ich um Neues zu erfahren und erlernen: Wie erspürt man hier also ein Ja oder ein Nein?! Ich besann mich auf meine Hypersensibilität und den bisherigen Erfahrungen, wenn ich die Absicht einer Energie erspüren konnte und hatte schließlich eine Idee, folgende Formel anzuwenden: »Wenn du mit Ja antwortest, gehe bitte einen Schritt auf mich zu, wenn deine Antwort ein Nein ist, dann gehe bitte einen Schritt zurück.« Und siehe da – das funktionierte einwandfrei.

Der Weg dorthin beginnt am Bahnsteig Neun 3/4

In der weiteren Beweisführung zeigte mir der Vater noch ein Fahrrad, welches anscheinend für die beiden eine Bedeutung hatte. Dann nahm er einen Füllfederhalter in die Hand und deutete als wolle er etwas schreiben. Nach einem kurzen Zögern entschloss ich mich, ihm *meine* Art »schreiben zu lassen« zu ermöglichen und siehe da, das funktionierte auch ganz wunderbar. Er schrieb durch mich die Worte: »Wir sind verbunden, vertraue deinem Weg.«

Dann beendete die Lehrerin Sally die Session, und die Klienten durften zu den gelieferten Informationen ihre Feedbacks geben. Ich hatte alles richtig wahrgenommen. Der Klient und sein Vater hatten eine ganz starke, freundschaftlich liebevolle Verbindung, als großes gemeinsames Hobby das Fahrradfahren, und der Vater schrieb gerne und viel mit einem Füllfederhalter. Er war vor ein paar Jahren verstorben.

Na wunderbar. Der Klient war sichtlich happy über die Durchsage und ich war es über die Volltreffer.

Doch immer mehr formte sich in mir eine Frage: Wieso wird so viel Aufwand betrieben und vor allem so viel Energie dafür aufgebracht, noch und noch Beweise zu liefern, um am Ende einen oder zwei Sätze als Botschaft zu übermitteln? … Es funktionierte ja und es hatte durchaus seine Heilwirkung, aber aus meiner Wahrnehmung wirkte sie etwas »alt«, »angestaubt«, ineffizient und extrem zeitaufwändig. Ich hätte in der gleichen Zeit ein halbes Buch schreiben lassen können an Botschaften aus dem Jenseits oder von dem Vater … hm.

Nun denn, hier wurde eben anders gekocht als bei mir zuhause. Sei's drum.

Am Ende des Tages machte die Lehrerin eine »Präsentation« vor der Gruppe, um uns vorzuführen, wohin eine derartige Ausbildung führen könnte, wenn man das Erlernte professionell anwenden möchte. Sie nannte es »Demonstration«.

Auf dem Weg zu so einer richtig großen »Demonstration« übt man. Und solche Übungen sind dann Plattformübungen. Plattformpräsentationen sind in manchen Ländern relativ populär, in deutschen Breitengraden ist Pascal Voggenhuber einer, der das schon lange Jahre sehr erfolgreich praktiziert, aber es gibt sicher auch noch viele, viele andere. Soweit ich weiß, hat aber Pascal unter anderem auch in diesem College gelernt und trainiert.

In ihrer Plattformpräsentation am Abend rief die Lehrerin auch niemanden Konkretes auf, sondern ließ zu, wer sich zeigen will. Interessanterweise nahm sie dabei auch den Vater aus meiner Übung wahr und begann eine eigene Session zwischen meinem (vorherigen) Klienten und diesem Vater (ohne zu wissen, dass wir diese Begegnung bereits hatten). Das Geschenk für mich dabei war aber vor allem, dass einerseits die Hauptparameter des Stolzes auf seinen Sohn und das Fahrrad erneut aufschienen, aber auch die finale Botschaft ähnlich war. Anders formuliert aber gleich im Sinn. Da ich diese Botschaft aber schreiben ließ, in meinem mir ganz eigenen Talent, formte sich dies zu einer erneuten klaren Bestätigung für mich, dass mein Schreiben durchaus auch ein Werkzeug ist, das ich besten Vertrauens hier (zusammen mit den anderen Werkzeugen) einsetzen kann. Wenn die Geister durch mich ihre Worte formen können, braucht es nicht mich und meine Interpretation des Gefühls in Worte. Sie können es einfach direkt formulieren = schreiben.

Übung 4:
In der nächsten Übung mit einem weiteren Gruppenmitglied mussten wir den Verstorbenen anhand einer gemeinsamen Erinnerung zwischen Klient und dem Verstorbenen identifizieren. Nun also nicht mehr nur über ein Objekt, das für beide eine Bedeutung hatte (wie jenes Fahrrad) sondern über ein gemeinsames Erlebnis. Das war sichtlich keine leichte Übung. Wir erinnern uns ja selbst schon nicht so genau an gemeinsame Erlebnisse, jetzt sollen wir derartige en détail von Verstorbenen sichten …

Mir gegenüber saß eine Klientin. Ich nahm ein Kind wahr und eine Art Nonne. Die Situation war: Sie musste das Kind weggeben. Die Auflösung: Die Nonne war eine Krankenschwester, und sie war krank und verstarb, daher musste sie das Kind weggeben. Ich hielt also prinzipiell die richtige Richtung, aber ein paar Details waren noch nicht klar wahrgenommen. Die Kleidung der Krankenschwester – als Nonne interpretiert, das Weggeben des Kindes in Traurigkeit gesehen, aber nicht die Ursache. Die Erinnerung an das Geschehene erreichte ich, nicht jedes Detail, aber ich konnte sie lesen. Immerhin, das war das erste Mal, da sind kleine Ungenauigkeiten menschlich.

Wir lernten die drei großen Ws immer abzufragen. Das WARUM (zeigst du dich), das WO (in welcher Umgebung) und das WANN (welche Zeit, die meist an der Kleidung festzumachen ist).

Zeigt sich ein rotes Kreuz, ist das angeblich ein Indiz dafür, dass der Mensch in einem Krankenhaus gestorben ist. Und wenn wir uns schwer tun, dass wir den Geist wahrnehmen, sollen wir uns ein Tor vorstellen, durch das der Geist hindurch schreiten soll. Dann wissen wir ganz sicher, um diese Energie geht es jetzt.

Übung 5:
Am nächsten Tag übten wir »das Unbekannte zu benennen«. Konkret sollte das etwas sein, das nur der Kunde und der Geist kennen können, eine Art Geheimnis zwischen den beiden. Ein Moment, ein Versteck, etwas, das mit *niemand* anderem geteilt wurde – also etwas, dass wirklich nur die beiden kennen können. Ich dachte, das Lesen der Erinnerung der beiden Menschen sei schon eine echte Meisterprüfung gewesen, doch das hier stellte nun tatsächlich eine weitere Steigerung dar, die sich unerreichbar anfühlte. Die schwerste aller bisherigen Übungen.

Wir alle »knabberten« daran einen ganzen Tag, denn es bedarf schon etwas mehr Übung und damit gewonnenes Vertrauen, derartig versteckte Informationen auszulesen – aber irgendwann hatte tatsächlich jeder von uns es geschafft. Ja, jeder!

Übung 6:
Kaum auch diese Hürde genommen, stand nun die erste Plattformübung für jeden Einzelnen von uns an. Nicht sofort mit Erinnerungs- und Geheimnisschatzsuchen, sondern erst einmal nur generell vor einer Gruppe zu üben war gefragt. In den Paarübungen hatte ich mitbekommen, wie viel schneller und vor allem präziser meine Wahrnehmung war, wenn ich mein (tonnenschweres) Nasenfahrrad nicht trug. Diese

(körperliche) Befreiung schien sehr wichtig, damit ich »energetisch« besser lesen konnte.

Und natürlich war ich sehr aufgeregt, vor einer Gruppe wildfremder Menschen unsichtbare Dinge sehen und benennen zu müssen, so verrückt sie auch sein mochten. Für mich gehört dazu eine große Portion Mut und gleichzeitig auch noch mehr Vertrauen. Doch es funktionierte relativ schnell und gut. Kaum stand ich vor der Gruppe und konzentrierte mich, nahm ich einen sehr hübschen, jungen Mann aus der heutigen Zeit wahr, der etwas schrieb. Da ich mich nicht traute, vor Sally »meinen Zugang« des Schreibens zu nutzen und auch, weil ich Herausforderungen mag, konzentrierte ich mich noch mehr auf das, was er schrieb, und siehe da, es kam das Wort »Love Letters«. Sally forderte mich weiter auf, zu schauen und mutig zu sein, zu benennen, egal was sich zeigte. Dann wurde ich traurig, sehr traurig und lebensmüde. Es zog mir jede Lebensfreude aus den Adern. Ich schaute weiter, fragte: »Was ist die Ursache für diese tiefe Traurigkeit?« - Darauf kam ein Gefühl des Verlustes eines Kindes. Der Mann hatte also sein Kind verloren und war mit einer Person in der Gruppe sehr verbunden über Liebesbriefe, die sie sich schrieben. Das »Wer, Wo und Warum« war geklärt und das »nur die beiden Verbindende« war benannt, die Liebesbriefe. Auf die Frage von Sally, ob sich von diesen Informationen jemand angesprochen fühlte, meldete sich eine Mitschülerin aus unserer Gruppe, die ganz ergriffen war, weil es genau auf jemanden, der ihr sehr nahe stand, zutraf.

Sally betonte noch einmal, wie wichtig es ist, dass wir über unsere Gefühle arbeiten. Sie sind der intensivste Zugang, noch weit bevor wir eine Botschaft übermitteln können und dürfen. Sie sind der Übersetzer für den Geist. Wir müssen dieses Werkzeug bestmöglich kennen und dürfen uns von nichts und niemandem beim Erfühlen des Unsichtbaren irritieren lassen. Wir sollen uns trauen, wirklich alles, was sich zeigt, mit all unserer Wahrnehmung anzunehmen und zu akzeptieren.

Zeigen sich zwei Geister auf einmal, soll man erst dem einen und dann dem anderen die Aufmerksamkeit geben. Und niemals dürfen wir unser eigenes Glaubens- und Wertesystem vor das stellen, was wir wahrnehmen. Kaum beginnen *wir* zu filtern, verzerrt sich die ganze Session.

Glücklicherweise lebte ich dieses Credo bereits in meiner Arbeit mit der geistigen Welt. Ich könnte sonst nicht derartig viele Botschaften in völlig anderem Satzbau, als meiner das ist, formen lassen. Das geht nur über die völlig Hin- und Aufgabe meines Egos. Man darf in dieser Arbeit nichts »wollen«, es geht nur über das »Warten, was sich zeigt«.

We sit to serve, not to develop. (Wir erfinden nicht, wir dienen)
Und: Niemals denken, immer nur fühlen.

Was für ein schöner Aufruf, unsere körperlichen Sinne noch mehr als ein großes Geschenk unseres jetzigen Seins zu umarmen. Mit ihm und durch ihn sogar das Unsichtbare sprechen zu lassen, erweitert das Spektrum der Definition von Leben um ein Vielfaches.

Von nun an mussten wir alle viele solcher Präsentationen üben, und die Lehrerin leitete jeden Einzelnen von uns durch seine Stolperstunde. Denn das ist es wahrlich gewesen. Niemand kann das sofort und perfekt. Dinge werden verzerrt wahrgenommen, weil noch immer zu viele Blockaden in uns sind, oder es tun sich noch nicht besprochene neue Möglichkeiten der Zugänge auf. Auch die Lehrer können nicht alles sofort übermitteln. Und so entdeckten wir gemeinsam diese vielen Wege.

Übung 7:
Meine nächste Präsentation war so ein Paradebeispiel für das noch Ungelehrte.

Denn kaum begann ich mich vor der Gruppe wieder zu konzentrieren, nahm ich viele, viele Präsenzen wahr. Der Raum war voll von Geistern/Verstorbenen, und ich konnte nicht entscheiden, wem ich nun meine Aufmerksamkeit mehr schenken sollte bzw. durfte. Also warf Sally ein, ich solle formulieren: »Wer hat die meiste Resonanz zu jemandem aus unserer Gruppe?« Daraufhin zeigte sich sofort ein stattlicher Mann mit vielen Gewändern. Er stammte nicht aus unserer Zeit hier, hatte etwas von einem Adeligen aus dem Mittelalter. Er lachte und grinste über das ganze Gesicht. Sein Körper war füllig, und er nahm, kaum hatte ich mich auf ihn konzentriert, plötzlich den ganzen Raum ein. All die vielen anderen Präsenzen waren wie weggeblasen. Er wollte uns allen unbedingt mitteilen, dass wir »das Leben in vollen Zügen genießen sollen«. Sally stoppte mich, da dieser Geist aus ihrer (!) Ahnenreihe kam und er sich auch schon bei anderen Sessions »vorgedrängelt hatte«. Hier ging es also nicht um jemanden aus unserer Gruppe sondern um die Lehrerin. Das wollte sie nicht, denn sie hatte hier die Funktion, uns zu führen und nicht als Klient behandelt zu werden. Nun, Sally hatte bei ihrer Ansage nicht gesagt: »Wer hat die meiste Resonanz zu jemandem aus unserer Gruppe – ausschließlich meiner Person«. Daher hatte der Verstorbene nichts falsch gemacht, als er sich zeigte, sie war ja Teil der Gruppe …

Übung 7a:
Aber wir begannen neu.
Und nun zeigte sich ein kleiner Junge. Er wirkte schwach, sehr krank. Wie von einer Chemotherapie gebeutelt. An seiner Hand hielt er seine Mutter fest. Ich wusste zunächst nicht, wem von den beiden ich mehr Aufmerksamkeit schenken sollte, da lenkte Sally mich auf die Mutter. Ich nahm diese Frau als eine sehr feine Energie wahr. Und sie war traurig. Wegen des Kindes. Ich fragte weiter, in welcher Beziehung sie zu jemandem aus der Gruppe steht, da übermittelte sich ein: »Freundin.« Experimentierfreudig, wie ich nun mal bin, gab ich diesem Geist die Erlaubnis, »mich« zu der Person hin zu bewegen, deren Freundin sie war. Sie bewegte »sich« durch mich auf eine ganz bestimmte Teilnehmerin zu. Und tatsächlich hatte diese Teilnehmerin (auf die es mich zubewegte) eine verstorbene Freundin, welche ein krankes Kind hatte. Auf der Suche nach mehr Details sollte ich ihren Körper mehr beschreiben, aber das gelang mir nicht. Ich nahm ihre Seelenenergetik viel stärker wahr als die Erinnerung an ihren verstorbenen Körper. Immer und immer wieder nahm ich sie als feine, feinsinnige Energie wahr.

Doch noch sind wir nicht am Ende der Session. Es galt noch herauszufinden, warum sich diese Freundin zeigte.

Als Nächstes formte sich ein: »Bitte hilf mir«, und ich war mir sicher, dass das die Botschaft war, doch Sally schaltete sich ein und machte uns darauf aufmerksam, dass das eine Erinnerung der Verstorbenen sei, denn

Botschaften sind ausschließlich positiv. Mit derartigen Informationen (wie Hilferufe) zeigen sich Erinnerungen, nicht Botschaften.

Wir gingen also gemeinsam weiter, Sally immer in ihrer ganzen Aufmerksamkeit bei ihren Padawans. Sie betonte, dass sich oftmals Kinder als *Brücke* zu den eigentlichen Verstorbenen auftun. In dem Fall hab ich das Kind wahrgenommen, aber es ging um die Mutter. Und letztlich sind derartige Erinnerungen auch Beweise für deren Geschichte und alles, was dazu gehört, also keinesfalls falsch. Man muss die Informationen nur richtig einordnen und eben nicht eine Erinnerung des Verstorbenen zur Botschaft des Verstorbenen machen.

Werden diese Erinnerungen zu stark, muss man lernen, diese auszublenden. Und genau das durfte ich hier üben. Schließlich formte sich eine positive Botschaft der verstorbenen Freundin. Die Klientin bestätigte, dass der Hilferuf tatsächlich das Letzte gewesen war, was sie beide gemeinsam erlebt hatten, und somit wurde diese Erinnerung zu dem »Beweis des Moments, den nur die beiden kannten«. Die Klientin bestätigte auch, dass die Freundin eine sehr feinsinnige, feinfühlige Person gewesen war. Sie arbeitete als Medium. Doch was ich überhaupt nicht wahrnahm, war ihre üppige Körperfülle. Eindeutig nahm ich also ihre Seelenkraft mehr wahr.

Für mich machte das absolut Sinn, denn ich beschäftige mich jetzt schon so lange und so intensiv mit dem ausschließlich Energetischen unserer Seele, dass meine Sinne diese natürlich deutlicher wahrnehmen als alles andere, und in meinem Fall deutlicher als körperliche Signale.

Übung 8:
Da wir zwölf Gruppenteilnehmer waren, bedeutete das, dass ich bei elf anderen Sessions der »Vielleichtklient« sein konnte. In den Präsentationen wird ja immer erst nach ein paar Details gefragt und derjenige geortet, für den sich ein Verstorbener zeigt. Nie geschieht das ganz gezielt sofort.

Und war ich es nicht, war – wie sollte es anders sein – der Alligator etwas unterfordert. Nachdem ich erkannt hatte, dass Sally oftmals schon früher als wir Schüler, aber treffsicher, die gleichen Informationen bekam, wurde mir klar, dass sie anscheinend irgendwie parallel zu dem, der gerade präsentierte, das Gleiche wahrnehmen konnte. Umtriebig und neugierig, wie ich bin, beschloss ich, es ihr gleich zu tun und unterbrach somit meine gefühlte Unterforderung beim Warten auf elf Durchsagen. Obwohl ich also nicht vorne stand, sondern auf meinem Stuhl saß, konzentrierte ich mich parallel, genauso wie der aktiv Präsentierende auf das, was sich zeigen wollte. Und siehe da, das funktionierte auch. Teilweise sogar schneller, als derjenige, der das, was sich zeigte, es nun formulierte.

Beispielsweise nahm ich bei einer Session sehr schnell einen Studentenfreund des Klienten wahr, der anscheinend bei einem Unfall gestorben war. Ich sah ein Auto, das ins Schleudern kam und sich mehrmals drehte. Es regnete und Aquaplaning trat auf. Kurz darauf formulierte der Präsentierende, dass er einen Verstorbenen wahrnahm, der bei einem Unfall gestorben ist. Dann »sah« ich beide in einem Pub beisammen sitzen, und kurz darauf sah der Präsentierende die gleiche Situation. Das gemeinsame Treffen im Pub war das letzte gewesen – danach verstarb der Freund bei dem Autounfall.

So ging das mal mehr, mal weniger flüssig. Bei manchen Verstorbenen flossen die Informationen und Bilder ganz leicht, bei anderen war es schwer. Und ich bin sicher, dass das noch an meiner ungeschulten Wahrnehmung lag. Ich nahm also all das immer und immer wieder als Aufforderung an, weiter zu wachsen, was unendlich viel Spaß machte und sehr inspirierend und motivierend war.

Übung 9:
Als Nächstes unternahmen wir einen kleinen Schritt in Richtung Trance und deren vielen verschiedenen Formen.

In der Schule dort unterscheiden sie zwischen »Inspirational«, was bedeutet, dass man seiner eigenen Intuition lauscht – also das, was man meint zu empfangen, letztlich in einem selbst entsteht –,

und dem Trancezustand, welchem sich in ganz eigenständigen Unterrichtseinheiten intensiv gewidmet wird. Ich denke, das kommt so manchem Mediationszustand nahe, je nachdem wie intensiv man sich diesem

Werkzeug hingibt. Doch ich habe dort einen solchen Kurs nicht besucht, daher kann ich hier nur vermuten, wie diese Schule das einordnet.

Und als Letztes benannten sie das mediale Schreiben. In ihren Worten: Physical Mediumship. Damit ging ich natürlich extrem in Resonanz, denn ich meinte zu erkennen, dass es das ist, was mir widerfährt, wenn mein Finger zu zucken beginnt und ich jede Körperspannung aus mir entlasse. Sally umriss das ganze Thema nur kurz, da es nicht Inhalt dieses Kurses war, aber umso spannender waren die Brocken, die ich mitnahm.

Laut der Lehre der Schule geht mediales Schreiben nicht mit einem Stift, da dieser nicht von einer feinstofflichen Energie gehalten und geführt werden kann. Genau das kann ich auch bestätigen. Nachdem mein Finger mir sanft gedeutet hatte, ich solle ihn entspannen, und sich Dinge begannen zu schreiben, war es maximal in dem sehr flauschigen Teppich der Schule machbar, dass das Geschriebene wirklich sichtbar wurde. Der Widerstand, den jede Materie, sei es ein Teppich oder Papier, darstellt, ist für diese nicht körperlichen Energien zu groß. All meine Versuche das zu perfektionieren, landeten immer wieder bei nur einer Essenz: Diese Form des »schreiben Lassens durch Geisterhand« geht nur in der totalen körperlichen Entspannung und bei maximal stiller Luft. Schon bei einem stärkeren Windhauch ist es nicht mehr möglich.

Sally berichtete außerdem, dass man nicht länger als 60 Minuten in eine derartige »Aufgabe seiner Körperspannung« gehen kann, weil eben nach dieser Zeit das Gehirn wieder beginnt aktiver werden zu wollen. Sie ging nicht tiefer darauf ein, aber auch das kann ich bestätigen. Überschreitet eine »Fragesession mit dem Jenseits« diese Stunde, wird es weniger und weniger »haltbar« für mich. Als würde der Körper beginnen zu rebellieren, sich bewegen wollen und diese, manchmal ja auch sehr hohen Schwingungen« nicht mehr (in sich) halten können. Als baue sich eine gewisse Spannung auf, die durch die Divergenz zwischen Wesenheit und Körperlichkeit entsteht.

Um das beispielhaft zu beschrieben nehme ich fiktive Werte. Stellen wir uns vor, der Körper schwingt mit einer bestimmten Frequenz, sagen wir 100 Hertz. Die geistige Welt ist genauso vielfältig wie wir und auch die ganze Natur es ist, also ist die Wahrscheinlichkeit, dass man nun mit anderen Frequenzen kommuniziert, sehr hoch. Je höher die Wesenheit schwingt, umso lichtvoller, heller, weiser und größer (weil ausgedehnter) ist diese Energie. So kann es also durchaus sein, dass man sich mit einer Energie verbindet, die um ein Vielfaches höher schwingt, als der eigene Körper das gerade tut. Nehmen wir beispielsweise 700 Hertz. Das würde bedeuten, dass die Energie, die durch einen schreibt, sieben Mal höher schwingt, als der Körper das tut. Und das bedeutet in der Folge, dass ganz unweigerlich eine gewisse Spannung entstehen muss. Der Körper müsste sterben, wenn das nicht passieren soll, aber er lebt, und das Fleisch verdaut, atmet, schwitzt – es lebt. Und solange es das tut, entsteht durch die Unterschiedlichkeit dessen, was sich des Körpers bedient, und dem Körper selbst eine Divergenz. Diese zu halten, ist im wahrsten Sinne des Wortes nicht ewig machbar. Ich weiß es, ich erlebe es und kann daher absolut bestätigen, was die Schule dazu bereits lehrt. Und in gewisser Weise beschreibt es genau die Spannungsthematik, welche ich bereits in einem vorherigen Kapitel bezüglich des Mediums in Brasilien erörtert habe.

Doch tiefer ging Sally nicht, dazu müsste ich einen Kurs direkt zu dem Thema absolvieren. Aber bisher bin ich sehr zufrieden damit, wie ich autodidaktisch an all das herangeführt wurde – und ich möchte es tatsächlich auch unberührt von anderen, einfach genau so wachsen lassen. Aus mir heraus, will aber der Schule und ihren Expertisen dazu nichts in Abrede stellen. Ich habe nur bereits *meinen* Zugang dazu und entwickle ihn täglich weiter.

Übung 10:
Am Tag darauf experimentierten wir den Zugang über Musik.

Konkret bedeutete das, dass wir uns auf den Klienten konzentrierten und dabei aber den Verstorbenen baten, sich an eine Lieblingsmelodie zu erinnern. Sobald man eine Art Song oder Melodie orten konnte, hieß es, diese zu benennen. Dann sollten wir tiefer und tiefer dem Gefühl, das damit einherging, nachgehen und so immer mehr den Verstorbenen, dessen Erinnerung an diese Musik, orten und interviewen.

So verrückt das klingt – aber das funktioniert tatsächlich. Und gar nicht einmal schlecht ...

Auch hier war für mich der Zugang ganz klar um ein Vielfaches besser und leichter mit geschlossenen Augen. Fast sofort, nachdem ich meine Augen geschlossen und mich voll auf das Gegenüber konzentriert hatte, kamen die Infos geflogen.

Übung 11:
Am nächsten Tag lernten wir die Aura des Gegenübers zu erspüren/zu sehen. Das war einerseits wichtig, um noch deutlicher den Unterschied zwischen der Aura eines Menschen und der *Präsenz* eines Verstorbenen zu erlernen, aber auch, um in der Folge dann die *Aura* eines Verstorbenen von der Aura eines Menschen unterscheiden zu können. In der Tat hatten es diese Übungen auch in sich, denn, so bemüht Sally auch immer war, es gibt manchmal keine Erklärungen, wie etwas aussieht, wirkt oder sich anfühlt. Man kann das alles nur durch reines Üben erfahren. Es gibt hier keine Theorie. Und auch wenn es sich ziemlich verrückt und auch anstrengend liest, letztlich ist es möglich und hat bei uns allen geklappt. Vor allem die Präsenz eines Verstorbenen über die Farbe seiner Energie (Aura) wahrzunehmen, wurde für mich – völlig überraschend – zu einem favorisierten Zugang. Noch ein bisschen leichter, als den Verstorbenen durch das imaginäre Tor gehen zu lassen, nahm ich diesen viel, viel schneller und leichter über seine Aura wahr und konnte dann dadurch auch schneller in die Kommunikation mit ihm treten. Dennoch sind derartige Zugänge auch immer mit Vorsicht zu genießen, denn eine Aura kann sich aufgrund vieler Faktoren blitzartig ändern. Sie ist stark an die Emotionen (also an die Erinnerungen der Geister an ihre Emotionen) gebunden. Dennoch sind die Gefühle letztlich unser Pfad, und je mehr wir ihnen vertrauen, umso mehr können wir all die Untiefen auf diesem Weg auch einordnen und darauf reagieren. Immer und immer wieder betonte Sally dieses sei unser wichtigstes Tool, und dass wir ihm als Erstes voll und gänzlich vertrauen MÜSSEN. Ohne unsere Gefühle sind die Sessions wie sich mühsam und dürstend durch eine Wüste zu schleppen, mit ihnen jedoch sind sie als Dschungel an Informationen an Fülle und Lebendigkeit nicht zu beschreiben.

Inspiriert von diesem Aufruf unserer Lehrerin beschloss ich das gleiche »Prinzip« anzuwenden, wie ich es beim medialen Schreiben längst umsetzte: Ich gab mich dem Moment und allem, was sich zeigte, völlig und total hin. Keinen einzigen eigenen Gedanken mehr ließ ich zu, entleerte mein Gehirn, als sei es nicht existent und gab, so weit es geht, jedes Gefühl eines angespannten Muskels auf. So wurde ich (auch hier) zu einem hundertprozentigen Instrument des Kosmos.

Und siehe da, es funktionierte. Ähnlich dem Moment, in welchem Benedikt, der Lehrer aus der Schamanenschule, mir vor ein paar Jahren erklärt hatte, dass mein »sehen Wollen« der völlig falsche Ansatz war – so erkannte ich auch hier, dass alles, wie ich als Mensch »funktionierte« nicht förderlich war und abgelegt werden musste. Kaum war das geschehen – wurde es fast schon kinderleicht.

Wir waren noch nicht am Ende des Kurses, aber am Ende des vorletzten Tages und noch war genug Zeit für eine Art Abschlussdemo VOR der Gruppe. Eine für jeden, um diese Feuertaufe erneut üben zu können. Nach sieben Tagen »Training« eine gewisse Art Prüfung, ohne dafür wirklich benotet zu werden. Aber wer ein bisschen etwas wie Anspruch in sich trägt, will natürlich nach so vielen und intensiven Übungen nicht dastehen wie am ersten Tag.
Also, auf in die Schlacht.

Übung 12:
Kaum hatte ich mich in diese völlige Hin- und Aufgabe begeben und darum gebetet, dass sich jemand zeigte, der in Bezug zu jemandem der Mitschüler aus der Gruppe stand, begann meine rechte Schulter zu schmerzen und der Arm zu »ziehen«, als sei Blei an ihm befestigt. Und schon bald begann ich zu taumeln. Immer mehr zu taumeln. Als hätte ich keine innere Mitte, kein Zentrum. Ich ging dem Gefühl nach, gab ihm Raum so viel ich nur konnte. Mir ging es nicht gut, ich fühlte mich elend. Ich wurde unendlich traurig, fühlte Einsamkeit, Hoffnungslosigkeit, Depression. Das Leben schien grau, sinnlos. Immer mehr Bilder kamen. Dann fragte ich nach dem »gemeinsamen Erlebnis«, das nur die beiden

kannten, und auch das wurde plötzlich von einer ganz bestimmten Klientin (von der ich ja vorher nicht wusste, dass es um sie ging) bestätigt. In der Auflösung kam heraus, dass es um ihren Großvater ging, der sehr viel Alkohol konsumiert hatte, deshalb gestürzt war und sich dabei den rechten Arm und die Schulter schwer verletzt hatte.

Somit hatte ich so gut wie alle Parameter richtig erkannt und benannt und konnte mit einem guten Gefühl aus dieser Situation in den letzten Abend gehen. Da ich noch nie in meinem Leben Alkohol getrunken habe, war die Erfahrung mit dem Taumeln und der Übelkeit umso interessanter für mich. Fühlt es sich also so an, wenn man seinen Körper damit vergiftet? So ohne Zentrierung, so nicht bei sich? Spannend …

Der letzte Tag war angebrochen, und damit ging es in die letzten Zweierübungen. Ich hatte meinen finalen Zugang über das Vertrauen in meine Hypersensitivität gestärkt und ließ mich ganz in ihn fallen.

Übung 13:
Dieses Mal sollten wir erneut die Aura eines Verstorbenen wahrnehmen, und sobald wir diese orten konnten, den Geist in uns »hineinsteigen« lassen. Ich denke, das ist der Zugang, den das Medium in Abadjania damals immer lebte. Hier durften und konnten wir ihn unter dem Schutz der Schule und der Lehrerin auch einmal ausprobieren.

Kaum war dies geschehen, ließen wir den Verstorbenen sprechen. Und das klappte tatsächlich fantastisch. In dieser Übung hatte sich die Oma meines Klienten gemeldet und ganz süße Botschaften übermittelt. Alle Durchsagen waren Treffer.

Übung 14:
In der letzten Übung dann sollten wir das Gleiche noch einmal umsetzen, aber diesmal mit der Botschaft beginnen, und dann erst erörtern und abfragen, WER denn nun diese Botschaften übermittelte. Da ich eh am liebsten nur durchsagen (oder durchschreiben) lasse, formte dies tatsächlich für mich als finale Übung auch noch einmal eine finale Bestätigung, was und wie für *mich* der beste Zugang ist.

Reicher an Erkenntnissen, erneut und anders alle Widerstände, Zweifel und Unsicherheiten über Bord geworfen, war der Weg nun noch freier, ausschließlich meine sensitiven Sinne »sprechen« zu lassen. Ein bisschen wie eine noch andere Sylvia annehmen – so fühlte es sich an. Oder war es doch eher, den eigentlichen Kern meines Seins noch mehr annehmen …?
In jedem Fall aber fühlte es sich wie eine Geburt an und war eine fundamentale Erkenntnis, welche Werkzeuge ich bisher noch ungenutzt hatte und nun auch noch integrieren könnte.
Ein **Aufwachen**.

Final habe ich für mich festhalten können: Der Zugang über das Erspüren der Aura eines Verstorbenen ist für mich der beste Einstieg, und ihn dann sprechen zu lassen, die beste Umsetzung. Alle Bilder bauen sich dann aus dieser Verbindung von ganz alleine und deutlich auf.

Eine Sache, bei der ich bereits sehr schnell treffsicher war, war das Erörtern, wie nah sich Verstorbener und (lebender) Klient standen. Meine »Brücke«, den Verstorbenen bei der Antwort »Ja« auf mich zubewegen zu lassen und bei »Nein« von mir weg, war genauso hilfreich wie (seine Absicht) in einem tatsächlichen Kopfschütteln zu (er)spüren. So oder so gab es also immer einen Weg, die Antworten zu bekommen. Und meine bisher angewandte Technik des »schreiben Lassens« bietet ein zusätzliches Tool, um sich generell noch mehr auszutauschen und nicht nur *eine* finale Botschaft zu übermitteln, sondern zusätzlich dazu in ein wirklich intensives Gespräch eintreten zu können.

Und tatsächlich hatte ich einen derartigen Cocktail an unterschiedlichen Zugängen längst ge- und erlebt, ohne das so bewusst realisiert zu haben. Schon lange vor dem Besuch dieser Schule.

Auf einer der Reisen nach Brasilien damals begleitete mich meine Schulfreundin Anne. Und natürlich experimentierten wir gemeinsam ein wenig mit dem aus mir aufwachenden Zugang in einigen besonderen Fragesessions mit der geistigen Welt. Und so kam es, dass Anne mich eines Tages bat, doch einmal zu versuchen, ob ich über meinen Zugang vielleicht ihre verstorbene Mutter erreichen könne.

Also versuchte ich, ob ich ihre Mutter wahrnehmen und diese durch mich schreiben lassen könne.

Ohne zu wissen, wie man so etwas macht, übergab ich die »Führung« meinen bis dato kennengelernten geistigen Führern. Ich bat sie, meine Worte und auch meine Bewegungen so zu führen, dass diese Verbindung zustande kommt.

Und siehe da. Es funktionierte. Zunächst schrieben sich Worte, dann Sätze, und immer mehr erfüllte mich ein Gefühl der völligen Entspannung. Je mehr ich das lebte, umso mehr fühlte ich meinen Körper nicht mehr. Und je weniger ich das tat, umso mehr erfüllte mich eine Energie, die aus sich ganz von allein kommunizierte. Ich selbst hatte keinen einzigen Gedanken in mir, sondern ich selbst »ließ nur sprechen«. Und schließlich entstand ein flüssiger Dialog. Anne konnte all das sagen und fragen, was sie zu Lebzeiten der Mutter gegenüber und im Abschiedsschock versäumt hatte.

Dann plötzlich spürte ich, wie sich die Energie (der Mutter) anders ausrichtete und nicht mehr nur schreiben und sprechen wollte, sondern zu Anne drängte. Zu ihr hin wollte. Ich gab diesem (mir bisher fremden) Impuls Raum, denn all das fühlte sich gut und richtig an.

So führte sie wahrlich wie von Geisterhand meine rechte Hand aus der Schreibhaltung direkt an Annes Gesicht und streifte ihr liebevoll über ihr Gesicht. Ich trug dabei wie immer eine dicke weiche Meditationsmaske über den Augen und wusste daher nicht einmal genau, wo ihre Wangen sind. Doch die »Geisteshand« führte gezielt dorthin. Ich war durchflutet von dieser Intention und dem Gefühl dahinter – welches alles nicht meines war.

Dabei formten sich weiter auch Worte und »es« sprach.

Anne war sichtlich berührt, denn genau so hatte ihre Mutter ihr immer über ihr Gesicht gestrichen. Genau so ... Das konnte ich nicht wissen. Das konnte ich nicht ahnen und derartiges privates Verhalten hatte mir Anne auch nie mitgeteilt. Warum sollte sie?

Es war also relativ eindeutig die Energie ihrer Mutter, mit der ich in Kontakt getreten war, und die sich daran erinnerte und dabei Worte durch mich lebendig machte. Ich war damals schon überwältigt von der Vielfalt an Möglichkeiten, die sich hier so ganz »einfach« auftaten. Und lebte daher ganz intuitiv bereits das, was wir hier in der Schule gerade gelehrt bekamen und übten.

Nun denn, das war sie also, *diese* Art Schule.

Das Artur Findlay College.

Und ich muss sagen, ich war schon sehr beeindruckt von dieser Menge an unterschiedlichen Übungen, mit denen wir jeden Tag ein Stückchen weiter unseren Talenten, unseren ganz eigenen Zugängen vertrauen üben durften. Die Schnelligkeit, in der wir hier gelehrt wurden, hat mir am meisten imponiert. Der Beschreibung eines neuen »Zugangs«, der sofort eine Übung mit einem anderen Teilnehmer oder mit allen folgte, entsprach absolut meiner Lerngeschwindigkeit, um nicht zu ermüden. Eine weitere Erklärung, der eine weitere Übung folgte und so weiter. Keine langen Pausen, die ein Absinken der dringend nötigen Konzentration verursacht hätten, sondern konstantes Wachsen. Wachsen, wachsen, wachsen. So mag ich das.

Abgesehen von all dem, bot das College auf der weltlichen Ebene unfassbar gutes Essen und sehr schöne, gemütliche Betten. Die Zimmer waren sauber, der Weg zum Unterricht genau eine Minute durch ein sehr altes, sehr schönes Castle Haus, inmitten eines wunderschönen englischen Gartens. Die Ruhe und dieses schöne Heim erschufen die perfekte Umgebung eines Hogwarts unserer Welt, in dem wir lernen und wachsen durften, je nachdem wie sehr wir es wollten.

Diese bunte Truppe aus der ganzen Welt fand sich an diesem Ort zu dieser Zeit, um gemeinsam diese weitere Stufe unseres Seins zu nehmen. Und jeder, zweifelsohne jeder in der Gruppe hatte früher oder später seinen Zugang gefunden. Es gab niemanden, der diese ganzen Übungen ohne Ergebnis absolvierte. Bei dem einen dauerte es länger, bis er sich und seinen Zugängen traute, bei anderen ging es schneller, weil sie schon viel Erfahrung in dem Bereich hatten, doch dass es tatsächlich bei jedem funktionierte, formte für mich eine weitere sehr wichtige und spannende Erkenntnis: Ich erkannte einmal mehr an der jeweiligen Wahrnehmung des Einzelnen die unterschiedlichen Bewusstseinsstufen, auf welcher jeder Einzelne gerade sein Leben so erschaffen hat, wie es ist, und wie aus diesem Grad an Bewusstheit die Haltung entstand, mit der er schließlich sein Leben formte.

So manches Schicksal hatte viele Wunden in den Seelen erschaffen, und wir alle durften einander zuschauen, wie wir, jeder auf seine Weise, aber doch gemeinsam, in dieser relativ kurzen Zeit einander die Hände reichten und halfen »aufzustehen«. Egal aus welchem Zustand heraus. Vertrauen gewinnen – zu sich selbst, seinen Talenten und seinen Fähigkeiten, und dem, was vorher so unerreichbar und vor allem unsichtbar schien, Sichtbarkeit zu geben.

Abschließend kann ich sagen, dass mein erster Impuls am Ende der Woche bestätigt wurde. Der Kontakt zu (überwiegend) Verstorbenen ist definitiv eine Bereicherung und vor allem sehr hilfreich in der Trauerbewältigung. Wer dazu Hilfe sucht, kann einen Anbieter aufsuchen, der eine solche Schule besucht hat, oder selbst einen solchen Kurs besuchen, wobei sich gleich eine ganze Woche so medial zu betätigen, um ein, zwei offene Fragen beantwortet zu bekommen, vielleicht etwas zu viel des Guten sind. Wir studieren ja auch nicht Medizin, weil wir einen Schmerz haben – wir gehen zum Arzt. Ähnlich betone ich auch gerne in diesem Bereich, dass gleich eine ganze Ausbildung zu absolvieren vielleicht nicht der richtige Weg zur Trauerbewältigung ist – da gibt es kürzere und vielleicht effizientere Wege. Aber das ist individuell und deshalb auch individuell zu beantworten.

Wir aber in unserer Gruppe hatten nicht Trauerbewältigung als Ziel. Wir wollten alle unsere Sinne schärfen, daran wachsen und uns selbst und unsere Werkzeuge noch besser kennenlernen. Lernen. Und genau das ist uns auch gelungen. Ganz anders als in der Schule in Berlin und doch auch sehr hilfreich wurde es eine Entdeckungsreise zu meinen/unseren Talenten. Und ich bin dankbar für diese Reise. Sie schenkte mir noch mehr Vertrauen in meine Zugänge und entscheidende Puzzleteile in meine »Ganzwerdung«.

Mir selbst wäre diese Art der Kommunikation zu mühsam und vor allem zu begrenzt, doch ist sie für andere eine unendliche Bereicherung. *Ich finde diese in dem gesamten Mix von all dem, was mich all die Jahre des Studierens und Erforschens gelehrt haben.*

Und so kann ich mittlerweile aus einem ganz bunten Baukasten an Werkzeugen und Zugängen schöpfen und mich selbst dadurch als ein Werkzeug dem weiteren Erforschen des Kosmos hingeben. Was ich dabei erfahre, halte ich weiter fest in all meinen Werken, um so auch anderen diese unsichtbare und doch so reale Welt zugänglicher zu machen. Sich ihr mehr zuzuwenden, sich ihr zu öffnen.

Das College war ein wichtiger Meilenstein auf diesem Weg, und ich will ihn nicht missen. Genauso wenig wie die Schule in Berlin und all die anderen vielen kleineren Kurse, die ich belegt habe. Jeder einzelne Schritt dieses Weges war ein Schritt zu mir. Zu meiner Energie, die ewig sein wird und die in diesem Durchlauf dieses Körperkleid trägt. In dieser Zeit, mit diesen Möglichkeiten.

Und so verließ ich die Schule, den Kurs und die Gruppe – erneut um ein Vielfaches reicher. Reicher an Erfahrungen und Erkenntnissen, die mir niemand mehr nehmen kann.

Die Seele ist wie eine Festplatte, die all ihre gemachten Erfahrungen speichert und als solche nur den Wirkungsort ändert. Der Körper ist dazu das Werkzeug, wie ein Computer die Werkzeuge bietet, die das Beschreiben einer Festplatte erst ermöglichen. So und nur so sammeln Seelen Erfahrungen. Sie brauchen Sinnesorgane. Und diese machen den Körper aus.

Insofern ist das Leben und die Werkzeuge, die es den Seelen schenkt, in ihrer Bedeutung nicht wirklich in Worte zu fassen. Die Möglichkeiten über diese Werkzeuge des Körpers seine Seele zu schulen – sind somit das größte Geschenk, das der Kosmos uns macht. Wer sie nutzt, geht anders, als er gekommen ist. Wer sie nicht nutzt, oder weniger, der geht eben wieder, wie er gekommen ist. Und das ist, wie immer – alles wertfrei.

Im Echo des damals Gelernten bleibt vor allem ein Dankeschön an den Kosmos, die Schule, die liebevolle Lehrerin und all die liebevollen Gruppenmitglieder, die auch mir ihre Lebenszeit in Form von Aufmerksamkeit geschenkt haben.

Es müsste mehr solcher Schulen in unserer Welt geben, sie wäre dann eine bei weitem bewusstere. Und in der Folge eine andere.

Mein Beitrag für eine bewusstere Welt ist unter anderem dieses Festhalten des Wissens, aber auch das Weitergeben dieses Wissens, im Lehren, im Vortragen, doch vor allem – im DA SEIN.

Das Arthur Findlay College ist eine weltweit bekannte Schule für spirituelle Entwicklung und mediale Fähigkeiten, oft als das »Hogwarts der Medialität« bezeichnet. Es befindet sich in Stansted Hall, England, und gilt als das bedeutendste Zentrum für spiritistische Studien, Medialität und Heilung in der Tradition des britischen Spiritualismus.

Ursprung & Geschichte
Das College wurde nach Arthur Findlay, einem schottischen Autor, Forscher und Spiritisten, benannt. Er vermachte das Herrenhaus der Spiritualists' National Union (SNU), damit dort eine Schule für Medialität und spirituelle Wissenschaften entstehen konnte. Seitdem werden dort intensive Schulungen und Kurse für Menschen angeboten, die ihre mediale Wahrnehmung, Heilfähigkeiten oder spirituelle Verbindung vertiefen möchte

Was wird dort gelehrt?
Das College bietet eine Vielzahl von Kursen an, unter anderem:
- Mediale Fähigkeiten (Jenseitskontakte, Hellsichtigkeit, Hellfühligkeit, Hellhörigkeit)
- Trance- und physikalische Medialität
- Spirituelles Heilen & Energiearbeit
- Aura- und Chakrenarbeit
- Trance-Sprechen & spirituelles Schreiben
- Bewusstseinsentwicklung & spirituelle Psychologie

Die Lehren basieren auf der Annahme, dass Bewusstsein über den physischen Tod hinaus existiert und dass es möglich ist, mit der geistigen Welt zu kommunizieren.

Das Arthur Findlay College ist nicht nur eine Schule – es ist ein Ort, an dem Menschen eine tiefere Verbindung zu ihrer inneren Stimme und zur spirituellen Welt finden. Es geht weniger um Theorie als um Erfahrung, um das Erleben von Energie, Bewusstsein und spiritueller Präsenz.

DIE LEITPLANKEN DER SEELE

Dein Wirken hinterlässt Fußabdrücke deiner Energie

Der Weg in die Bewusstwerdung seines ganzen Ichs ist der eigenverantwortlichste Weg, den ich kenne. Denn es gibt nichts und niemanden (menschliches), der uns dazu aufruft, zwingt oder motiviert. Jeder einzelne Schritt dazu muss ganz aus uns heraus und dann von dort aus in Eigendisziplin getätigt werden, innegehalten werden zu reflektieren, um dann erneut den nächsten Schritt zu gehen. Und das alles gefühlt ohne einen wirklichen Lehrplan oder einem greifbaren Ziel. Es wirkt, als suche man den Weg durch einen immerwährenden Nebel, in dem sich die jeweiligen Lehren vor uns auch immer nur so weit offenbaren, wie wir an unserer Wahrnehmung gearbeitet haben. So schön es ist, dass es auf diesem Spielfeld keinen Richter gibt, so schwer ist es dort ohne wirkliche Richtung ...

Jede Ausbildung und Schule, die man in der Berufswelt absolviert, vollzieht körperliche und mentale Prägungen, die aber auch jederzeit wieder umgeprägt und abgelegt werden können. Je nach »Lust und Laune« können so ganze Lebensausrichtungen und Ziele wieder und wieder geändert werden. Auch das geschieht eigenverantwortlich, aber eben weniger dimensional wie das Seelische. Man arbeitet so gesehen in diesem Leben an der handwerklichen Ausbildung X und im nächsten an der intellektuellen Ausbildung Y – hat aber bei all dem gegebenenfalls in seiner Seele keinerlei bewusste Ausbildung vollzogen.

Was aber als unveränderbarer Teil dieses ganzen Weges auch immer um Aufmerksamkeit *bittet*, ist unsere Seele. Dieses leise Summen, das –

mal mehr mal weniger tönend – alles, was wir tun oder nicht tun, begleitet und ruft: Wer bist du wirklich? Ist das, was du da tust, wirklich das, was du und wie du dich ausdrücken willst? Wie du leben willst? Ist das Leben, das du lebst, ein erfülltes oder hängst du in einem Sklavenrad fest? Bist du ein Diener anderer, Diener fremder Bedürfnisse?

Und meinst du, dass es Sinn und Zweck des menschlichen Daseins ist, in diesem Hamsterrad vor sich hinzuvegetieren? Wo bist du, und warum bist du in diesem Zustand deines Seins?

Sicher haben viele Menschen diese Gedanken nicht. Doch vor allem haben sie diese nicht, weil es auch ein Potential des menschlichen Geistes ist, Dinge zu verdrängen. Und oftmals ist diese Verdrängung von Angst gespeist, denn wer den Schmerz verdrängt, hat Angst davor das zu verändern, was den Schmerz verursacht hat. Angst wiederum ist ein Indiz für rein körperliche Wahrnehmung – sie ist wie eine Krankheit des Gehirns nur ein Produkt der niedrigen Schwingungen, die den Menschen umgeben, oder gar in ihm sind. Niedrige Schwingungen wiederum können durchaus bewusst und gewollt von »denen, die um dieses Werkzeug wissen«, eingesetzt werden, um eben eine Menschengruppe, oder gar ein ganzes Volk in dieser Frequenz »zu halten«.

Bestes Beispiel dazu ist die christliche Religion, die mit einer Unzahl an Angstfrequenzen von Schuld und Sühne, Hölle und Fegefeuer, Zölibat und Strafen ein Glaubenssystem erschaffen hat, das die Wunderkraft der Freude-Energie so gut wie völlig eliminiert hat. Freude aber ist es, wodurch die Seelenkraft wachsen kann. Wer also keine oder weniger Freude empfindet, verliert Energie ... landet und klebt in der Angst-Energie/-Frequenz fest.

Und wer weiter über den Religionsteller schaut und wachen Auges und wacher Seele durch sein Leben geht, erkennt, dass Angst der Haupthebel so *einiger* Institutionen der Menschheit ist. Ein Schelm, wer einen Plan dahinter vermutet ...

Hilfreich ist deshalb auf dem Weg der Seelenfindung in uns, neben derartigen Schulen wie der Schamanenschule und des Artur Findlay Colleges auch einzelne Helfer und Heiler aufzusuchen. Denn sie sind wie kleine Spiegel, die uns auf dieser Reise in Momenten des direkten Austausches eine Art Bestandsaufnahme schenken können. Denn eines darf man nicht außer Acht lassen: Da jeder Weg individuell ist, weil jede Seele individuell und ihr Momentum des Aufwachens in einem anderen energetischen Zustand – Alter, Körper und Ort – startet, gibt es keinen Pauschalweg, den alle zu gehen haben. Nein, jeder, wirklich jeder Weg ist ein anderer, und das bedeutet, dass man alleine ist auf dieser Reise. Manche sind vielleicht sogar einsam. Und weil dem so ist, sind die Augenblicke des Innehaltens und in den Austausch mit einem Heiler zu treten, so wichtig wie der Weg selbst.

Auf meiner Suche nach Antworten ließ ich mich immer wieder wie eine Feder vom Wind des Schicksals zu derartigen Menschen tragen. Nie beschloss ich einen solchen Besuch weit voraus, sondern immer entstand ein solcher Impuls, wie von Geisterhand geführt, aus mir heraus. Und dann folgte ich diesem und schaute, wohin er mich trug.

Meine erste Begegnung in dieser Richtung hatte ich damals mit Brigitta, von der ich schon berichtet habe. Ihre Offenbarung meines Lebenspotentials, welches sie anhand der pythagoräischen Kabbala aus meinen Geburtszahlen benannte, war ein erster wichtiger »Spiegel« und damit der Startschuss, mich dem noch völlig ungewissen und nicht klar sichtbaren Weg der Suche nach Antworten wirklich hinzugeben. Sie benannte ganz logisch und intellektuell mit ihrem Zugang der Zahlenmystik das erste Mal in meinem Leben mein *ganzes* Potential und damit vor allem den Teil, den ich bisher unbeachtet gelassen hatte. Der aber wieder und wieder und immer lauter, vor allem nach dem Nahtod, an mir rüttelte. Damit und dadurch wurde sie zu einem der wichtigsten Wegbegleiter meiner Ganzwerdung. Denn diese ersten Schritte brauchten Mut und damit das ganze Gegenteil von Angst.

Wenn ein Mensch ein Leben lang in derartige Angstenergien getaucht und davon großflächig umgeben ist, dann muss man großen Respekt haben vor diesem Wendepunkt eines jeden Menschen. Er verlangt von uns, von jedem auf seine Weise, dass wir wie ein Schwan, der bisher in

DIE LEITPLANKEN DER SEELE

Teer schwimmen musste, seine schweren Flügel hebt und sich mit viel Kraft und vielen Flügelschlägen aus diesem schwarzen Meer weg bewegt. Zeit, Geduld, Fokus und absoluter Wille sind dazu nötig. Es ist nichts, das man mal hier, mal da so nebenbei praktizieren sollte. Doch wie schon erwähnt, ist der Kosmos clever genug, so oder so auf diesem Weg nur das zu offenbaren, was man gerade bereit ist, aufzunehmen. Wahrzunehmen. Nur unter besonderen Umständen wie beispielsweise einem Nahtod hebt sich der Schleier plötzlich, und es wird schneller sichtbar, was sonst noch länger unsichtbar geblieben wäre.

Schließlich geht es um Energie. Und nur wenn die (Seelen)Energie sich wandelt, kann sich auch ein Leben wandeln. Doch da, wo Energie sich wandelt, kommt es zu Spannungen, und nicht jedes Gefäß (Körper) hält diese Spannungen aus. Demensprechend ist es auch eine Sache des Schutzes einer jeden Seele und des Körpers, der sie trägt, diese ganze Thematik langsam wachsend zu erfahren und nicht zu plötzlich.

Der Nahtod war der Startschuss und die Heiler meine »Leitplanken der Seele« auf diesem meinem Weg. Denn durch ihre so unterschiedlichen Zugänge wurde mir über ihre Spiegelung des Status quo umso bewusster, was ich bisher erreicht hatte und ... in welche Richtung ich als nächste zu gehen habe.

Um diese Leitplanken so vielfältig wie möglich zu legen, war mir eine breite Palette an Heilern immer sehr wichtig.

Unsere Seelenenergie ist ein weites und buntes Energiefeld, das aus unterschiedlichen Perspektiven betrachtet werden sollte – wenn man das Ganze erfassen möchte. Und da eben jeder Heiler unterschiedliche Zugänge pflegt, kann dieses Ganze nur über unterschiedliche Heiler = Perspektiven eingeholt werden.

Neben Brigitta, die mir über ihr Wissen der Zahlen den mitgebrachten Lebensplan aufschlüsselte, nutzte Gabriela die Kinesiologie, um in mein Unterbewusstsein Einblick zu bekommen. Die Zahlen erschufen so einen rein verstandesbasierten Zugang, der Muskeltest der Kinesiologie offenbarte über den Körper Programmiertes.

Mari konnte mit ihren hellseherischen Fähigkeiten die Seelenenergie erkennen und benennen, wo sie geschwächt, unterdrückt oder krank war und diese mit sanften Bewegungen balancieren, während Narayani in ihrer Gabe tief in den Seelencharakter blicken konnte, um dann mit ganz eigens erzeugten Schwingungen über ihre Stimmbänder, die Energiefelder zu reinigen, zu glätten und damit die Seelenfrequenz anzuheben, also zu heilen.

Und die kubanischen Schamanen benannten mit ihrem ganz alten (afrikanisch ägyptischen) Zugang der IFA- Weissagungen ganz auf ihre Art und Weise ähnliche Komponenten der Persönlichkeit und des Seelencharakters. Auch sie analysierten zunächst erst einmal das grundsätzliche Potential einer Seelenenergie, dann ihren aktuellen Status und dann heilten sie über ihre ganz eigenen Rituale die Energielecks und Blockaden. Sie waren es, die zunächst mein Potential einem Tier (dem Alligator) zuordneten und dann über unterschiedliche Rituale und Ratschläge dieser Kraft halfen, in eine vollständige Balance zu kommen.

Auch wenn (und vielleicht weil) wir wegen einer Grippehysterie eingesperrt worden sind, konnte ich diese Zeit nutzen und schaffte es schließlich nach vier Jahren intensiver Arbeit in und mit mir, diesen Zustand (der absoluten seelischen Balance) zu erreichen – und ich darf stolz darüber sagen: Von nun an ist mein wertvollstes Ziel, in dieser Balance zu *bleiben* und aus ihr zu wirken. Sie zu er-halten. Selbst die Kubaner unterstrichen: *Nach diesem Zustand gibt es nur noch das außerkörperliche Sein. Es gibt keinen noch balancierteren Zustand als dieser, er ist die optimalste Form des Seins, die man in und durch einen Körper hindurch erreichen kann...*

In einer solchen Energetik »angekommen« zu sein, bedeutet aber keineswegs, dass man deshalb keine Untiefen an Emotionalitäten oder keine offenen Fragen mehr in sich trägt. Dieser Weg ist ein ewiger und er ist keineswegs zu irgendeinem Zeitpunkt leichter. Denn anfangs wirkt vor allem die Disziplin in dieser absolut eigenverantwortlichen, weil letztlich nur sich selbst heilenden Arbeit als sehr mühsam und schwer. Aus dem Alltagsleben heraus plötzlich Meditation und Innehalten einzubauen kann wie eine Blockade wirken, die einen aus dem bisherigen Fluss des empfundenen Normalen reißt. Diesen Punkt überwunden und feste tägliche

Rituale eingebaut, poppen nun nach und nach alle verschütteten oder schlummernden Energielecks in unserem »System Seele« auf. Vergessene Traumata wollen angeschaut werden. Wut, die Schwester der Traurigkeit, will gelöst werden und so vieles mehr. Auch das ist keineswegs leicht und etwas, das man mal eben so zwischen Tür und Angel wirklich solide heilen kann.

Jede einzelne Angst, jede in uns schlummernde Wut, Verzweiflung und jeder Schock wollen angeschaut, wahrgenommen, deren Ursache betrachtet und geheilt werden.

Und ist dieser Zustand dann tatsächlich erreicht, kann man sich nicht darauf ausruhen, sich gehen lassen, sondern ist zu größter Wachsamkeit aufgerufen, um diesen Edelstein aus Energie als wertvollsten Schatz zu beschützen, den wir überhaupt besitzen können. Wer glaubt, dass dies nun eine leichte Übung im Vergleich zu all der vielen vorangegangenen Innenarbeit sei, der irrt deshalb, weil nur *eine* Tatsache wie eine Art »kosmische Bedingung« diesen Weg überhaupt unabdingbar ermöglicht: Abstand.

Abstand zu einer Gesellschaft, die diese Art Innenschau und intensive Arbeit nicht fördert, sondern ein künstliches Theater, in dem einem Konsum nach dem anderen hinterhergejagt werden muss, um einen Status nach dem anderen zu maskieren.

Abstand zu den Menschen, die die Ursache für Traumata, Verletzungen und dem Missbrauch unserer Seele sind.

Abstand zu den Orten, die uns energetisch nicht gut tun.

Abstand zu den Glaubensmustern, die unsere Energie in einem Hamsterrad aus Angst und Hoffnung versklaven. Die erst Angst verbreiten, um dann eine Hoffnung zu streuen, die an Bedingungen geknüpft ist und erneut Angst erschafft, wenn diese Bedingungen nicht erfüllt werden.

Aber auch Abstand zu einer kranken Ernährungsweise, die den Körper schwächt – und damit auch das Werkzeug, über welches wir letztlich das Leben und die Umstände, aber auch die Energien in und um uns herum wahrnehmen. Ist dies verunreinigt, kann nur verzerrt wahrgenommen und darauf basierend verzerrt reagiert und ein unharmonisches Leben erschaffen werden.

Sowie den Abstand zu einer falschen Atmungsweise, die kurzatmig und flach nicht genügend Sauerstoff in das Gehirn pumpt und damit erneut zu verzerrter Wahrnehmung, im schlimmsten Fall zu Ermattung und Depression führt.

Einfach Abstand zu allem, was das Leben bisher nicht bereichert, erfüllt und freudvoll und die Seele krank gemacht hat.

Dieser gelebte Abstand ist die Königsprüfung neben all diesen vielen kleinen Prüfungen durch die individuellen Täler des Wachstums hindurch. Denn er wird Menschen dazu bewegen noch mehr in die Bewertung deines »neuen Seins« zu gehen, weil sie es nicht be-greifen können. Er wird sie noch mehr dazu aufrufen, dich zu verletzen, dich zu beschimpfen und dich mit Belehrungen von diesem Weg abzuhalten. Und mit jedem Tag, mit dem du diesen Abstand lebst, werden diese Gegenkräfte mehr an dir ziehen, dich rütteln und schütteln. Parallel sollst du aber in Ruhe und Meditation dich selbst finden und heilen ... eine echte Meisteraufgabe.

Auch für die, die in der Balance angekommen sind, denn auch sie sind deshalb nicht unantastbar. Auch ihre Balance kann gestört und wieder zerstört werden. Sie zu schützen und den andauernden Bewertungen des Menschseins zu trotzen, ist dann die finale Übung zu Aufmerksamkeit und Wachsamkeit, die genauso wenig leicht fällt wie alles auf dem Weg davor.

Der Kosmos will uns fördern, doch er tut dies unter dem Aufruf zur Hingabe.

All die unterschiedlichen Begegnungen mit den Heilern und ihren jeweiligen Zugängen komplettierten das Mosaik, in dem ich die meiste Zeit allein forschte.

Nie »sah«, analysierte oder benannte jemand das ganze Gegenteil von dem, was sich bisher gezeigt hatte – immer passte alles zueinander. Manchmal kam eine neue Perspektive hinzu, und so empfand ich jeden einzelnen Heiler wie einen Satellit, der meinen Planeten »Seele« auf seine Weise und mit seiner Route abscannte, um dann daraus ein Bild zu erschaffen. Gemeinsam mit dieser Unzahl an unterschiedlichen Perspek-

DIE LEITPLANKEN DER SEELE

tiven der Heiler und meinen eigenen wachsenden Werkzeugen konnte ich so in all den Jahren mir selbst immer klarer werden.

Diese Reise hat viele Ziele, doch vor allem sollte sie dieses eine haben: Dass wir in unserer Seele ausgeglichen und erfüllt, reich an Kraft und damit Bewusstheit und Liebe in oder außerhalb eines Körpers wirken. Je klarer und bewusster wir kreieren, umso bewusster und lichtvoller hinterlassen wir »Fußabdrücke unserer Energie«. Weit mehr noch als das Konsumieren, Essen, Trinken Schlafen und Fortpflanzen. Das Potential dazu trägt zweifelsohne *jeder* Mensch in sich. Und es kostet zunächst im Prinzip nur einen Moment wirklicher Aufmerksamkeit, in dem wir die Richtung aus dem animalischen »vor sich hin vegetieren« in dieses Seelenbewusstsein drehen.

Ob, wie, wann und wo dies geschieht, obliegt jedem selbst. Jeder Seele selbst. Und selbst wenn es Äonen dauern sollte, so ist all das völlig wertfrei.

Wie ich zu Beginn dieses Kapitels schon benannte – dieser Weg obliegt der pursten Eigenverantwortung einer jeden Seele und es ist deshalb unmöglich, von einer anderen Seele bewertet zu werden.

Wer bewertet, ist daher noch weit weg von dieser Erkenntnis!

WISSENSCHAFT VS. WAHRNEHMUNG

Der Beobachter verändert das Objekt der Beobachtung

Mir ist völlig bewusst, dass dieser Weg und erst recht die sich dabei verändernde Wahrnehmung durchaus befremdlich auf Menschen wirkt, die ihn nicht gehen und ganz andere Prioritäten in ihrem Leben haben.

Und es ist auch hier eines jeden eigene Verantwortung, ob er sich für einen derartigen Perspektivenwechsel entscheidet oder eben nicht.

Mein größter Motor dabei war immer die unendliche Neugier der kleinen Sylvia, meines inneren Kindes. Dieser Durst, den Kosmos tiefer verstehen zu wollen, scheint nie zu stillen, das Wachstum dahinter unendlich zu sein.

Ein solch neugieriger Geist findet viele Inspirationen in unserer Welt, die sich gegenseitig beflügeln. Wer Inspiration findet, bleibt neugierig, wer neugierig ist, findet Inspiration.

Und so hoffe auch ich mit meinem Wirken hier, Inspiration für die Neugierigen sein zu können. Das einzige wirkliche Werkzeug dazu ist Flexibilität in unserem Geist. Denn oftmals zeigen sich Dinge, die nach festen Regeln abzulaufen scheinen, unter einem erweiterten Wissensstand noch einmal ganz anders und neu.

Meine Lieblingsformel dazu lautet:

»Naturwissenschaft ist die Interpretation der Natur, wie wir sie heute wahrnehmen. Ändern sich unsere Werkzeuge, wird sich unser Verständnis und damit unsere Wahrnehmung der Natur wandeln.«

WISSENSCHAFT VS. WAHRNEHMUNG

Wir leben in einer Welt, die voll starrer und radikaler Sichtweisen ist. Darin Flexibilität zu üben, ist wahrlich eine Meisterprüfung. Aber es ist möglich und es passiert. Immer wieder, im Kleinen wie im Großen.

So finden wir beispielsweise in der Geschichte der Physik einen Wandel von der Interpretation der Newtonschen Physik hin zur Öffnung in die Idee der Quantenphysik.

Jeder, der sich die Mühe macht, das, was wir als Materie bezeichnen, genauer zu betrachten und sich sozusagen hinein zu zoomen, wird erst einmal die uns allseits bekannten Atome finden.

Wenn er sich weiter hinein zoomt wird er den Atomkern finden, der letztlich (angeblich) die ganze Masse des Atoms überhaupt ausmacht. Noch genauer und tiefer betrachtet wird er in diesem Kern die Protonen und Neutronen und noch weiter die Quarks (als die Bausteine der Protonen und Neutronen) auffinden, welche einer sehr starken Wechselwirkung unterliegen, die durch den Austausch von Gluonen vermittelt wird. Gluonen sind die Trägerpartikel dieser starken Kraft, ähnlich wie Photonen die Träger der elektromagnetischen Kraft sind. Sie sind also die Austauschpartikel der starken Wechselwirkung, die die Quarks zusammenhält.

In der logischen Gedankenfolge müssten also diese Teilchen die Masse ausmachen.

Doch der (energetisch bedenkliche) Teilchenbeschleuniger CERN hatte vor einigen Jahren das sogenannte Higgsfeld nachgewiesen (ein im ganzen Universum wirkendes Kraftfeld), und die Beobachtung dieses Zusammenspiels zwischen den Gluonen mit dem Higgsfeld formte etwas Unerwartetes:

Die Quantenchromodynamik (QCD), die die starke Wechselwirkung erforschte, ordnete Gluonen als masselose Teilchen ein.

Und diese Erkenntnis, dass das, was wir als Atomkern einer Masse zuordnen, bei näherer Betrachtung dann doch keine Masse mehr hat, sondern ausschließlich aus Bindungs- und Bewegungsenergie besteht – »reduziert« all unser Verständnis von Materie letztlich auf: ENERGIE. Energie in einer dichteren Form oder in einer weniger dichten Form. Energie, die sich ausdehnt oder zusammenzieht, aufeinander reagiert und resoniert.

Jeder Physiker, der also das Wesen der Materie erforscht, wird letztlich wieder auf reine Energie und ihre Wirkungsfelder stoßen. Und genau da trifft Physik auf Spiritualität. Denn letztlich ist die Seele eben auch »nur« ein Energiefeld in Aktion und Reaktion mit anderen Energien. Menschen, die sich dessen bewusst sind, agieren schlicht und ergreifend bewusster (weil die Energien fühlender) in diesem Feld. Denn jede Energiearbeit in uns, jedes Wort und jeder Gedanke, den wir kreieren, ist letztlich in diese Gesetzmäßigkeiten fest eingebunden.

Plötzlich wird »Bewegung« erkannt, wo vorher keine war; plötzlich werden Dinge sichtbar, die vorher nicht sichtbar und damit nicht existent in diesem Glauben waren. Doch in Wahrheit existieren beide »Welten« (die Newtonsche Physik und die Quantenmechanik) Seite an Seite. Nur benötigten die Physiker eben ein bisschen (mehr) Zeit, um in ihren festen Strukturen und mit ihren Werkzeugen genügend Experimente durchzuführen, mit denen dann final verifiziert werden konnte, dass beide Theorien richtige Ansätze beinhalten. Nach und nach konnten die Physiker dann tatsächlich die angeblich »revolutionären Konzepte« wie die der Quantentheorie in ihrem Denken akzeptieren und wirklich integrieren. Und dann (erst) »darf« auch der Mainstream dem folgen. Wer das vorher tut, wird aus der Gesellschaft ausgegrenzt. Und das ist (leider) nicht nur bei wissenschaftlichen Themen so, dieses Konzept, radikale neue Betrachtungs- und Herangehensweisen zu ächten, erstreckt sich genauso auch weit in unsere Geschichte hinein.

Ein Beispiel dazu ist die Erkenntnis, dass keineswegs Kolumbus Amerika entdeckt hat, da Nord- und Südamerika schon lange vor dem späten 15. Jahrhundert von indigenen Völkern entdeckt und besiedelt worden waren. Ein anderes füllt Hallen voller Morde an Andersdenkenden und Visionären durch die Religionshüter in Zeiten der Inquisition. Allein dies ist Mahnmal genug, um zu verstehen, wie starr und unerschütterlich so manches Glaubensmuster die Menschheit lange in Unterdrückung festhielt.

So war es immer und so wird es wohl immer sein, da es der Natur des Menschen entspricht, das Alte und Etablierte nicht gerne loszulassen, und es als befremdlich und beängstigend zu empfinden, wenn diese alten Formen aufbrechen. Doch selbst das ist Teil der Evolution und wird genauso immer Teil von uns sein, wie die Angst vor der Veränderung.

Ein wacher Geist, ein neugieriger Geist tut sich mit jedweder Wandlung in Gesellschaft, Technik, Wissenschaft oder anderswo viel leichter, als eine »schlafende (sich ihrer selbst un-bewusste) Seele«.

Und auf den Einen oder Anderen wirkt dieser Kreislauf von Stirb und Werde in der Evolution sehr überfordernd, bis hin zu einer Art »Zukunftsschock«, wie ihn Alvin Toffler einmal benannte.

Vor allem der digitale Fortschritt beschleunigt dies umso mehr. Dass die Menschen sich danach einer inneren Balance sehnen, in der sie Ruhe und Gelassenheit, doch vor allem so etwas wie Erfüllung und Glück wieder empfinden können, ist umso verständlicher und dringender nötig, als jemals zuvor.

Und genau in diesem Moment, an diesem Punkt der Sehnsucht eines jeden Einzelnen ist es wichtig, sich auch dem zu öffnen, was bisher verschlossen und ungekannt war. Denn genau dann geschieht wirkliche Transformation. Oder wie ich es gerne bezeichne: unsere Ganzwerdung. Nicht mehr das Seelische vom Körperlichen, oder das Körperliche vom Seelischen völlig abgespalten leben, sondern beides miteinander in gleicher Kraft wahrnehmen, annehmen und dann fördern. Beides!

Vielleicht ist es auch Teil des Menschseins, gegebene Macht auszunutzen, um von etwas noch und noch mehr zu bekommen, von dem man eh schon viel hat. Und Macht zieht nach sich, dass eine gewisse Masse an Mensch benötigt wird, um dem/den Mächtigen zu dienen. Schlussendlich könnte ein seelisches Aufwachen die Kündigung dieser Dienerschaft nach sich ziehen und damit das ganze System der Macht zu Fall bringen. Keiner der Machtausübenden wird das wollen – ihr Wohlstand basiert ja auf genau diesem System. Sie wollen es so, wie es ist, erhalten. Und damit bewusst Trennungen erschaffen.

Ganz bewusst werden und wurden so vor allem seelische Inhalte immer abgewertet, unterdrückt und durchaus auch verteufelt. Doch wenn man sich auf etwas verlassen kann, dann auf die Natur und ihre evolutionären Wellen. Darwin hat es in seiner Theorie schön skizziert, doch kosmisch und damit in einem viel größeren Rahmen gesehen sind wir alle immer Teil des großen Ganzen, das seine ganz eigenen Regeln und vor allem Rhythmen lebt.

Ich sehe daher (anders, als so manch anderer Energetiker) in der Entwicklung der digitalen Werkzeuge unserer Zeit nicht nur ein wichtiges Werkzeug, sondern auch eine große Chance. Aus einer gewissen Perspektive mag das skurril klingen, doch mein Ansatz ist folgender:

Die Technik und ihre digitalen Medien erschaffen eine neue Art der Vernetzung. Mal mehr, mal weniger, aber dennoch können Informationen leicht ausgetauscht werden. Diese Informationen erschaffen nun das Potential, neue Glaubensmuster zu formen, doch vor allem können sie zum Hinterfragen der alten Formen anregen! Und genau an diesem Punkt beschleunigt sich etwas, das sonst Jahrhunderte gebraucht hat.

Im Schatten dieser grandiosen Chance der »Evolution des Bewusstseins der Menschen« kann es aber auch geschehen, dass die Menschen durch diese neuen Werkzeugen so von ihren inneren Gefühlen, Bedürfnissen und seelischen Identitäten abgelenkt werden, dass dies ihre Sehnsucht nach Heilung, nach Ganzwerdung umso mehr schürt. Und auch das wäre gut. Denn nur wo es ganz dunkel scheint, wird der Impuls, das Licht zu suchen, umso stärker.

Um es kurz zusammenzufassen: Wir leben in einer geilen Zeit.

Sie ist Meisterprüfung und grandiose Chance zugleich, dass der Mensch sich mehr denn je wirklich seelischen Inhalten widmet. Gleichzeitig gibt es eine Unzahl an Werkzeugen und Helfern, die einen dabei begleiten, und all das in einer Zeit, die einen noch relativ friedlichen Rahmen dazu bietet (zumindest in den meisten Teilen der Welt).

Es ist eine Zeit, in der wir erkennen können, dass unsere eigentliche Identität vielleicht eine ganz andere ist als die, die uns bisher aufoktroyiert, diktiert und als richtig suggeriert wurde. Zeit, das Selbst zu entdecken, wer wir sind. Noch weit hinter dem physischen Selbst, welches nur für eine gewisse Zeit jetzt und hier auf diesem Planeten weilt. Zu hinterfragen, was sind Programme, Konzepte oder Ideen anderer, und was sind die eigenen? Was haben wir auf diesem Weg von anderen auf- und angenommen, ihm eine Bedeutung gegeben, was davon resoniert mit uns und was nicht? Was davon war innere Wahrheit, was nur eine von Außen implementierte?

Sich seines wirklichen Selbst voll bewusst zu werden.

Das alte Ich sterben lassen, um das neue Ich, das Seelisches einatmet und körperlich ausatmet, zu leben. Sich dabei völlig neu zu empfinden und zu entdecken ist Teil der Neugeburt. Wie ein Baby die Welt mit neuen Augen zu sehen, doch nun vor allem mit einem Verständnis über Frequenzen und Schwingungen, sowie einer Akzeptanz, dass alle Materie nur Ausdruck dieser Energie und ihrer Bewegungen ist. Das kann überwältigend und auch anstrengend wirken, doch ist es auch unendlich spannend. Der Gefühlsapparat beginnt anders zu empfinden, und das speist den Verstand wiederum mit völlig neuen, doch vor allem anderen Impulsen. Denn jetzt empfindet nicht mehr ausschließlich der (durch die vielen Menschenjahre programmierte und trainierte) Emotionalkörper, sondern die Seele. Jetzt spricht die Seele. Jetzt betrachtet die Seele aus dem wirklichen Inneren deines Ichs, aus dieser stillen Kraft heraus. Aus Glauben wird Wissen und aus Wissen wird Vertrauen. Vertrauen zu dir selbst, doch vor allem Vertrauen in das große Ganze, dessen Teil du bist. In einen Zustand voller Balance zwischen Herz und Verstand.

Diese Transformation zu uns selbst kann so unterschiedlich verlaufen, wie es Planeten im ganzen Universum gibt. Doch auch sie muss mit einem ersten Schritt in Mut und Bereitschaft gestartet werden. Sie sind die Eintrittskarte in dieses neue (wirkliche) Sein. Werkzeuge, dieses zu gestalten und Hilfe dabei zu erhalten, sind vielfältig gegeben. Eine Palette aus unendlich vielen Zugängen und Möglichkeiten wartet darauf, gefunden und eingesetzt zu werden

Nachdem sich mir in meinem Nahtod eine ganz andere Welt offenbart hatte, die aber all die Zeit längst in, neben und außerhalb von mir existierte, war all die Forschungs- und Entdeckungsreise vor allem eine Art Lehre, die meine Seele in ihrem Bewusstwerdungsprozess zu einem Werkzeug des Kosmos ausbildete. Jede Frage, die ich hungrig in das »jetzt

Unsichtbare« stellte, half mir dabei zu verstehen, wie, wo, warum und vor allem, was »den Kosmos im Innersten zusammenhält«. Und mit jeder Antwort, die sich mir offenbarte, formte sich ein komplexes Verständnis des »Systems Kosmos«. Des Systems »Gott«, wie es so manche gerne personifizieren.

Für mich persönlich gehören die Botschaften, die sich da im Laufe der Jahre durch mich schrieben, zum hintergründigsten und bewusstseinserweiterndsten Material, auf das ich je gestoßen bin. Natürlich kenne ich nicht alle Bücher dieser Welt, aber von denen, die ich kenne, übermittelte kein anderes Buch (und leider auch kein inkarnierter Lehrer) diese Klarheit und Struktur, diese Weitsicht und die Güte wie meine (für unsere Augen nicht sichtbaren) Lehrer.

Ich hoffe daher sehr, dass die alten Strukturen von Physik und Religion immer weniger Menschen fest in ihren Krallen halten, nach und nach von vielen Menschen aufgebrochen werden und sich den neuen Herangehensweisen und Erkenntnissen öffnen können. Es ist alles bereits da. Wir müssen nur unsere Aufmerksamkeit dorthin lenken.

Und ich wünsche jedem Erwachenden dabei aufrichtig eine erfüllende Reise.

ADD VALUE

*Und schenke deinem Leben
die Verwirklichung deiner Seele*

Aus einer gewissen Perspektive sagen spirituelle Menschen, wir leben in einer dualen Welt. Ich stimme dem zu, aber ich weiß auch um die feinstofflichen Welten, und dort ist die ganze Thematik relativ hinfällig. Schlicht und ergreifend, weil jede Wertung immer auch von der jeweiligen Perspektive abhängt. Sobald diese sich ändert, erscheinen Dinge ganz anders. Aber dazu hatte ich bereits im vorherigen Kapitel schon referiert.

Nun, ich schreibe dieses Buch in der grobstofflichen Materie, und in dieser habe ich auch meine so ganz eigene Dualität durchlebt. Das Eintauchen in die sogenannte Medienwelt mit all ihren Irrungen, Blendungen, Sehnsüchten und ihrer Verzweiflung, doch vor allem ihren Enttäuschungen, sowie das langjährige Studieren der seelischen Energetik mit all seinen Stolpersteinen, selbst noch suchenden Lehrern und (leider auch) Möchtegern-Coaches, doch vor allem vielen, vielen Erkenntnissen.

Erkenntnisse, die mein **Aufwachen**, und damit vebunden den Rückzug aus der Medienwelt und dem esoterischen Tourismus, mal mehr, mal weniger beschleunigt haben. Im Laufe der Jahre kristalisierte sich eines immer mehr heraus: Selbst die auf dieser Welt lebenden Lehrer für energetisches Wissen sind genauso nur Steigbügel, wie es unsere Schullehrer waren. Der eigentliche Weg, den gilt es mit sich ganz alleine zu beschreiten. Und irgendwann auf diesem Weg geschieht es, dass man (jeder auf seine Weise) ähnlich wie auf dem Bild Michelangelos, den »Finger Gottes berührt« und dabei nur noch in »Gottes Richtung« schaut. Gleichwohl ich dieses eine »unvorstellbar große Energiefeld mit einem perfekten, sich selbst lenkenden System aus Bewusstsein und Liebe« zu personifizieren,

Und schenke deinem Leben die Verwirklichung deiner Seele

für brandgefährlich halte – aber die Metapher erlaubt es mir leichter zu verdeutlichen, was ich sagen will. Ansonsten gilt es tunlichst all diese Glaubensbilder und deren Wortschatz zu vermeiden, am besten ganz zu löschen.

Ich kann den Ansatz und die Motivation, komplexe Dinge vereinfachen zu wollen, sehr gut nachvollziehen, aber warum soll etwas Komplexes überhaupt vereinfacht werden? Ist es nicht Aufruf und Motivation, sich dem mehr zu widmen und wirklich eindringlich zu studieren, um eben genau die Komplexität zu verstehen? Wenn ich zum Bäcker gehe und verstehen will, woraus Brot besteht und wie es entsteht, sagt er ja auch nicht nur »aus Mehl« und schickt mich wieder nach Hause in dem Glauben, ich müsse nur das Mehl anschauen, damit daraus Brot wird ...

Es braucht so viel mehr, um dieses große System ein bisschen besser zu verstehen. Doch vor allem Bereitschaft. Bereit, offen zu sein und seine Aufmerksamkeit weg von den Äußerlichkeiten in die Innenwelt zu lenken und dabei in vollster Eigenverantwortung Schritt für Schritt diesen Erkenntnisweg zu gehen.

Eine sehr eingeschränkte Wahrnehmung erzeugt Bewertung, in den meisten Fällen eine Abwertung. Der menschliche Geist ist leicht beeinflussbar und leider auch hysterisierbar. Eine schlafende Seele kann somit also leicht manipuliert (über gesteuerte Programmierung in Form von gefilterten Informationsflüssen) sowie leicht hysterisiert werden und auf dieser Basis beginnen, in ein Hamsterrad von Be- und Abwertung allem und jedem gegenüber gelangen.

Eine Trennung geschieht.

Mal schneller, mal ganz langsam. Die Einen, die alles und jeden be- und vor allem abwerten, und die Anderen, die be- und abgewertet werden. Verstehe mich bitte nicht falsch – in der Welt der festen Materie hier ist das Treffen von Entscheidungen überlebenswichtig. Das steht außer Frage, wir müssen das täglich, in jeder Sekunde. Doch das Bewerten anderer Menschen als Folge einer Seelenschwäche, vor allem das Abwerten anderer, ist ein klarer Indikator für den Bewusstseinsgrad einer Seele. Schläft sie noch und füllt den »Kokon Körper« mit (nur) wenig Funken bewussten Seins, wird sie immer und überall alle aufgewachten Seelen, die sich ihrer Seelenkraft, ihrer Seelenaufgabe voll bewusst sind, abwerten. Sobald die schlafende Seele ebenfalls bewusstseinsverändernde Erlebnisse und Eindrücke durchläuft, werden die sogenannten »Andersfühlenden« dann plötzlich zu einem willkommenen Hort an Gleichgesinnten. Doch selbst die Dimension dieser Thematik einzustufen, kann die schlafende Seele nicht gänzlich. Insofern wird dieses Spiel auf ewig genau so ablaufen und gehört damit anscheinend zu einer ganz normalen Thematik der Inkarnation.

So stelle ich mich schon jetzt darauf ein, dass, sollten Medien dieses Werk tatsächlich einmal wahrnehmen, sie es sicher fast ausschließlich abwerten werden. Die Bandbreite meines Daseins überfordert den festen Rahmen ihres Denkens um ein Vielfaches, sodass es nur in Abwertung und Angriff gehen kann. Weil sie es nicht verstehen können, im wahrsten Sinne des Wortes nicht be-greifen können, dass ein Mensch, der erst so im Außen aktiv das Ego manifestierte und tief in Glanz und Glamour unserer Zeit eingetaucht ist, plötzlich spirituell aber/und gleichzeitig weiterhin in High Heels durch diese Welt geht ... Ja, ich verstehe, dass das ziemlich exotisch ist, doch wie war das noch einmal mit der Perspektive? Was, wenn in einem Paralleluniversum die Frauen ihre (in diesem Universum gerne von den Institutionen unterdrückten) Talente der Wahrnehmung feinstofflicher Präsenzen als festen Bestandteil von Religion, Politik und Wirtschaft einsetzen dürfen/können/müssen, um dem Männlichen als eine Art »spirituelle Kriegerin« oder besser »besonderer Draht in das Unsichtbare« zur Seite zu stehen? Was wenn in diesem Paralleluniversum diese Frauen sich auch gerne schön herrichten und dabei auch gerne High Heels, ansprechende Kleidung und Makeup tragen? Was, wenn dort jedes Geschlecht sich selbst bewusst, doch vor allem sich der Seelenenergie in diesem geschlechtlichen Körper bewusst, einander ausschließlich unterstützend begegnet? Was, wenn in dieser Phantasie die Akzeptanz des Anderen und damit auch seiner Andersartigkeit so selbstverständlich ist wie der Atemreflex unseres Körpers? Akzeptanz dessen, was ist, und einmal nicht an ihm herum zu manipulieren.

Und schenke deinem Leben die Verwirklichung deiner Seele

Akzeptanz einer anderen Sichtweise, anderer Gefühle und anderer Entscheidungen. Einfach in purster Akzeptanz *SEIN*...

Schwer vorzustellen, gell, Herr Journalist, der ja nur der nächsten Geschichte aus Drama und Chaos hinterherjagen muss, weil die schlafenden Seelen euch nur dann Aufmerksamkeit schenken, wenn ihr über die Auswüchse der Krankheiten des menschlichen Geistes berichtet.

Doch Akzeptanz ist das Gegenteil von Hybris. Denn die von diesen Menschen ungestellten Fragen hinter einer nicht bestehenden Akzeptanz (und vielleicht sogar Liebe) des Fremden, Ungekannten, Unbequemen und Andersartigem wären: Wer bin ich, dass ich andere bewerte oder gar abwerte? Welche Hybris existiert in mir, dass ich jetzt über diesen Menschen oder seine Handlung richte? Bin ich die Quelle allen Seins (Gott), und allein meine Regeln, meine Sichtweise dürfen und müssen die einzig Richtigen sein? ... Aus welcher »Position« richte ich da gerade? ...

Die noch bei weitem spannendere Tatsache aber ist, dass sich niemand diese Fragen stellt, solange er schläft. Sobald eine Seele aufwacht, sich ihrer Existenz in diesem Körper bewusst wird, beginnt Reflektion über sich selbst, das Geschehene und das Kommende, und ja auch über die eigene Position im Kosmos. Demut könnte auf diesem Pfad entstehen. Irgendwann einmal ... oder auch gleich.

Ich stelle mir diese Frage seit meinem Erlebnis damals in jener Nacht. In jedem Moment.

Es ist als suchte etwas ganz Anderes als mein Verstand die ganze Zeit nach einer Art Ordnung, doch vor allem einer Art Zuordnung.

Zunächst hilft der Reflektionsfilter, um dieser feinen, leisen, doch unendlich starken Stimme zuzuhören, mit der meine Seele spricht. Einmal die Aufmerksamkeit dorthin gelenkt, ist man wahrlich ein duales Wesen. Seele vs. Verstand. Und im Laufe der Zeit der Umsetzung spiegelt der Kosmos anhand seiner Resonanzen »auf« die seelisch gelenkten Impulse sehr viel mehr inneren Frieden und Erfüllung, als das je bei den Verstandesimpulsen der Fall war. Meine Geschichte spiegelt dies genau wieder. Die innere Unruhe, das ewige Suchen, Hoffen, Bangen und vor allem

ADD VALUE

Kämpfen bestimmten meinen Lebensalltag – jetzt ist es das pure Vertrauen und spielerische Ausdrücken meiner Seele im Hier und Jetzt.

Und da sind wir beim Thema (kosmischer) Zuordnung. Sie ist auch eine Frage der Bedeutsamkeit unseres Schaffens. Und auch das gilt es völlig wertfrei zu erörtern. Denn jede Seelenenergie ist anders. Jede. Es gibt keinen einzigen »Energiecocktail aus Bewusstheit und Liebe« (Seele), der als solcher identisch mit einem anderen ist. Denn und vor allem – sobald das Energiefeld mit Bewusstsein (Seele) inkarniert, trifft es Entscheidungen und ist eingebettet in die Umstände von Politik, Religion, Umwelt und so vielem mehr. Es müsste also eine inkarnierte Seele (frisch aus der Quelle und noch ohne Prägungen) immer die gleichen Eindrücke und Erfahrungen mit den gleichen Umständen, Verletzungen und Wunden machen, damit es diese Energie genau identisch parallel geben könnte. Dass das unmöglich ist in diesem großen Spiel der Energien, ist wohl jedem intelligenten Wesen einleuchtend. Doch ich möchte auf etwas anderes hinaus: Wenn jede Seele individuell ist und der Kosmos ein großes »System Energie voller Ordnung«, dann ist in der Folge der Platz/die Aufgabe dieser individuellen Energie in dem Meer der großen Energie – kein Zufall. Folgen wir diesem Gedanken weiter, ist die nächste große Frage, ob selbst das Erwachen, also das volle, konzentrierte Reflektieren einer Seele, ihres Schaffens, ihrer Fußstapfen und Kreationen, nicht auch Teil des großen Systems ist, oder frei wählbar durch die Seele … …?

Mein Gefühl dazu ist: dadurch dass jeder menschliche Körper nur über eine Seelenenergie belebt werden kann (lebendig wird), wir also folglich alle in dieser Seele das gleiche Potential tragen, aufzuwachen. Doch das Zünden, der so genannte Moment des »Point of no return« aus dem Zusammenspiel der Energien in Zeit und Raum erst »entstehen« muss. Grob gesagt, es ist nicht die Frage OB eine Seele aufwacht, es ist nur die Frage WANN. In welchem Leben. In welchem Organismus und in welchen Umständen der Programmierung.

Der Kosmos sieht das völlig wertfrei und ohne Eile, doch weiß und fühle ich mittlerweile, dass man als aufgewachte Seele das Bedürfnis in sich spürt, auch andere zu eben einem solchen **Aufwachen** zu inspirieren. Es scheint unausweichlich, dass man aus der sich veränderten Perspektive, dem viel weiterem Blickfeld und dieser sich veränderten Wahrnehmung gar nicht anders kann, als das, was eine derartige Erfüllung erschafft, auch teilen zu *wollen*.

Bewusstsein und Liebe sind feinstoffliche Elemente im Kosmos, wie Feuer, Wasser, Erde und Luft Elemente unseres Planeten sind. Und somit bringt mehr Bewusstheit des großen Ganzen unweigerlich auch mehr Liebesempfinden mit sich. Sich seiner Seelenkraft immer bewusster zu sein, bedeutet also in der Folge, dass man sich der Verbindungen der Energien zueinander immer bewusster wird, und das lässt (nahezu) kein egoistisches Handeln mehr zu. Somit ist dieser Pfad in seiner Richtung relativ klar: Wer einmal **aufgewacht** ist, wird diesen Weg weitergehen wollen. Sicher auch nicht immer geradlinig, aber auch das ist wertfrei. Man lebt ab diesem Moment nicht mehr nur für sich selbst, und je nach Potential der Seelenkraft will diese Seele nun in einem kleinen Kreis inspirieren oder in einem großen. Oder in einem ganz großen.

Ob ich also in meinem Weitergeben viele Menschen erreichen darf oder nicht, hängt, wie schon erörtert, von sehr vielen Komponenten ab und ist alles, aber kein Zufall.

Die Menschheit, so groß wie nie zuvor, erlebt immer deutlicher und schneller die Auswüchse der Manipulation des menschlichen Geistes. Die Masse der durch die Medien und ihren Fokus auf das Negative hysterisierten Menschen nimmt täglich zu. Der menschliche Geist erkrankt daran, wie es in der Folge auch die Körper tun. Und mit jedem Leben, das in dieser Angst gelebt wird, wird die Sehnsucht nach innerem Frieden, Geborgenheit, Liebe und Verbundenheit wachsen. Dann, in genau diesen Momenten, wenn der Verstand kollabiert, wird die Seele in diesen Menschen wieder gehört. Mal leise, manchmal auch ganz deutlich, so wie bei mir, beginnen diese Menschen, sich aus diesem Gefängnis ihres Selbst zu bewegen, vielleicht sogar ganz zu befreien und ihre Aufmerksamkeit auf eine ganz andere Form des Seins zu lenken: dem seelischen Wirken.

ADD VALUE

Eben genau diesem seelischen Wirken entkommt man als erwachte Seele nicht mehr. So auch ich nicht. Und mit jedem Wort, jeder Zeile, die sich hier schreibt und in den vorangegangen Werken schon geschrieben hat, leiste ich meinen sogenannten »Beitrag« in diesem großen System. Ob mein Wirken eine Bedeutung haben darf in diesem Zyklus der inkarnierten Seelen und/oder vielleicht erst danach, oder gar nie, ist tatsächlich nebensächlich, denn für mich, für mich ganz allein hat es eine sehr große Bedeutung. Einmal erwacht, will die Seele sich (und nun nicht mehr das Ego) »nur« ausdrücken. Nicht mehr und nicht weniger.

Doch wie findet man seine Bestimmung in diesem »System Kosmos« …? Wie schon im vorherigen Kapitel beschrieben, offenbarte sich mir in einer Meditation bei Gareth in seiner Adonai Merkaba-Schule ganz deutlich eine Art Vision. Meine Mission.

In mir stieg ein Gefühl von Verantwortung auf, etwas zu tun, das die Menschheit »braucht«, aber nicht so offensichtlich als dringendes Bedürfnis erscheint. Etwas, das sich wie eine Art Fallschirm über, unter und in der Menschheit spannt und erstarkt, ohne dass die Menschen es als solches direkt bemerken. Solange es ihnen gut geht und sie in ihrem Hamsterrad der Materie noch und noch mehr Geld, Vermögen, Macht, Vergeltung, Rache und Kampf suchen, bemerken sie nicht einmal, dass es diesen Fallschirm gibt. Doch sobald die körperliche und mentale Gesundheit bröckeln, die Verzweiflung und die Menge an Tabletten, die sie zu sich nehmen müssen, mehr und mehr werden – und darüber eine Öffnung auch anderen Heilmethoden gegenüber beginnt – wird dieser Fallschirm wahrgenommen.

Denn er ist ein Netzwerk aus vielen wunderbaren Heilern, die ihre Heilmethoden und außergewöhnlichen Talente dazu einsetzen, andere zu heilen.

Menschen wie mein Vater, bei denen die Schulmedizin an ihre Grenzen gekommen ist und keinen Ausweg mehr gesehen hat, außer ein Leben in Abhängigkeiten von Medikamenten und Pflegekräften. Diese Menschen werden in diesem Netz »aufgefangen« und können neue Hoffnung schöpfen. In einer Welt, die täglich (mental und physisch) kränker wird, wächst damit der Bedarf an einem solchen Fallschirm exponential. Und es ist, als spüre ich dieses rapide steigende Bedürfnis nach Heilung unter den Menschen. Wie ein Seismograph orte ich da und dort (leider immer mehr) die unterschiedlichsten Hilferufe.

So mancher fällt seelisch in sich zusammen, die Seele verliert ihren Antrieb der Inkarnation, andere überschwemmen ihre Körper mit Chemotherapien, in der Hoffnung, dabei die Ursache der Krankheit zu heilen, und so vieles mehr – die Gesichter der Krankheiten sind so vielfältig wie unsere, aber die Heilungswege so mysteriös wie das Weltall. Die heranwachsende Generation Z, unter Dauerbeschuss der hysterischen Medien, beginnt sich mit eigenen Glaubensbildern und einseitigen Axiomen zu »verkapseln« und verliert dabei nicht nur jegliche Haftung an die internationale (harte) Wettbewerbsrealität, sondern auch die Hoffnung, den Halt und jegliche Substanz, der sich vor ihnen auftürmenden Verantwortung gewachsen zu sein. Einerseits war (bei den meisten zumindest) in der Kindheit so gut wie alles da, was man zum Leben brauchte (neben Gesundheit ein absoluter Luxus), andererseits eben so viel, dass die Fülle jeglichen Antrieb killte. Wenn die größten Ideen im Mangel geboren werden, was wird dann in der Fülle geboren? Ich vermute eine Art parasitäres Verhalten. Einerseits ist alles schon da. Andererseits ist Optimierung des Alten ein normaler Prozess der Evolution, der von so manchem ausgelebt wird, aber nicht von allen. Ganz etwas Neues zu erfinden wird unter dieser bestehenden Fülle schwerer und schwerer. Und nicht immer haben diejenigen, die tatsächlich noch so etwas wie Inspiration erleben, auch die (finanziellen, sozialen und politischen) Möglichkeiten, diese auch umzusetzen. All das erschafft weniger und weniger Bedürfnis und killt jede Inspiration – vor allem, wenn die Gesellschaft ein Netz erschaffen hat, das auch die Schwächsten mitträgt. Eine großartige Errungenschaft mit einem großen Schatten ...

Oder doch eine große Chance?

Für mich ein ganz klares Ja.

Denn was umso mehr fehlt, egal ob nun bei Generation Z, Y, X und wie sie nicht alle heißen, ist seelischer Ausdruck.

Die Seelen – sie wurden vergessen.

Das Seelische in uns, unterdrückt, kleingehalten, verhöhnt, ausgelacht, nicht wertgeschätzt und so vieles mehr.

Weil wir funktionieren müssen, eben um genau in dieser riesigen Masse an Menschheit und dem (ich finde völlig unnötigen) Wettbewerb Stand zu halten.

Noch vor ein paar Jahrhunderten wurden Menschen mit Heilwissen oder andersdenkenden Impulsen in Wissenschaft und Religion verbrannt, und noch heute werden seelische Inhalte als esoterischer Quatsch und Humbug abgetan.

»Wer nicht an Wunder glaubt, ist kein Realist« war Nils Bohrs Versuch in dieser Dunkelheit mit ein wenig Licht eine Brücke zwischen den abwertenden Bewertern und den »anderswissenden« Heilern zu schlagen. Inwiefern ihm das gelang, kann jeder für sich selbst herausfinden, wenn er beginnt, sich über energetische oder spirituelle Inhalte mit dem Nachbarn zu unterhalten ...

Die Masse der Menschen ist im Vergleich zu den Inquisitionszeiten nur »etwas« mehr geworden, aber die Verachtung seelischen Inhalten gegenüber hat sich prozentual nicht geändert.

Doch nun, unter dem Druck der Massen, die durch die Medien hysterisiert werden, einer Generation Z, die sich weigert, (auch einmal) wirtschaftlich zu denken und einer Unzahl von unglücklichen, deprimierten und frustrierten Menschen sowie einer steigenden Dunkelziffer an Krankheiten, die nicht eindeutig diagnostizierbar sind, regt sich doch so langsam etwas in den Herzen der Menschen.

Sie beginnen, mal mehr, mal weniger, aber dennoch, langsam zu reflektieren und zu hinterfragen, wozu das Leben eigentlich da sei. Was ihre Aufgabe in dieser Inkarnation wohl sei, wozu sie inkarniert sind und ob wirklich die Jagd nach noch mehr Geld, getrieben durch ein System, das einen ausspuckt (wenn man ihm kündigt), die Erfüllung des menschlichen Daseins sein soll.

Es regt sich etwas in ihnen. Zu erörtern, dass Seelen Energien mit einem individuellen Bewusstseinsempfinden sind, und wie somit selbst die schwächste Seele noch sich seiner selbst bewusst werden kann, würde

Und schenke deinem Leben die Verwirklichung deiner Seele

hier den Rahmen sprengen (und ist Bestandteil meiner anderen Werke), aber eben dieses »Etwas« ist es, das sich regt.

Und wenn dies geschieht, möchte ich mit meiner Vision da sein. Meinem Fallschirm, meinem Netzwerk. Meinem SPINE.

Aus der »Community of human spirit« wurden die »Worldangels« und aus diesen entstand »The Spirtual Network«, um in der aktuellen Form die Abkürzung dessen kurz und knapp in ein »SPINE« zusammenzufassen. Aus einem zahlungspflichtigen Mitgliedsbeitrag wurde ein kostenloses »Social Media« und aus der Grundidee, Hilfe zu finden, ein kleiner Kosmos des einander Helfens.

SPINE soll genau diese Bedürfnisse der Menschen nach Inhalten rund um die physische, psychische und seelische Gesundheit bündeln und dadurch unseren Fokus von den Äußerlichkeiten auf das, was uns innewohnt, lenken. Nicht mehr nur: »mein Auto, mein Haus, mein Kleid, meine Schuhe, mein Makeup und so vieles mehr«, sondern: Wo finde ich Inspiration und Fortbildung für mein Innerstes – das, was mich ausmacht und sich ausdrücken will. Wo finde ich Gleichgesinnte, eine Heimat, die uns die Inhalte bündelt, Menschen, die unser Innerstes be-achten …?

Denn was all die Vermögens- und Statussammler selten verinnerlicht haben: Sie werden nichts davon mitnehmen, wenn die äußere, körperliche Hülle vergeht.

Nichts.

Gar nichts von alledem.

Nicht einen Coin, nicht einen Juwel, nicht ein Gemälde, kein Haus, kein Auto, rein gar nichts. Absolut gar nichts davon wird mitgehen, wenn der Avatar nicht mehr kann.

Nichts davon!!!

Nur eine einzige (aber sehr bedeutsame) Sache bleibt. Eine, die all diese organischen Kleider überlebt – sie belebt. Die Seele. Wie sie sich fühlt und welche Prägungen sie gespeichert hat.

Und eben genau um dieses Gefühl, das »seelische Fühlen«, kümmert sich SPINE.

ADD VALUE

Seitdem ich damals bei Gareth in der Meditation in Kontakt mit meiner Seelenkraft gekommen bin, schwingt diese Mission in mir. Ich komme ihr nicht aus. Und erst wenn ich sie auf die Welt gebracht habe, wird sich dieses Drängen auf Umsetzung verwandeln.

Ähnlich wie viele energetische und weise Heiler, die ich kenne, steht SPINE vor der gleichen großen Herausforderung: Unsere Gesellschaft lebt davon, Abhängigkeiten zu erschaffen. Im materiellen wie auch im gesundheitlichen Bereich. Wer wirklich heilt, löst diese Abhängigkeiten. Er »braucht« so gesehen keine Tablette, keine Behandlungsmethode und keine andere Medizin mehr. Wie schaffe ich es also, mit dem Netzwerk neben der Hilfe, die man dort finden kann, auch eine Art Heimat für Gleichgesinnte zu erschaffen, in der sich auch Menschen zeigen, die gesund sind, sich aber gerne zu holistischen Themen austauschen und fortbilden möchten?! Dieser Spagat hat mich bisher schon viele Stunden und viel Geld, also viel Energie gekostet, und ich kann es nicht in Worte fassen, wie sehr ich mir wünsche, dass er gelingt.

Das Schicksal wird es zeigen:

Ist die Menschheit offen und interessiert genug, sich energetisch, spirituell und vor allem als Gemeinschaft bereit, sich weiterzubilden, oder ist sie noch so tief in ihrem Schlaf versunken, dass sie diese Möglichkeit ungenutzt lässt ...

Ein guter Freund und internationaler Anwalt sagte einmal zu mir, er möchte nicht täglich nur kämpfen und sich für andere Leute streiten. Das Leben ist so viel mehr als das, aber nur faul in der Ecke zu liegen, fände er auch nicht erfüllend. Damit formulierte er aus seiner Perspektive kurz und knapp, was ich seit jener Meditation bei Gareth tief empfinde, und was der eigentliche Motor meines Wirkens wurde:

»I want to add value.«

Ich möchte einen Wert für die Menschheit erschaffen. In meinem Fall für die Seelen in ihnen. Etwas, das dem Einzelnen helfen kann, aber auch gleichzeitig ganz vielen.

Wenn ich diesen Planeten einmal verlassen werde und mein Avatar sich der Erde übergibt, werde ich viele solcher »add value Spuren« FÜR die Menschheit hinterlassen haben. Jedes einzelne Buch, jede einzelne Podcast-Folge, SPINE und vielleicht noch viele andere schöne Fußstapfen werden meine Energie hier auf der Erde weiter schwingen lassen.

Allein das bisher Erschaffene ist schon so bereichernd und erfüllend für mich, dass ich aus meiner Wahrnehmung heute einen Zustand an (seelischer) Balance erreicht habe, der sich wie pures Glücklichsein anfühlt und anhält. Ich werde alles, wirklich alles dafür tun, dass dies erhalten bleibt, doch mich vor allem dafür einsetzen, dass diesen paradiesischen Zustand (im Inneren) auch viele, viele andere Menschen erreichen können.

Das ist mein erklärtes Lebensziel.

Was genau ist SPINE:

Spine ist eine kostenlose App.
Der Name Spine entstand über die Idee das erste globale spirituelle Netzwerk (Abkürzung der Anfangsbuchstaben) zu erschaffen, in welchem ganzheitliche Anbieter von Hilfesuchenden anhand verschiedener Social Media Tools gefunden werden können. Mit Spine entsteht somit die weltweit erste kostenlose Suchmaschine, die das Wissen und die Heiler im ganzheitlichen, seelischen und bewusstseinserweiternden Bereich bündelt,
Du findest hier viele Antworten und die Anbieter rund um mentale, physische und seelische Gesundheit und vor allem eine Gemeinschaft, die einander hilft und inspiriert.

Die App ist in 175 Ländern mehrsprachig für IOS und Android kostenlos verfügbar.

Download über:
https://www.spine.app

KEIN SPAZIERGANG

Auch Spiritualität braucht Disziplin und Ausdauer

Ein großer Teil meiner Seele ist sehr melancholisch. In der Tat etwas schwermütig und voller Wehmut. Denn je bewusster ich mir wurde, wie vergänglich all die Schönheit ist, die mir widerfährt, umso wehmütiger wurde ich eben genau WEIL ich um diese Vergänglichkeit immer klarer wusste.

Nicht nur in der Erinnerung an die schicksalshaften Begegnungen, die mein Leben tiefgreifend lenkten, auch so erlebe ich immer und immer wieder Momente, in denen mir die Tränen in die Augen schießen. Weil ich mich an die Freude erinnere, die mich beispielsweise erfüllte, als ich die ersten Momente vor der Kamera durchstand, zitternd und ängstlich, zerfressen von Unsicherheit, um dann doch erfolgreich die ersten Sätze auf Zelluloid zu verewigen. Diese unendliche Freude, im Spielen der unterschiedlichsten Charaktere mich selbst »auszuprobieren«, das innere Kind dadurch zu hegen und zu pflegen, aber auch das schöne Gefühl, über den roten Teppich zu gehen und alle Fotografen meinen Namen rufen zu hören, das Blitzlichtgewitter aufzusaugen, perfekt gestyled von Kopf bis Fuß. Und so vieles, vieles mehr an außer-gewöhnlichen Erlebnissen.

Die unendlich schönen stillen Momente mit mir selbst, aber auch mit den Kollegen, mit denen man im Laufe einer solchen Zusammenarbeit, je länger sie andauert, umso mehr zusammenwächst. Kleine Ersatzfamilien, mit denen man täglich gemeinsam etwas Schönes erschuf, das im besten Fall uns alle überleben wird. Mit ihnen Zeit zu verbringen, zu lachen, zu schuften, damit das Werk vollendet wird, Kreativität zu leben

Auch Spiritualität braucht Disziplin und Ausdauer

und gemeinsam einen gewissen Pfad des Lebens zu gehen. So etwas verbindet, und wenn diese Verbindungen dann bei Beendigung des Projekts einfach gekappt werden, war und ist es bis heute immer noch ein tiefer Schmerz, den ich *auch* als Echo mitnehme.

Ebenso wie ein Universum voller Dankbarkeit, all das erlebt haben zu dürfen. In diese Welt des Glitzers und Glamours tief eingetaucht sein zu dürfen und ihren Geschmack tief in mir aufgesogen zu haben, mit allen Irrungen und Wirrungen darin. DAS ist Leben. DAS ist es, was das Leben ausmacht. Diese Schönheit zu erkennen, sie bewusst wahrzunehmen und aufzunehmen. Und in der Folge irgendwie mit der Traurigkeit darüber fertigzuwerden, dass all diese wunderschönen Momente und Begegnungen vorbei gehen und als solche genau so nie wieder kommen werden (sondern andere). Die meisten der Menschen, die mich auf diesem Weg in der Glitzerwelt mit all den vielen schönen Filmszenen an den schönsten Orten dieses Planeten begleiteten, während wir viele intensive Augenblicke miteinander tauschten, werde ich wahrscheinlich nie wieder sehen. Weil wir vielleicht nie wieder für Projekte gemeinsam engagiert werden, Kollegen aus privaten oder anderen Gründen den Beruf wechseln, versterben oder ich zeitlich nicht verfügbar bin durch meine anderen Verpflichtungen. Die spannenden Momente, in denen eine Filmszene entsteht, unendlich viele Menschen darauf hingearbeitet haben, dass jetzt genau dieser Moment so eingefangen und festgehalten wird, den die Filmklappe finalisiert und dann: »all eyes on you« ... ... dieser Thrill, sich dieser Verantwortung bewusst und dennoch spielerisch all das umzusetzen, die Orte, die Menschen, der Moment – all das wird so nicht mehr geschehen. Nie, nie wieder.

Nie wieder.

...

Die Dimension dieses Loslassens einzufangen ist mir hier schier unmöglich, und ich werde dazu stehen müssen, wie schwer mir mein Herz mit jedem Moment meines **Aufwachens** auch wurde.

Die Filme sind abgedreht, die Serien zu Ende erzählt, alle Fragen in den Moderationen gestellt, eine Unmenge an Momenten voller Herz-

KEIN SPAZIERGANG

klopfen vor dem Auftritt erlebt, eine Unzahl an Interviews gegeben, gefühlte 100 Titelbilder aller möglichen Zeitschriften gefüllt und so vieles Schönes, Verrücktes, Aufregendes und Besonderes erlebt, dass ich kein Herz hätte, wenn ich nicht für jede tief empfundene Freude und Dankbarkeit über diese außergewöhnlichen Pfade auch eine Träne vergießen würde. Wie ein Ein- und Ausatmen der Erkenntnis, atme ich die Freude über diese vielen »Geschenke des Seins« ein und die Wehmut über deren Vergänglichkeit wieder aus. So ist es und so wird es immer sein. Der Schatten der Erkenntnis – ist die Akzeptanz der Vergänglichkeit. Und sie schmerzt manchmal sehr. Ich gebe es zu.

Der kleine Tod des Nachts damals im Jahr 2002 hat meine Aufmerksamkeit aus dieser wirklich wunderschön schimmernden und sehr verlockenden, aber auch sehr unsteten Glamourwelt in eine ganz andere Welt des Seelischen, Inneren gelenkt und mich damit auch oft sehr einsam und allein fühlen lassen. Denn sich dieser Glitzerwelt abzuwenden, um sich den Räucherstäbchen und Kerzen hinzuwenden, einschließlich der Menschen, die die roten Teppiche und Titelbilder eher kritisch verurteilen, bedeutete in der Folge, dass ich diesen Pfad ausschließlich allein gehen musste. Und das dann in der Folge auch tat.

Schöne Momente zu erschaffen bekam eine ganz andere Farbe als bisher, wo dies im Außen erschaffen wurde. Nun begannen sich ganz andere Werte zu formen, und fast plötzlich über Nacht wurde das Empfinden von Freude nicht mehr (nur und ausschließlich) durch das Arbeiten an außergewöhnlichen Orten mit kreativen Menschen erzeugt, sondern begann sich ganz anders zu formen, zu entfalten. Ganz anders und dabei nicht weniger intensiv ...

Doch auf diesem Weg – aus dem ausschließlich äußerlichen Wirken in die Untiefen der Innenwelten hinein – blieben natürlich Enttäuschungen und vor allem seelische Verletzungen nicht aus. Die mir innewohnende (wachsende) hypersensible Energetik stieß wieder und wieder an der groben Stofflichkeit und den groben Worten der unbewussten Menschen an. Habe ich dem Ausdruck gegeben und die Verletzung kommuniziert,

Auch Spiritualität braucht Disziplin und Ausdauer

haben sie mich belächelt. Ausgegrenzt. Extra und ganz bewusst dort angesetzt, wo ich so empfindsam war, um nur ja einen Treffer zu landen. Habe ich mich zurückgehalten und versucht meine Empfindsamkeit zu unterdrücken, um »dazu zu gehören«, haben sie mich übergangen, meine Hingabe und mein Verständnis missbraucht. Egal wie, egal was ich versuchte, es gelang mir nicht, den Verletzungen aus dem Weg zu gehen. Bis ich diesen Kampf aufgab und immer mehr und mehr in den Abstand zu den Menschen ging, die mir derartige Schmerzen verursachten.

Eine Art Katalysator erfuhr dies in der Hysteriezeit namens Corona. Im Außen wurde den Menschen diktatorisch auferlegt eine Maske zu tragen, doch im Seelischen sind diese dadurch unter anderem gefallen. Wer vorher als langjähriger Schulfreund und Freundin mit mir Lebenszeit teilte, mich um Kontakt ins Jenseits und etliche Meditationshilfen bat, offenbarte sich plötzlich als völlig hysterisiert, dramatisierend, stigmatisierend und abwertend. Mir gegenüber und den (dem Mainstream gegenüber) konträren Durchsagen der geistigen Welt und in der Folge dann mein (in die Durchsagen mehr als den Menschen) vertrauensvolles Handeln betreffend!

Für mich bisher einer der tiefsten Schocks, die ich mir erleben musste. Denn all die Jahre zuvor noch wirkten diese Menschen interessiert, freundlich und wirklich motiviert, die Botschaften der unsichtbaren Helfer aufzunehmen – und plötzlich galten diese Durchsagen nicht mehr, waren wertlos, waren ohne Kraft. Das stetig gepflegte Vertrauen in die »unsichtbaren Helfer« schien von diesen Menschen die ganze Zeit nur geheuchelt gewesen. Als hätte man ihnen das Gehirn und vor allem das Herz herausgerissen, wurden sie zu kalten, völlig aufgedrehten Panikern, die alle und alles, was hinterfragte, am liebsten gleich auf dem Scheiterhaufen verbrannt hätten.

Ich habe in all den Jahren nur Liebe (und meine Lebenszeit = Energie) gegeben und habe das auch in diesen Momenten getan, doch was ich da an Aggression, Herz-, Lieb- und Bewusstlosigkeit erleben musste, hat einen wirklich tiefen Schock in meiner Seele verursacht.

Und mich schließlich auch zu diesen Menschen in einen großen, ja riesengroßen Abstand gebracht. Um mich herum wurde es daher stiller

KEIN SPAZIERGANG

und stiller. Weniger Hysteriker bedeuteten in der Folge auch weniger Aggression und Drama. Mehr und mehr konnte ich den Frieden in mir ungestört leben – im Abstand zu all den hysterisierten, destabilisierenden Menschen bzw. Energien.

Wir sind umgeben von einer Welt, die uns täglich prägt. Jede Begegnung, jedes Gespräch, jedes Buch, jede Nachricht, das Wetter, die Missverständnisse in der Kommunikation und der Nichtkommunikation, der Körper, wenn er schmerzt, die Hormone, die wir nicht immer in ihrer starken Wirkungskraft bemerken, und so unendlich vieles mehr. Diese Prägungen und Illusionen zu überwinden, den Körper zu gesunden, den Geist zu beruhigen und die Seele zu balancieren, ist ein absoluter Meisterweg. Und damit kein Spaziergang.

Zwar begleitet von einer Heerschar an Helfern und Heilern, aber dennoch immer ganz mit sich und auf sich zurück geworfen, müssen wir diesen Weg alleine gehen. Selbst die Gruppenerfahrungen, so bereichernd sie auch waren, stellten immer nur die Steigbügel in eine neue Phase des Allein-Gehens.

Denn wir kommen allein durch den Geburtskanal auf diese Ebene und wir gehen allein im Moment des Todes des Avatars. Und die Zeit dazwischen heilen wir letztlich auch allein. Wobei ich aus meiner Perspektive und Wahrnehmung ganz klar sagen muss, dass dieses »allein« eigentlich nur die halbe Wahrheit aus einer halben Wahrnehmung ist – denn die Masse an kosmischen Energiefeldern mit einem Bewusstsein, die uns umgibt und dadurch auch begleitet, bedeutet so viel Fülle, wie man sie sich mit keinem Geld der Welt erkaufen könnte. Wenn aber die Werkzeuge zur Wahrnehmung dieser nicht geschult werden – dann steht man allein im Wald und sieht keinen einzigen Baum ...

Diese Geschichte ist eine Geschichte über die Reise einer Seele in das tiefe Reflektieren eines jeden Moments, einer jeden Begegnung. Wie eine Sucht nach einer noch tieferen Wahrheit hinter der gerade erst erschlossenen Erkenntnis, sucht es in mir immer und immer tiefer und weiter

Auch Spiritualität braucht Disziplin und Ausdauer

nach Antworten. Die Grenzen des Verstehens über den Verstand verschmelzen mehr und mehr mit dem, was mich »Energien fühlend« lenkt: der Seele.

Und ihre Werkzeuge sind andere als die, die unseren Alltag bestimmen. Die Reise des Erforschens dieser Werkzeuge und der vielen Helfer dabei ist der Pfad meiner Biografie. Nicht private Abgründe und Befindlichkeiten, nicht die vielen wunderschönen Momente der Freude und der Erfüllung mit meinen Liebsten. Nein, sie bleiben in meinem Herzen und werden beschützt in mir, um mit mir zu reisen. Diese Geschichte hier hat dir mehr zu geben, sie will inspirieren dich zu trauen, **aufzuwachen**.

Dir zu erlauben, auch zu stolpern, dich völlig hilflos zu fühlen und allein. Dir zu erlauben, das alles als Humbug abzutun und dann in der Einsamkeit und Kälte der Matrix, diese Sehnsucht nach Erfüllung und Antworten erneut so stark zu spüren, dass du wieder einen Anlauf nimmst.

Diesmal anders, noch aufmerksamer.

Und mit jedem aufmerksamen Schritt, der die einzige essentielle Frage deines Seins beantworten will, wirst du wacher und wacher. Das »WER BIN ICH WIRKLICH?«, und: »WAS GENAU WILL ICH HIER IN DIESEM LEBEN, IN DIESER ZEIT UND IHREN MÖGLICHKEITEN ERLEBEN, ERFAHREN, ERKENNEN …?«

Die Indianer haben früher (und tun dies vielleicht auch noch immer) eine Art Einweihungsritual durchgeführt, in dem die Teilnehmer jeweils eine Art »kleinen Tod« erfuhren. Sinn und Zweck dieses Rituals war, den Schleier zwischen dem Diesseits und Jenseits deutlicher zu heben. Wie bei mir in meinem nächtlichen Erlebnis.

Ist er einmal gehoben, ist die Brücke gelegt und die Seele kann von nun an entscheiden, ob sie diese Brücke betritt, oder eben nicht. Meine Seele hat sich für eine intensive Erforschung entschieden und geht diesen Pfad unermesslich konzentriert weiter. Dieses Werk möchte diesen Pfad festhalten, um auch andere zu ermuntern, dass und vor allem wie er möglich sein könnte. Wenn ich es geschafft habe, dich zu inspirieren, dich dieser anderen Wahrnehmung unseres Seins mehr zu öffnen und dadurch vor allem die Perspektive von dem menschliche Sein auf ein seelisches

KEIN SPAZIERGANG

Sein zu erweitern – dann habe ich einmal mehr einen Funken an Liebe in die Dunkelheit des Menschseins zünden können. Wenn dich diese Inhalte aber eher abstoßen, und du sie als lächerlich und verrückt abwerten magst, dann tu das gerne – wenn es dich wirklich glücklich macht. Und wenn du eines Tages an einem Punkt in deinem Leben angelangt bist, an dem du keine Erfüllung und Freude am Abwerten und Kämpfen findest, dann erinnerst du dich vielleicht doch an dieses Werk und liest es erneut. Diesmal aber in einer anderen Bereitschaft und Offenheit, das Fremde nicht einfach nur sofort abzuwerten. Ich definiere mein Wirken nicht über die Bewertung und vor allem nicht über die Abwertung anderer, denn hier geht es um etwas viel Größeres. Etwas viel Wichtigeres als den kleinen kurzen Kick des Egos – hier geht es mir um die Inspiration deiner Seele. Um den Funken in dir, dem, was dich ausmacht, was dich erfüllt, was in dir fühlt, was dich lenkt und Teil etwas viel Größerem ist. Noch viel größer als die Menschheit selbst.

Und ich kann jetzt, in der vielleicht Halbzeit meines Lebens, schon sagen: Ich lebe meine Bestimmung in dem, was ich hier tue, und wenn ich morgen diese Seins-Ebene verlassen müsste, habe ich alles, wirklich alles an mir verfügbarer Kraft, Energie, Zeit und auch Geld eingesetzt, um mein Licht auch noch lange nach meinem Wirken in einem Körper mit anderen zu teilen. Die geschriebenen Worte der Bücher, die gesprochenen Worte des Podcasts, das Netzwerk und so vieles mehr, das alles »aus mir heraus schwingt« und meine energetischen Fußstapfen hinterlässt – das alles wird so lange wirken, wie es Menschen gibt, die aus ihrer Dunkelheit **aufwachen** möchten …

Danke.
Liebe.

EPILOG

Die letzte Erkenntnis

Brigitta, meine Kabbala Lehrerin, erzählte uns, dass Pythagoras die 22 Stufen der Heldenreise 22 Jahre in Ägypten studiert hatte. Er hatte jedes Jahr einer bestimmten Lehre gewidmet, bis er das höchste Ziel, »den Helden«, erreicht hatte. Im Tarot werden Held und Narr auf einer Karte gleichzeitig gezeigt – es ist nur eine Frage der Perspektive, wie man die Karte »sieht«. Dieser Held/Narr besiegelte symbolisch diese höchste Stufe, das Ende einer langen Reise voller Erkenntnisse.

Während ich diese Zeilen hier schreibe, sind es fast auf den Tag genau auch 22 Jahre, die ich dieses innere Studium absolviert habe. Und zum Ende dieses Werkes möchte ich die letzte Erkenntnis dieses meines (bisherigen) Weges hier festhalten, auf dass ihre Schwingung auch noch lange im Kosmos erhalten bleibt und deinen Geist ein weiteres Mal zu einer Öffnung inspiriert.

Eine essentielle Erkenntnis, die ich aus all den Perspektiven, die mein »Satellit Bewusstsein« beim Umkreisen des »Menschseins« einnehmen und erfühlen lernen durfte, ist, dass den Menschen »Tier« und Seele beleben. Aber selten beide gleichwertig agieren!

Dort, wo die Seele noch unerweckt im Tier schlummert, denkt und handelt das Tier mit all seiner brutalen und egoistischen Kraft – ausschließlich auf das eigene Überleben ausgerichtet. Dort gibt es keine Barmherzigkeit, diese Menschen kennen keine Empathie, kein wirkliches Mitgefühl (sie heucheln es, um damit zu manipulieren), und Gier und

EPILOG

Neid bestimmen ihr Leben. Für sie ist das Leben ein andauernder Kampf, und das Sein ist erfüllt von allem, was eben dieses Kämpfen weiter und weiter optimiert.

Und da, wo das Seelische (Empfinden) entflammt ist, nimmt das Fühlen des Gegenübers, das Wirken *für* das Gegenüber immer mehr Raum ein und erschafft schließlich ein ganz anderes Sein als Mensch.

Der Überlebenskampf wird zu einem vertrauenden SEIN.

Doch BEIDE co-existieren in einer Unendlichkeit an (Bewusstseins-) Graden gleichzeitig in uns GLEICHZEITIG!

Nur weil man selbst im Seelenbewusstsein kreiert, heißt das keinesfalls, dass alle Anderen, denen man begegnet, genauso (seelisch erwacht) getränkt in Empathie und Mitgefühl handeln. Es kann sein, dass man sich in Gruppen wiederfindet, in denen ausschließlich das Animalische im Menschen handelt – ohne einen Funken seelischen Bewusstseins und der Reflektion über das Geschehen.

Und dies gilt es zu erkennen, anzunehmen und sich dennoch als »seelisch fühlendes Tier« grundsätzlich immer auch für das Kämpfen mit den negativen Kräften des ausschließlich animalischen Tieres bereit zu halten und zu wappnen.

Jeder spirituelle Lehrer, jeder Energetiker, jeder Esoteriker, der diese Bereitschaft zum Kampf in den aufwachenden Seelen nicht auch benennt und die Werkzeuge des Schutzes übermittelt, handelt unseriös und lehrt nur oberflächlich. Das »Wir müssen uns alle nur umarmen, und die Liebe wird in uns entfacht« ist eine der gefährlichsten Falschbotschaften der spirituellen Lehrer. Wenn diese Lehrer den suchenden Menschen einreden, dass es das sogenannte Böse eigentlich gar nicht gibt, dann gleicht das einem hinterhältigen Attentat auf die Seelenkraft.

Das »Vergiss nie, WO du bist« wird somit wichtiger denn je im Prozess des Aufwachens.

Immer wieder und immer mehr streifte ich in meinen Studien die Frage nach dem freien Willen. Ob wir ihn wirklich haben und wenn ja, wie und wo. Und ich musste erkennen, dass es erneut ausschließlich die Perspektive ist, die diese Antwort gibt. Ändert sich die Perspektive, so ändert sich

Die letzte Erkenntnis

auch hier die Antwort, und schließlich ist die innere Reise fast ausschließlich eine Perspektivenreise auf das, was existiert.

Auch als nicht religiös (sondern sozialistisch) geprägtes Kind war der erste Gedanke zu diesem Thema dennoch das jedem bekannte: »Herr, Dein Wille geschehe.« Wie du erfahren hast, habe ich mich in meiner Kinder- und Jugendzeit keinerlei derartigen Fragen gewidmet, daher war dies ein unterschwelliges Übereinkommen in völliger Akzeptanz, die ich dazu lebte.

Doch dann, angeschoben durch meinen »kleinen Tod«, betrat ich die Welt der spiritistischen Lehren und Lehrer, und eine ganz andere Perspektive auf mein Wirken erschloss sich. Wieder und wieder betonten sie, dass wir die eigenen Erschaffer unseres Schicksals sind und dieses Göttliche in uns »nur« mehr leben sollten/müssten/könnten/dürften.

Und ich gebe zu, ich fand sehr viel Gefallen daran, plötzlich so etwas wie Macht über mich und mein Leben, die Dinge, die ich erschaffe oder eben nicht erschaffe, zu empfinden.

Doch:

Je tiefer ich in die Wahrnehmung des großen Ganzen (Kosmos) und seine Gesetzmäßigkeiten eintauchte (wie ein Wissenschaftler mehr und mehr hinein zoomte), je mehr ich erfühlte und verstand, wie unfassbar groß dieses »System Kosmos« eigentlich ist, und wie wenig »wirkliche« Macht zu entscheiden ich darin habe, umso demütiger wurde ich.

Das, was sich mir immer tiefer und tiefer offenbarte, schien so groß, so unendlich und für meinen menschlichen Verstand unbegreiflich, dass ich mehr und mehr aus ihm heraustreten musste.

In das Fühlen.

In das Erfühlen des Unsichtbaren, das sich manchmal sichtbar manifestiert, doch manchmal auch einfach nur über dieses Fühlen erlebbar ist. Und das, was ich über das »seelische Fühlen« erforschte, war so viel mehr, als nur das, was meine körperlichen Augen sehen konnten. Und je mehr ich dieses große Ganze (was manche als Gott personifizieren) erfühlte, umso mehr erkannte ich meine Identität darin – als *Teil davon*. Teil DAVON. Nicht das Eine, das ich bin, sondern als Teil von dem Einen, der ist. Dem Etwas, das ist!

EPILOG

Und wenn ich Teil von etwas bin, dann bin ich nicht (wirklich) autark agierend. Dann bin ich der »lange Arm«, Werkzeug, Soldat, Satellit, Entsandter, Botschafter und so vieles mehr von dem EINEM, das agiert ...

Diesen Gedanken nun zu Ende gedacht, bedeutet er letztlich, dass ich keinen freien Willen habe, sondern Ausführender dessen bin, was *eigentlich* »will«.

Und dieses Gefühl der (gewissen) Ohnmacht einmal akzeptiert zu haben, bedeutet, dass ich mich dem, was (der/dessen Willen) lenkt, einfach nur hingeben sollte, wenn ich mich nicht unnötig reiben und meine Energie verschwenden will, sondern diese formen und im besten Fall vergrößern möchte.

Dennoch(!) ist es nicht so, dass mit dieser Akzeptanz nun alle Seelen in eine energetische Lethargie »fallen« können oder gar sollten. Im Gegenteil: Das Formen (und nicht Formen) der eigenen Energie ist letztlich der Schlüssel in die Antwort zu der empfundenen Ohnmacht!

Denn wer seine Energie (beispielsweise durch konzentrierte Innenarbeit) formt, verändert dadurch seine Werkzeuge. Ändern sich die Werkzeuge, nimmt das Gefäß (der Körper) die ihn belebende Seelenkraft intensiver wahr und gibt ihm mehr Aufmerksamkeit. Diese Aufmerksamkeit führt zu einem Training dieser Seelenkraft, die infolge dessen (im besten Falle) erstarkt. Stärkt sich die Seelenkraft (das Innere), so verändern sich die Resonanzen auf dieses Innere im Außen. Ein anderes Leben wird kreiert, andere Entscheidungen getroffen, andere Menschen angezogen (und abgestoßen) usw.

In der Folge dieser Logik besitzen wir in uns und mit unserer Seelenkraft eines der bedeutsamsten Werkzeuge des ganzen Kosmos überhaupt: Die Eigenverantwortung.

Mit dieser Eigenverantwortung entscheiden wir letztlich, wie wir unsere Seelenenergie formen, ob wir sie bewusst formen oder (unbewusst) formen lassen durch andere, wann wir sie formen und wie ernsthaft wir uns dieser Transformation widmen. Dort, in genau diesem essentiellen Werkzeug liegt eine Willenserklärung, ein Willensimpuls. In Eigenverant-

Die letzte Erkenntnis

wortung sich selber, seiner Energie und dem Manifestieren dieser Energie gegenüber.

Der Kosmos lenkt die großen Bewegungen des Seins –
wir entscheiden darin lediglich, ob wir als Korken auf den Wellen
schwimmen (und uns der Freude des getragen Werdens
durch das Wasser erfreuen) – oder ob wir in die dunklen Tiefen
des Irrens und Wirrens abtauchen.

Für einen Korken übrigens unglaublich anstrengend ...

Diese Grundsatzentscheidung aber ist es, die letztlich das Agieren in dem großen, unveränderbaren Ganzen lenkt und damit nach einem freien Willen duftet. Letztlich aber ist es lediglich eine Entscheidung, sich *gegen* das Meer an Energie zu stemmen oder *mit* und in ihm zu wachsen. Und egal, wie man sich entscheidet, diese Entscheidung lenkt dann die Erfahrungswelten, in die wir eintauchen. Die sich manifestieren, basierend auf eben unserer Energie und deren Resonanzen auf sie.

Wie in einem Spielzeugladen, der den ganzen Kosmos ausfüllt, ist alles, was wir brauchen, um energetisch zu wachsen (zu spielen), dauerhaft verfügbar – doch eben nur anhand unserer Energie erfahrbar, wahrnehmbar. Und so tappen einige auf ewig traurig durch den Spielzeugladen, weil sie nicht und nicht ihre »Gläser putzen«.

Unwissend (im Sinne des energetischen Studiums) begann mein sozialistisches Leben in simpler Akzeptanz eines »höheren Plans«, der mich jedoch nicht wirklich interessierte.

Mein »kleiner Tod« weckte mich auf aus diesem Taumel durch den relativ dunklen Spielzeugladen und meinem »Korkenkampf«. Dieser Moment erschuf den oben erwähnten Willensimpuls *meiner* Seele, sich anders auszurichten und eben diese meine Aufmerksamkeit auch auf das Seelische zu richten. In den nächsten Jahren, die Energetik der Seelenphysik studierend, tauchte ich dann immer intensiver in die Illusion ein,

EPILOG

(wegen einer »Korkenentscheidung«) einen freien Willen zu besitzen, mit dem ich, ganz allein ich, *mein* Schicksal und *mein* Wirken so erschaffen kann, wie ich es gerne hätte.

Am Ende dieses Studienzyklus aber hat sich meine Perspektive erneut so gewandelt und vor allem gedehnt, dass ich die Größe und Komplexität dessen, was das alles hier erschafft (und letztlich auch lenkt) mehr erfühlen kann, und das wiederum macht ausschließlich demütig. Zu glauben, dass wir (mehr als nur die »Korkenentscheidung«) irgendetwas wirklich Existentielles lenken oder gar entscheiden, ist eine Hybris und kann in der Folge nur zu Frust führen – weil wir es nicht lenken und entscheiden. Wieder und wieder würden wir eben genau an dieser eigentlichen Illusion eines Machtanspruches anstoßen, den wir nun einmal nicht haben.

Nach all den 22 Studienjahren stehe ich also wieder da, wo ich dieses Leben begonnen habe. In der Akzeptanz, dass da etwas viel Größeres und Machtvolleres wirkt, als wir es jemals wirklich begreifen können. Mit unserem Verstand sowieso nicht, vielleicht über die Seele.

Dieses Mal ist es aber nicht Desinteresse, die mich das »Herr, Dein Wille geschehe« akzeptieren lässt, sondern die Erkenntnisse aus 22 wirklich sehr intensiven Jahren Fokus auf meine Seele.

Am Ende des Tages geht es um eine tiefe, tiefe Akzeptanz. Eine Akzeptanz, dass wir mit der Energie, die wir sind, gekommen sind, um ein ganz gewisses Potential dieser Energie zu manifestieren. Wann und wie diese Manifestation geschieht, ist dem Kosmos egal.

Denn diese Energie will ausschließlich und immer wieder nur Eines:

ERFAHREN im ERLEBEN

Nicht nur davon träumen, wie es wäre, wenn man von einer anderen Seele berührt wird, sondern sie über ihren Körper erspüren.

Nicht nur davon träumen, wie es wäre, die beste Schokolade der Welt zu schmecken, sondern sie über die Zunge und die Geschmacksorgane des Körpers schmecken.

Die letzte Erkenntnis

Nicht davon träumen über rote Teppiche zu laufen, sondern wirklich im Blitzlichtgewitter baden.
Nicht nur davon träumen, die Hauptrolle eines Filmes zu spielen, und seinen Avatar auf Zelluloid zu verewigen, sondern es wirklich erleben.
Nicht nur davon träumen, ein Netzwerk für Heilung zu erschaffen, sondern es einfach tun.
Und jeder anders, aber so unendlich vieles mehr – ist das Leben. Sind wir.

Die Religionstexte unserer Welt sind voll mit den Geschichten von Gottes Traum, der erlebt werden will, und in der Essenz ist das die Essenz dieser unserer Existenz: Wir sind gekommen, um zu erleben, was bisher nur eine Idee, ein Traum, eine Vision, geistige Schöpung war. Wir manifestieren diese Idee, wir e-r-l-e-b-e-n sie über unsere Gefühle, unsere Freude und unsere Tränen. Wir sind die Gefäße der Gefühle, über die letztlich das Energiefeld aus Bewusstsein (Seele) den Traum von etwas lebendig macht. Geistiges erfahrbar macht. Erfühlbar macht.

Doch welchen Traum Gott gerade träumt und welche Rolle du darin spielst, das offenbart sich dir erst nach und nach. Für diejenigen, die nicht danach suchen, sogar niemals wirklich bewusst. Sie sind einfach nur dieser lange Arm dessen, das durch sie empfinden und erfahren will.

Und dieses System und seine Gesetze sind unveränderbar.

Nach dieser Erkenntnis und der Akzeptanz all dessen formt sich Dankbarkeit. Ausschließliche Dankbarkeit. Denn wenn wir schon in diesem unveränderbaren System kein (wirkliches) individuelles Mitspracherecht haben, dann können wir in ihm aber (wenigstens) Freude erleben! So viel Freude, dass unsere Zellen beben, so viel Lachen, dass uns der Bauchmuskel schmerzt, so viel lieben, dass uns das Herz zerspringt, so viel leckere Dinge essen, dass unser Körper ermattet, so viel uns in warmen weichen Kissen faul wälzen und schlafen, dass wir wie Könige leben, so viel tanzen, dass uns die Beine weh tun, so viel Musik so laut lauschen, dass uns die Ohren dröhnen, so viel körperliche Berührung erleben, dass wir alles andere um uns vergessen, so viel Schönheit über die Natur einatmen, dass wir süch-

EPILOG

tig danach werden ... Die Freude zu leben ... die unendliche Freude sein zu dürfen. Jetzt, in diesem Moment. An diesem Ort in dieser Zeit. Ich bin all dies. Und ich bin es vor allem bewusst. Mir selbst, meiner »Rolle« in diesem System bewusst, der Kostbarkeit des Lebens bewusst, der Schönheit des Moments bewusst, den vielen Lernaufgaben aus den Reibungen durch Missverständnisse, den vielen Möglichkeiten Freude zu erleben, bewusst, doch vor allem der unendlichen Kraft an Dankbarkeit bewusst, dieses Leben leben zu dürfen. Überhaupt *sein* zu dürfen.

Aus der Welt der Enge eines sozialistischen Systems in das buntere Korsett des kapitalistischen Systems, aus einer Welt voller Abwertungen meiner Äußerlichkeiten in die Illusion einer Huldigung eben dieser, aus der glitzernden Medienwelt voll roter Teppiche und unzähliger Titelbilder in die Welt der Räucherkerzen und Schlabberlooks der Esoteriker, aus dem kämpferischen Dschungel des Unternehmertums in die unendliche Weite des seelischen Kosmos – erfüllt von Liebe.

Und bei alledem bin ich vor allem eines:

AUFGEWACHT.

*Liebe und Bewusstsein
sind
kosmische Elemente, wie
Feuer, Wasser, Luft und Erde
chemische Elemente
der Erde sind.*

WEITERE WERKE VON SYLVIA LEIFHEIT

(Leseproben und E-Book Ausgaben erhältlich)

Das 1x1 des Seins
Sachbuch – ISBN: 978-3941837478

JAVAH
Roman – ISBN: 978-9962-702-01-6

Interviews mit den Wesenheiten von Abadiânia (Band 1)
Sachbuch – ISBN: 978-9962-702-04-7

Einweihung in die Geheimnisse des Kosmos (Band 1)
Sachbuch – ISBN: 978-9962-702-15-3

Einweihung in den energetischen Jahreskreis (Band 2)
Sachbuch – ISBN: 978-9962-702-17-7

Einweihung in Geburt und Tod (Band 3)
Sachbuch – ISBN: 978-9962-702-19-1

Einweihung in die Lebensweisheiten König Salomon's (Band 4)
Sachbuch – ISBN: 978-9962-702-25-2

Einweihung in die Kartografie der feinstofflichen Welten (Band 5)
Sachbuch – Teil 1: ISBN: 978-9962-702-32-0
Sachbuch – Teil 2: ISBN: 978-9962-702-33-7

Handbuch zum Menschsein
Handbuch – ISBN: 978-1-7378300-7-8

Das Werk einschließlich aller seiner Teile ist urheberrechtlich geschützt. Jede Verwendung außerhalb des Urhebergesetzes ist ohne die ausdrückliche Zustimmung des Verlages unzulässig und strafbar. Dies gilt insbesondere für die Nutzungen und Verwertungen wie Vervielfältigungen, Übersetzungen, Mikroverfilmungen und der Einspeicherung und Verarbeitung in elektronischen Systemen aller Art.

1. Auflage 2025
Umschlaggestaltung: Anja Jakob; www.ey-jay.com
Foto Titelbild: Martin Höhne
Layout und Satz: BuchHaus Robert Gigler, München
sowie Anja Jakob; www.ey-jay.com
Lektorat: Birgit Groll, www.birgit-groll-coaching.de
Gesetzt aus der Minion Pro
Druck und Bindung: Print Consult, München
© 2025 by Silverline Publishing
Kontaktinfo: contact@silverline-publishing.com
Alle Rechte vorbehalten

ISBN 978-1-7378300-4-7

...wie dieser ... ...
...nmuniziert (im Vergleich
...) so empfinde und weiß
ich hier dem Beginn von
...underschönen Festhalte.
..., mein ständiger Begleiter,
...mich wacher und kühner, tapf...
...wach und achtsam bleiben
Einsamkeit, mein bester Freund
...de dort wo mich Angst
..., getröstet, wenn ich dachte
... sinnlos ...

... die unbes...
..., entstan...
... weitergeh...
positivste ...
... starkes ...
großes ...

aber aufgeben können
so mancher Resign...
jeder Tag auf diesen
und stickigen Gefä...
wieder ein Stück n...
nahergekommen und
vollkommen frei g...
war es und ist we...
Kampf und hier o...
haben. Ich spüre da...